한국 효문화의 이해

김덕균 저

한국 효문화의

당대 효문화정책의 기조 아래 각 시대별 사상가들의 효개념을 분석하고,
한편으론 성리학 전래 이후 정착단계에서의 효문화 특징과
그 이후 실학시대와 근현대사회에서 전개된 **효문화의 흐름**을 살펴보았다.

김덕균 저

시아북
詩芽BOOK

『설문해자』에 효孝는 자녀[子]가 늙은 부모[老]를 짊어지고 있는 형태로 표현했다. 뜻이 갖는 본래 의미를 깊이 고민하지 않고, 오늘날 시각으로 글자 그대로를 본다면 자칫 아동학대가 될 수도 있다. 여기서 자녀의 '자子'와 늙은 부모의 '노老'를 깊이 헤아릴 필요성이 있다.

자녀는 갓난아이로부터 나이 들어서까지 그 폭이 매우 넓다. 하지만 늙은 부모를 상징하는 '노'는 흰 수염이 길게 늘어진 형태를 표현한 것이니, 한참 나이가 든 상태이다. 그렇다면 이 글자가 담고 있는 함의는 젊은 자녀가 늙은 부모를 부양하는 형태가 된다. 좀 더 구체화해서 말한다면 생활 능력이 있는 젊은 자녀가 생활 능력을 상실한 늙은 부모를 부양한다는 뜻이다. 여기서 이 글자는 매우 자연스런, 강자가 약자를 보호한다는 인간의 당연한 도리가 된다.

부모는 늙기 전, 아직 어린 자녀 보살핌에 온갖 정성을 다한다. 철저한 내리사랑이다. 그런 가운데 늙어갔고, 더 이상 그 일을 감당하기 어렵게 됐다. 역할 교체의 때가 된 것이다. 부모의 보살핌을 입어 성장한 자녀가 위로 부모를 위해 헌신 봉사할 때이다. 이런 연속적 관계와 역할을 『예기』에서는 '부자자효父慈子孝'라 했다. 부모의 사랑과 자녀의 효, 곧 '사랑과 공경'을 말한다. 내리사랑은 부모의 역할과 책무이고, 위를 향한 공경은 자녀의 역할과 책무이다.

이렇듯 '사랑과 공경'은 서로 주고받는 것이니 공평하다. 어느 쪽이 더 많고 큰가는 또 다른 문제이다. 아무튼 모든 인간은 부모에게서 태어나 보살핌을 받고 자란 존재이기에 사랑과 공경은 마땅한 이치이다.

만일 받기만 하고 주는 게 없다면 형평성에도 맞지 않고 도리에도 어긋난다. 또 받은 게 별로 없는데 주기만 하는 것도 문제 있다. 낳아준 것만으로 부모의 은혜를 말하는 것은 아주 특별한 경우로 제한된다. 특별한 경우를 일반화해서 모두에게 적용하는 것은 문제이다. 예컨대 전시와도 같은 변란이나 자연재해로 인한 생사 갈림길에 있을 때 어렵게 낳아만 놓고 부모가 세상을 떴다면, 그것은 낳은 것만으로도 큰 은혜일 수 있다. 하지만 특별한 경우도 아닌데, 낳아만 놓고 제대로 키우지 않았다면, 부모의 도리를 다하지 못한 것이다. 부모로서의 책무를 저버린 경우이니, 효를 기대하는 것은 지나친 욕심일 수 있다. (최근 낳아만 놓고 아이를 버렸다가, 버려진 아이로 인해 보상금이 생기자, 이를 챙기려고 나타난 염치없는 부모 이야기도 있다.)

이렇듯 본래적 효개념은 생활 능력이 없는 노부모를 젊은 자녀가 보호한다는 의미에서 강자의 약자 보호 기제였다. 하지만 언제부턴가 역전 현상이 벌어졌다. 강자에 대한 약자의 헌신·봉사·희생을 효라고 했다. 효개념의 왜곡이자 변질이다. 경전에서 권면하던 일상 속의 평상적 사랑과 공경의 효는 사라지고, 그 자리를 엽기적 희생과 일방적 헌신 봉사의 효가 차지했다. 그리고 그것이 관행으로 자리하면서 부모 자녀 간의 순수하고 자연스런 효는 줄어들고, 그 자리를 부담스런 강제 규범과 규정의 효행이 차지했다. 합리적 경전의 효행에서 불합리한 관행적 효행으로 효의 방향이 바뀐 것이다.

한국의 효문화 전통은 이렇게 정착되어 갔다. 특히 농경사회의 특성상 효문화는 대가족사회가 유리했고, 대가족사회의 매우 소중한 가치로 자리매김했다. 대가족사회와 농경사회는 효문화를 절실히 요청했고, 거기에 중국으로부터 유교문화가 유입되면서, 효문화는 더 화려한 꽃을 피우고 열매를 맺었다. 한국의 전통 효문화가 유교적 효개념과 접촉하며 더 단단해졌고, 굳건한 문화로 자리했다. 비록 재가在家주의 유교문화와 상반된 출가出家주의 불교문화가 전래되어 민간의 삶을 지배했어도 효문화는 흔들리지 않았다. 오히려 한국의 불교문화는 가족주의 효문화로 재포장되는 일을 경험했다. 삼국시대, 통일신라시대, 고려시대의 중심이었던 불교문화가 효문화로 재무장했으니, 한국적 불교문화의 특징에는 효문화가 그 중심에 있다.

그리고 고려 말 성리학이 유입되고, 이를 기반으로 조선이 건국하면서 유교적 효문화는 이론적·철학적 가치로 재무장하며 사회의 중심문화로 자리매김했다. 성리학 이전의 효문화가 주로 생활 속 효문화의 형태였다면, 성리학 전래 이후의 효문화는 성리학만큼이나 이론화·철학화 과정의 길을 걸었다. 동시에 효는 상대적·윤리적 가치에서 법률적·제도적·종교적 절대개념으로 강화되었다. 해도 되고 안 해도 되는 선택적 가치에서 안 하면 처벌되는 절대적 강제규범이 된 것이다.

이 책에서는 이런 시대별 효문화의 특징을 정리하며 경전적 효행과 관행적 효행의 두 측면을 구별했다. 경전에 근거한 효행은 직·간접 교육의 산물이고, 관행에 근거한 효행은 주변 체험 사례를 다양한 형태로 전승한 결과물이다. 이는 각 시대별 관점에서 달리 나타났다. '할고단지割股斷指'나 지나친 거상居喪으로 인한 신체훼손은 경전에서 금하는 행위였지만, 관행적 효행 속에서는 당연시하거나 암묵적으로 권면하는 경우가 있었다. 반대로 경전의 효행을 강조하는 측면에서는 이성적·합리적 차원에서 이런 관행적 효의 문제를 지적했다. 특히 조선 후기 실학적 풍토가 강하게 대두하던 시절에는 현실적 차원에서 관행적 효행의 불합리함을 철저히 비판했다.

경전의 효행은 이성적 사유에 기반한 합리성이 중심이라면, 관행적 효행은 감성 의존의 주관적 효행에 가깝다. 『효경』과 『예기』 등에서는 신체보존을 효의 중요한 요소로 삼았고 그에 따른 합리적 요청이 있지만 일상적 효행 가운데에는 치병과 거상에 따른 신체훼손 사례가 상당

수 있었다. 이렇듯 관행 속의 효행은 아무리 순수한 부모공경의 감성적 발로라 하더라도 무절제와 불합리를 수반한 경우가 많았다. 또 이것이 자녀의 일방적 헌신·봉사·희생으로 비춰지면서 효는 부담스런 요소로 작용했다. 거기에는 관행적 효행을 주로 담은 『삼강행실도』의 영향이 컸다. 『삼강행실도』가 조선의 효행 흐름을 바꿔놓은 것이다.

그렇다면 효는 감성의 산물일까? 이성의 산물일까? 효를 인간의 본성에 근거한 보편적 가치로 보자면 이성에 가깝지만, 개인의 주관적 판단에 의한 개별적 행위로 본다면 감성에 가깝다. 하지만 감성과 이성은 서구적 관점에서 말하듯 상호 대립적·상대적 관점에서만 볼 수 없는 것 또한 사실이다. 성리학에서 이기理氣 '불상리불상잡不相離不相雜'을 말하듯 감성과 이성은 상호 중첩된 측면이 강하다.

여기서 이런 중첩되는 효의 요소를 왕조실록은 물론 당대 문헌과 사상가들이 제시한 효행정책과 효개념 속에서 찾았다. 일반의 개인적·주관적 효행을 합리적·객관적 제도나 정책으로 승화시키는 과정에서 나타난 여러 군왕들의 시책을 감성과 이성의 관점으로 점검하고, 동시에 당대 사상가들의 다양한 관점에서 그 특징과 내용을 정리했다.

『효경』에는 신체보전을 효라고 말했지만, 막상 관행 속에서는 '할고단지'가 효행의 대세를 이뤘다. 신체훼손은 경전에 어긋날 뿐만 아니라 극단적 감정의 선택이고 합리적 판단은 아니었다. 그런데도 군왕은 물론 당대 사상가들이 이에 동조하며 효행 표창 정책을 시행했다. 나아가 효자들을 관리로 임용하면서 개인적 효행을 객관적 제도로 승화시키기도 했다. 효를 권장하기 위한 하나의 방법이었지만, 훗날 제한된 관직에 늘어난 효자 서용제도는 결국 문제를 낳을 수밖에 없었다. 효행은 뛰어났어도 재능이 없을 경우 심각한 문제의 소지가 있었다. 조선 초 "효하면 출세한다."는 풍토를 만든 것까지는 좋았지만, 또 다른 사회문제를 야기한 것이다. 개인적·주관적·감성적 요인의 효행을 객관적·합리적·이

성적 제도와 정책으로 승화시키는 과정 속에서 나온 문제들이라 할 수 있다.

이런 당대 효문화정책의 기조 아래 각 시대별 사상가들의 효개념을 분석하고, 한편으론 성리학 전래 이후 정착단계에서의 효문화 특징과 그 이후 실학시대와 근현대사회에서 전개된 효문화의 흐름을 살펴보았다.

아쉬운 점은 좀 더 많은 사상가들의 효개념과 효행사적을 다루지 못한 점이다. 특히 고려와 조선의 수많은 사상가들의 효관련 기록은 대단히 광범위하고 다양하지만, 이를 다 다루지 못함은 매우 안타까운 일이다. 3년전(2021년)『동아시아 효문화 이해』를 펴낸 것은 큰 숲을 먼저 살피고 그 안에 들어가 한국효문화의 구체적인 모습을 찬찬히 살펴보겠다는 뜻이 있었지만, 이런 의지를 모두 담아내지 못한 게 아쉽다. 향후 지속적인 과제로 삼고 매진할 예정이다.

말로는 가족이 먼저이고 효를 공부하니 당연히 가족사랑이 우선이라고 말해 왔지만, 실상은 그렇지 못함을 늘 미안하게 생각한다. 그래도 이런 필자를 응원하며 아낌없는 사랑으로 응원해 주는 아내 김혜선과 아들 용훈, 딸 용주에게 고마움을 표한다. 아울러 여러모로 부족하지만 필자를 독려하며 단행본으로 엮어주신 시아북 김명수 대표님과 편집부 여러분께도 감사한 마음 전한다.

2024년 3월

대전 안영동 우거에서 **김 덕 균**

목차

제2장 한국 고대사회 효사상의 전개

제4장 조선 후기 실사구시의 효사상과 근현대 사회 민족지도자들의 효행

제1장

효와 가족문화의
이론적 기초

1. 효와 가족문화의 생성과 발전

2. 한국의 가족주의와 효사상

효와 가족문화의 이론적 기초

1. 효와 가족문화의 생성과 발전

1) 효개념의 생성과 전개

(1) 효, 자연적 원리인가? 정치적 산물인가?

효개념 성립의 시초는 크게 두 가지 가설적 의미로 나눠서 생각할수 있다. 하나는 부모 자녀라고 하는 자연적 원리(physis)에서 유래했을 것이란 판단이고, 다른 하나는 정치와 결부된 인간관계의 작위적권위와 관습(nomos)에서 나왔을 것이란 판단이다. 이 두 가지 입장은자연중심적 유교와 정치중심적 유교와 연관된다. 막상 사상사 속에드러난 효의 속성도 이 두 가지 측면 모두를 갖고 있다. 따라서 효를처음 배태한 은대사회에서 그 흔적을 찾는 것은 매우 중요한 의미가있다.

보통 부모 자녀라는 자연스런 관계에서 효가 나왔다고 생각하는『설문해자』의 해석이 효에 대한 일반적 관념이라면,[1] 효를 정치권력

---

1) 『설문해자』: 善事父母者, 從老省, 從子, 子承老也.

과 결부시키며 군주에 대한 순종, 복종의 의미로 이해하는 것은 전국 시대 이후 군주권 강화의 필요성에 따라 부각된 통치이론의 하나라고 할 수 있다. 이렇듯 효의 두 가지 측면 모두 역사 속에 존재한 것이라면, 어느 것이 본질적 의미로 선행되었는지가 중요하다. 효의 원초적 개념을 찾는 일이기 때문이다.

여기서는 특히 효문화의 뿌리가 될 수 있는 은나라 갑골문을 통해 검토하며 이를 사상적으로 풀어보려고 한다.[2] 기존의 유교사상사가 가족주의와 효문화의 뿌리를 대개 주대周代 종법제도부터 소급하여 춘추시대 공자가 집대성한 것으로 서술하고 있으나, 여기서는 그것의 단초를 은대殷代 갑골문에서 찾아보려고 한다.[3] 은대 존재했던 가족주의와 효문화가 주대 좀 더 완숙한 종법제도와 효개념으로 발전하였음을 살피는 작업이다.

다시 말해 은대 효문화의 뿌리가 된 조상제사와 가족 관련 내용을 검토하며, 그것이 점차 주대 종법사회와 효개념으로 발전하면서 어떤 차이를 노정하였는가가 그 중심이다. 효가 처음부터 가족주의의 산물로서 부모공경의 순수한 의미가 있었는지, 아니면 정치적 목적으로 활용된 이데올로기적 요소가 강했는지 여기서 중요한 문제가 된다. 이는 효개념의 본질적 의미가 자연성에 기초하였는지, 아니면

---

2) 여기서는 주로 郭沫若 主編, 『甲骨文合集』(北京, 中華書局, 1982年, 이하 『합집』이라 표기)과 曹錦炎, 沈建華 編著, 『甲骨文校釋總集』(上海, 辭書出版社, 2006年)을 갑골문 자료의 기초로 삼았다. 이 책에는 지금까지 발견된 갑골문 약 15만여 편 가운데 밝혀진 글자 4천여 자와 그리고 판독된 글자 1천여 자가 수록되었다.

3) 갑골문은 기원전 13~11세기 은대 盤庚이 殷으로 천도한 이후 그 유적에서 나왔는데, 고고학적으로 갑골문 이전인 신석기시대에도 존재했다. 일명 陶文(도자기나 토기에 새겨진 부호같은 문자)이라고 하는데, 하남성 舞陽의 賈湖, 섬서성 臨潼의 姜寨 등 대문구문화에 초기 문자(山, 태양, 불꽃 모양의 상형문자와 한자의 부수처럼 생긴 모양)에 해당하는 부호가 있었다. (허탁운 지음, 이인호 옮김, 『중국문화사』 상편, 천지인, 2013년, 118~120면 참조)

은대 갑골문 이전의 토기문자(중국 산동성박물관)

정치적 목적을 위한 수단에서 출발하였는지를 가리는 작업이 될 것
이다.

사상사 속에서 찾을 수 있는 효는 '양지良知'의 산물이라 말하며 부모
자녀 간의 순수한 감정의 발로로 지적한『맹자』나『전습록』의 내용도
있지만, 전국시대 중자를 비롯한 사맹학파思孟學派의 정치적 이데올로
기로서의 효도 있다. 후자의 의미는 대표적으로『효경』에 담겨 있다.
『효경』은 신분 계층 따라 실천해야 할 효의 내용을 구별할 정도로 대
단히 정치적 의미를 지니고 있다. 인간 본연의 순수 감정의 발로로 효
를 생각한다면 자연스런 남녀 결합에 의한 가족제도와 직결되겠지만,
국가 통치 질서를 위한 정치적 의도가 이면에 작용하고 있는 것이다.
그래서 군주에 대한 순종, 복종을 유도하기 위한 장치로서 효를 강조
했기 때문에 매우 정치 이데올로기적 성격을 지닌다.

(2) 갑골문에 보이는 효의 의미

중국 최초의 문자, 은대 갑골문에 효란 글자가 존재하지 않는다는

주장이 설득력이 있다. 현재까지 발견된 갑골문에는 효와 유사한 글자가 하나 나오긴 하지만, 글꼴의 모양상 『설문해자』에서 말하는 아들이 노부모를 모신다는 뜻의 글자 형태老+子가 아니다. 갑골문에 나온 효는 글꼴 하단부의 아들 子는 분명하게 보이는데, 상단부의 글꼴은 노인 노老가 아니라 봉할 봉封자와 비슷하다. 갑골문에서 封은 흙으로 쌓아 그 위를 띠풀로 덮어서 만든 경계를 표시한다. 금문에서도 땅에 인공적으로 수목을 심어 경계를 표시하는 형태이다. 곧 분봉分封, 봉강封疆의 봉이다. 갑골문에서 나라를 상징하는 방邦도 띠풀로 경계를 삼은 형태이다. 분봉 받은 땅을 방이라 한 것이다.[4)]

갑골문 孝(封+子)

청동기문 孝(老+子)

따라서 갑골문의 효란 부모공경의 효가 아니라 정치 경제적 함의를 담고 있는 글자이다. 중국의 권위 있는 연구 성과물에서도 이 글자를 자子와 봉封의 합문으로 정리했다.[5)] 갑골문의 효를 위로 효爻(셈 또는 문자), 아래로 인乂이 결합된 형태로 보면서 공부의 의미를 담고 있는 교教, 학學, 개改와 함께 모아 그 의미를 풀었고,[6)] 훗날 금문 이후

4) 唐冶澤, 『甲骨文字趣釋』重慶, 重慶出版社, 2006年, 231면 참조.
5) 曹錦炎, 沈建華 編著, 『甲骨文校釋總集』上海, 上海辭書出版社, 2006과 廖文豪, 『漢字樹』北京, 北京聯合出版公司, 2013年.
6) 唐冶澤, 『甲骨文字趣釋』重慶, 重慶出版社, 2006年

로 그 의미가 요즘 말하는 부모공경의 효로 바뀌었음을 지적하였다. [7)]
그렇다면 이 역시도 효가 처음에는 자연성에 기초한 부모공경의 모
습과는 무관하였음을 보여준다.

　이를 기준으로 말한다면 은대 갑골문엔 지금 우리가 말하는 효란
글자는 없다. 아들 자子와 늙을 노老가 결합되어 아들이 노인을 봉양
한다는 글꼴 모양의 효는 청동기 문자인 금문金文에 처음 나온다. 효
와 유사한 글자로 고考자가 있는데, 이 글자는 부모공경의 의미를 갖
는 효孝와는 무관하고, 오히려 늙을 노老와 유사하다. 그래서 훗날 돌
아가신 부친을 고考라고 했으니, 곧 돌아가신 어머니를 뜻하는 비妣와
함께 쓴 고비考妣의 고考라 할 수 있다. 참고로 노老는 흐트러진 머리
와 지팡이를 든 형태의 상형문이다. 노동할 수 있는 청장년의 머리 모
습을 단정하게 묶어 놓은 것과는 대조적으로 흐트러진 머리 모양으
로 노동력을 상실한 노인의 의미를 담았다. 그래서 갑골문 연구자들
은 노老와 고考를 대大(서있는 사람의 모습), 천天(서있는 사람 머리 위의 하늘 모
습), 인人(서있는 사람의 측면 모습), 시尸(구부리고 앉아 있는 모습), 여女(무릎 꿇
고 앉아 있는 모습 또는 유방이 도드라진 여성의 신체 특징을 묘사한 모습), 자子(어
린아이 머리를 도드라지게 표현한 모습) 등처럼 인간의 형체를 본떠서 만든
글자의 하나로 분류했다. [8)] 노老나 고考는 모두가 부모나 노인을 공경
하는 모습이 아니라 그저 형태 모습을 표현할 뿐이다.

　하지만 나이가 들었다는 것은 스스로의 생활 능력을 상실했다는
의미이기도 하다. 훗날 금문에 나타난 부모공경의 효를 생각하며 이
를 새롭게 정리한다면, 여기서는 생활 능력이 있는 젊은 사람[子]이 나

---

7) 唐治澤, 『甲骨文字趣釋』重慶, 重慶出版社, 2006年, 130~131면 참조.
8) 唐治澤, 『甲骨文字趣釋』重慶, 重慶出版社, 2006年, 21~27면 참조.

이 들어 스스로 생활 능력을 상실한 노인[老]을 짊어진 형태로 효도할 효孝자를 표현했다. 효란 글자가 강자가 약자를 보호하고 부양한다는 뜻으로 전개되었음을 의미한다.

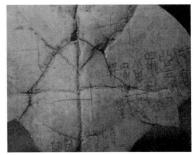 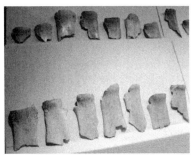

지금부터 약 3천 4백여년전 갑골문(중국 산동성 박물관 촬영)

그렇다면 은나라 갑골문시대에는 순수 자연성에 기초한 효개념이 없었을까? 효문화를 말할 수 있는 풍속이나 흔적도 없었을까? 그렇지 않다. 효란 글꼴은 없었어도 관련지을 수 있는 가족주의와 조상 제사 의식 속에서 효문화의 단초를 보여주는 근거가 있다. 사상사에서 말하는 종법제도는 주대周代 가족주의에서 비롯되었고, 그 종법제도의 핵심에는 효제孝悌 관념이 존재한다고 말해왔다. 비록 은대 여전히 동성혼同姓婚이 존재했고, 주대에는 엄격한 동성금혼의 외혼제外婚制가 확립되어 부계 혈통 중심의 가족제도와 효개념이 분명히 드러났다. 그런데 갑골문이나 당대 가족 합장묘로 보이는 유적 발굴을 통해서 은대에도 이미 가족주의와 종법 문화가 발달했고, 그런 가운데 효문화가 존재했음을 알려준다. 이는 조상제사에 대한 갑골문 기록만 보아도 어렵지 않게 그 흔적을 찾을 수 있다. 여기서 주목할 것은 은나라와 주나라 효의 차이점이다. 갑골문에 나타난 효와 유사한 글자의 쓰임과 청동기문에 나타난 효의 의미를 당시 정치 사회적 상황에 비춰가며 살펴보면 알 수 있다.

2) 종법 제도의 뿌리와 가족주의

(1) 가족주의의 시원

문화를 말하는데, "구체적인 상징체계가 선존재先存在하고, 그것은 마치 문화적 모형母形으로 생물학에서의 유전자에 해당한다."[9]는 벤자민 슈월츠의 이야기가 설득력을 지닌다. 글자 이전에 이미 상징체계가 문화적 모형으로 존재하고, 그에 따른 의미를 담아내는 글자가 실체적으로 나온다는 뜻이다. 효란 글자도 이전에 효문화가 먼저 존재하였기 때문에 나왔다. 보통 말하는 효개념 이전에 정치적 의미를 담은 봉封+자子의 효도 그렇고, 노인공경의 노老+자子 형태의 효도 그렇고, 당대 사회에 이미 그 글자를 요구할 만한 시대적 분위기가 있었다.

여기서 하은주夏殷周 삼대문화가 시간상 일직선상으로 이어지면서 상징체계와 모형의 형태가 중복적으로 존재했을 가능성도 있고,[10] 또

---

9) 벤자민 슈월츠 저, 나성 역,『중국 고대사상의 세계』살림출판사, 1996년, 32~33면 참조.

10) 하은주 3대의 지배층은 하나의 세력이 흥망성쇠의 과정속에서 순차적으로 발생한 공동체가 아니라 오랜 시간동안 병존하면서 서로 갈등, 대항, 견제하던 세력이란 주장도 있다. (고재욱, 「하은주 시기의 사회사상 연구」한국중국학회,『中國學報』第六十四輯, 2011년 12월, 374면 참조.) 막상『사기』殷本紀에도 은나라 탕임금의 신하 伊尹이 임금 곁을 떠나서 하나라로 갔다가 하나라의 부패함을 보고 은나라 毫땅으로 돌아왔다는 기록이 있는 것으로 보아 하나라와 은나라는 같은 시기에 존재했음을 보여준다.

연속성과 계승 발전적 차원에서 말할 수도 있다.[11] 하나라의 중심은
당시로서는 중앙이라 할 수 있는 하남성 서북쪽이고, 은나라의 중심
은 그 동쪽, 주나라의 중심은 그 서쪽에 해당한다. 최근 하남성 언사
현偃師縣 이리두二里頭와 그 주변부에서 은나라보다 앞선 유물 유적이
발굴되었고(대략 B.C. 1950~1625년), 이것이 하나라 지역이라 해서 전설
속의 하나라가 역사의 실체로 드러났다고 주장하는 일부 중국 학자
들이 있다. 하지만 성급한 면이 있다.[12] 여전히 하나라는 신화 속에
존재하는 나라이다. 하나라 문화는 아직 기록물이 존재하지 않고 국
가 시스템을 갖춘 형태가 아니기 때문에 하나라 이리두문화는 선사
시대 문화에 지나지 않다는 주장이다. 『시경』『서경』『주역』 및 기타
문헌에 이 시기의 기록이 없는 것은 아니지만, 국가 형성에 관한 일
치된 견해가 없다는 것은 아직 하나라를 국가로 보기에는 부족하다
는 판단이다.[13]

다만 그들이 남긴 문화유적 속에서 은나라와 연속성을 지니는 문
화가 발견된 것은 문화 단절이 아닌 연속과 계승, 발전의 차원에서 의
미가 있다. 가족주의와 효문화의 내용도 마찬가지다. 은나라 가족주
의와 조상에 대한 제사문화에서 효개념이 나왔고, 주나라 종법제도
속에서 주대 효개념이 나왔다면 양자는 연속적이다. 특히 조상제사

---

11) 『논어』「위정」: 子曰, "殷因於夏禮, 所損益, 可知也; 周因於殷禮, 所損益, 可知也; 其或繼周者,
   雖百世可知也."
12) 물론 夏나라는 고고학적 발굴이 미진하여 아직까지는 전설속의 나라이다. 일부 하남성 偃師
   二里頭 발굴 유적을 두고 하나라 문화의 증거라고 하나 논거가 부족하다고 하는 것이 학자들
   의 견해이다. (허탁운 지음, 이인호 옮김, 『중국문화사』상편, 천지인, 2013년, 116면 참조.)
13) 고재욱, 「하은주 시기의 사회사상 연구」 한국중국학회, 『中國學報』第六十四輯, 2011년 12월,
   374면 참조. 하은주 3대가 점령했던 영토에 대한 좀더 자세한 내용은 윤내현, 『商周史』서울,
   민음사, 1985년 31면 참조.

의식이 효의 기반이 되었다는 점에서 연속성과 계승성이 있다. 조상 제사 문화가 통치권의 안정을 위한 의도에서 강화되었던 은나라의 모습이 주나라로 이어지면서 더욱 강화되는 것이 이를 뒷받침한다. 동성금혼을 통한 주나라의 부계 혈통 중심의 가족제도는 부권과 왕권의 절대적 권위를 유지하기 위한 노력이었다면, 이는 이미 은대 갑골문에 왕권 강화 차원에서 행한 조상 숭배의식과 맥을 같이 한다. 다만 주나라에 와서 조상숭배로서의 조상제사가 왕가에 국한되지 않고 일반 귀족층으로 확대되었고, 목적도 정치적 정당성 확보를 위한 의전에서 조상에 대한 일반적 공경의 의미를 담은 내용으로 발전하였다는 측면에서 높게 평가할 수 있다. 이는 갑골문에 나타난 조상숭배의 모습에서 찾을 수 있다. 은나라의 조상제사가 일반인이 아닌 특정 권력층의 정치 행위에 국한되었다는 점에 주목하는 까닭이다.

다시 말해 은대 가족주의와 조상에 대한 제사 문화에서 효개념이 나왔고, 주대 종법제도 속에서 주대 효개념이 나왔다면 양자는 연속적이다. 특히 조상제사 의식이 효의 기반이 되었다는 점에서 연속성과 계승성이 있다. 조상제사 문화가 통치권의 안정을 위한 의도에서 강화되었던 은나라의 모습이 주나라로 이어지면서 더욱 강화되는 것이 이를 뒷받침한다. 동성 금혼을 통한 주나라의 부계 혈통 중심의 가족제도가 부권과 왕권의 절대적 권위를 유지하기 위한 노력이었다면, 이는 이미 은대 갑골문에 왕권 강화 차원에서 행한 조상 숭배의식과 맥을 같이 한다. 다만 주나라에 와서 조상숭배로서의 조상제사가 왕가에 국한되지 않고 일반 귀족층으로 확대되었고, 목적도 정치적 정당성 확보를 위한 의전에서 조상에 대한 일반적 공경의 의미를 담은 내용으로 발전하였다는 측면에서 그 의미를 평가할 수 있다. 이는 갑골문에 나타난 조상숭배의 모습에서 찾을 수 있다. 은대의 조상 제사가 일반인이 아닌 특정 권력층의 정치 행위에 국한되었다는 점에 주목하는 까닭이다.

(2) 자연신 숭배사상

은나라 왕들의 주된 관심사는 주로 제사와 정벌에 대한 것이고, 이는 주로 점복 행위로 가늠하였다는 것이 복사卜辭에 잘 나타나 있다.[14] 구체적인 복사 내용은 크게 세 가지로 요약할 수 있다. 첫째는 조상과 산천의 자연신에 대한 제사이고, 둘째는 군사문제 및 명령의 시비를 다루는 내용이고, 셋째는 수렵과 왕래往來의 가능 여부나 한 해의 풍흉을 묻는 내용이다.[15]

이때 제사에 관한 여러 절대적 신위가 나오지만, 효문화와 직접적으로 관련지을 수 있는 내용은 조상신 숭배이다. 중국 역사 초기 효문화의 핵심에 조상숭배가 있다. 선행했던 자연신 숭배사상이 조상신 숭배로 대체된 것이다. 간단히 자연신 숭배를 먼저 살펴보려는 것도 왜 그것이 조상숭배로 대체되었는가를 찾기 위함이다.

갑골문에는 여러 행태의 신에게 묻는 내용이 많이 나온다. 이는 은나라 초기 토템 사상의 쇠퇴와 맞물려 있다. 토템 대상에 대한 제사나 숭배의식에서 자연물에 대한 숭배로 전환하는 형태이다.[16] 구체적으로 자연물이자 자연현상인 태양[日], 달[月], 별[星], 무지개[虹], 구

---

14) 張政烺,『甲骨金文與商周史研究』北京, 中華書局, 2012年, 179면 참조.

15) 貝塚茂樹, 伊藤道治,『古代中國』東京, 講談社, 2008年, 139~140면 참조.

16) 貝塚茂樹, 伊藤道治,『古代中國』東京, 講談社, 2008年, 154~156면 참조.

름[雲], 천둥[雷], 바람[風]을 두려워하며 제사하는 문화이다.

> "왕이 점괘를 보았다. 불길함이 있을 것이다. 8일 후 경술일에 구
> 름이 동쪽 여신으로부터 몰려왔다. 해가 기우는 저녁나절에도 무
> 지개가 북쪽에서 와서 황하에서 물을 마셨다."[17]

왕의 가장 중요한 임무는 점을 치는 일이다. 은나라 정교합일政教合
一의 상황에서 왕은 어떤 일을 하든 먼저 점복을 시행했다. 위 내용은
구름과 무지개를 숭배나 제사의식의 대상으로 표현한 것은 아니나,
불길한 징조의 표상으로 말했다. 구름과 무지개를 단순 자연현상이
아닌 뭔가 앞날을 상징하는 징조로 말한 것이다. 달에 대한 기록도 살
펴보자.

> "계미일에 점을 치면서 정인 쟁이 묻는다. 열흘 동안 화가 없을
> 까? 삼일이 지나고 을유일 저녁에 월식이 일어났다고 들었다. 8월
> 이다."[18]

별안간 어두워지는 월식은 예나 지금이나 신비한 현상이고, 그 원
리를 모를 때에는 경외의 대상이다. 고대인들은 월식을 불길한 징조
로 생각하며 두려워했다. 그런데 자연물 가운데 무엇보다 숭배의 대

---

17) 郭沫若 外,『甲骨文合集』北京, 中國社會科學院歷史研究所, 1982年 (이하『합집』) 10405: 有祟,
八日庚戌, 有各雲自東冒母, 昃亦有出虹自北飮于河.
18)『합집』11485: 癸未卜, 爭貞. 旬無禍? 三日乙酉夕, 月有食, 聞. 八月. (여기서 '卜'은 점치는 행위
가 진행되는 것을 말한다. '爭貞'은 해당 점복 내용을 묻는 貞의 행위이다. 보통 점의 내용은 干
支, 卜, 貞人, 貞의 순서로 나온다. '聞'은 '듣다' '들리다'이지만, 어떤 경우 '昏'의 가차라 말하며,
"월식이 일어나 어두워졌다."로 보는 견해도 있다.

상이 된 것은 수신水神에 해당하는 황하[河], 산신山神에 해당하는 산악[岳], 그리고 토지신土地神에 해당하는 땅[土]이다. 산악토山岳土에 대한 제사 의식이 좀 더 구체적으로 표현된 것이다. 특히 갑골문에서 황하는 가장 강력하면서도 다양한 제사의 대상으로 표현됐다. 그만큼 은나라 사람들에게 황하는 생존과 직결되는 절대적인 존재였다.

> "병술일에 점을 치며 정인 대가 물었다. 중요한 일을 고하며 포로를 바치는 제사를 황하에서 불로 지내며, 소 세 마리를 황하에 던질까?"[19]

본래 갑골문 제祭의 글꼴은 고기 육肉과 손 우又로 이루어진 글자로 피가 흐르는 고깃덩어리를 손으로 받쳐 든 형태의 회의문자이다. 지금 사용하는 제祭란 글자(肉+又+示)는 청동기 '주공화종朱公華鐘'에 처음 나온다. 여기서 제사의 한 종류로 육류를 제물로 바치는 것을 제祭라 했고, 새의 깃털을 들고 제사 지내는 것을 익翊이라 했고, 악기를 사용하는 제사를 팽(彡→彭)이라 했다. 그 밖에 곡물로 제사 지내는 형식이 있고, 이런저런 방식을 함께 결합해서 제사 지내는 협祫이란 제사가 있다. 이것을 '오종제사五種祭祀'라 한 것은 당시 제사 형식과 내용을 잘 설명해 준다.[20] 오종제사가 나온 이후로 어느 정도 제사의 형식과 내용이 격식을 갖추게 되었다. 위 내용은 제사 지내며 소 세 마리

---

19) 『합집』 22594: 丙戌卜, 大貞. 告熱于河燎, 沈三牛?

20) '오종제사'는 무정의 아들 조갑 때에 자연신을 대신한 조상신을 제사 지내며 시행됐다. 서주 이전 이미 조상에 대한 제사가 강조 중시됐고, 거기에는 분명한 형식과 의미가 담겨 있었다. 이에 대해서는 貝塚茂樹, 伊藤道治, 『古代中國』東京, 講談社, 2008年, 146~148면 및 김경일, 「殷代 '出組' 5種祭祀 관련 갑골문 텍스트를 통한 유교 조상숭배 문화의 기원 연구」 한국중어중문학회, 『中語中文學』 第41輯, 2007년 12월, 29~34면 참조.

를 산채로 황하에 던진다는 초기 자연신에 제사하는 형태의 모습이
다. 이런 자연물에 대한 제사 방법이 훗날 조상신에게 드릴 때 달라
지는 것은 후술하겠다. 여기서는 다만 왜 자연물을 숭배 대상으로 삼
았을까 하는 점만을 살펴보려고 한다.

"풍년을 황하에서 구하면서 반드시 소를 제물로 사용할까?"[21]

제사의 대상 황하는 농경사회였던 고대 은나라 사람들에게는 풍요
를 가져다주는 대상이었다. 황하에 제사 지내며 풍년을 기원하였던
것이다. 한편으로 황하는 엄청난 재앙을 몰고 오는 존재이기도 했다.
경외의 존재로 황하에 제사 지냈던 이유이다. 그 때 소와 여자는 중
요한 제물이 되었다.

"정사일에 점을 친다. 황하에서 불로 제사하는 료를 지내며 우리
에서 키운 소와 여자를 던질까?"[22]

'홍하곡紅河谷'이라는 중국영화의 첫 장면은 바로 이 문장을 떠올리
게 한다. 세차게 흘러내리는 황하에서 소와 젊은 여인을 제물로 바치
며 제사 지내는 장면이다. 당시 제물로는 소와 여자 아니고서도 양,
개, 돼지도 사용했다. 작게는 몇 마리에서 크게는 3, 4백 마리를 제물
로 썼음은 은나라 은허 유적 가운데 대량으로 발굴된 자료로 확인할
수 있다. [23] 또 여인을 제물로 썼는데, 특히 계집종 첩妾이란 글자를

---

21) 『합집』 28250: 其求年于河, 唯牛用?
22) 『합집』 32161: 丁巳卜. 其燎于河, 牢沈妾?
23) 唐冶澤, 『甲骨文字趣釋』重慶, 重慶出版社, 2006年, 334면 참조.

쓴 게 흥미롭다. 갑골문 첩자는 무릎 꿇고 있는 여자의 머리 위에 문신 바늘이 있는 형태로 죄를 지은 여인에게 행한 일종의 묵형을 받은 모습이다. 혹자는 이것을 문신 바늘이 아닌 머리 장식이라고도 한다. 하지만 『설문』에서는 "첩은 죄를 지은 여자에게 일을 시키고 남자에게 시중들게 한다."[24]라고 하는 것으로 보아 갑골문의 뜻은 죄지은 여자를 가리킨다. 갑골문의 글자로 봐서는 이렇게 형벌 받은 여인들을 희생용 제물로 쓴 것이다.[25] 동물과 여인을 제물로 바친 것은 황하가 인간의 생사화복을 결정한다고 믿었기 때문이다. 특히 농경사회 물은 생명의 상징이고 모든 만물의 필수 요소이기 때문에 황하에 대한 이런 제사의식은 생존과 직결된다고 생각했다.

"장차 풍년을 황하에게 구하면 이번에 비가 올까?"[26]

황하가 한 해 풍흉을 결정하는 존재이고, 이를 숭배하였음을 나타내는 사례이다. 농경문화의 기반은 물이고, 그런 점에서 황하는 절대적 존재로 숭배 대상이었다. 자연물이 숭배 대상이 되었던 것은 그것이 인간의 생존과 어떻게든 관계되어 있고, 황하는 무엇보다 인간의 생존과 직결되었기 때문에 왕이 직접 제사하는 대상이었다.

"묻는다. 왕이 직접 황하의 신을 맞이하면서 황하에게 풍년을 구할까?"[27]

---

24) 『설문』: 妾, 有罪(※실제 옛 글자는 위로 自, 아래로 辛의 합자. 뜻은 허물, 잘못)女子給事之得接於君者.
25) 秦光豪, 「商·周時代의 體刑 - 古文字를 위주로」 부산외국어대학교 사회과학연구소, 『社會科學論叢』 第6輯, 1991년 10월, 90면 참조.
26) 『합집』 28250: 其求年于河, 此有雨?
27) 『합집』 33288: 貞, 王其賓禾求于河?

왕이 몸소 집전하는 제사일 정도로 황하가 얼마나 중요한 역할을 하고 있는지 알게 된다. 황하는 풍년을 가져다주는 은택의 산물이기도 하지만, 때론 엄청난 대홍수로 생명을 앗아가는 공포의 대상도 되었기에, 황하가 화복을 주관한다고 생각하며 경외하고, 제사의 대상으로 삼았던 것이다. 황하 대홍수가 얼마나 심했으면, 중하류에 해당하는 산동성의 황하는 시대마다 지도상의 위치가 매번 달리 표현되었을까? 한번 범람하면 평원지대를 휩쓸고 지나가며 생명을 앗아갔고, 물줄기 모양도 바꿔 놓았던 것이다.

시대마다 물길이 바뀐 황하 중하류(산동성 일대)

황하에 제사 지내는 형태를 글자 형태로 표현하는 갑골문은 침沈과 침沉이다. 이들 갑골문은 황하 물속에 있는 신에게 제물을 던지는 형태이다.[28] 『주례』에 "매제薶祭와 침제沈祭로 산림과 천택川澤에 제사지낸다."[29]고 하였는데, 이는 곧 산림, 산악에서 매제를, 황하같은 강과 하천에서 침제를 지냈음을 말한다.

---

28) 唐冶澤,『甲骨文字趣釋』重慶, 重慶出版社, 2006年, 345면 참조.
29) 『주례』「大宗伯」: "以薶沈祭山林川澤."

산동성 상공에서 내려다본 황하와 곡창지대

다음은 갑골문에 보이는 '악岳'으로 표기된 산악숭배 사상이다.[30] 은 나라 사람들은 산악에 대한 경외심을 제사 형식으로 표현했다. 『노자』에 "계곡의 신은 죽지 않는다."[31]고 하며 산악보다는 그 사이에 흐르는 계곡을 절대적 존재로 말했지만, 갑골문에서는 산악을 숭배 대상인 절대 존재로 생각했다. 산악과 계곡 모두를 절대 존재로 표현한 근거는 다른 문헌에도 있다. 『예기』에서는 "산림, 하천, 계곡, 구릉 등은 구름을 낼 수 있고, 바람과 비를 만든다. 괴상한 물건도 내는데 모두가 신이라 말한다."[32] "이리하여 희생의 가축을 기르고 이로써 산림, 명천에 제사 지낸다."[33]라고 말하며 산악과 계곡 모두를 제사 대상으로 삼았다. 갑골문에도 산악에 대한 제사가 여러번 나온다. 내용도 황하에서처럼 비를 구한다든지 풍년을 기원하는 내용들이다.

"묻는다. 산악에게 풍년을 구할까?"[34]

---

30) 갑골문에서 '河'가 황하를 말함은 분명하지만, '산악'이 어디를 가리키는지에 대한 구체적인 대답은 불가능하다. 다만 갑골문 출토지를 근거로 주변 명산이 아닐까 추측할 따름이다.

31) 『노자』 6장: 谷神不死.

32) 『예기』 「祭法」: 山林川谷丘陵, 能出云爲風雨, 見怪物, 皆曰神.

33) 『예기』 「月令」: 而賦犧牲, 以共山林名川之祀.

34) 『합집』 10080: 貞. 求年于岳?

황하에 대한 숭배와 같은 맥락이다. 그런데 황하 숭배는 은나라 이후 약화되지만, 산악숭배는 주나라 이후 더 융성해진다는 점이 특징이다. 천자가 태산에 올라 제사 지낸다는 '천자봉선天子封禪'이 이를 뒷받침한다.

다음은 '토지[土]' 숭배 사상이다. 갑골문에 토土는 땅 위로 쌓아 올린 흙더미 형태이다. 그리고 주변에 부서진 흙더미를 표현했다.[35] 땅은 삶의 기초이다. 이런 땅을 은나라 사람들은 토지신으로 숭배했다. 토지신이 인간의 생명을 주관한다고 생각했다. 황하나 산악의 신처럼 토지신도 비를 오게 하고 풍흉을 결정하고, 바람을 잠재우는 기능을 한다고 보았기 때문이다.

"신미일에 점친다. 토지신에게 비를 구할까?"[36]

이 역시도 왕이 직접 제사 지낼 정도로 토지는 중요한 숭배 대상이었다. 『설문해자』에서 "토土는 땅이 만물을 토해내는 것이다."[37]라고 하며, 만물 생성의 기초로 토지를 말했다. 그 토지신을 사社로도 표시했다. 신의 의미로 토는 사라고도 했다. 그런데 이렇게 제사의 대상으로 쌓아올린 흙은 쉽게 무너졌다. 그래서 사람들은 돌로 흙을 대신했다. 돌을 세워 사로 삼은 것이다. 『회남자』에 "은나라 사람들의 예법으로 사에 제사 지내며 이를 돌로 썼다."[38]라고 한 것도, 은허 유적에

---

35) 唐冶澤, 『甲骨文字趣釋』 重慶, 重慶出版社, 2006年, 229면 참조.
36) 『합집』 33959: 辛未卜. 求于土雨?
37) 『설문해자』: 土, 地之吐生萬物者也.
38) 『회남자』「齊俗訓」: 殷人之禮, 其社用石.

서 발견된 제사의 흔적으로 제사석이 나열된 것도 이를 증명한다.[39] 아무튼 "사는 땅의 주인이다."[40]라고 생각하며 숭배했고, 그것은 곡식의 신[稷]과 더불어 '사직社稷'이라 말하며 함께 제사했다. 그리고 훗날 왕이 직접 제사하며 숭배 대상으로 삼았다. 그렇다면 사직은 숭배의 대상으로서 이미 갑골문에서부터 그 요소가 들어 있었던 것이다.

　　"묻는다. 왕이 토지신에게 고하는 제사를 지낼까?"[41]

　그런데 토지신이 황하와 산악의 신과는 다른 점은, 황하나 산악이 풍요로움과 해악을 함께 가져오지만, 토지는 상대적으로 해를 끼치기보다는 평안함, 평온함을 가져다준다는 점이다. 토지신에 제사하는 형태의 갑골문으로 매埋가 있다. 매의 모습은 소 또는 양 등을 땅에 묻는 형태이고, 매薶도 같은 형식의 제사이다. 은나라 문화제단 유적지에서 대량으로 동물의 뼈와 옥기玉器, 예기禮器가 함께 발견된 것도 매제埋祭의 구체적인 근거가 된다. 이때 제물로 동물은 물론 사람도 썼음을 갑골문 승㞢자의 형태로 알 수 있다. 승은 사람이 땅속에서 무릎 꿇고 두 손을 들고 있는 모습이다. 이렇게 인신을 제물로 사용한 것은 무정武丁 시기에 가장 많았고,[42] 복사 기록을 토대로 헤아리면 적어도 14,197명에 달한다. 보통 한 번 제사에 적게는 한 사람에서 많

───────

39) 唐冶澤,『甲骨文字趣釋』重慶, 重慶出版社, 2006年, 229~230면 참조.

40)『설문해자』: 社, 地主也.

41)『합집』34184: 貞. 王告土?

42) 갑골문 연구의 대가 董作賓은 字體와 내용에 나타난 특색을 기준으로 갑골문 시대를 모두 5기로 구분하고 있다. 제1기는 武丁, 제2기는 祖庚·祖甲, 제3기는 廩辛·康丁, 제4기는 武乙·文丁, 제5기는 帝乙·帝辛이다. 여기서 제신은 은나라 마지막 임금 紂王이다. 그런데 龜甲을 이용한 점복의 풍습은 은나라 이후인 漢代, 唐代까지도 지속되었다. (貝塚茂樹, 伊藤道治,『古代中國』東京, 講談社, 2008年, 142~143면 참조)

게는 수백 명을 사용했음을 은허 고고 유적에서 확인할 수 있다. 이 때 인신 제물로 사용된 사람들은 대개가 전쟁의 승리로 얻은 포로들과 극소수 무축巫祝과 노복奴僕이었다. 물론 그 가운데에는 제사 용도가 아닌 순장의 희생자들도 상당수 있다. [43]

은나라 사람들이 숭배했던 황하, 산악, 토지는 인류가 삶의 터전 속에서 늘 만나는 대상이었다. 때론 위협적으로 때론 풍요롭고 따뜻하게 다가오면서 인간의 삶과 분리할 수 없는 존재들이다. 고마우면서도 경계해야 할 대상이었기 때문에 인간이 이를 숭배하며 절대시한 것은 인류 생존 차원에서 불가피한 측면이 있다. 하지만 과학기술이 발달하고 인지가 계발되면서 새로운 자각이 싹텄고, 그런 가운데 전제권력의 연속성은 지속적으로 요청되었다. 자연물을 숭배 대상으로 삼으며 지도력을 과시했던 이들에게 뭔가 새로운 숭배 대상이 필요했다. 생존을 위한 자연물에 대한 제사 의식이 권력 유지의 중요한 절차이자 내용이었지만, 그것이 점차 무의미해지면서 또 다른 숭배의 대상이 필요했다. 정교일치사회 자연물 숭배가 정치권력 유지를 위한 요소로 작용했다면, 그것이 문명발달과 더불어 희석되면서 새로운 숭배대상이 요청되었던 것이다. 여기서 절대자로서의 '제帝'와 '상제上帝'에 대한 숭배의식이 등장했다. [44]

참고로 '상제'는 훗날 주나라 초기 문헌인『시경』『서경』이나, 이후 『주역』에서는 지고 무상의 '하늘[天]'을 상징했다. [45] 재미난 것은 '하늘'

---

43) 唐冶澤,『甲骨文字趣釋』重慶, 重慶出版社, 2006年, 343면 참조.

44) 갑골문에는 '상제'보다는 주로 '제'로 썼다. '제'와 '상제'의 차이가 무엇인가에 대한 뚜렷한 구분은 알 수 없기에 여기서는 모두 '상제'로 통일하여 표기한다.

45) 갑골문에 '天'은 주로 지명으로 사용되었고, 절대적 존재로서 숭배의 대상으로 사용되지는 않았다.(平岡武天,『經書の成立』創文社, 1983年, 174면 참조.

도 황하, 산악, 토지와 더불어 자연물에 속하지만, 갑골문에서는 이들 자연물처럼 지고 지존의 숭배대상으로 삼지 않았다는 점이다. 그러다가 주나라가 들어서면서 '하늘'과 '상제'가 호환되었고, 공동의 함의含意를 갖게 되었다. 은나라에서 절대적 의미로 사용되지 않던 '하늘'이 '상제'와 같은 초월적 존재로 부상했던 것이다.

(3) 절대자 상제와 조상신 숭배의식

『예기』에 "은나라 사람들은 신을 존숭하고 백성을 거느려 신을 섬기고, 귀신을 먼저하고 예禮를 뒤로 했다."[46]라고 하며, 신에 대한 존숭과 제사가 매우 중요하고도 빈번한 일임을 전해주고 있다. 여기서 은대 귀신숭배와 조상숭배가 중요한 의전이었음을 알려준다. 자연과 자연현상에 대한 이해도가 높아지면서 눈에 보이는 자연신에서 점차 눈에 보이지 않는 추상적 지고신至高神으로 숭배 대상이 바뀐 것이다.

특히 절대적, 초월적 존재인 '상제' 숭배의 모습은 갑골문 곳곳에 나온다. 은나라 '상제'는 하나라가 절대적 숭배 대상으로 삼은 '천天'과 결합해서 지고 무상한 존재로 표현되었다. 우주의 운행, 기후의 변화, 만물의 생성, 시간의 영원성을 상징하는 천개념과 결합한 상제는 은나라 최고의 절대신이었다. 풍흉을 주관하는 것은 물론 자연과 사회의 존망을 결정하는 절대적 존재로 여긴 때문이다. 기존에 황하, 산악, 토지신에게 기원했던 내용과 다른 요소를 상제에게 기탁하며 숭배하는 것은 은대 종교적 숭배대상의 또 다른 차원이라 생각한다.

---

46) 『예기』 「表記」: 殷人尊神, 率民以事神, 先鬼而後禮.

갑골문을 근거로 말한다면 상제가 자연현상과 인간사에 대한 전반적인 작용을 주관한다고 믿었다. 세분해서 말하자면 은나라 사람들이 숭배했던 상제는 크게 세 가지 측면에서 그 기능을 생각할 수 있다.

첫째, 자연신 숭배에서처럼 농경사회 인간의 생존과 직결되는 내용을 감당한다고 여겼다.[47]

둘째, 왕실의 안위를 결정한다고 생각했다. 앞선 숭배 대상 자연물과는 달리 상제는 인격적 존재로서 절대적 지위를 갖고 왕실의 안녕을 주관한다고 생각한 것이다.[48]

셋째, 전쟁의 승패를 관장한다고 여겼다. 나라의 운명이 걸린 전쟁의 승패를 상제에게 구한다는 것은 기존의 인간 생존 및 풍흉을 관장한다고 생각한 황하, 산악, 토지 등 자연신 숭배와는 양질 면에서 여러 가지로 다름을 확인하게 된다. 상제가 그 어떤 절대적 존재보다 강력한 힘을 지니고 있다고 생각한 것이다.[49]

은나라의 종교적 제사의식에서 상제가 차지하는 비중이 매우 컸음을 보여준다. 절대적 존재였던 상제에 대한 숭배의식이 은나라 사회에서 중요한 기능을 하였다는 것이다. 자연물 숭배에서 시작한 은나라의 초월자에 대한 숭배의식은 이제 상제로 이어졌고, 이것은 다시 '조상신' 숭배로 이어졌다. 물론 이때 조상은 왕가에 국한되며, 왕의 신격화와 직결된다.[50] 절대적 신위를 지닌 왕가의 조상은 자손과 나라의 안위를 책임지며 보호한다고 믿었다.

이렇듯 자연신, 상제, 조상신에 대한 숭배의식은 연속선상에서 이

---

47) 『합집』 14127: 帝其于生一月令雷? 『합집』 11921: 爭貞. 不其雨, 帝異.
48) 『합집』 9731: 帝不受我年? 『합집』 14188: 帝弗保于王? 『합집』 6746: 貞. 不唯帝令作我禍?
49) 『합집』 14171: 貞. 帝不唯降摧? 『합집』 14185: 己丑卜, 爭貞. 帝作伐?
50) 貝塚茂樹, 伊藤道治, 『古代中國』 東京, 講談社, 2008年, 149~150면 참조.

어져 나왔다. 그렇다고 칼로 자르듯 앞선 숭배대상이 완전히 새로운 신격으로 대체된 것은 아니다. 각기 공존하며 종교적 영향력을 확보하고는 있었지만, 그 비중 면에서는 자연신 - 상제 - 조상신의 흐름으로 달라진 것만은 분명하다. 다만 흥미로운 것은 상제 숭배와 조상신 숭배가 같은 시기에 나타나고 있다는 점이다.[51] 상제는 자연신과는 달리 추상적 존재이고, 조상신도 보이지는 않지만, 구체적 형체가 실재했다는 점에서 역시 자연신과는 다르다. 상제는 '천제天帝'라고 했고,[52] 우주 최고의 신으로 여겼다. 은나라 왕들은 돌아간 자신의 조상을 '제帝'라 칭하며, 그 권위를 천신과 함께 배열했다.[53] 일반적인 원시종교의 발달 과정상 물질적 형태의 자연신에서 점차 추상적 형태의 '상제'로 나아갔고, 실체가 있다가 돌아가서 보이지 않는 조상신을 이것과 같은 반열로 여기며 숭배한 것이다. 그런데 이것은 단순 종교적 신앙 대상의 변천이라기보다는 정치적 통치질서 안정을 위한 왕권강화책의 일환이었다는 데 주목할 필요가 있다. 조상신 숭배가 정치적 권력관계에서 그 정통성을 순수 혈통에서 확보하려는 의도가 숨어 있다는 것이다. 조상 제사가 단지 선조에 대한 추모나 숭배의식에 기원하기보다는 정치 이데올로기적 요소가 강하게 작용했다는 것이다.

---

51) 김경일, 앞의 책, 54면 참조.
52) 김충렬, 『중국철학사』 서울, 예문서원, 1994년, 121면 참조. 여기서 天은 농경문화의 산물, 帝는 유목문화의 산물로 표현했다. 늘 새로운 세계와 만나야 하는 유목민들은 미지의 세계에 대한 두려움을 떨칠 수 있는 의지처가 필요했고, 그것을 상제에 의탁했다는 것이다.
53) 唐冶澤, 『甲骨文字趣釋』 重慶, 重慶出版社, 2006年, 331면 참조.

3) 절대권력 유지를 위한 조상숭배 의식

(1) 조상제사

은나라 왕은 죽으면 제, 상제, 천제의 반열에 올라 인간사회와 자연을 지배한다고 여겼고, 후손들은 그런 조상을 숭배하며 제사의 대상으로 삼았다.[54] 조상을 절대적 신격神格으로 모신 것이다. 그리고 그런 조상신을 잘 숭배하면 복을 받고 화를 면한다고 믿었는데, 사실 그 이면에는 왕권안정이 필요했던 은대 왕실의 정치적 의도가 숨어 있다. 순수한 조상숭배의 의도라면 정치적 의미는 배제되어야 마땅하나 은대 조상신 숭배는 철저한 정치적 안정을 위한 의도로 조직되었다. 조상신이 현실 정치와 결합하며, 정치 안정의 중요한 기제로 작용한 것이다. 특히 앞서 지적한 오종제사五種祭祀가 나온 이후로 이는 더욱 공고히 전개되었다. 조상숭배를 통치 질서의 가장 중요한 요소로 삼은 것이다. 왕조의 조상들을 신격화하면 할수록 후대 왕들은 안정된 통치를 할 수 있었기 때문이다. 왕권 강화를 위해 신권을 활용한 셈이다. 은대 왕들은 상제의 합법적 대리인이었고, 조상(상제)의 명령에 복종하는 것을 당연한 책무라 여겼다. 사회문제를 푸는 열쇠를 천상의 조상, 상제에 의탁하는 복서卜筮 행위로 정치의 가장 핵심적인 요소로 삼았다. 그것이 곧 갑골문의 상당 부분을 차지하였다.

은나라 초기만 하더라도 타 부족이 함께 지도층으로 공존했기 때문에 은대 왕들은 자신들의 조상 아니고서도 다른 부족의 절대신(자

---

54) 왕의 廟號로 帝丁, 帝乙, 帝甲이라 한 것도, 또 은나라 이전의 하나라 왕들을 五帝라 한 것도, 또 훗날 天子를 皇帝라 한 것도 왕가의 조상을 帝, 곧 上帝의 반열에 올려놓은 사례라 하겠다.

연신)들도 존중하였다. 하지만 시간이 갈수록 절대왕권의 필요성이 대두되었고, 그러기 위해서는 자신들의 신이 무엇보다 상위에 있어야만 했다. 여타 부족들과 주종관계로 발전하면서 은대 왕들의 조상들은 절대 신적 위치에 올라야만 했다. 은대 사회의 정치적 안정을 위해서 은대 왕들의 조상은 지고신의 상제가 되었고, 은족은 선민의식을 갖게 되었다.[55] 다른 부족의 신들은 상대적으로 무시되었고, 때로는 타 부족 사람을 제물로 사용하기도 했다. 조상제사를 종법제도와 효개념 출발의 한 단서로 본다면, 은대 효문화는 거역할 수 없는 절대 복종의 요소를 애당초 갖고 있었던 셈이다.

제사의식 가운데 '체제禘祭'는 최고의 의미를 갖는데, 은대 갑골문에서는 '제帝'와 '체禘'를 하나로 보며 구별하지 않았고, 많은 경우 '제'를 '체'로 여기는 일도 있었고, '체제'는 '제천祭天' 혹은 조상제사를 일컫는 말로 사용하였다. 조상제사를 최고의 제전으로 치르며 무엇보다 중대하다는 의미를 부여한 것이다. 오로지 군왕만이 '체제'를 지냈고, 그 대상은 왕의 시조신이었다.[56] 제물로도 최고의 의미를 담아 고기를 겹겹이 쌓아 놓고 제사하였는데, 갑골문에서는 이를 '조俎'라고 했다. 조는 고깃덩어리로 조상을 제사한다는 뜻으로 쓰였다.[57] 조상제사가 그 어떤 제사보다 중요하고 강조되었음이 갑골문 곳곳에 표현된 것이다.

그 흔적은 『서경』을 통해서도 알 수 있다. 은대 반경盤庚은 도읍을

---

55) 고재욱, 「하은주 시기의 사회사상 연구」 한국중국학회, 『中國學報』 第六十四輯, 2011년, 12월, 378면 참조.
56) 唐冶澤, 『甲骨文字趣釋』重慶, 重慶出版社, 2006年, 335면 참조.
57) 唐冶澤, 『甲骨文字趣釋』重慶, 重慶出版社, 2006年, 337면 참조.

은殷 땅으로 옮기고,[58] 나라 이름도 상商에서 은殷으로 바꾸려고 계획하자 주변의 반대가 심각했다. 갑골문이 반경 이후의 것이고, 아직 정설은 아니지만 대략 기원전 1300~1046년 경으로 그 내용은 주로 점치는 것이었다. 반경이 천도에 대한 의견을 하늘과 조상에 의뢰하며 도움을 구한 것이다. 동시에 조상들이 이룩한 은대의 정치 사회적 안정을 존중하며 이어가야 할 책무가 본인에게 있음을 강조하려고 했다.[59] 반경이 천도를 계획한 것은 황하의 잦은 범람이 백성의 생명을 앗아갔고, 이를 방지하기 위해서는 도읍을 옮기는 것이 필요하다고 생각했다. 그러므로 갑골문의 내용은 이런 천도의 뜻을 하늘과 조상에 의뢰하며 물은 내용임과 동시에 정치적 안정 도모를 위한 뜻에서 존조尊祖 관념을 활용한 것이다. 여기서 중요한 종교적 신앙관의 변화를 보게 되는데, 곧 황하가 더 이상 숭배의 대상이 되지 못한것과, 그 자리에 조상이 들어섰다는 점이다. 황하 범람은 자연현상의 하나일 뿐 충분히 피할 수 있는 재앙이라 여긴 것이다. 대신 조상의 존재를 자연스레 부각시키며 조상을 존숭하는 태도를 보였다. 그렇다고 처음부터 조상이 신적 존재로 부각된 것은 아니다. 조상신이 숭배의 대상으로 구체화 된 것은 조갑祖甲 년대에 이르러서이다.[60] 조갑에 이르러 갑골문 왕王자도 달라졌다. 갑골문에 표현된 임금 왕은 모두 세 가지 형태인데, 초기에는 큰 대大 아래 한 일一자가 있는 모습이었다가 조갑시대에 와서 큰 대에 위로 한일자 한 획을 더

---

58) 盤庚이 은 땅, 곧 殷墟에 정착하고 종묘를 세우고 제사를 지내는 공간으로 삼았다. 또 당시 갑골문을 사용하였음은 이곳에서 3만 여개의 갑골문이 나온 것으로 확인할 수 있다. (尹乃鉉,『商周史』서울, 민음사, 1985년, 34면 참조)

59)『서경』「商書·盤庚」: "盤庚遷于殷, ... 卜稽曰, 其如台. 先王有服, 恪謹天命, ... 紹復先王之大業, 底綏四方." "兹予大享于先王, 爾祖其從與享之, 作福作災, 予亦不敢動用非德."

60) 김경일, 앞의 책, 73~75면 참조.

그은 하늘 천天자 모습에 아래 한 일一자가 더해졌다. 그리고 그것이 점차 지금 사용하는 형태의 임금 왕王자로 발전했다.[61] 아무튼 조갑 시대에는 왕 자의 글자 형태도 달라지고, 황하같은 자연신 숭배도 점차 줄어들고 대신 조상신이 그 자리를 차지한 것이다.

(2) 왕실 직계 가족에 대한 숭배의식

조갑은 무정武丁의 둘째 아들로 스스로 왕이 되는 것이 옳지 않다고 여기며 오랫동안 낮은 지위의 백성[小人]으로 지냈다. 조갑이 왕이 되는 것을 사양한 것은 형 조경祖庚이 있었기 때문이다. 하지만 아버지 무정은 형 조경보다 동생 조갑이 더 낫다고 여기며 조갑을 왕으로 삼으려고 했다. 그런데 그것을 불의라 여긴 조갑은 민간에 숨어 살다가 막상 즉위하자 하층 백성들의 어려움을 잘 이해하고 그들을 보호, 사랑했다. 홀아비나 과부들도 감히 업신여기지 않았고, 33년간 치세를 잘했다고 기록에 남았다.[62] 그런 조갑을 두고 훗날 주공은 주대 문왕文王, 은대 고종高宗(무정武丁), 중종中宗(조을祖乙)과 더불어 슬기로운 왕이라 칭송했다.[63]

그런데 무엇보다 주목되는 것은 조갑 년대에 이르러 자연신 숭배 사상이 점차 줄어들고 조상신 숭배가 부각되었다는 점이다. 그것도 직계 혈족 중심의 조상숭배가 대종을 이루었고, 왕실 혈족이 아닌 왕

---

61) 張政烺,『甲骨金文與商周史研究』北京, 中華書局, 2012年, 182면 참조.

62)『서경』「周書·無逸」: 其在祖甲不義惟王, 舊爲小人. 作其卽位, 爰知小人之依, 能保蕙于庶民, 不敢侮鰥寡. 肆祖甲之享國, 三十有三年.

63)『서경』「周書·無逸」: 周公曰, 嗚呼. 自殷王中宗, 及高宗, 及祖甲, 及我周文王, 玆四人, 迪哲.

해王亥나 이윤伊尹 같은 경우는 숭배대상에서 점차 배제됐다.[64] 숭배
대상이던 은대 왕실의 계보는 크게 6명의 선공先公과 37명의 선왕先
王이 있다. 선공에는 기夔, 시兕, 토土, 계季, 왕해王亥, 왕항王恒이 있고,
선왕으로는 상갑上甲, 보을報乙, 보병報丙, 보정報丁, 시임示壬, 시계示癸,
대을大乙, 대정大丁, 외병外丙, 남임南壬, 대갑大甲, 호조정虎祖丁, 대경大
庚, 소갑小甲, 옹이邕己, 대무大戊, 중정中丁, 외임外壬, 전갑戔甲, 조을祖
乙, 조신祖辛, 호갑虎甲, 남경南庚, 조정祖丁, 강갑羌甲, 반경盤庚, 소신小
辛, 소을小乙, 무정武丁, 조경祖庚, 조갑祖甲, 강조정康祖丁, 조신祖辛, 무
을武乙, 문무정文武丁, 부을父乙, 제신帝辛이 있다.

이들 선공과 선왕에 대한 제사를 무정시대에는 예외 없이 시행했
지만, 조갑시대 오종제사에 와서는 일부 사라졌고 주로 선왕들을 대
상으로 치렀다.[65] 이는 아마도 은대 왕실의 순수 혈통만을 골라서 제
사 지내며 나타난 현상이라 할 수 있다. 여기서는 조상신으로 숭배되
었던 기夔, 상갑上甲, 이윤伊尹에 대한 갑골문 내용을 살펴보려고 한
다. 먼저 기에 대한 숭배의식과 내용이다.

> "갑자일 점복을 치면서 정인 쟁이 묻는다. 조상신 기에게 풍년을
> 구하면서 소 여섯 마리로 료燎제사를 지낼까?"[66]

여기서 그 특징을 셋으로 나눠서 말할 수 있다.

---

64) 張永山, 「從卜辭中的伊尹看民不祀非族」『古文字硏究』第22輯, 北京, 中華書局, 2000年, 2~5
  면 참조.
65) 김경일, 「殷代 '出組' 5種祭祀 관련 갑골문 텍스트를 통한 유교 조상숭배 문화의 기원 연구」한
  국중어중문학회, 『中語中文學』第41輯, 2007년 12월, 35~36면 참조.
66) 『합집』10067: 甲子卜, 爭貞. 求年于夔, 燎六牛?

첫째, 조상신 기는 앞서 살핀 황하, 산악, 토지의 자연신처럼 풍년
을 관장하는 역할을 한다. 인간의 기본적인 생존을 위한 농사를 관장
하는 신이다. 농업의 수호신으로 조상신 기가 묘사된 내용이다.[67] 그
런데 기는 은나라 왕실과 직접적인 혈연관계가 없는 관계로 조상신
숭배 대상에서 사라졌다. 왕실의 혈연적 적통성이 중시되면서 조상
신으로서의 권위가 상실된 것이다. 한편으론 은대 초기 조상신 숭배
가 일관성이 부족했던 것이기도 하다.[68] 이는 아마도 안정된 통치 질
서의 부재가 원인일 수도 있다.

둘째, 상갑에 대한 제사 의식이다. 갑골문의 갑甲자는 열 십十자처
럼 쓰였는데,[69] 구체적으로 무엇을 상징하는지 의견이 분분하다.[70]
『설문』에서는 "동쪽의 으뜸이다. 양기가 처음으로 움직이기 시작한
다. 나무가 껍질을 (위에) 이고 있는 모양을 상형하였다."[71]라고 했다.
훗날 갑이 천간天干의 으뜸을 상징한 것도 갑골문의 이런 본질적 의
미를 포함하고 있다. 여기서 말하고자 하는 상갑은 은대 선조들을 나
타낸다. 갑골문에 보이는 선왕 중 갑이라 칭한 사람은 6명이고,[72] 갑
자는 모두 열 십十자와 비슷한 글자로 썼다. 그 가운데 유독 상갑의
갑은 입 구口 안에 열 십十이 있는 밭 전田 자와 비슷하게 썼는데, 우두

---

67) 赤塚忠, 『中國古代の宗敎と文化』東京: 角川, 1977年, 299~304면 참조.

68) 김경일, 앞의 책, 62~63면 참조.

69) 『설문』에서는 甲자의 열 十을 "一에서 시작하여 十에서 드러나고 한 해 만에 나무로 자라는 형
   상이다." (始於一, 見於十, 歲成於木之象.)고도 했다.

70) 于省吾, 『甲骨文字釋林』北京, 商務印書館, 2012년, 347면에서는 郭沫若이 "十爲魚鱗之象形."이
   란 해석을 비롯한 다양한 연구결과물을 제시하며 아직 그 어느 것도 정설은 없다고 소개한다.

71) 『설문』: 東方之孟, 易气萌動, 从木戴孚甲之象.

72) 은나라는 보통 B.C.16~11세기에 해당하는데, 甲자를 사용한 왕은 4대 太甲, 7대 小甲, 12대 河
   亶甲, 15대 沃甲, 18대 陽甲, 24대 祖甲이다.

머리, 곧 상제를 뜻한다.[73] 그런 상제와도 같은 조상신 상갑에게 은대 왕들은 점을 치며 기원한다.

"상갑이 반드시 비로 화를 내릴까?"[74]

"정축일에 점복을 치면서 정인 빈이 묻는다. 상갑에게 풍년을 구하는 료제를 지내며 세 개의 작은 우리에서 기른 소 세 마리를 사용할까?"[75]

료제燎祭는 희생제물을 불살라 하늘로 오르는 연기로 천상에 있는 조상신이 흠향한다는 뜻으로, 『이아爾雅』「석천釋天」에 "제천祭天은 번시燔柴"라고 한 것과 같다. 이렇게 불살라 제사 지내는 것은 보통 체제禘祭 때 사용하였고, 이후로도 지전紙錢, 지인紙人, 지마紙馬를 태워 연기를 하늘로 올려보내는 형식을 취했다.[76] 오늘날 제문을 불사르는 것도 그 제사의 방법을 이어가는 것이라 할 수 있다. 료燎의 갑골문은 타는 불 위에 사람이 하늘로 향해 입을 크게 벌리고, 두 손을 교차하고 서있는 형태이다. 큰 가뭄에 비를 구하는 제사를 지내며 사람을 불로 태우는 모습이다.[77] 여기서 상갑은 자연신처럼 비와 풍년을 관장하는 신이다. 자연물 숭배의 대상과 그 위상이 다르지 않다. 그

---

73) 于省吾, 『甲骨文字釋林』 北京, 商務印書館, 2012年, 349면 참조.
74) 『합집』 12648: 唯上甲禍雨?
75) 『합집』 10109: 丁丑卜, 賓貞. 求年于上甲, 燎三小牢, 卯三牛?
76) 과거에는 소, 양, 개, 돼지를 희생제물로 태워 료제를 지냈는데, 비를 구하는 제사 때에는 사람을 제물로 태우는 경우도 있었다. 대표적으로 은나라를 건국한 湯王이 가뭄이 심각하자 人牲을 썼다고 한다. (唐冶澤, 『甲骨文字趣釋』 重慶, 重慶出版社, 2006年, 342면 참조)
77) 燎와 비슷한 의미와 형태를 지닌 글자로 烄, 赤이 있는데, 이 글자들도 불로 사람을 태워 제사 지내는 모습이다. 이로부터 은대 제사문화를 정리하면 人身제사가 제법 많았음을 알게 된다.

렇지만 상갑은 은나라 왕실의 조상신이므로 왕실의 안위를 관장하는 권위도 갖는다. 왕실의 존망을 책임지는 지위이다. "상갑이 왕에게 해악을 내리지 않을까?"[78]라고 해서, 같은 조상신의 위치에 있더라도 '기'는 자연신과 역할과 기능에 큰 차이가 없지만, 상갑은 앞선 상제와 더불어 왕조의 존망을 관장하는 지위에 있음을 보게 된다. 훗날 왕들이 조상신과 자연신을 모신 종묘사직에 직접 제사한 것도 이런 은나라의 숭배문화가 자연스레 이어진 것이다.[79] 궁궐을 중심으로 조상신을 모신 종묘를 왼쪽(동쪽)에, 토지와 곡식의 신을 모신 사직을 오른쪽(서쪽)에 설치하고,[80] 종묘사직의 제사를 국가 대사로 여겼던 것이다.

셋째, 이윤에 대한 제사이다. 이윤은 은나라 왕실과는 직접적인 관련이 없는 조상신이라는데 특징이 있다. 본래 갑골문에 보이는 이윤은 질병을 치료하는 사람의 모습이다. 뛰어난 의사를 표현한다. 이伊의 인人은 등을 대고 있는 사람이고, 윤尹은 침을 들고 있는 사람이다. 곧 치료하는 모습이다. 또 한편으로 윤尹은 대윤大尹, 부윤府尹 하듯이 관직명을 나타낸다. 그래서 은나라의 뛰어난 명신을 이윤이라 불렀다. 나라를 잘 다스리는 사람을 이윤이라 하며, 신성한 정치지도자의 의미를 지닌 군君의 한 형태로 표현했다.[81] 여기서 유추해 볼 수 있는 것은 최고지도자는 치료행위에도 능해야 함을 알 수 있다. 『상서』와 『사기』에서는 그런 이윤을 실제 인물로 표기하며 은나라 탕

---

78) 『합집』 811반: 上甲弗崇王?
79) 貝塚茂樹, 伊藤道治, 『古代中國』東京, 講談社, 2008年, 161면에서는 종묘 제사를 혈연의 단결을 주축으로 도모하였다면, 사직 제사는 지배계급과 피지배계급의 결합을 도모하였다고 말한다.
80) 唐冶澤, 『甲骨文字趣釋』重慶, 重慶出版社, 2006年, 332면 참조.
81) 唐冶澤, 『甲骨文字趣釋』重慶, 重慶出版社, 2006年, 140~141면 참조.

왕湯王을 도왔다고 했다. [82] 또 그가 「이훈伊訓」「사명肆命」「조후徂后」등
을 지었다고 한다. 「이훈」은 『고문상서』의 한 편으로 남아 있지만, 「사
명」과 「조후」는 전하지 않는다. 탕왕의 아들 태정太丁이 즉위하지 못
하고 죽자 그 동생인 외병外丙과 중임中壬이 즉위하였다. 하지만 각기
3년, 4년 만에 죽었고, 이윤이 탕왕의 손자인 태갑太甲을 즉위시켰다
는 기록이 『사기』「은본기」에 나온다. 그런데 태갑도 도덕적으로 문
란하다며 이윤이 직접 섭정하면서 제후들의 조회를 받았는데, 태갑
이 자신의 과오를 뉘우치고 훌륭한 인물이 되었음을 알고는 다시 정
권을 돌려주었다는 기록이다. [83] 갑골문에 보이는 이윤은 은나라에
혁혁한 공을 세우고 당당히 조상신의 반열에 오른 인물이다.

　　"묻는다. 이윤에게 도움을 청하는 제사를 지내지 말까?"[84]

　　"묻는다. 이윤이 우리 상나라 왕실에 해를 미칠까?"[85]

　왕의 신하이면서도 왕들의 제사를 받는 절대적 존재로 이윤이 등
장한다. 이는 그만큼 은나라 왕실이 튼실해지는 데 이윤의 역할이 지
대했음을 의미한다. 또한 신하였기 때문에 신하를 보호하는 역할도
하였음을 알 수 있다.

---

82) 『상서』「湯誓」: 伊尹相湯伐桀, 升自陑. 『사기』「本紀第三殷」: 伊尹處士, 湯使人聘迎之, 五反然後
　　肯往從湯. 言素王及九主之事, 湯擧任以國政.
83) 『사기』「本紀第三殷」: 湯崩, 太子太丁未立而卒, … 伊尹作伊訓, 作肆命, 作徂后. 帝太甲旣立三
　　年, 不明, 暴虐, 不遵湯法, 亂德, 于是伊尹放之于桐宮. 三年, 伊尹攝行政當國, 以朝諸侯. ….
84) 『합집』9856: 貞. 勿侑于伊尹?
85) 『합집』4386: 貞. 伊尹崇我?

"묻는다. 이윤이 우리 (은나라 왕실의) 신하들을 보호하지 않을까?"[86]

그렇지만 이윤은 은나라 왕족의 직계 혈통이 아니기 때문에 그의 절대적 지위는 한계가 있었다. 조상신으로서 이윤은 한계가 분명했다. 은 왕실의 순수 혈통에 대한 제사의식이 자리하면서 무정시대까지 있던 이윤에 대한 숭배가 사라진 것이다.[87] 은나라를 세운 탕왕을 도왔던 이윤이라도 왕족의 순수 혈통이 아니기 때문에 그는 제사의 대상에서 빠진 것이다. 이는 전과 다른 통치 질서의 확립이고 순수 혈통에 입각한 가족주의의 전개이다.

(3) 순수 혈통주의와 종법제도의 정착

종법제도는 언제부터 시행되었을까? 요순우堯舜禹 시대부터 존재하였고, 그것을 은대 사회가 계승했고, 주대 초기에 극성을 이루다가 동주東周 이후로 쇠잔해졌다고 하는 주장,[88] 대소종大小宗의 제도가 반드시 주대 사회보다 훨씬 이전 사회로 소급할 수 있다는 주장[89] 등을 놓고 본다면 종법사회는 주나라 이전 시행되다가 주대에 활발히 전개되었다고 봄이 타당하다.

---

86) 『합집』3481: 貞. 伊尹弗保我史? (여기서 史는 관리, 신하를 의미한다.)
87) 무정이후 오종제사를 통한 제사의 대상이 오로지 조상으로 국한되었다는 주장은 董作賓, 陳夢家의 연구성과이지만, 上帝나 왕실 조상이 아닌 조상에 대한 제사 기록이 전혀 없는 것은 아니다. (김경일, 「殷代 '出組' 오종제사 관련 갑골문 텍스트를 통한 유교 조상숭배 문화의 기원 연구」한국중어중문학회, 『中語中文學』第41輯, 2007년 12월, 32~33면 참조)
88) 李震, 「三代宗法社會的起源與發展」臺灣, 中國歷史學會, 『史學集刊』第八期 1976年 5月 및 文智成, 「周代 宗法制度의 施行範圍에 관한 考察」대전대학교사회과학연구소, 『大田大學校論文集』第11卷 第2號 (人文·社會科學編) 1992년 9월, 46면 참조.
89) 李宗侗, 『中國古代社會史』臺灣, 中國文化大學出版部, 1954年

은나라에 족보가 존재했을까? 갑골문에 간단한 흔적이 보인다. 무정시대 수골각사獸骨刻辭에 한 개 귀족 가문의 11대 선조의 사명私名이 나온다. 그것도 은나라 초기부터 시작된 것이고, 남자를 세계世系의 중심으로 삼은 족보이다. 은대 후기 병장기에 기록된 명문銘文에도 여섯 혹은 일곱 개의 조부형祖父兄의 기일忌日이 기재되어 있는데, 이 역시도 남자 중심의 계보로 보인다.[90] 일부 귀족이기는 하나, 또 몇 글자에 지나지 않지만, 은대 가족주의가 일부 형성되었음을 보여주는 중요한 기록이다.

은대 조갑시대에 이르러 자연신 숭배가 줄어들고 조상신 숭배가 가장 중요한 제사의식이라 했다. 자연물을 숭배하던 제사에서 점차 조상신을 주로 모시는 형태의 제사가 자리했다. 갑골문부터 시示자는 제단을 상징하고, 제사 관련 글자에는 대개 시자를 부수로 사용할 정도로 시는 제사의 대명사처럼 여겨졌다. 그 시가 복사卜辭에는 대시大示, 소시小示로 표현되었고, 그것은 곧 직계 조상을 뜻하는 대종大宗과 방계 조상을 뜻하는 소종小宗이 되었다.[91] 이미 은대 조상신 숭배의식을 통해 종법제도가 제도화하는 과도기적 흔적이 보인다. 이는 단지 종교의식이기보다는 혈통 중심의 통치권이란 차원에서 해석된다. 왕의 단일 조상에 대한 제사는 통치의 정통성 확보 차원에서 매우 중요한 의미를 갖는다.

순수 혈족만을 기리는 것은 정치적 목적과 무관할 수 없다. 사회 안정과 결속을 다지는데 왕족의 조상신에 대한 제사의식은 중요한 의미를 지닌다. 당시 고대사회에서 나라의 큰일이 제사와 전쟁이라는

---

90) 于省吾,『甲骨文字釋林』北京, 商務印書館, 2012年, 195면 참조.
91) 唐冶澤,『甲骨文字趣釋』重慶, 重慶出版社, 2006年, 332면 참조.

말이[92] 있듯이 제사는 무엇보다 중요한 일이다. 제사의 대상이 구체적인 자연물이든 추상적인 상제이든, 아니면 조상신이든 그에 따른 제사 행위는 백성의 안위는 물론 나라의 운명을 신탁하는 매우 중요한 일이다. 그중에서도 왕의 조상에 대한 제사는 하나의 혈통을 숭배한다는 점에서 사회와 나라의 통치 질서를 위해서는 더욱 중요한 의미를 지녔다.

> "임인일에 점복을 치면서 묻는다. 왕이 친히 조상 외임의 혼령을 맞으며 깃털을 사용하는 제사를 지내면 근심이 없을까?"[93]

익翌은 깃털의 상형문으로 새의 깃털을 들고 춤추며 행하는 제사의 식이다. 훗날 『주례』「악사」에 "춤에는 오색의 기를 들고 추는 불무가 있고, 깃털을 들고 추는 우무가 있다."[94]라고 하는 언급에서 그 흔적을 찾을 수 있다.

조상제사의 내용과 방법이 실려 있다. 그런데 그 조상신은 특정한 하나가 아니다. 정통성을 이어 내려간 조상 모두를 가리킨다. 그들 모두를 제사의 대상으로 삼았다.

> "계미일에 점복을 치면서 묻는다. 다음날 갑신일에 무엇인가 구하는 걸의 제례에서 술을 쓰고, 조상 상갑으로부터 후대의 다른 조상들에게 여러 제사를 함께 지내는 합제로의 제례와 연합제인 협제례를 지내면 (나쁜 일이) 없을까?"[95]

---

92) 『좌전』「성공13년」: 國之大事, 在祀與戎.
93) 『합집』22876: 王寅卜, 貞. 王賓外壬翌, 亡尤?
94) 『주례』「樂師」: 凡舞, 有帗舞, 有羽舞.
95) 『합집』22651: 癸未卜, 貞. 翌甲申乞酉, 彡自上甲衣至于毓, 亡?

여기서 "상갑으로부터 후대의 다른 조상들"이란 내용은 조상 제사의 특징이 한 조상신을 대상으로 하지 않았음을 알려준다. 훗날 종묘에서 왕들의 열조를 함께 모시고 제사 지내는 모습이 연상된다. 이는 왕가의 결속도 중요한 문제이지만, 열조를 이어온 왕가의 정통성을 순혈주의 입장에서 강조하기 위한 의도적 표현이라는데 그 의미가 있다. 순수 혈통으로서의 열조가 절대적인 상제와 비견된다. 조상신을 절대화하려는 의도가 보인다. 조갑이 아버지 무정에게 올린 제사 의식에서 찾을 수 있다.

"갑... 일에 묻는다. 아버지 무정이 .... 있을까?"[96]

"갑술일에 점복을 치면서 왕이 친히 묻는다. 상제의 반열에 있는 아버지 무정에게 아뢰는 제사를 지내지 않아도 화가 없을까?"[97]

"을묘일에 점을 친다. 해를 마감하는 세 제사를 상제 반열에 있는 무정에게 제사 지내며 소 한 마리를 쓸까?"[98]

조갑은 아버지 무정에게 제사를 드리며 아버지를 상제와 같은 반열에 있다고 했다. 종교적 초월자 상제에 조상들을 갖다 붙인 것이다. 조상에 대한 절대적 의미를 상제에 의탁하며 조상신을 제사한 내용이다. 위 문장에서 처음에는 아버지 무정을 부정父丁이라 했고, 다음 내용에서는 제정帝丁이라 했다. 정은 실제 이름이니 고유 명칭이

---

96) 『합집』 24982: 甲...日貞. ...父丁 ... 有...?
97) 『합집』 24982: 甲戌卜, 王日貞. 勿告于帝丁, 不禍?
98) 『합집』 27372: 乙卯卜. 其又歲于帝丁, 一牛?

라면, 아버지[父]와 상제[帝]는 절대자를 상징하는 실질적 의미이다. 아버지 무정을 상제와 동격으로 표현한 것이다. 조갑이 죽고 그 후대 왕들이 조갑을 제사 지낼 때에도 그를 제갑帝甲이라 말한 것도 역시 상제의 지위로 조갑을 표현한 것이다.

"묻는다. 상제 조갑 이전부터 조상신에게 또 제사를 지낼까?"[99]

조상제사가 단순 의례적 행위이기보다는 다른 더 큰 목적의식이 그 안에 담겨 있다. 조상이 상제의 반열에 있는 신격을 지니면서 그를 제사하는 후손들도 그 격을 유지할 수 있다는 점에서 이는 단순 종교적 차원보다는 오히려 일원적 통치 질서 확립을 위한 수단과 방법으로 조상신 숭배가 활용된 것이라 생각한다. 은대 사회 제사의식이 매우 중요한 국가 대사였고, 정치적 행위였기 때문에 더더욱 그러하다.

4) 불효不孝, 불충不忠의 연속성

(1) 효와 충의 관계

유교문화 공동체의 중심에는 가족이 있고, 가족의 중심축에는 부자관계가 있다. 이는 은나라 갑골문에서부터 시작됐다. 아버지를 뜻하는 '부父'의 갑골문 형태는 막대기를 들고 있는 모습이다. 청동기 문자에 나타난 형상도 불씨 또는 도끼를 들고 있는 모양인데, 불씨는 종

---

99) 『합집』 27437: 貞. 其自帝甲又止?

교적 제례의 집전자를 의미하고, 도끼는 정치적 지휘권이자 경제적 책무를 상징한다. 또 도끼는 나무를 베거나 짐승을 잡는 도구로 사용되었으니, 남녀의 역할이 이미 분화되었음을 상징한다. 결국 부란 종교, 정치, 경제적 실권자 내지는 담당자임을 표현한다. 『설문』에서 "부는 법도이다. 가장은 이끌고 가르치는 자이다. 손에 막대기를 들고 있는 것을 따른다,"[100]라고 하며 그 의미를 구체화했다.

한편 아들[子]과 아버지[父]가 함께 표현된 '교敎'란 글자가 스승의 임무를 말한다면, 아버지는 지도자[君]와 스승[師]의 역할을 동시에 하고 있다. 여기서 훗날 '군사부일체'란 말의 의미가 갑골문에서 비롯되었음을 알게 된다.[101] 한편으론 '교敎'의 우측 복攵을 부父가 아니라 회초리라 하고, 좌측 상단의 효爻를 산주算籌, 곧 산가지로 셈하는 형태라 하고, 혹은 '결승結繩' 문자라 하며 자제를 교육하는 모습으로 교敎를 설명한다. 이는 학學자에도 보이는 효爻도 결국은 셈법이 되었든 결승문자가 되었든 공부의 내용을 담고 있는 것만은 분명하기에, 교학敎學은 모두 자子가 공부한다는 의미이다.[102] 막상 갑골문에 "우대학심于大學尋"이란 말이 나오는데, 이미 은나라에 대학大學이 있었다는 말이다. 그렇다면 당연히 소학小學도 있었을 것이다.[103] 『예기』「왕제」편에 "천자가 가르칠 것을 명한 후에야 학교를 세울 수 있었다. 소

---

100) 『설문』: 父, 矩也. 家長率敎者, 從于擧杖.

101) 은대 갑골문이나 청동기 문자에 아들을 뜻하는 '子'는 단순히 개별적 아들이 아니라 왕실의 사내아이들을 가리키고, 또 왕실의 보호를 받는 특별한 계층으로 그들에 대한 존칭이다. 따라서 훗날 공자, 맹자, 순자, 노자, 장자, 묵자, 한비자 등 각 학파의 스승이나 지도자를 자로 존칭한 것도 애당초 갑골문과 청동기 문자에 이미 그 의미가 담겨 있었음을 알게 된다. (林澐, 「從武丁時代的幾種'子卜辭'試論商代的家族形態」『古文字研究』第1輯, 北京: 中華書局, 1979年, 322면 참조.)

102) 唐冶澤, 『甲骨文字趣釋』重慶, 重慶出版社, 2006年, 128~129면 참조.

103) 唐冶澤, 『甲骨文字趣釋』重慶, 重慶出版社, 2006年, 130면 참조.

학은 공궁公宮의 남쪽 왼편에 있고, 대학은 교외에 있는데, 천자의 나라에서는 (대학을) 벽옹辟雍이라 했고, 제후의 나라에서는 반궁頖宮이라 했다."[104] 정현鄭玄(127~200)은 이것을 두고 "소학과 대학은 은나라의 제도"라고 설명했다.

전통 유교사회의 특징은 '군사부일체'란 말이 보여주듯 가정과 사회와 국가공동체를 명확히 구별하지 않는다는 데 있다. 특히 가정과 국가에 대한 도리를 강조하며 나온 '효'와 '충'을 혼합해서 말하며 "효자 집안에 충신 난다."고 한 것은 '효'와 '충'을 연장선상에서 말한 경우이다. 이는 '불효不孝'가 '불충不忠'이 되는 구도이기도 하다. 그렇다면 여기엔 사상사적 동인이 분명 작용했을 것이다. 지금까지 봉건국가의 통치 질서를 위한 방편으로 효를 이용한 정치이데올로기란 말들은 많이 해왔지만, 그 본질적인 근원 찾기에 대한 연구는 많지 않았다. 갑골문에 주목해야 하는 까닭이다.

여기서 중요한 것은 아버지와 아들의 연속관계이다. 종교적, 정치적, 사회적 실권자를 상징하는 아버지가 역시 특별한 보호를 받는 아들에게 그 책무를 이양한다는 점이다. 또 그것은 제사의식을 통해서 그 연속성이 확인된다.

"묻는다. 내일 을묘일에 아버지 부을에게 도움을 구하는 유 제사를 지내라고 자어[105]에게 명할까?"[106]

정치, 종교, 경제, 사회적 실권을 쥔 아버지에게 제사를 지내는 것

---

104) 『예기』「왕제」: 天子命之敎然後爲學. 小學在公宮南之左, 大學在郊. 天子曰辟廱, 諸侯曰頖宮.
105) 여기서 '子漁'의 '漁'는 종족 명칭이다. (김경일, 앞의 책, 143면 참조)
106) 『합집』 2977정: 貞. 翌乙卯, 呼子漁侑于父乙?

은 앞서 언급한 조상제사를 통한 정통성 확보 차원의 일환이라 생각
한다. 제정일치 사회 그 통치권의 맥락이 부자 관계로 이어짐을 의미
하고, 그 권위의 대물림도 종교적 제사 행위를 통해서 이뤄짐을 알게
된다. 이 때 여성은 철저히 배제되었는데, 이로부터 훗날 유교문화가
부계 중심의 형태로 정착되었음을 확인한다. 은주殷周 교체기 청동기
의 발달은 모계사회에서 점차 부계 중심의 사회로 나아갔고, 또 정치
권력과 경제적 유산의 대물림이 형제兄弟 상속에서 부자父子 상속으
로 변모했다. [107]

이런 부계 중심의 주나라 종법사회의 틀은 이미 은나라 가족관계
에서 시작됐고, 은나라 사회에서 주나라로 바뀐 것은 단지 통치 세력
의 교체일 뿐 종법사회 가족주의는 오히려 강화되면서 그대로 계승
됐다. 서북쪽 유목민 중심으로 구성된 주나라가 고등한 문명을 이루
었던 은나라를 정복하면서 은나라의 가족문화를 그대로 계승한 것이
다. [108] 은대 문화가 주대 문화보다 월등했다는 증거는 사용한 문자에
서도 드러난다. 은대 갑골문이 대략 6,000여 자에 이르지만, 현재 파
악된 주대 청동기 문자는 대략 1,350자에 불과하다. 그마저도 대부분
갑골문을 빌려 쓴 형태이고, 문장 구성도 은대 갑골문보다 나을 것이
없다. [109] 문화강국 은나라를 대하는 주나라의 태도를 알려주는 기록

---

107) 張政烺,『甲骨金文與商周史研究』北京, 中華書局, 2012年, 111면 참조.
108) 청동기 기록과 고고학적 발굴 유물을 근거로 주나라 무왕이 은나라를 정복한 시기는 대략
   B.C.1046년을 계산한다. 주나라는 서쪽 유목민족이었기 때문에 문화적으로 은나라보다 열
   등했기 때문에 상나라의 고등한 문화를 그대로 계승할 수밖에 없었다는 것이다.『夏商
   周斷代工程專家組』『夏商周斷代工程1996-2000年階段成果報告』北京, 世界圖書出版, 2000年, 49면
   참조. 좀 더 자세한 하은주 문화의 연속성은 田昌五,『華夏文明의 起源』北京, 中國國際廣播出
   版社, 2010年, 180~184면 참조.
109) 김경일, 앞의 책, 151~155면 참조.

이『좌전』에 나오는데, 이는 은대 유민들을 은나라 옛 영토에 그대로
봉하고 그들을 주나라 영역으로 받아드리는 형태라 할 수 있다. 패전
국 은나라 유민을 포용하며 그들의 영토와 문화를 지속할 수 있도록
안배한 것은 단순 문화 포용이 아닌 수용의 태도를 보였기 때문이
다.[110]

이는 주대 종법제도가 은대 가족제도의 연속선상에 있음을 보여주
며, 그 중심에 조상숭배 의식과 부계 중심의 가족관계론이 있다. 유
교문화의 핵심인 가족제도와 종법사회는 결국 은대 가족제도의 산물
이고, 그것이 주대 완숙한 형태로 나타났는데, 그 이면에는 '효'라는
핵심가치가 있다. 주나라의 종법제도와 가족문화는 결국 강력한 효
개념과 그 문화를 만들었지만, 그 뿌리를 제공한 은대 갑골문에는 효
란 글자가 보이지 않는다는 점이 흥미롭다.

(2) 불효가 가장 큰 죄가 된 까닭

앞서 지적한 대로 갑골문에는 보통 부모공경을 상징하는 '효'란 글
자가 없다. 갑골문에 '효'자가 있다고 한 연구자가 없는 것은 아니나,
그에 대한 구체적인 설명은 없다.[111] 갑골문 전문가들의 연구를 집

---

110) 『좌전』정공4년에는 은나라 유민 여섯 종족, 곧 "殷民六族條氏徐氏蕭氏索氏長勺氏尾勺氏."를
　　 포용한 내용과 일곱 족속, 곧 "殷民七族, 陶氏, 施氏, 繁氏, 錡氏, 終葵氏. 封畛土略, 自武父以
　　 南及圃田之北竟. … 封于殷虛. 皆啓以商政."라고 하며, 그들에게 은나라 옛 영토를 봉하고 은
　　 나라의 정치를 이어가도록 했다는 기록이 전한다.
111) 高明이 편찬한 『古文字類編』서울, 동문선 영인본, 52면에는 효의 갑골문 표기가 있지만, 姚孝
　　 遂 主編, 『殷墟甲骨刻辭類纂』(北京, 中華書局, 1989)과 于省吾 編, 『甲骨文字詁林』北京, 中華
　　 書局, 1996)에는 효란 글자를 수록하지 않았다.

대성한 『갑골문교석총집甲骨文校釋總集』[112]에서는 효를 오히려 '봉封' 과 '자子'의 합문으로 정리했다. 갑골문에서 말하는 효는 부모공경의 의미가 아니라 관리자의 명칭이다. 효가 부모공경의 의미는 분명 아 니고, 개념적 의미로 고증하기에도 부족하다. 『설문해자』에서 말하 는 의미의 효는 주대 청동기 문자에 와서야 나타났다.

은대 '조상숭배'와도 같은 효를 창출할 만한 충분한 사회적 분위기 가 조성되었음에도 해당되는 글자가 없었던 것은 생각해 볼 필요가 있다. 조상제사와 관련된 글자와 내용들이 넉넉함에도 '효'란 글자가 없는 것은 부모 공경을 의미하는 순수 '효'개념이 없었다는 뜻일 수도 있다. 갑골문에 조상제사와 관련된 내용이 많이 나온다 하더라도 이 는 주로 왕족 중심이고 명칭은 주로 간지干支를 사용했다.[113] 이렇듯 조상제사는 집권층에 국한된, 매우 제한적인 경우에 머물렀다. 군주 중심의 일부 특권층만의 조상제사였기에 우리가 알고 있는 윤리적 의미의 일반적 효개념과는 다를 수밖에 없다. 조상에 대한 제사가 부 모공경의 효라고 한다면, 효는 정치적 의도라기보다는 순수 부모와 조상에 대한 공경의 표현이라 할 수 있다. 하지만 일부 특정인만의 특 수 목적에 의한 조상 공경의 표시로 나온 제사 의식이라면 이는 정치 적 의도와 방향에서 나온 일종의 정치이데올로기라 할 수 있다. 통치 권의 정통성 확인과 정치 사회적 안정을 위해 조상과 부모에 대한 제 사 의식을 동원한 것은 순수한 효개념과는 거리가 있다. 그 어떤 정

---

112) 曹錦炎, 沈建華 編著, 『甲骨文校釋總集』上海, 上海辭書出版社, 2006년, 권19, 6841면.
113) 갑골문에 보이는 조상제사는 주로 왕족을 중심으로 이루어졌고, 몇 가지 특징이 있다. 제사 의 대상 선조의 명칭과 왕명에 甲 乙 丙과 같은 간지를 사용하였고, 제사도 간지와 동일한 날 자에 시행하였다. 윤내현, 「갑골문을 통해본 은왕조의 崇神思想과 王權變遷」단국사학회, 『사 학지』9권, 1975년, 118면 참조.

치 행위보다 제사 의식이 엄중하고 성대했다고 한다면 이는 부모자녀 관계에서 나온 순수 윤리적 행위라고 할 수 없다. 정치적 목적을 갖고 부모공경의 제사를 이용한 것이라면 이는 유교문화의 조상제사는 일종의 정치 행위라 해도 틀리지 않다.[114]

『여씨춘추』에 '불효'를 가장 큰 죄로 여긴『상서』「탕형」이야기는 그런 점에서 눈여겨볼 만한 내용이다. 당시 은나라는 주변 지역과 비교해서 중심국이었고, 그런 개념을 사용하고 있었다. 이른바 '중상中商' 개념이다.[115] 갑골문에 나온 '중中'은 주변 사방의 '신神'에 둘러싸인 중심에 은나라가 존재한다는 뜻이다. 동서남북 사방의 공간적 중심에 은나라가 있음을 확인하며 강력한 지배 질서 체계를 구축하려는 뜻에서 '중中'이란 글자를 사용했다. 스스로 절대적 존재임을 밝히며 주변에 복종할 것을 강요하려는 목적이 들어 있다.

그렇다면 "삼백 가지 형벌 가운데 불효보다 무거운 죄가 없다."[116]고 한 내용도 소급하자면 왕조에 대한 반역의 의미가 강하게 작용했을 개연성이 높다. 당시 사회가 개인의 윤리 도덕적 요청에 따른 가정의 안정보다는 왕조의 통치 질서 안정이 우선 과제였기 때문에 가능한 해석이다.

---

114) 서주시대 좀더 강화된 종법제도가 이를 구체적으로 증명한다. 父를 중심한 종법제도는 국가 조직의 근간을 이루는데, 천자의 적장자는 大宗이 되어 천하를 이어가고, 차자는 소종이 되어 제후국의 중심이 되고 다시 제후국의 대종이 된다. 제후의 차자들은 소종이 되어 경대부로 봉해지고 거기에서는 대종이 되어 지역을 통치한다. 천자-제후-경대부가 결국 대종, 소종의 강력한 혈연관계로 얽혀 혈통을 근거로 하는 나라가 이뤄진 것이 주나라 종법사회이고, 그 핵심에는 이를 확인하는 제사의식이 있다. 나라[國]와 집안[家]이 별개가 아닌 연속선상에 있을 수밖에 없는 구조이고, 이를 이어주는 것이 제사의식이었다.

115) 김경일,「갑골문을 통해본 '중국' 명칭의 문화적 기원」한국중국학회,『중국학보』제53집, 2006년, 28~32면 참조.

116) 『여씨춘추』「孝行覽」: 刑三百, 罪莫重於不孝.

5) 금문金文에 나타난 순수 효개념

한자문화권 최초의 문자 갑골문에 보이지 않던 효개념이 그 후 나온 금문에는 매우 중요한 개념으로 곳곳에 표현됐다. 상나라로부터 주나라로 이어지는 과정속에서 드러난 효개념이 전과 달리 확산, 강조되었음을 의미한다. 그것이 결국 주나라 종법제도와 가족주의로 연결되면서 이제 효문화는 중국 고대 문화의 중요한 가치로 자리했다. 이는 주로 주나라에 들어와서의 일이고, 이런 효문화 풍토는『시경』「주송周頌」에 잘 표현됐다.

 "아, 아버님께서는 오랫동안 효도를 다하셨노라."[117)

 "다함께 무왕묘에 알현하고 효도로 제사를 받들어 오래오래 장수하시도록 기원하였다."[118)

주나라 청동기물과 금문(중국 산동성 박물관)

117) 『시경』「周頌·閔予小子」: 於乎皇考, 永世克孝.
118) 『시경』「周頌·載見」: 率見昭考, 以孝以享, 以介眉壽.

그리고 금문에서 이런 효에 대한 분명한 태도는 이전 시대와는 확실히 구별될 정도로 자주 언급되었다. 그 가운데 「사장반」은 기물 안쪽 바닥에 18행 284자로 서주시대 초기의 왕들이었던 문왕文王, 무왕武王, 성왕成王, 강왕康王, 소왕昭王, 목왕穆王 및 당대 왕을 찬양하고 미씨微氏 가족[119] 6대의 일을 기록하면서 효우孝友를 본받는다고 말했다.

"오직 효도하고 우애하는 것을 본받으며 사장은 아침저녁으로 떨어뜨리지 않고 매일 격려하며, 감히 멈추지 않겠노라. 열조와 문고께서 돕고 보호하시며, 나 장에게 많은 복과 봉록을 주서서 늙어서도 오히려 임금을 잘 섬길 수 있으니, 만년토록 영원히 보배롭게 사용할지니라."[120]

'벽효우辟孝友'의 '벽辟'은 '법法'의 의미로 본받는다는 뜻이므로,[121] 부모를 공경하고 형제간에 우애하는 것을 본받아야 한다는 내용이다. 효우孝友가 주대 윤리 준칙이란 이야기가 된다. 그런 효우를 본받자 복과 봉록이 주어졌다는 내용이고, 그 때문에 임금을 잘 섬기고 오래도록 이를 잘 지켜야 한다는 내용을 담고 있다. 또 이 글의 중심 인물

---

119) 微氏는 은나라 사람의 후손이기 때문에 앞에서는 선조를 을조乙祖, 조신祖辛, 을공乙公이라 했다.(王輝 저, 곽노봉 역, 『商周金文』上,下, 서울, 學古房, 2013년, 368면 참조.

120) 「史墻盤」: 隹(唯)辟孝友+廿(友), 史墻夙夜不墜, 其日蔑曆(歷), 墻弗敢且+又(沮), 對揚天子不(丕)顯休令(命), 用乍(作)寶阝+尊(尊)彝. 剌(烈)且(祖)文考弌(翼)(?), 受(授)墻爾(?)福裹(懷)彡+首(祓)彔(祿), 黃耇彌生(性), 龕(勘)事聿(厥)辟, 其萬年永寶用. (※이하 금문 원문과 해석은 王輝 저, 곽노봉 역, 『商周金文』上,下 (서울, 學古房, 2013년) 에 따르기는 하였지만, 문맥상 다른 해석이 가능한 것은 일부 수정하였다. 다만 자판에 글자체가 없는 것은 해당 글자 모두를 나열(+)하였고, 그마저도 없는 것은 (?)로 처리하였다.)

121) 한편으론 辟이 군왕을 뜻하기에 주나라 목왕을 가리키는 것으로도 이해하는 학자도 있다. 王輝 저, 곽노봉 역, 『商周金文』上,下, 서울, 學古房, 2013년, 363면 참조.

인 미씨가 은나라 후손이므로 효문화가 은나라 때부터 자연스레 전해져 왔음을 유추할 수 있는 문장이기도 하다.

"나의 부친은 아재비에게 공손하고 모친은 동서에게 공손히 하여 진귀한 것으로 제사 지내는 궤를 만들어 효를 따랐다."[122]

"황신과 조부, 그리고 좋은 벗들에게 효성스럽게 제사 지낸다."[123]

학자들이 서주 초기 강왕康王 시기의 것이라 판단하는 금문에 "(왕께서) 봉지로 돌아와 천자의 미덕을 받들고 허물이 없음을 고하였다. 의義를 공경하고 형후邢侯[124]를 편안하게 하며, 형후에게 효심을 밝혔다."[125]라고 말하며 효를 언급했다.

"문의 모친 일경日庚을 위하여 제사 지낼 보배스러운 궤簋를 만들어 이에 자식인 동에게 만년토록 밤낮으로 제사 지내며 그 문의 모친에게 효도하였고, 자자손손 영원히 보배롭게 하였다."[126]

---

122) 「頌簋」: 用作朕皇考龔叔, 皇母龔姒寶尊簋, 用追孝.

123) 「杜伯盨」: 用享孝于皇申(神), 祖考于(與)好朋友.

124) 『후한서』「郡國志」에 "평고에 형구가 있다. 옛 형국의 땅으로 주공의 아들이 봉해진 곳이다."(平皐有邢丘, 故邢國, 周公子所封.)이라 했다. 邢은 지금의 하남성 溫縣의 동남쪽으로 주변에서 춘추시대 성벽이 발견되었고, 거기서 邢公이라 새겨진 陶器가 출토되었다. (王輝 저, 곽노봉 역, 『商周金文』上, 下, 서울, 學古房, 2013년, 174면 참조)

125) 「作冊麥方尊」: 唯歸, 장(辶+亡羊:將)天子休, 告亡우(辶+尤). 用龏(恭)義寧侯, 현(尹+睍:顯)孝于井(邢)侯.

126) 「동(冬+戈)궤(簋)」: 用乍(作)文母日庚寶尊(阝+尊)壇, 俾乃子동(冬+戈)萬年, 用夙夜尊享孝于厥文母, 其子子孫孫永寶.

주나라 청동기로 만든 제기(산동성 박물관)

여기서 문의 모친 일경은 상나라 사람이라 전한다. 그를 위해 보배로운 제기祭器를 만들고 제사 지내며 효도하며 이를 자자손손 영원히 보존했다는 기록이다. 이런 효문화에 대한 진작과 강조는 결국 주나라의 핵심적인 윤리로 자리 잡아 갔고, 정치 사회적 안정의 기틀로 효문화를 자연스레 활용하였음을 보게 된다.

이것이 문화로 정착하면서 악기의 일종인 편종에도 효를 강조하는 내용이 담겼다. 진문공晉文公 5년, 주양왕周襄王 20년, 노희공魯僖公 28년에 해당하는 기원전 632년경에 만들어진 편종이다.[127] 당시 편종은 예악 문화의 정수를 대표하는 것이고, 또 제사의식에 있어 매우 중요한 기능을 하는 악기인데, 여기에 132글자의 명문이 있고, 내용가운데 효를 강조한 부분도 들어 있다.

 "(편종을 만들어) 즐겨 쓰고 편안히 사용하며, 제사에 쓰고 효도에 쓰리라. 장수를 빌며 만년토록 만수무강할지니라."[128]

---

127) 王輝 저, 곽노봉 역, 『商周金文』上, 下, 서울, 學古房, 2013년, 656면 참조.
128) 「子犯鐘」: 用匽(宴)用寧, 用享用孝. 用祈眉壽, 萬年無彊(疆).

편종을 만들어 제사의식과 효도에 쓴다는 이 말은 이미 예악 문화
로 효가 깊숙이 자리했음을 의미한다. 보통 춘추시대를 기원전 770
~476년경으로 잡는다면 이 편종이 만들어진 기원전 632년경은 아직
공자(551~479)가 탄생한 시기는 아니지만, 춘추시대 예악문화가 이미
상당한 정도로 성숙해 있었고, 또 그 이면에 효문화가 확산되어 있었
음을 증명한다. 기원전 6세기, 진도공晉悼公(BC572~557) 때 여상呂相이
경卿으로 있을 때 만들어진 편종에도 효가 새겨진 명문이 있음도 확
인된다.

> "나는 감히 교만하지 않고, 제사하며 효도할 것이다. 나의 선조를
> 즐겁게 하여서 만수무강을 빌겠다."[129]

모두 86자로 이루어진 이 명문은 효도를 다짐하며 선조의 만수무
강을 기원하는 내용이다. 비슷한 시기 만들어진 제사용 정鼎에 나타
난 명문에도 효에 대한 구체적인 내용이 실려 있다.

> "정월 초길 정해일에 왕자오王子午는 좋은 금속을 골라 제사용 기
> 물을 스스로 만들고 정을 진열하여 나의 위대한 조상과 문덕을 가
> 진 아버지께 제사하고 효를 바치노라. 장수를 기원하도다."[130]

춘추시대 제사용 기물은 주로 정월에 만들어진 게 많다고 한다. 혹
정월에 만들지 않았어도 정월이라 표기한 것이 많은데, 이는 한 해의

---

129) 「邵鐘」: 余不敢爲喬(驕), 我以享孝. 樂我先且(祖), 以旂眉壽.
130) 「王子午鼎」: 隹(唯)正月初吉丁亥, 王子午擇其吉金, 自乍(作)驫驫歷鼎, 用享以孝, 于我皇且(祖)
   文考. 用祈眉壽.

시작을 의미하는 길상吉祥의 의미가 담겨 있기 때문이다. 왕자오는 초나라 장왕의 아들로 자는 자경子庚이다. 노나라 양공 21년, 초나라 강왕 9년, 기원전 551년에 죽었으니, 공자가 태어나던 해이다. 그렇다면 이 제기는 기원전 6세기 중반 이전에 만들어진 셈이다.[131] 왕자오가 직접 제사용 기물을 만들고 아버지께 제사하고 효를 다했다는 내용이다. 공경하는 마음을 가지면 장수하고 자손이 번창한다는 말은 다른 제기의 명문에도 나와 있다.

"어그러짐 없이 장수하고 자손은 번창하리라. 영원토록 보배로 이 (이 제기를) 사용하여 세상이 끝나도록 한이 없을지어다."[132]

이 명문은 제사용 쟁반에 수록된 글이고, 대략 채소후蔡昭侯 원년인 기원전 519년경에 만들어졌다. 내용은 소후의 장녀 대맹희大孟姬가 시집갈 때 경계하는 교훈이 담겼다.[133] 딸을 시집보내며 아버지가 시집에서 조상께 제사 지내며 공경히 모셔야 한다는 효의 의미를 구체적으로 담았다. 제사와 효의 결과로 장수와 자손 번창을 들고 있는 것도 흥미롭다. 효도와 장수와의 관계는 이후로도 계속 나온다. 제사용 물그릇에 새겨진 문장이다.

"(이 물그릇을) 제사와 효도에 사용하여 오래사는 것이 끝이 없을지어다."[134]

---

131) 王輝 저, 곽노봉 역, 『商周金文』上, 下, 서울, 學古房, 2013년, 676, 679면 참조.
132) 「蔡侯盤」: 不諱考壽, 子孫蕃昌. 永保用之, 冬(終)歲無彊.
133) 어떤 연구자는 여형제라고도 한다. (王輝 저, 곽노봉 역, 『商周金文』上, 下, 서울, 學古房, 2013년, 684면 참조)
134) 「吳王光鑒」: 用享用孝, 眉壽無彊.

오왕吳王은 오나라 합려闔閭이니, 기원전 514~496년 경에 만들어진 제사용 물그릇이다. 역시 내용 가운데 효를 하면 장수한다는 내용이다. 시대별로 효의 내용과 범위, 그리고 목적이 달라짐을 분명히 알게 된다.

은나라 시절 효개념은 주로 왕족 중심의 조선숭배로 나타났고, 갑골문의 효와 유사한 글자가 매우 정치적 요소가 강한 의미로 쓰이면서 당대 효문화가 정치안정의 도구로 사용되었음을 보게 된다. 그리고 상나라 후반부터 서주 초기 효개념이 금문에 구체적으로 사용되면서 소위 설문에서 말하는 선조와 부모에 대한 공경의 의미로 사용되었고, 그것이 점차 사회적으로 확산되면서 왕족뿐만이 아닌 귀족층의 삶에도 깊이 뿌리내리고 있음을 보게 된다. 이는 제기 및 편종에 명문으로 쓰여진 금문을 통해서 확인할 수 있다.

2. 한국의 가족주의와 효사상

1) 가족제도와 호주제

아래 내용은 한동안 이 사회를 시끄럽게 했던 호주제 폐지 주장에 따른 가족과 가정에 대한 현행 민법상의 규정을 정리한 언론 보도문이다.

> 현행 민법에는 가족을 "호주의 배우자, 혈족과 그 배우자, 가家에 입적한 자"라고 하였다. 즉 법적으로는 호주가 같은 경우가 가족이

다. 차남이 결혼해 분가하거나 딸이 결혼하면 아버지와 가족이 아니다. 예를 들어 분가한 막내아들 부부와 함께 살면서 생계를 같이 하더라도 가족이 아니다. 또 이혼한 어머니와 함께 사는 자녀는 어머니와 가족이 아니다. 자녀의 호주는 아버지이고 어머니는 결혼 전의 호적으로 돌아가 자녀와 호적이 다르기 때문이다. 그러나 민법 개정안에는 '배우자, 직계 혈족 및 형제자매'와 '생계를 같이하는 직계 혈족의 배우자, 배우자의 직계 혈족, 배우자의 형제자매'를 가족으로 본다. 친부모와 친자녀는 자녀의 결혼 여부와 관계없이 무조건 가족이다. 시부모·장인장모·며느리나 사위·처남 또는 처형·시동생 또는 시누이도 생계를 같이하면 가족이다. 호주제 존치론 자들은 호주제가 폐지됐을 때 "가족이 해체된다."고 하는데 호주를 중심으로 한 추상적 개념의 가족이 없어지는 것이다. 건강가정기본법에는 "혼인 혈연 입양으로 이뤄진 사회의 기본단위"가 가족이고, "가족구성원이 생계 또는 주거를 함께하는 생활공동체"를 가정이라고 한다. 가정은 구성원의 일상적인 부양 양육 보호 교육이 이뤄지는 생활 단위이기도 하다. 미혼모와 그 자녀로 구성된 가족은 민법상 가족은 아니지만 이 법에서는 가정으로 규정되며, 지원도 받을 수 있다. [135]

위 보도문의 내용을 보자면 가족에 대한 개념 규정이 법적 해석의 차이에 따라 요동치고 있음을 알 수 있다. 적어도 우리의 상식적 기준에 의한 기존의 가족개념은 혈족을 기준으로 하였기 때문에 직계 가족이든 혹은 방계가족이든 개념 자체가 혼돈을 주지는 않았다. 다만 가족과 가정의 개념이 약간의 상이점이 있을 뿐이다. 다시 말해 가

---

135) 동아일보, 2004년 12월 13일자 사회면 기사.

족家族과 가정家庭은 분명 다르지만, 사회적 통념상 혼용되었다는 것이다.

그러나 가족과 가정은 의미 맥락을 분명히 달리하는 개념이다. 사전적으로 가정은 "한 가족으로 이루어진 집안"이라는 공간적 의미이고, 가족이란 "어버이와 자식, 부부 따위의 혈연관계로 맺어져 한 집안을 이루는 사람들" 또는 "한 집안의 친족"이라는 종족적·혈연적 의미이다.[136] 그런데 가정과 가족은 혈연적 의미와 공간적 의미라는 차이를 내포하고 있지만, 때론 혼용되고 있다. 서양에서의 가족(familia)은 라틴어에서 비롯되었는데, 그 의미는 "한 지붕 아래 거주하는 노예와 하인, 그리고 온 가족과 주인을 지칭했으며, 또한 주인의 지배하에 있던 안주인과 아이들 그리고 하인을 가리켰다."[137]는 점에서 반드시 양자가 공간적·혈연적 차이만 노정한 것은 아니다.

이렇게 양자의 불분명한 차이 때문에 가족과 가정은 혼용되었지만, 구체적으로 가정은 혈연공동체의 최소 단위로 가족이 동거하며 생활하는 공간적 의미가 그래도 강하며, 가족은 결혼이나 혈연관계로 맺어진 관계, 또는 입양이라는 제도로 맺어진 구성원의 집합이라는 차원에서 두 개념의 차이를 이해함이 마땅하다. 다시 말해 가족은 혈연 또는 그에 상응하는 관계집단이며, 가정은 그 공간적 범주라는

---

136) 이상의 인용문은 한글학회 지음 『우리말 큰 사전』(어문각, 1997년 2월 6판) 참조. 그러나 서양학자들에 의한 가족개념은 다분히 한시적이다. 랭(Laing, 1972)은 "혼인이나 친척관계를 맺고 일정기간 동안 동거하는 사람들의 관계망"이라 하였고, 피츠패트릭과 배드진스키(Fitzpatrick and Badzinski, 1984)는 "가족유형이란 갓난 자녀들의 양육을 1차적인 기능으로 하는 작은 친족집단"이라 하였으며, 터켈슨(Terkelsen, 1980)은 "가족은 상호간의 강한 애정과 충성으로 맺어진 개인들로 이루어진 소규모의 사회체계이며, 수년 혹은 수십년 지속되는 영구적인 가구를 구성하는 소규모의 사회체계"(이상 인용문은 캐슬린 M. 갤빈, 버나드 J. 브롬멜 저, 노영주 외 역 『가족관계와 의사소통』 도서출판 夏雨, 2001년 3월 9면 참조)라고 하였다.
137) 앙드레 뷔르기에르 외 저, 장철웅 역, 『가족의 역사』(이학사, 2002년 10월) 21면.

것이다.

이런 가족과 가정의 의미 맥락을 염두하며, 여기서 정리할 내용은 혈연관계를 매개로 하는 가족이 중심이다. 남녀의 결혼으로 성립된 부부관계에서 점차 부모자식관계, 형제자매관계로 확장되는 가족을 기초단위로 삼는다. 그것도 한국의 전통적 가족주의가 주된 고려 대상이다. 그렇다면 혈통을 중심으로 한 가족이 관심의 대상이며, 그것은 주로 전통적 가족주의[138]와 맥을 같이한다.

2) 해체 위기의 전통적 가족주의

한국에서 전통적(유교적) 가족주의의 확립은 조선시대 성리학이 정착되면서부터이다. 비록 고려말 성리학이 전래되었어도 그것이 고려말은 물론 조선 중기까지는 대중화되지는 못했고, 성리학적 가족주의가 자리하기까지는 상당한 시간이 필요했다. 적어도 조선 초기는 기존의 가족주의가 그대로 계승되었다. 신라시대에는 여성도 왕위계승권을 가질 정도로 유교적 세계관과는 달랐고, 고려시대에는 신랑이 장인의 집에 오랫동안 머물러야 했던 서옥제婿屋制가 있었고, 이 제도는 조선 중기까지 지속되었다. 나아가 자녀들이 돌아가면서 제사를 지냈던 윤회봉사輪回奉祀도 조선 중기까지 이어졌다는 점에서

---

138) 한국문화의 뿌리를 찾다보면 언제나 중국문화가 자리한다. 가족제도 또한 마찬가지이다. 특히 중국문화의 정수로 여겨지는 유교적 가족문화는 한국가족문화의 뿌리와 그대로 닿아 있다. 그러나 유교적 가족주의가 곧바로 처음부터 가부장제적 부계중심의 사회를 형성한 것은 아니다. 도저히 유교적이랄 수 없는 群婚制·混婚制가 선진시대에 존재하였다. (권중달,「韓國家族主義의 歷史的 背景」(한국유교학회,『儒敎思想研究』제20집, 2004) 21쪽과 김충렬,「解體危機에 직면한 유가 傳統家庭을 지키는 길」(한국유교학회,『儒敎思想研究』제20집, 2004) 8~9면 참조.)

유교적 가족주의의 정착은 조선 중기 이후로 봄이 타당할 것이다.

조선 중기 이후 정착된 성리학적 유교사회는 결국 가족제도를 바꿔놓았고, 그것이 오늘날까지도 강력한 지배적 자리를 구축하고 있었다. 성리학적 세계관이 기존의 가족주의를 바꿔 놓았다는 말이다. 성리학은 사물의 보편적 속성으로서의 원리[理]와 드러난 현상[氣]을 기본으로 하는 철학으로, 이 원리를 자연과 인간 모두에 적용하면서 조선의 인식 세계를 점차 지배하였다. 이런 성리학적 인식 세계는 가족공동체에도 그대로 반영되었다. 다시 말해 보편적 원리로서의 속성[理]은 하나지만 그 드러난 현상[氣]은 차이가 있다는 성리학적 체계가 가족구성원에 적용된 것이다. 인간의 속성상 남자나 여자나 같지만, 드러난 현상은 차이가 있으므로 구별된다는 것이다. 그러나 이것이 단지 현상적 물리적 의미의 차이나 구별에 머물지 않고 점차 가치의 차이로까지 나아가면서 남녀는 동등한 존재가 아닌 차별적 존재가 된 것이다. 결국 성리학적 세계관에 입각한 전통적(유교적) 가족주의는 다음과 같은 특징을 지니게 되었다.

첫째, 가족의 범위는 부계 혈연의 배타적 가족이다. 부계 중심의 가족 원리가 가족 구성의 기본이며 한계이다.

둘째, 가족구성원은 미분화되어 있다. 가족의 목적이나 목표를 위해서는 개인은 희생도 불사했다. 개인의 자기완성이나 자아실현보다는 관계성에 의존한 관계 공동체 안에서의 자기완성과 자아실현을 이상으로 여겼다.

셋째, 가족의 계승과 발전은 가족 구성의 가장 중요한 책무였다. 특히 여성의 사회적 역할은 가족의 생산이라는 책무가 가장 중요했

다. [139]

　그러나 전통적 가족주의는 근대화의 길을 걸으면서 남성 중심의 불평등 원리로 비판되었고, 점차 그 기능을 상실했다. 가부장 중심의 전통적 가족주의에서 여성은 때론 비인격적 존재로 치부되면서 강한 반발이 일었다.

　이렇게 전통적 가족주의의 해체와 붕괴는 남녀평등이라는 대전제 아래 진행되었지만, 뿌리 깊은 가족주의 전통의 해체 위기에 따른 문제도 없지 않았다. 가족해체라는 극단적 문제가 자라나는 세대에게는 엄청난 피해로 작용한 것이다. 기성세대는 가족주의의 해체와 붕괴의 당사자이지만, 직접적인 피해자는 아니다. 오히려 그 피해는 자라나는 세대에게 더 중하게 나타났다. 그럼에도 불구하고 전통적 가족주의에 대한 비판적·부정적 시각은 자라나는 세대에게 더욱 강렬했다. 피해의 당사자인 젊은 세대가 오히려 전통적 가족주의를 반대하고, 또 해체의 당사자들인 기성세대가 기존의 가족주의를 고수해야 한다는 보수적 경향에 섰다. 전통적 가족주의의 붕괴가 단지 가족해체로 끝나지 않고 국가와 사회의 장래를 망친다는 우려 때문이다. 결국 가족주의에 대한 논쟁은 세대간 갈등으로 비화되었다.

　전통적 가족주의의 해체와 붕괴는 여성계의 활발한 움직임과 무관치 않다. 가족법 개정을 둘러싼 여성계의 강력한 의지와 이를 수호하려는 보수적 단체의 논란에서 알 수 있다. 다시 말해 호주제 폐지를 골자로 한 가족법 개정 움직임에 대한 반응은 크게 두 갈래로 나뉘었다. 하나는 가족법 개정이 전통적 가족주의와 윤리의 근간을 뒤흔든

---

139) 신수진,「한국의 가족주의 전통」- 근본사상과 정착 과정에 관한 문헌고찰 - (한국가족관계학회,『한국가족관계학회지』제3권 1호, 1998년) 134면 참조.

다며 반대하는 강상윤리의 입장이고, 다른 하나는 제도와 윤리의 변화는 시대의 대세이므로 당연히 바뀌어야 한다는 상황윤리의 입장이다.[140)

강상 윤리의 입장에서는 한국의 전통적 가족윤리가 사회 지탱의 원동력이고, 위기 극복의 논리였다고 주장하며 가족법 개정을 극력 반대했다. 반면 상황윤리의 입장에서는 기존의 가부장적 사회질서가 남녀불평등 구조를 조장하였고, 이로 인한 폐단이 수없이 유발되었으므로 당연히 개혁되어야 한다는 주장이다. 그런데 이런 상반된 의견은 논리적 토론과정을 거쳐 합리적인 방향으로 나아가기보다는 계층간·세대간 갈등으로 비화되었다. 논의는 계층간·세대간 주장만 있고, 논리적으로 뒷받침할 만한 심층적 연구나 증빙자료는 부족한 상태로 진행됐다. 특히 전통적 가족주의에 대해 고답적이고 보수적이라는 선입견은 합리적인 논의를 더욱 어렵게 만들었다. 건강한 보수의 논리는 빠르게만 질주하는 사회의 적당한 제동장치로서 그 역할과 의미가 큼에도 불구하고 너무 전통만을 고집했다. 이를 무조건 진부하다며 무시하려는 태도는 건강한 사회건설에 결코 도움을 주지 못했다. 마찬가지로 강상 윤리의 입장에서 전통적 가족만이 옳다고 하는 고집하는 것도 역시 지양되어야 할 문제다. 지난날 유효했던 가족주의가 달라진 환경 속에서도 여전히 고수되어야 한다는 주장은

---

140) 먼저 호주제의 내용을 살펴보고 폐지를 주장하는 쪽의 주장을 살펴보자. 호주제는 민법상 家를 규정함에 있어 '호주'를 중심으로 하여 가족을 구성하는 제도로써, 민법 제4편(친족편)을 통칭하며 그 절차법으로 호적법이 있다. 그런데 이 제도에 '남성 우선적인 호주 승계 순위 호적편제 성씨제도'와 같은 핵심적인 여성 차별 조항이 있어 문제가 되고 있으며, 이는 한국 사회의 가부장 의식과 악습을 제도적으로 뒷받침해 주는 전 세계 유일무이한 법이라는 것이다. 이 때문에 현재 늘어만 가는 이혼 재혼 가구의 다양한 가족 형태를 제도적으로 반영하고 있지 못하다는 지적이다.

분명 시대착오적 발상이다. 변화에 능동적이지 못한 가족주의와 윤리는 생명력이 없다. 강상윤리란 명분 아래 현상을 이끌고 가려고만 한다면, 현실로부터 저절로 도태할 것이기 때문이다.

3) 전통적 가족주의의 특징과 의의

한국의 전통적 유교 사회에서의 개인은 서양 사회에서처럼 천하국가를 구성하는 기초단위라는 인식이 희박하다. 개인 대신 가족이 그 구성의 기초 단위이다. 예컨대 특정 개인의 죄값을 치루며 "3족을 멸한다."고 하는 것은 개인과 가족을 별개로 보지 않은 하나의 좋은 예가 된다. 따라서 국가 통치의 기반이 가족제도에서 비롯된 경우는 다반사라 하겠다. 가족은 국가사회의 축소판이라는 이야기다. 가족 내의 상하 주종관계의 질서가 곧바로 국가사회의 상하 주종관계로 이어졌다는 것이다. 부자父子·부부夫婦·형제兄弟관계는 단지 가족 내에 국한되는 게 아니라 국가사회로 연장됐다는 뜻이다. [141]

서양 지식인이 본 이같은 유교적 가족주의는 대단히 특이한 현상이다. 프랑스의 동양학 전문가 자크 제르네(Jacque Gernet)의 기록이다.

> "(동양인의) 가족에 대한 감정은 우리 서구 사람들이 상상하는 것 이상으로 강하고 또 보다 큰 넓이를 가진 것이었다. 양친에 대한 존경은 단순히 양친 개인에 대한 존경이 아니라 조상숭배의 신앙이 실생활 속에 예시되어 있는 추상화한 존재에 대한 신앙이었다. 이 마음은 특정한 개인에 대한 것이 아니라 비인격으로 명백히 인식

---

141) 串田久治 著, 『儒教の知惠』(中央公論新社, 2003年 2月) 12~13면 참조.

가능한 마음이었다. 대가족 생활은 여러 세대가 동거함으로써 서로의 장단점을 보충한다는 것을 가르쳤다. 특히 시기심과 다툼으로 입싸움이 자주 일어났던 아녀자들 사이에서 서로 이해의 충돌이 있었음에도 불구하고 대가족이 화기애애하게 살고 있으면 그 지방의 수령이 이 집 가장의 높은 덕을 중앙에 보고하였다."[142]

합리성보다는 감수성으로 운영되는 동양의 대가족주의의 전통을 그리고 있는 내용이다. 이 같은 대가족주의 사회에서는 개개인의 이해관계는 가장의 판단에 좌우되었고, 그것은 나아가 사회적 기반으로 작용하였다. 동시에 가족주의의 도덕은 사회의 도덕률로 작용하였다.

가족은 각각의 가족에 머물지 않고 확장된 하나의 사회공동체를 이루어 "사회 전체가 가족과 가족, 또는 개인과 개인끼리 맺어진 관계의 거대한 그물망이었다. 중국의 가족, 특히 유력한 가족은 많은 촉각을 가진 살아있는 물체였다고 말할 수 있다."[143] 제르네의 이런 판단은 개인보다는 공동체가 중시되었던 중국 사회의 특성을 잘 간파한 내용이다.

이 같은 가족주의 문화는 결국 효윤리를 강조하는 방향으로 나아갔다. "모든 형벌 가운데 불효보다 큰 것이 없다."[144]고 한 설명은 이것을 잘 증명한다. 다시 말해 효는 윤리이지만 이를 다하지 않을 경우 형벌 이상의 징계를 받는 법제적 성격을 지녔다. 불효에 대한 이

---

142) 자크 제르네 지음, 김영제 옮김, 『전통 중국인의 일상생활』 (도서출판 신서원, 1995년) 151
쪽. 원제는 『몽골침략 전의 중국인의 일상생활』(*La vie quotidienne en Chine - à la veille de l'invasion mongol 1250~1276*), Paris; Hacette, 1959이다.
143) 앞의 책, 152면.
144) 『孝經』「五刑章」: 五刑之屬三千, 而罪莫大於不孝.

렇게 강력한 처벌이 있었던 것처럼 형제간 공경하지 않는 것[不悌], 어른을 공경하지 않은 것[不恭]도 모두 범법의 죄 이상의 처벌을 받았다.

"봉이여! 매우 악한 자는 크게 미워해야 할 것인데, 하물며 효도를 하지 않고 우애 없는 자이랴! 아들이 그 아버지를 공경하고 순종으로 섬기지 않아 그 아버지의 마음을 상하게 하면, 아버지로서도 그 아들을 사랑하지 못하게 될 것이고, 그 아들을 미워하게 되리라. 아우로서 하늘이 밝히신 도리를 생각지 아니하고 그 형을 공경하지 못한다면 형도 역시 어린 동생의 가련함을 생각지 아니하고 동생에게 크게 우애치 못하게 될 것이다. 이렇게 되면 우리 다스리는 사람에게는 죄를 지지 않았다 하더라도, 하늘이 우리에게 내려준 법도가 크게 혼란해질 것이니, 속히 문왕께서 정해 놓으신 벌을 내리어 그들을 벌주어 용서치 말아야 할 것이다."[145]

다시 말해 불효不孝와 불우不友는 일반 법을 위반한 것보다 더 중한 형벌을 받았는데, 그것은 하늘이 준 법도를 어겼기 때문이다. 구체적으로 전국시대로부터 진한시대의 법령에는 불효자가 사형에 처해졌거나, 또는 관노비가 되었다는 기록도 보이고, "파출백가罷黜百家, 독존유술獨尊儒術""이효치천하以孝治天下"의 한나라 시대에는 불효가 역시 '대죄'의 하나였고, 삼국시대로부터 남북조시대에는 더더욱 진일보하여 제도화 했고, 당률에서는 앞서 말한『효경』의 "죄 가운데 불효보다 큰 것이 없다."고 한 것을 더욱 구체화 했다. 송, 원, 명, 청 시대

---

145)『상서』「康誥」: 封, 元惡大憝, 矧惟不孝不友. 子弗祇服厥父事, 大傷厥考心, 于父弗能字厥子, 乃疾厥子. 于弟弗念天顯, 乃弗克恭厥兄, 兄亦不念鞠子哀, 大不友于弟. 惟弔玆, 不于我政人得罪, 天惟與我民彝大泯亂, 曰乃其速由文王作罰, 刑玆無赦.

에도 불효는 당률에 근거 여전히 가중 처벌되었다.[146] 나아가 독자獨
子가 가사 능력이 없는 조부모나 부모를 두고 범죄를 저질렀다면 부
양을 위해 죄를 면해 주기도 하였고, 여러 명의 자녀가 함께 범죄를
저질렀다면 그 가운데 가장 죄가 가벼운 자녀는 방면하여 부모를 모
시게 하는 제도도 있었다.[147] 또한 같은 범죄행위라 하더라도 장유長
幼 질서의 존중에 따른 처벌도 전통사회 속에서는 존재했다. 예컨대
부모(형)가 자식(동생)을 살인한 경우는 자식(동생)이 부모(형)를 살인한
경우보다 감형 또는 면형되었다.[148] 가족적 효도 질서의 확립이 사회
질서와 무관하지 않은 처사였다. 다시 말해 가족 질서를 국가 질서와
도 같이 여겼던 것이다. 『대학』에서 "한 집안이 인仁하면, 한 나라에
인이 흥하고, 한 집안이 인하면, 한 나라에 인이 흥하고, 한 집안이 양
보하면, 한 국가에 양보가 흥한다."[149]고 한 것과 상통한다.

이것은 나아가 가족의 화목이 사회 안정의 기본질서라는 인식이
깔려 있었기 때문이다. 개인에 대한 인식 체계가 희박하고 가족이 국
가사회의 기초단위가 된 상황 속에서 개인의 안녕은 당연히 뒷전이
고, 전면에 가족의 화목이 사회 안정의 기초가 된다는 주장이 담겼
다. 가족제도의 연장이 국가제도라는 도식 속에서 설명 가능한 말이
다.[150]

이렇듯 가족주의에 따른 효윤리가 강조된 것은 그만큼 가족제도가
발달했다는 반증이며, 동시에 유교 전통의 효가 윤리 차원이 아닌 강

---

146) 肖群忠, 『孝與中國文化』(北京 人民出版社, 2001년 7월) 175~177면 참조.
147) 앞의 책, 179~181면 참조.
148) 앞의 책, 181~182면 참조.
149) 『大學』: 一家仁, 一國興仁. 一家讓, 一國興讓.
150) 串田久治 著, 『儒教の知恵』(中央公論新社, 2003年 2月) 12면 참조.

제적·법률적 효력까지도 지니고 있었다. 유교적 효윤리는 가족주의의 기초이고 이것이 강상윤리로 작용하면서 요지부동한 삶의 핵심이되었다. 다시 말해 유교적 가족주의는 수천 년간 법률적 보호를 받으며 내려왔고, 그 내면에는 법보다 강력한 효윤리가 작용했던 것이다.

4) 21세기 한국적 가족주의의 지향점

한국에서 유교의 역사를 어떻게 잡든 유교는 한국 내 전래된 고등문화로서 거의 최초라 할 수 있다.[151] 중국에서 유교의 가족주의가 효제를 강령으로 강력한 지배 이념으로 자리했듯, 한국도 그에 못지 않았다. 오히려 중국은 1919년 신문화 운동이래 20세기 중반 문화대혁명을 거치면서 전통문화 척결로 인한 유교적 가족주의 해체의 길을걸어온 반면,[152] 한국의 유교적 가족주의는 21세기 들어선 오늘날까

---

151) 중국으로부터의 유교 전래에 대한 설을 소개하면 다음과 같다. ①殷周시대 발단설과 우리나라가 유교종주국이라는 설(張志淵,『朝鮮儒教淵源』첫머리 : "단군말엽에 箕子가 紂를 피해 우리나라에 온 뒤 洪範九疇의 道理로 우리 동방을 교화했다. … 홍범은 易象의 원리요, 유교의祖宗이다. … 기자 이를 무왕에게 전하고 또 친히 조선에 와서 八條의 敎를 설치하여 우리를 가르쳤다고 한다면, … 조선이 儒教祖宗의 나라라고 할 수 있지 않겠는가? 때문에『논어』에 공자가 '뗏목을 타고 바다를 건너 九夷에 가서 살고 싶다'고 한 말은 우리가 유교의 舊邦(본거지)이기 때문에 공자가 기자의 布教行道와 같이 해 보려고 한 것일 게다.") ②진한시대 유입설(李丙燾: 기자동래설 부정. 고조선 건국을 천추전국시대로 설정하고, 유교의 본고장 齊魯가한반도와 근접되어 있으나 구체적 사료가 보이지 않아 실증할 수 없다. 다만 秦人들이 秦役을피해 진한에 들어옴(BC250년경)으로써 유교 예속이 전파되었고(『三國志』「魏書東夷傳」'辰韓條': "辰韓在馬韓之東, 其者老傳世自言, 古之亡人, 避秦役來適韓國, …), 본격적인 유교는漢四郡 설치 이후로 봄(BC110년경)이 타당할 것 같다. ③삼국시대(唐 太宗14년, 640년경) 기원설(玄相允의『朝鮮儒學史』). ④고구려 太學設立(小獸林王 2년 372년) 기준설(李基白: 接觸과 收容은 구별되어야 한다. 수용은 사회적 기능을 발휘하는 것을 근거해야 한다는 주장.)

152) 비록 현대 중국이 전통문화 청산 차원에서 효도문화가 상당부분 희석되긴 했어도, 최근 효문화 선양을 위한 일부 움직임이 일고 있다. 구체적으로 1996년 중국은「中華人民共和國老年人權益保障法」을 반포하여 법률로서 敬老, 養老의 전통을 되살렸고, 2001년에는「公民道德

지도 그 위력이 여전함은 부인할 수 없다. 그러나 전통적 가족주의는 급속한 핵가족화, 급증하는 이혼률, 호주제 폐지 및 위헌 판결 등과 맞물려 점차 기능을 상실하고 있다. 다시 말해 강상윤리에 따른 전통적 가족주의 전통은 지금에 와서 변화를 모색하지 않으면 안 되게 되었다. 상황이 바뀌었으니 바뀐 상황에 따른 가족과 그에 따른 윤리가 요청되고 있는 실정이다.

그러나 비록 전통적 가족주의가 흔들리고 무너졌다 하더라도 중차대한 가족의 기능을 생각한다면 한국에서의 가족이 갖는 의미는 가볍게 넘어갈 부분은 아니다. 기존의 전통적 가족주의가 비록 현대적 상황에 여러 각도에서 부합하지 않는다 해도, 거기에는 일정 부분 오해에서 비롯된 내용도 없지 않다. 예컨대 전통적 가족주의가 상하 수직의 복종·순종의 차별 논리라는 이해는 '부자자효'라는 극히 일상적인 상호적 관계를 너무 쉽게 방기한 내용이다. 그러므로 일면만 갖고 배척하는 태도는 옳지 못하다. 전통적 가족주의가 가족공동체를 위해서는 개인을 희생하고, 개인보다도 공동체를 우선해야 한다는 것 자체가 민주화된 근대사회 속에서 심각한 문제의 여지가 있지만, 그 안에 내포된 공동체를 위한 협력과 겸양의 정신은 존중되어야 한다.[153] 나아가 오랜 세월 지속되어 온 끈끈한 가족주의의 관념은 비록

實施綱要」에 "愛國守法, 明禮誠信, 團結友善, 勤儉自强, 敬業奉獻"이라는 기본도덕규범을 제출하였고, 尊老愛幼를 모든 공민의 기본도덕으로 천명하였다. (范魯新, 「중국 孝文化의 어제와 오늘」(사)세계효문화본부, 「孝의 올바른 이해와 실천방향」 2004년 11월 16일 발표논문 참조) 이렇게 볼 때 현대 중국의 효문화 정책은 파괴로부터 존중으로 그 방향이 전환되고 있음을 한편으론 보여준다고 하겠다.

153) 串田久治 著, 앞의 책, 14면 참조. 이 책은 일본에서의 유교가족주의를 다루었는데, 일본의 유교적 가족주의가 가족을 위한 개인의 희생을 다루고 가족보다는 국가를 우선한다는 내용을 담고 있다. 그러나 연구자의 관점에서 유교적 가족주의는 가족을 위한 개인의 희생부분은 동의할 수 있으나, 가족보다는 국가를 우선한다는 것은 일본에 국한된 문제라 여겨진다.

현대적 안목의 새로운 방향을 추구한다 해도 곧바로 가족해체를 요구하는 것은 아니다. 따라서 가족이 갖는 일반적 의미의 역할과 기능을 생각한다면, 기존 전통적 가족주의의 강점은 여전히 유효하고 보존되어야 한다.

또한 전통적 가족주의에서 가족구성원을 위한 가부장의 희생과 봉사는 가려지고 오로지 가부장의 기득권만을 문제 삼으며 남녀불평등을 말하는 것 역시도 또 다른 차별 논리를 부를 수 있다. 남녀평등이란 대전제를 깔고 가부장제도를 본다면 이것은 분명 남성 중심의 제도이고 시정되어야 마땅하다. 그러나 전통적 가족주의에서 가부장에게는 권리(기득권)만 주어진게 아니라 가족구성원의 보호와 유지라는 희생과 봉사의 책무도 함께 주어졌다. 남자를 상징하는 '남男'이란 글자가 농토[田]에서의 노동[力]을 나타내고, 아버지를 상징하는 부父자가 두 자루의 도끼라면, 가족을 위한 생계책임자로서의 책무를 강조한 것이다. 만일 이런 봉사와 희생을 감당할 수 없다면 가부장은 가부장으로서의 의무를 다하지 못한 것이고, 오로지 가부장이라는 기득권만 누린다면 이것은 심각한 문제를 안고 있다는 점에서 당연히 시정되어야 한다. 다시 말해 가부장권은 가족을 위한 희생과 봉사의 부산물이었지, 단순 힘에 의한 쟁취 차원은 아니란 것이다. 그렇다면 오늘날 진행되고 있는 남녀평등에 따른 남성 중심의 가부장권에 대한 시정 요구는 적어도 가족을 위한 봉사와 희생을 전제로 이뤄져야 잡음 없이 진행될 것으로 보인다. 특히 현대 가족의 기능을 면밀히 살피면서 전통적 가족주의의 장점은 반드시 살려 나가야 할 필요성이 있다.

현대적 안목에서 가족은 우리에게 다음과 같은 기능[154]을 담당한

---

154) H. Becker and H. Reuben, *Family Marriage and Parenthood*, Boston: Heath and

다. ①인구의 생산 ②자녀의 보호와 관리 ③경제적 생산 ④자녀의 사회화 ⑤자녀의 교육 ⑥오락 ⑦애정적 상호작용. 여기서 ⑥오락과 ⑦애정적 상호작용은 우리 전통의 가족주의 속에서는 다소 등한히 여겼던 요소이고, ⑤자녀의 교육 부분은 그 어느 사회, 어느 지역보다 강조되고 잘 이뤄진 부분이라 하겠다. 또 가족이 아니더라도 가능한 기능적 요소는 ③경제적 생산, ⑥오락, ⑦애정적 상호작용 부분이다. 물론 위에 예시된 가족의 기능이 가족이 아닌 다른 특수한 상황에서도 불가능한 것은 아니다. 그러나 적어도 전통적 가족주의의 상황을 염두하고서도 충분히 적용 가능한 내용들이고, 기존의 부족한 부분들을 보충할 수 있다는 점에서 위 내용들은 매우 중요한 기능이 아닐 수 없다.

더군다나 오늘날 가족의 기능과 역할이 노인이나 부모 중심에서 어린이 중심으로 바뀌면서 부모에 대한 효관념은 희석되고 자녀 양육은 강조되면서 효교육은 줄어들고 부모의 의무는 강조하는 흐름으로 바뀌었다. 예컨대 부모가 자녀에 미치는 영향 관계[155]를 다루며 부모 역할의 중요함은 부각되었어도 자녀가 부모에게 어떻게 해야 한

Company. 손인수 외, 『韓國人의 家庭倫理』(사단법인 율곡사상연구원. 1997년) 62면에서 재인용.

155) 아래 도표는 J. E. Horrocks, The Psychology of Adolescence(2nd ed.), Boston: Houghton Mifflin Company, 손인수 외 앞의 책, 64면에서 재인용.

부모의 행동	자녀의 성격에 미치는 영향
1. 자유 - 전제	자유로운 행동 - 전체적으로 통제된 행동
2. 자극 - 방임	주의 집중과 애정적 순응 - 무시와 방임
3. 유아적 - 성인적	유아로 취급 - 성인다운 취급
4. 부적응 - 적응	불안정, 부조화, 긴장된 가정 - 조화, 안정, 관대한 가정
5. 승인 - 불찬성	용인, 칭찬 - 비난, 불찬성
6. 합리적 - 비합리적	합리적, 지적인 태도 - 감정적, 임기응변적 태도
7. 훈련 - 자유성장	급진적 진보를 위한 훈련 - 진보를 촉진하는 노력이 없음
8. 사회화 - 개인화	친밀하고 사회적인 가정 - 유리되고 비사회적인 가정

다는 교육은 미미해졌다.

거기다 가족의 형태 또한 다양화되면서 기존의 가족 형태와는 전혀 다른 방향으로 나아가고 있다. 거기서 부모 자식 관계의 가치관도 상당히 변화되었다. 오늘날 가족 형태가 이전의 단선적 가족 형태를 벗어나 복잡한 형태를 양산하고 있다는 것이다. 친부모가족(two-parent biological family)·편부모가족(single-parent family)·혼합가족(blended family)·확대가족(extended family)·공동체가족(communal family) 등이 그것이다.[156] 여기서 친부모가족과 편부모가족은 글자 그대로의 가족 형태이기 때문에 더 이상 설명할 필요성이 없지만, 그 밖의 가족 형태는 설명을 요한다. 혼합가족은 두 성인과 자녀들로 구성된 가족이지만 자녀들 전부가 그 부모에게서 출생한 것이 아닌, 재혼에 의한 다양한 혈연의 공동체이며, 확대가족이란 일반적으로 같은 지역 내에서 거주하는 친족들의 집단을 뜻하는 우리의 대가족 형태와도 비슷하지만, 거기에는 혈족이 아닌 입양가족도 포함된다. 공동체가족은 확대가족의 변형으로 혈연관계는 없으나, 서로 가족으로 생각하고 헌신하며 가족의 의무를 갖고 동거하는 집단이다. 예컨대 종교적 이상을 같이 하는 부류의 사람들이 집단을 형성해서 같은 지역 내에서 다소 폐쇄적 삶을 사는 형태가 여기에 속한다고 하겠다. 그 밖에 새로운 이성 관계와 결혼방식에 따라 생긴 계부모가족, 편부모가족, 동성애부부가족[157] 등도 생각해 볼 수 있다.

이 같은 다양한 가족 형태로의 전환은 기존의 전통적 가족주의의

---

156) 캐슬린 M. 갤빈 외 저, 노영주 외 역, 『가족관계와 의사소통』(도서출판 夏雨, 2001년 3월) 10~11면 참조.
157) 캐슬린 M. 갤빈 외 저, 앞의 책 9면.

비판 또는 해체를 가져왔다. 그렇지만 아직도 한편에선 이같이 다양한 가족 형태를 무시하고 전통적 가족주의가 우리의 고유한 전통이란 차원에서 무조건 보존해야 한다는 주장도 여전히 제기되고 있다. 이미 전통적 가족주의의 본령이 상당수 훼손된 상태임에도 불구하고 다시 원형을 회복해야 한다는 주장이다. 이로부터 전통적 가족주의의 해체인가 복원인가의 두 극단이 오늘날 우리 사회의 주요 현안으로 부각되었다. 그러나 양자는 대립의 문제가 아닌 보완의 문제로 나아가야 21세기 한국적 가족주의의 새로운 방향이 잡힐 것이다. 비록 전통적, 특히 유교적 가족주의가 20세기 이전 시대 이미 실험을 끝냈고, 더 이상 효용성이 없다 하더라도 여전히 그 가치를 부여할 만한 정신적 유산이 남아 있다. 아무리 다양한 현대적 가족 모델이 제시되었어도 부모 자식 형제간에 지켜야 할 '부자자효', '형우제공'의 덕목과 가족구성원의 희생과 봉사 정신은 여전히 유효하다. 이들 덕목은 극히 자연스런 인간의 감정과 본성에 연유하기 때문에 더 이상 그 타당성 여부를 논의할 여지는 없다. 더구나 수 천 년 간의 삶의 토양 속에서 생성된 한국의 전통적 가족주의의 흐름에서 서구적 개인주의로의 이행은 진정한 개인주의의 가치를 획득하지 못한 채 피상적 개인주의로 흘렀고, 그로부터 이기주의·자기중심주의·기회주의가 양산됐다. 단번에 바뀔 수 없는 정신문화로서의 가족주의를 너무 쉽게 방기하려는 태도는 시정되어야 한다. 가족은 효제 윤리를 강제하는 공간이 아닌 효제 정신이 자연스레 녹아내리는 장이다. 또한 개인의 행복을 추구하는 최소 단위이다. 일방적인 윤리 도덕을 강제하는 공간이 아닌 만큼 적어도 상호주의 관점에서 기존의 우월한 전통은 여전히 살려야 한다.

그간의 전통적 가족주의의 문제점은 분명하다.[158] 본래 취지를 떠나 그것이 여성이 됐든 남성이 됐든 한쪽의 일방적 희생과 헌신을 강요하는 것이 전통적 가족주의였다. 그렇기 때문에 개인주의를 근간으로 하는 근대 민주주의의 기본 맥락상 전통적 가족주의는 한계가 있다. 그렇다고 오랜 세월 지속된 문화 정서와 민족 정서를 무시한 합리성과 인권만을 내세운 개인주의가 우리의 민족적 정서와 일치하는 것도 아니다. 그런 점에서 그간 역사 속에 내려온 유교문화권의 속성을 고려하며 근대적 개인주의를 보완하는 데 주력해야 한다.

유교문화의 발생지인 중국의 경우를 보자. 중국에는 그간 수많은 외래문화가 전래되었다. 하지만 유교문화를 초극한 경우는 한 번도 없다. 유교와 불교의 충돌은 결국 불교의 유교화로 결말이 났다. 다시 말해 재가주의在家主義의 유교와 출가주의出家主義의 불교문화의 충돌은 불교가 유교에 타협하는 것으로 결론 났다.[159] 그것은 20세기 이후 본격적으로 전개된 사회주의 체제도 마찬가지다. 사회주의는 본질적으로 개인주의를 부정하고 있다. 모택동毛澤東도 철저히 개인주의를 공격하고 배격했다.[160] 적어도 17세기 이후 유교문화를 그 어느 지역보다 잘 지켜온 한국의 경우도, 비록 근대 자본주의 사회를 근

---

158) 물론 이때 말하는 유교적 가족주의는 현행 문제로 대두하는 교조화된 형태에서 형성된 유교적 가족주의를 말하며, 쌍무적 관계를 중시하는 형태의 유교적 가족주의는 아니다. 김충렬은 앞의 논문 13면에서 공맹에 의해 기초된 오륜에 입각한 유교적 가족주의는 횡적 쌍무윤리라 하였고, 그것이 순자·한비자·이사 등 법가이론의 영향을 받으면서 개악되었고, 그것이 소위 후대 종적 복종윤리, 혹은 강자에 굴종하는 노예도덕이라 하였다.

159) 加地伸行 著, 『現代中國學』(中央公論社, 1997年 8月) 102~103면 참조. 재가주의 유교와 출가주의 불교의 충돌은 유교의 한판승으로 결론 났고, 결국 불교는 중국화 되면서 대승불교라는 새로운 방향을 모색하였다는 주장이다. 반면 남아시아로 전래된 불교는 커다란 문화충돌 없이 전파되었는데, 그것이 바로 불교 원리주의에 가까운 소승불교라는 것이다.

160) 加地伸行 著, 앞의 책, 104면 참조. 저자는 사회주의는 이데올로기가 아니라고 하고, 하나의 행정 편의상의 한 방편이라 주장하며, 먼 장래에 중국은 사회주의를 버릴 것이라고도 하였다.

간으로 하는 개인주의 사회가 전개됐다 하더라도 유교적 한계를 초극하지는 못했다. 단지 일본만은 한국·중국과는 달리 서구 근대 개인주의를 모방하여 유교적 공동체주의와 가족주의를 해소했는데, 이것은 유교문화가 한국·중국만큼 견고하지 못했기 때문이다.[161] 일본에서 유교는 한국이나 중국에서처럼 국교로 대접받지 못했다. 근세 에도[江戸]시대 당시 한 때 유교가 비호 받았지만 국교로까지 숭앙되지는 않았다. 유교 지식인 양성의 기반이었던 과거제도가 없었기 때문에 유교가 학문적으로 성숙하지도 못했다. 따라서 일본에서의 가족주의는 유교적 가족주의와는 거리가 있고, 가족주의에 기반한 효孝보다는 국가주의에 기반한 충忠이 중시됐다. 일본에서의 가家(いえ)는 일종의 '사회관계의 틀'로 비혈족을 포함하는 경제 집단의 의미가 강했다.

반면 한국사회는 유교적 공동체주의가 결국 국교로 숭앙되면서 유교적 가족주의가 강력히 자리했다. 물론 이에 대한 반론이 없는 것은 아니다. 유교문화가 한국사회 속에 뿌리내린 것은 실제로 17세기 이후의 일이며, 그전에는 유교적 가족주의에서처럼 가부장 중심의 일방적 시스템보다는 부계父系, 모계母系[162] 모두 존중되는 자유주의형

---

161) 加地伸行 著, 앞의 책, 103~104면 참조.

162) 동양에서의 모계사회에 대한 문헌자료는 『장자』「도척」편에 "神農之世, 臥則居居, 起則于于, 民知其母, 不知其父."라고 한 것과, 『여씨춘추』「恃君」편에 "昔太古嘗無君矣, 其民聚生羣處, 知母不知父, 無親戚兄弟夫妻男女之別, 無上下長幼之道, 無進退揖讓之禮, 無衣服履帶宮室畜積之便, 無器械舟車城郭險阻之備, 此無君之患."라고 한 것을 통해서 짐작할 수 있다. 보통 역사학자들이 말하는 중국에서 모계사회에서 부계사회로 옮겨 간 것을 은대에서 주대라고 말한다. 부계 사회의 전형적인 예는 '同姓不婚'이다. 그렇다고 주대이후 본격적으로 부계사회가 확고히 정립된 것은 아니다. 여전히 모계사회에서 특징적인 측면은 주대에도 선진시대에도 지속되었다. (김충렬, 「解體危機에 직면한 유가 傳統家庭을 지키는 길」(한국유교학회, 『儒敎思想硏究』 제20집, 2004. 2) 7~9면 참조.

이었다는 주장이다.

이런 주장의 이면에는 호주제 폐지에 따른 전통문화에 대한 해석 상의 차이가 크게 작용했다. 다시 말해 헌법 제9조의 "국가는 전통문화의 계승 발전과 민족문화의 창달에 노력하여야 한다."는 조문 해석을 두고, 현행 가족주의는 전통문화이므로 지속되어야 한다는 측면에서 호주제는 존속되어야 한다는 입장이 그 하나이고, 호주제 폐지를 주장하는 측에서는 유교적 가족주의는 17세기 이후 고착된 것이지 결코 고유한 전통문화일 수는 없다는 주장이다.[163] 그러나 현행 가족주의가 전통문화인가 아닌가의 논의보다 중요한 것은 가족주의가 현시대에 맞는가 적합 여부이다. 물론 일방의 편의, 편익만을 놓고 볼 수만은 없기 때문에 이 문제는 단순하지 않다. 당장 일부에서의 기존 가족주의로 인한 불만과 피해가 전통적 가족주의 자체를 흔드는 호주제 폐지 논의로 진행되었고 막상 관철되었지만, 더 큰 틀에서 문제를 보아야 한다. 따라서 현행 가족주의가 300년밖에 안 되었다고 해서 전통이 아니고 300년이 넘었다고 해서 전통문화라는 식의 계량적 사고는 불필요하다. 100년이 되었어도 좋은 전통문화가 될 수 있고, 500년이 넘었어도 청산되어야 할 문화가 있다.

그렇다면 우리의 가족주의 문화는 어떠한 방향으로 나가야 할까? 현대사회가 요구하는 쪽으로 논의되어야 한다. 현대사회는 상호주의에 입각한 윤리관계를 요구하며, 가족주의 또한 마찬가지다. 기존의 전통적 가족주의는 그런 점에서 일방적·수직적이라는 인상이 강했다. 비록 본래는 그렇지 않았다 항변하더라도 비춰지는 기본 틀은 그러했다. 부모자식관계가 그 어떤 인간관계보다 희생과 헌신이 요

---

163) 이에 대한 자세한 논의는 동아일보 2004년 12월 13일자에 자세하다.

구되긴 하지만, 그렇다 해도 일방적이어서는 현대적 가족주의 대안이 될 수 없다. 일방적 관계를 지양하기 위해 새로운 가족주의는 자식에 대한 맹목적 애착과 과잉보호는 자제되어야 하며, 부모에 대한 무조건적 희생과 헌신은 지양되어야 한다. 이것은 부모의 자애慈愛와 자식의 효경孝敬에 어긋나지 않기 때문에 기존의 가족주의에서 벗어나는 것은 아니다. 초고령사회로 가는 마당에 약자인 노인과 또 자라나는 어린이 청소년에 대한 배려 정신은 매우 절실하며, 이것을 담고 있는 고유의 자효慈孝사상은 오늘날 우리 사회의 가장 소중한 정신적 자산이 아닐까 생각한다.

제**2**장

한국 고대사회 효사상의 전개

한국 고대사회 효사상의 전개

1. 『삼국유사』를 통해본 상고시대와 삼국시대의 효문화

1) 『삼국유사』 편찬 동기

『삼국유사』는 고려 충렬왕(1236~1308) 때 고승이자 국사國師로 책봉된 일연一然(1206~1289)이 엮은 사서史書이다. 그런데 이 책 몇 군데에 "무극이 기록했다."(無極記)[1]는 내용이 있어 일연의 글을 제자 무극이 간행했다는 설도 있으나, 본문 내용의 주된 편집자가 일연임은 부인할 수 없는 사실이다.

이 책은 고려 말 무신난 이후에 일어난 원나라의 한반도 침탈로 인한 민족적 위기의식과 문화적 침체 상황을 극복하기 위한 민족적 자존심 회복의 일환으로 편찬했다는 이야기도 전한다. 중국에 비견되는 단군 고조선으로부터 시작하는 한국 고대사를 당시 전하는 기록들을 모아 편찬함으로서 민족적 자긍심을 한껏 높이려는 의도에서 편찬했다는 주장이다. 다시 말해 단군으로부터 역사를 시작한 것은

---

1) 『삼국유사』 「前後所將舍利」와 「關東楓岳鉢淵藪石記」에 보임.

사대주의에 대한 반성으로서 자주적 역사의식의 발로라는 것이다. 물론 그 이면에는 고려가 사대하던 송나라가 망하고, 야만 민족이라 하대하던 원나라가 득세한 데 따른 충격도 없지 않다. 원나라의 무력 침탈 앞에 고려인의 역사적 자주성을 대내외적으로 과시하려는 측면을 배제할 수 없다는 것이다. 일연이 표현하고자 했던 고려인의 자주성이 중국과 비견되는 역사적 뿌리를 강조하는 데서 출발한다. 동시에 『삼국사기』의 비자주적 서술과 유교적 도덕 사관의 편협성에 대한 반발 의식도 작용한 것이다.

이렇듯 『삼국유사』가 『삼국사기』보다 더 큰 의미를 지닐 수 있는 것은 민족적 자존심과 역사적 주체성을 표방하였기 때문이다. 『삼국사기』는 유교적 도덕 사관에 의존하였고, 또 인용된 문헌 역시도 상당수 중국 자료에 기반하고 있고, 체제 또한 철저히 사마천의 『사기』를 답습하였다. 반면 『삼국유사』는 이와는 달리 50여 종의 우리나라 자료를 인용하였고, 중국 자료는 단지 27종 정도 다뤘을 뿐이다. 역사 서술의 중심이 우리나라였음을 분명히 한 것이다. 이렇게 자전적 우리의 사료를 두 배 이상 인용한 것은 사대를 원칙으로 하던 당시의 분위기를 완전히 바꿔놓은 혁신적 사고가 아닐 수 없다. 특히 고기古記, 향기鄕記, 비문碑文, 고문서古文書, 전각篆刻 등의 자료는 오늘날 대부분 사라졌지만, 『삼국유사』를 통해서 당대 그 흔적을 알게 되었다는 점에서 또 다른 의미를 찾게 된다.

그간 『삼국유사』는 소위 정사가 아닌 야사란 미명 아래 여러 비판도 없지 않다. 특히 실증 사학자들로부터 강한 비판을 받았는데, 그 대표적인 경우로 실학자 이익李瀷(1681~1763)의 비판을 들 수 있다. 그는 『성호사설』에서 이 책뿐만 아니라 이 책을 인용한 역사가들을 강하게 비판했고, 또 유교적 관점에 서 있던 학자들은 『삼국유사』의 불교 중심적 내용을 역시 호되게 비난했다. 예컨대 안정복安鼎福(1712~1791)은 '이단허탄異端虛誕'이라 폄하했고, 한치윤韓致奫(1765~1814)은 '괴탄愧誕하여 믿지 못할 바'라고 혹평했던 것이다.[2]

『삼국유사』를 편찬한 일연과 원효, 설총을 기리는 삼성현역사문화기념관
(경북 경산시 남산면 상대로 883-30)

이런 평가는 억불숭유정책을 펼쳤던 조선의 정치적 맥락에서 비롯된 편협한 사고에 지나지 않다. 유교를 국시로 내건 조선 사회의 『삼국유사』에 대한 단편적 평가가 이 책이 갖는 본래적 의미를 가리고 있다는 것이다. 『삼국유사』는 그 어느 사서보다도 삼국의 문화와 사상을 뿌리부터 기록한 더할 나위 없는 기본서임과 동시에[3] 특히 효사상

---

2) 김원중 역, 『삼국유사』 「책머리에」 을유문화사, 2002년, 5~6면 참조.

3) 『삼국유사』가 비록 야사라 하더라도 일연이 國師로 있으면서 궁궐의 수많은 전적을 직접 확인하였고, 또 그 내용을 일종의 역사서술 형식으로 기록하였기 때문에 전혀 터무니없는 내용을 다루지는 않았을 것으로 판단된다. 일연은 경상도 경산에서 태어나 전라도와 강원도에서 공부하여 승려가 되어 강화도와 개성을 자주 오가며 견문을 넓히면서 이 책을 기록하였기 때문에 『삼국유사』는 하나의 답사기일 수도 있다. 특히 『고기』나 『삼국사』 등 당대 전해 내려오던 역사 기록과 다양한 중국 문헌을 토대로 이를 완성하였으므로 『삼국사기』 못지않은 역사서로서의 의미도 지닌다. 그렇기 때문에 신화적 내용과 서술로 인한 자료 가치로서의 한계는 분명히 존재한다 해도 전체를 싸잡아 부정 비판하는 것 역시도 문제가 있다.

을 소개한 부분은 당대 삼국사회만의 특징적인 유교, 불교, 전통 민속문화의 통합된 문화의 실상을 구체적으로 보여준다는 데 그 의미가 있다. 더구나 저자 일연은 출가한 불교 지도자이면서도 대단한 효자였다는 점에서 효에 관한한 이론과 실천을 겸비한 인물이었고, 불효의 종교로 비춰진 불교를 효의 종교로 탈바꿈시키는 데 공헌한 일등 공신이었다. 참고로 경북 경산시 남산면 일연기념관의 소개 내용을 살펴보자.

> "일연은 어머니를 봉양한 중국의 효심 깊은 승려 목주睦州 진존숙陳尊宿을 사모하여 스스로 호를 목암睦庵이라 지을 정도로 효심이 깊었다. 당대 승려 최고의 위치였던 국존의 자리에서 물러나 어머니를 봉양하였으며, 『삼국유사』에 「효선」편을 따로 묶어 소개할 만큼 효행을 중시하였다."

출가승의 부모 봉양만으로도 의외라 할 수 있지만, 거기다 일연은 효만을 따로 떼어서 책을 저술할 정도로 효에 대한 관심이 매우 컸다. 이는 효를 요구하는 당대 사회의 요청이 어느 때보다 컸기 때문이다. 효를 강조하고 실천하지 않는다면 외래종교 불교문화가 자리하기 힘들었다는 반증이기도 하다. 다시 말해 당시 유교문화로 점철된 사회문화 속에서 불교문화가 자리하는데, 일연의 공이 컸다면, 그것은 유교적 효문화를 불교문화와 융화 결합시키는데 성공했음을 의미한다.

2) 『삼국유사』와 삼국시대의 효문화

『삼국유사』의 내용과 체재는 크게 5권 9편 144항목으로 되어 있다. 그 가운데 9편은 「왕력王曆」「기이紀異」「흥법興法」「탑상塔像」「의해義解」「신주神呪」「감통感通」「피은避隱」「효선孝善」편이다.

「왕력」편은 삼국·가락국·후고구려·후백제 등의 간략한 연표이고, 「기이」편은 고조선으로부터 후삼국까지의 단편적인 역사를 57항목으로 서술하였는데, 서두에는 이 편을 설정한 연유를 밝힌 서敍가 붙어 있다. 「흥법」편은 삼국이 불교를 수용하게 된 과정 그 융성에 관한 6항목을 수록했고, 「탑상」편은 탑·불상에 관한 31항목을 기록했다. 「의해」편은 원광서학圓光西學條를 비롯한 신라 고승들에 대한 전기를 중심으로 하는 14항목을, 「신주」편은 신라의 밀교적 신이승神異僧들에 대한 3항목을, 「감통」편은 신앙의 영이감응靈異感應에 관한 10항목을, 「피은」편은 초탈고일超脫高逸 한 인물의 행적 10항목을 수록했다. 마지막으로 「효선」편은 부모에 대한 효도와 불교적인 선행에 대한 미담 5항목을 각각 수록했는데, 여기서 주로 다룰 내용들이다.

한편 삼국시대 효문화의 뿌리를 한반도 고유의 자생적인 것으로 보느냐 아니면 중국 유교의 영향인가는 깊이 따져봐야 할 문제이나, 문헌상 그 뿌리는 유교의 영향을 지적하지 않을 수 없다. 비록 효문화가 고조선 이후 삼국시대 자생적인 것이라 해도 그것이 문헌상으로 기록될 때에는 이미 유교의 영향을 받은 뒤이기 때문이다. 마치 아메리카 대륙이 콜럼버스가 도착하기 훨씬 이전부터 원주민들의 문화가 존재했다 하더라도 그것이 더 강한 문화에 의해 정복되면서 자연스레 사라지거나 새로운 것에 수용되었듯, 삼국 본래의 문화는 강력한 유교문화가 들어오면서 새롭게 재포장되었다는 것이다. 한반도에 전래된 최초의 고등문화로서 유교의 영향을 무시할 수 없다는 것이다.[4] 그렇다고 전통 고유의 토속적 우리 문화를 완전히 배제하는 것은 아니다. 이 문제는 뒤에서 다시 언급하기로 한다.

유교의 한반도 전래는 한자의 전래와 맞물려 있고, 유교를 국교로 했던 한나라의 한반도 일부 지역에 대한 지배(한사군)는 특히 고구려에 많은 영향을 미치었다. 따라서 고구려의 유학은 대개 한대 경학과 전장제도와 깊이 관련되어 있다.[5] 소수림왕 2년(372) 태학이라는 교육기관은 바로 유학의 기본을 체계적으로 가르쳤던 곳이다.[6]

백제는 고구려와 마찬가지로 4세기경에 이미 유교식 교육기관이 완비되었고, 근초고왕 29년(375) 고흥 박사가 국사인 『서기書記』를 썼고,[7] 근구수왕 시절인 380년경에는 왕인이 『천자문』과 『논어』를 일본에 전하고,[8] 무령왕(462~523) 때에는 오경박사 관직을 두었는데, 이것도 고구려와 마찬가지로 원시 유가의 핵심인 효제충신과 한대 유학

---

4) 천인석, 「孤雲 崔致遠의 儒教史的 位置」 (한국유교학회, 『유교사상연구』 제8집, 1996년) 72면 참조. 한편 유교의 한반도 전래가 언제였는가에 대한 설은 하나가 아니다. 장지연의 『儒敎淵源』에서처럼 우리나라가 유교의 종주국이라는 설(柳承國의 유교는 동이족과 깊이 관련 있다는 설도 이에 속함)로부터, 秦末漢初 전래설(李丙燾), 삼국시대 전래설(玄相允), 고구려 태학 기준설(李基白) 등 다양하다. 그런데 "文者, 道之器."란 말이 있듯, 한자의 전래는 한자문화권의 주요 문화유산이었던 유교문화가 동시 전래됐음 의미한다. 그렇기 때문에 유교는 종교로서 한반도에 전래됐다기 보다는 문화형태로 글자와 더불어 자연스럽게 전래 되었고, 그 후 종교로서의 불교와 도교가 전래되었다.

5) 천인석, 「고구려의 유학사상연구」 (동양철학연구회, 『동양철학연구』 제8집, 1987년) 148면 참조.

6) 『삼국사기』 「소수림왕」: 立太學, 敎育子弟.

7) 『삼국사기』 「근초고왕」: 古記云, 百濟開國已來, 未有以文字記事. 至是得博士高興, 始有書記.

8) 고흥과 왕인박사를 중국에서 귀화한 지식인이라 하는 견해도 있다. 이는 위에서 인용했듯, 『삼국사기』 「근초고왕」의 기록에 "개국 이래로 문자 기록이 없었더니 고흥 박사를 얻어……"라고 하는데 기인한다. 즉 '得博士古興'의 '得'은 외래지식 임을 뜻한다는 것이다. 왕인박사 역시도 중국에서 귀화한 지식인이라 하는데, 그 당시 백제가 오경에 능통할만한 상황이 아니기 때문이란 것이다. (김충렬, 『고려유학사』 고려대출판부, 1988년 39~40면 참조.)

의 특징인 경학과 전장제도의 영향이었다.

신라는 고구려, 백제보다는 좀 늦은 6세기경 유교가 보급되었다. 503년 신라라는 국호를 사용하면서 왕호와 연호도 유교식으로 개칭하였다. 선덕여왕 8년(639)에는 당나라 유학을 적극 권장하여 선진문물을 배워오도록 하였고, 김대문·강수·설총과 같은 석학들이 그때 이후로 배출된 학자들이다.

이렇게 유교문화는 농경사회이자 가족중심의 문화형태를 이루고 있던 한반도에 정착하면서 윤리적 삶의 양식으로 확장되어 나갔고, 전장제도로서 정치 사회를 이끄는 선도적 역할을 함과 동시에[9] 유교적 효제충신 문화가 이 땅에 더욱 공고히 다져지는 데 역할을 하기도 하였다.

3) 단군신화와 효사상

(1) 단군신화의 내용[10]

> 『위서魏書』[11]에 이렇게 말하였다.

---

9) 김충렬, 『고려유학사』 고려대출판부, 1988년, 27~33면 참조. 이 책에서는 유학을 크게 4단계로 나누며, ①선진시대 효제충신의 윤리에 충실했던 유학, ②한당대 권력질서를 비호하기 위한 전장제도로서의 유학, ③수당시대 道佛의 영향 아래 놓인 이후 새롭게 무장하여 탄생한 송명대 성리학, ④성리학의 관념적 요소에 반대했던 청대 실학이 그것이다.

10) 단군신화를 전하는 史書는 다음과 같다. 『삼국유사』 『제왕운기』 『양촌집』 『세종실록지리지』 『신증동국여지승람』 『동국통감』 『규원사화』 『해동역사』 등. 이들 책 속에 전하는 단군신화는 약간의 차이는 있으나 큰 틀에서는 같다.

11) 北齊 魏收가 칙명으로 편찬한 책으로 내용은 魏나라 역사를 서술하였지만, 논술이 불공평하다고 해서 正史이면서도 穢史라 불리었다. 그런데 지금 전하는 『위서』는 송나라 때 29편이 없어져 단군에 관한 이야기는 찾아볼 수 없다.

지금부터 2천년 전에 단군왕검[12]이 있어 아사달(『경』[13]에 무엽산無葉山이라 하고, 또 백악白岳이라고도 이르는데, 백주白州 땅에 있다. 개성 동쪽에 있다고 했으니, 지금의 백악궁이다.)에 도읍을 정하고 나라를 열어 조선이라고 하였으니, 바로 요임금[14]과 같은 시기이다.

『고기』[15]에는 이렇게 말하였다.

옛날 환인(제석帝釋을 말한다)의 서자 환웅이 자주 천하에 뜻을 두고 인간 세상을 탐내어 구하였다. 아버지가 아들의 뜻을 알고는 삼위 태백을 내려다보니 인간을 널리 이롭게 할만하여, 즉시 천부인 세 개를 주어 내려보내 인간 세상을 다스리게 하였다. 환웅이 무리 3천명을 거느리고 태백산太白山(지금의 묘향산) 꼭대기 신단수 아래로 내려왔다. 이곳을 신시神市라 하고 이 분을 환웅천왕이라 한다. 풍백風伯, 우사雨師, 운사雲師를 거느리고 곡식, 생명, 질병, 형벌, 선악 등 인간 세상의 360여 가지 일을 주관하여 세상을 다스리려 교화하였다. 그 당시 곰 한 마리와 호랑이 한 마리가 같은 굴속에 살고 있었는데, 항상 환웅에게 사람이 되기를 기원하였다. 이때 환웅이 신령스런 쑥 한 다발과 마늘 스무 개를 주면서 말하였다.

"너희가 이것을 먹되, 100일 동안 햇빛을 보지 않으면 곧 사람의 형상을 얻으리라."

곰과 호랑이는 그것을 받아먹으면서 삼칠일三七日 동안 금기했는데, 곰은 여자의 몸이 되었지만, 호랑이는 금기를 지키지 못하여 사람의 몸이 되지 못했다. (그러나) 웅녀는 혼인할 상대가 없었으므로 매일 신단수 아래서 아이를 가질 수 있게 해달라고 기도했다. 환웅

---

12) 『제왕운기』『세종실록』 등에는 壇이 檀으로 되어 있다.
13) 『산해경』
14) 원문에는 高로 되어 있다. 이것은 고려 정종의 이름이 堯라서 피휘한 것이다.
15) 『제왕운기』에는 『단군본기』로 되어 있다. 그런데 구체적으로 어떤 책을 말하는지 구별하기 어렵기 때문에 '옛 기록'을 총칭한다고 말하기도 한다.

이 잠시 사람으로 변해 그녀와 혼인하여 아들을 낳으니 그를 단군
왕검이라 불렀다.

단군왕검은 당요唐堯가 즉위한지 50년이 되는 경인년(당요가 즉위한
원년이 무진년이니, 50년은 경인년이 아니라 정사년丁巳年이므로 아마 사실이 아닌 듯
하다)에 평양성(지금의 서경)에 도읍을 정하고 비로소 조선이라 불렀
다. 다시 도읍을 백악산 아사달로 옮기니, 그곳을 궁홀산弓(혹은 方)
忽山 또는 금미달今彌達이라고 부르기도 한다. 그는 1천 5백년 동안
이곳에서 나라를 다스렸다.[16] 주나라 무왕이 즉위하던 기묘년에 기
자를 조선에 봉하였다. 이에 단군은 장당경藏唐京[17]으로 옮겼다가,
그 후 아사달로 돌아와 숨어 살면서 산신이 되었는데, 이 때 나이는
1908세였다.[18]

① 경천과 제천

『삼국유사』에서는 환인을 제석이라 했다. 스님이 저자인『삼국유
사』의 성격상 이상할 게 없다. 제석은 천제天帝, 곧 하느님이다. 우리

---

16) 『규원사화』에는 단군왕검의 후손 40명이 있어 1,500년간 단군조선이 계승된 것으로 보이는데,
이 책 자체가 僞書이기 때문에 신빙성은 없다.
17) 황해도 구월산 기슭에 있던 땅이름이라 하지만, 여러 이설도 전한다.
18) 『삼국유사』「古朝鮮(王儉朝鮮)」; 魏書云, 乃往二千載, 有壇君王儉, 立都阿斯達(經云無葉山, 亦
云白岳, 在白州地. 或云在開城東, 今白岳宮是. 開國號朝鮮, 與高同時. 古記云, 昔有桓因(謂帝
釋也. 庶子桓雄, 數意天下, 貪求人世, 父知子意, 下視三危太伯, 可以弘益人間, 乃授天符印三
箇, 遣往理之, 雄率徒三千, 降於太伯山頂(卽太伯今妙香山. 神壇樹下, 謂之神市. 是謂桓雄天王
也. 將風伯雨師雲師, 而主穀主命主病主刑主善惡, 凡主人間三百六十餘事, 在世理化, 時有一熊
一虎, 同穴而居, 常祈于神雄, 願化爲人. 時神遺靈艾一炷, 蒜二十枚曰, 爾輩食之, 不見日光百
日, 便得人形, 熊虎得而食之, 忌三七日, 熊得女身, 虎不能忌, 而不得人身, 熊女者無與爲婚. 故
每於壇樹下, 呪願有孕, 雄乃假化而婚之, 孕生子, 號曰壇君王儉. 以唐高卽位五十年庚寅(唐高
卽位元年戊辰, 則五十年丁巳, 非庚寅也, 疑其未實. 都平壤城(今西京), 始稱朝鮮, 又移都於白岳
山阿斯達, 又名弓(一作方)忽山, 又今彌達, 御國一千五百年, 周虎王卽位己卯, 封箕子於朝鮮, 壇
君乃移藏唐京. 後還隱於阿斯達, 爲山神, 壽一千九百八歲.

민족은 오래 전부터 '경천敬天' 사상이 존재했다. 정신적인 '경천'사상은 종교적인 '제천祭天'으로 자리했다. 단군은 하늘을 상징하는 환인의 아들이고 하늘에서 왔다. 이로부터 우리 민족은 천손 민족이 되었다.

② 가족주의 전통

하늘을 상징하는 환인은 아들 환웅을 지상에 내려보냈다. 평소 지상에 관심을 갖고 있던 아들 환웅의 뜻을 존중한 아버지의 배려정신이 깃들어 있다. 웅雄은 수컷으로 남성을 상징하고, 웅녀熊女는 여성을 상징한다. 하늘에서 내려온 남성과 땅에 있던 여성이 만나 아들을 낳았으니, 그가 바로 단군 왕검이다. 아들의 뜻을 존중한 아버지가 아들을 땅에 내려보냈고, 그 아들은 땅을 대표하는 여성과 만나 아들을 낳았다. 하늘[지] - 땅[地] - 인간[人]으로 이어지는 삼재三才사상 가운데 가족공동체가 만들어졌다. 하늘과 땅의 만남에서 인간이 나왔고, 그것은 곧 가족공동체였다. 그 하늘로부터 받은 성격은 부드럽고 순하며,[19] 사양하기를 좋아하고 다투지 않았다.[20]

(2) 원시공동체와 효문화

토템사상과 샤머니즘은 인류 원시공동체의 일반적 특징 가운데 하나로 거론된다. 우리 민족도 예외가 아니다. 비록 역사적 사실성의 충분한 논의가 필요하지만, 단군신화 역시도 우리 민족 고유의 정신문화를 신화적 표현방식[21]으로 전달하고 있다는 점에서 쉽게 보아 넘

---

19) 『후한서』「동이열전」: 天性柔順.
20) 『산해경』「海外東經」: 好讓不爭.
21) 단군신화는 비록 신에 관한 이야기의 형태로 존재하지만, 그것에 담겨있는 내용은 실제로는 인

길 사안은 아니다. 물론 고조선의 시기를 문명 발달사적 차원에서 청동기 전후 어느 시기로 볼 것이냐의 고고학적 문제는 또 다른 복잡한 문제를 야기한다. 따라서 여기서는 단지 『삼국유사』에 기록된 단군신화의 내용만을 토대로 그것이 지향하는 문화사적 의미만을 짚어 보려고 한다.

먼저 우리나라 초창기 인류는 토템사상과 샤머니즘의 정신생활을 영위하면서 고인돌, 선돌 등과 같은 거석巨石 문화를 이뤘다. 부족의 최고위층 무덤이자 부족 공동체의 공동묘지 형태로 발굴된 고인돌은 강력한 지배체제와 동시에 공동체 생활의 흔적을 보여주며, 나아가 공동체 간의 협력과 그에 따른 질서로서의 조상숭배 사상을 엿보게 한다. 또한 공동체간의 경계를 표시한 선돌은 동족을 단속하고 단결시키는 기능을 하였음을 알게 한다. 다시 말해 한반도에 정착한 우리 조상은 애초부터 조상을 존중하고 동족 단결을 중시하는 상부상조의 품앗이, 두레 공동체를 이루며 살았다는 것이다.[22]

단군신화의 기본 내용은 곰과 호랑이를 각기 토템으로 하는 종족 간의 대결에서 곰족의 승리를 기록하고 있다. 공동체간의 통일전쟁에서 곰족이 승리한 것이다. 여기에 또한 땅에서 곰을 토템하는 종족[熊女]과 하늘을 숭배하는 종족(하늘에서 내려온 환웅)이[23] 통합되어 하나의 통치 집단을 이루었는데, 그것이 더 큰 공동체를 탄생시켰고, 그 공동체의 대표가 바로 단군왕검이란 것이다. 그렇다면 단군왕검은

간의 이야기일 뿐이다. (황준연, 『한국사상의 이해』 박영사, 1995년 43~44면 참조.)

22) 유명종, 『한국철학사』 일신사, 1975년 7~9면 참조.

23) 桓因을 『삼국유사』에서 帝釋이라 한 것은 일연의 신분이 스님임을 생각한다면 이상할 게 없다. 불교에서 제석은 天帝, 즉 하느님을 가리킨다. 여기서 우리 민족은 고래로 하늘에 대한 일정한 관념이 있었고, 그 의식 속에서 敬天, 祭天사상을 갖게 되었다. 단군은 바로 그 하늘의 소산자였던 것이다. (한국철학사상연구회 편, 『한국철학사상사』 심산, 2005년 31면 참조.)

하늘과 땅을 대표하는 양자의 조화에 의해서 태어난 존재가 된다.

따라서 단군왕검 시대의 사회문화는 조상을 존중하는 동족공동체, 혹은 가족공동체였고,[24] 공동체 내에서의 상부상조를 중히 여기는 특징을 지녔다고 할 수 있다. 조상 존중의 수직적 질서와 공동체 내의 수평적 질서를 잘 조화시킨 문화 형태를 보게 된다. 이로부터 단군시대의 효문화를 유추해 본다면 천손민족으로서 조상존중과 공동체의 질서를 강조하며 '경천애인敬天愛人'과 '홍익인간弘益人間'의 정신을 중심 가치로 여겼음을 알게 된다.

4) 삼국시대의 효사상과 지도자

(1) 해동증자 의자왕

공자의 제자 증자曾子는 중국에서 순임금과 더불어 효의 대명사처럼 알려진 인물이다. 이론의 여지는 있지만, 『효경』의 저자가 증자라는 설도 있다. 증자의 후학들이 편집했다는 설이 가장 유력하긴 하지만, 그렇다 하더라도 증자와 무관하지는 않다.[25] 『예기』「내칙」편에

---

24) 단군신화의 내용 가운데 庶子란 뜻은 '여러 아들'로 가족공동체, 즉 가족주의적 성격을 반영한다. 그렇다면 이 때의 庶는 '많다' '풍성하다'는 의미가 될 것이다. 또한 그 아들들 가운데 한 사람을 홍익인간할 만한 땅에 내려보내 다스린다는 화목한 가족의 한 단면을 단군신화는 보여준다. (한국철학사상연구회 편, 『한국철학사상사』 심산, 2005년 31~32면 참조.)

25) 『효경』의 저자가 누구인가에 대한 설은 다양하다. 첫째, 공자설이다. 『사기』 『백호통』 『공자가어』 등의 주장이고, 유흠(B.C.53~23), 하휴(129~182), 정현(127~200), 왕숙(195~256) 등도 이 설을 주장한다. 반고의 『한서』 「예문지」 권10에 전한 武帝 末, 魯 恭王이 자신의 궁을 증축하려고 공자의 구택을 부수었을 때, 그 벽에서 『고문상서』 『예기』 『논어』 『효경』 등이 나왔다고 한데 연유한다. 「예문지」에 "수십 편, 모두 古字로 쓰여진 것이다."라는 기록이 있고, 下文에 "효경은 공자가 증자에게 효도에 대해 말한 것이다."라 하였다. 둘째, 증자설이다. 『고문효경』의 서문을 쓴 공안국(공자의 12대손)의 주장이다. 『사기』 제7 「중니제자열전」에 "증삼은 (노나라)

나와 있는 증자의 효행관을 살펴보자.

> "효자가 노부모를 봉양하는 것은 부모의 마음을 즐겁게 해드리
> 고, 부모의 뜻을 거스르지 않고, 예악으로 부모의 눈과 귀를 즐겁게
> 해드리고, 부모의 잠자리에 유의하여 편히 거처하실 수 있도록 해
> 드리고, 음식으로 진심을 다해 봉양해드리는 것이다. 효자는 몸이
> 다할 때까지 이와같이 한다. 몸이 다할 때까지란 부모의 몸이 다할
> 때까지가 아니라 효자 자신의 몸이 다할 때까지를 말한다. 그러므
> 로 부모가 사랑하는 것은 자신도 사랑하고, 부모가 공경하는 것은
> 자신도 공경한다. 부모가 사랑하는 개나 말에 이르기까지 모두 그
> 렇게 해야 하거늘, 부모가 사랑하고 공경하는 사람에 대해서라!"[26]

효행의 기준이 자신이 아닌 부모임을 말했다. 부모의 일상적 거처
와 음식만 신경 쓰는 게 아니라 부모가 사랑하고 공경하는 것도 자녀
가 따라야 한다고 했다. 부모가 개나 말을 사랑하면 자녀도 개나 말
을 사랑해야 한다. 『맹자』 「이루상」편에 기록된 증자의 효행도 구체
적인 실천의 모습을 보여준다. 한마디로 증자는 부모님의 마음을 헤
아리며 양지養志의 효행을 실천한 것이다.

남무성인으로 자는 자여, 공자보다 46세 어리다. 공자는 (증삼이) 효도에 능통하다고 생각하고
그에게 가르침을 주어 효경을 짓게 하였다. (그 후 증삼은) 노나라에서 죽었다." 셋째, 증자문
인설이다. 송대 문인 사마광(1019-1086)·胡寅·晁公武 등의 견해이다. 주자도 『효경간오』에서
"효경은 공자와 증자의 문답으로 증자의 문인들이 기록한 것이다."라고 하였다. 아마도 이 설
이 가장 유력해 보인다. 넷째, 한대 유학자가 지었다는 설이다. 淸代 姚際恒의 『古今僞書考』에
도 나온다. 그러나 이 설은 신빙성이 낮다. 秦의 여불위가 편찬한 『여씨춘추』에 『효경』을 인용
하고 있기 때문이다. 그밖에 자사설, 맹자문인설, 공자제자 70여인설이 있지만 신빙성이 낮다.

26) 『예기』 「내칙」: 曾子曰: 孝子之養老也, 樂其心, 不違其志, 樂其耳目, 安其寢處, 以其飲食忠養
之. 孝子之身終. 終身也者, 非終父母之身, 終其身也; 是故父母之所愛亦愛之, 父母之所敬亦敬
之. 至於犬馬盡然, 而況於人乎!

"증자가 (아버지) 증석을 봉양할 때 (밥상에) 반드시 술과 고기반찬이 있었는데, 장차 밥상을 치울 적에 (증자는) 반드시 '누구에게 주시겠습니까?' 하고 청하였으며, (증석이) '남은 것이 있느냐?' 하고 물으면 반드시 '있습니다.' 하고 대답했다. 증석이 죽자, (증자의 아들) 증원이 증자를 봉양했는데, (밥상에) 반드시 술과 고기반찬이 있었다. 그러나 밥상을 치울 적에 증원은 '누구에게 주시겠습니까?' 하고 청하자 (증자가) '남은 것이 있느냐?' 하고 물으시면, 반드시 '없습니다.'고 대답했으니, 이는 그 음식을 다시 올리려고 해서였다. 이것은 이른바 '구체口體만을 봉양한다.'는 것이니, 증자와 같이 하면 '뜻을 봉양한다.'고 이를 만하다. 어버이 섬김은 증자와 같이 하는 것이 가하다."[27]

증자는 아버지의 마음을 중심으로 봉양의 도리를 다했다. 그래서 그는 아버지 증석이 좋아하는 양조羊棗(작고 색깔이 검은 열매)를 먹지 못했다[28]고 한다. 이에 대해 주희는 "증자는 아버지가 좋아하셨기 때문에 아버지가 돌아가신 뒤에 먹을 때마다 반드시 아버지가 생각났으므로 차마 먹지 못한 것이다."[29]라고 주석을 달았다. 이렇듯 문헌에 나타난 증자는 구체적인 효를 실천한 사람으로 알려졌다. 백제의 의자왕을 증자에 비유한 것은 의자왕 역시도 대단한 효자였음을 증명한다.

---

27) 『맹자』「이루상」: 曾子養曾晳, 必有酒肉. 將徹, 必請所與. 問有餘, 必曰有. 曾晳死, 曾元養曾子, 必有酒肉. 將徹, 不請所與. 問有餘, 曰亡矣. 將以復進也. 此所謂養口體者也. 若曾子, 則可謂養志也. 事親若曾子者, 可也.

28) 『맹자』「진심하」: 曾晳嗜羊棗, 而曾子不忍食羊棗.

29) 『맹자집주』「진심하」: 曾子以父嗜之, 父歿之後, 食必思親, 故不忍食也.

"이때 백제의 마지막 왕인 의자왕은 바로 무왕의 맏아들로서 영
웅으로 용맹스럽고 담력이 있었으며, 어버이를 효성스럽게 섬기고
형제들과 우애가 좋아 당시 해동증자로 불렸다."[30]

나라를 망국으로 이끈 의자왕에게, 그래서 철저한 불효자라 칭할
수도 있는 그에게 해동증자의 칭호를 붙인 것은 의자왕이 얼마나 효
행에 뛰어났는가를 역설적으로 보여준다. 의자왕의 맏아들 융隆을
한편에서는 효孝라고 불렀다는 설도 있음은 의자왕의 효성심과 무관
해 보이지 않는다.[31] 다시 말해 "아니 땐 굴뚝에 연기나랴!"는 속담처
럼 태자 융의 이름이 효라는 것은 의자왕이 그만큼 삶 속에서 효에 깊
은 관심과 노력을 기울였다는 뜻이다.

하지만 멸국의 왕 의자왕을 따라다니는 수식어는 효자 이미지보다
는 언제나 3천 궁녀이다. 술과 여자에 빠져 나라를 망쳤다는 뜻이다.
백제 망국의 원인이 주색酒色에 있고, 그 한복판에 언제나 의자왕이
자리한다. 『삼국유사』의 기록을 보자.

"641년(정관15년) 술과 여자에 빠져 정사는 어지러워지고 나라는
위태롭게 되었다."[32]

망할 수밖에 없던 절박한 상황을 술과 여자로 설명하려고 한 후대

---

30) 『삼국유사』「太宗春秋公」: 時百濟末王義慈乃虎王之元子也, 雄猛有膽氣, 事親以孝, 友于兄弟,
時號海東曾子.

31) 『삼국유사』「태종춘추공」: 以至於此, 遂與太子隆(或作孝 誤也).

32) 『삼국유사』「태종춘추공」: 以貞觀十五年辛丑卽位 耽媱酒色 政荒國危.『삼국사기』「의자왕」16
년조에는 佐平 成忠이 酒池肉林에 젖어 정사를 돌보지 않는 의자왕을 보고 죽음을 무릅쓰고 極
諫하다가 옥사했다는 기록이 있다.

의 평가가 보인다. 사실 여부를 떠나 이것은 마지막 왕이 짊어져야 할 짐이기도 하다. 그러나 여기에는 와전된 부분이 없지 않음을 같은 『삼국유사』에 전하는 『백제고기百濟古記』의 기록에서 찾을 수 있다.

> "부여성 북쪽 모퉁이에 아래로 강물에 잇닿은 큰 바위가 있는데, 이렇게 전해온다. '의자왕이 후궁들과 함께 죽음을 피하지 못할 것을 깨닫고 차라리 자결할지언정 다른 사람의 손에는 죽지 않겠다고 말했다. 서로 이끌어 이곳까지 와서 강물에 몸을 던져 죽었기 때문에 세속에서는 이곳을 타사암墮死巖이라 한다.' 그러나 이것은 항간의 말이 와전된 것이다. 궁인들만 떨어져 죽었으며 의자왕은 당나라에서 죽었다는 것이 『당사』에 분명히 기록되어 있다."[33]

여기서 타사암은 의자왕과 3천 궁녀가 빠져 죽었다는 낙화암이니, 진실 여부를 떠나 망국의 한이 서린 곳이다. 그러나 왕의 유희는 비단 의자왕만의 전매특허가 아님은 『삼국유사』의 다른 기록으로도 충분히 설명 가능하다.

> "사비하 양쪽 절벽이 마치 병풍을 드리운 듯했는데, 백제왕이 매일 유희하고 잔치를 베풀어 노래와 춤을 추었기 때문에 지금도 이곳을 대왕포라고 부른다."[34]

다시 말해 낙화암이 있던 대왕포는 역대 백제왕들이 즐겨 찾던 오

---

33) 『삼국유사』「태종춘추공」: 扶餘城北角有大岩, 不臨江水, 相傳云. 義慈王與諸後宮知其未免, 相謂曰, 寧自盡, 不死於他人手, 相率至此. 投江而死, 故俗云墮死岩. 斯乃俚諺之訛也. 但宮人之墮死, 義慈卒於唐, 唐史有明文.

34) 『삼국유사』「南扶餘 前百濟 北扶餘」: 泗沘河兩崖如畫屛, 百濟王每遊宴歌舞, 故至今稱爲大王浦.

락 공간으로 신라의 포석정과 비견되는 곳이다. 망한 백제의 낙화암은 스캔들의 장소이고, 삼국통일의 위업을 달성한 신라의 포석정은 로맨스의 장소인 것이다. 막상 의자왕은 나라가 위태롭게 되자 주변 신하들과 더불어 구국의 방책을 찾느라 혈안이 됐음은 『삼국유사』「태종춘추공」편에 자세히 기록돼 있다. 만일 의자왕에게 구국을 향한 몸부림이나 의지가 없었다면, 그야말로 무책임한 지도자였을 것이다. 다만 판단 착오로 멸국을 자초했던 것이다. 『삼국유사』에 전하는 『신라별기新羅別記』의 기록에 백제의 멸망 원인을 주색 말고 불순종과 불화에 주목하고 있음은 눈에 띄는 대목이다.

"백제의 선왕은 거역하고 순종하는데 어두워 이웃 나라와 사이
좋게 지내지 못했고, 친척 간에 화목하지 못했다."[35]

이 내용은 백제를 정복한 신라 문무왕이 백제 땅에서 제사하며 맹세한 글의 일부로, 백제 멸망의 원인이 수직적으로는 선대의 뜻에 불순종한 것이고, 수평적으로는 친척들 간에 화목하지 못했기 때문이란 것이다. 한마디로 선대와 주변에 대한 효경孝敬의 부재가 심각한 망국의 원인이 되었다는 것인데, 이는 문무왕 자신이 선조에 대한 제사를 효로써 이은 것과 비교된다.[36] 나라 지탱의 핵심 가운데 조상에 대한 제사[효]와 이웃에 대한 사랑[和]이 중요함을 지적한 내용이다.

아무튼 잘못된 정책 판단으로 위기에 몰린 의자왕은 도성을 버리

---

35) 『삼국유사』「태종춘추공」: 百濟先王迷於逆順, 不敦隣好, 不睦親姻.
36) 『삼국유사』「가락국기」: 美矣哉, 文武王(法敏王諡也). 先奉尊祖. 孝乎惟孝. 繼泯絶之祀, 復行
之也. 「가락국기」 다른 데서는 지나친 제사를 경계하며 "분수 넘게 지내는 제사는 복을 받지 못
하고, 도리어 재앙을 받는다."는 옛 사람들의 말을 인용해서 제사[효]의 바른 도리를 말했다.

고 태자 융隆(일설에는 효孝)과 함께 북쪽 변읍으로 도망갔고, 의자왕의 둘째 아들 태泰가 스스로 왕이 됐다고 한다. 그때 도망간 태자 융의 아들 문사文思가 왕과 태자가 없는 사이 숙부가 자기 마음대로 왕이 되었다는 부정적 기록까지[37] 있는 것으로 보아 나라가 위태롭게 되자 친척 간의 불화가 생긴 것으로 보인다.

그렇다면 의자왕을 "어버이를 효성스럽게 섬기고 형제들과 우애가 좋아 당시 해동의 증자"라고 한 표현은 국난 이전의 상황을 말한 것이고, 막상 나라가 위태롭게 되었을 때에는 가족 간의 불화가 심해졌다는 것이다. 태평할 때 백제 왕가의 효성심과 우애심이 난국에 빠지자 파괴되면서 멸국을 자초했다는 것이다. 위기에 처한 백제 최고 지도층의 불순종, 불화가 단지 한 집안의 멸족으로 끝나지 않고, 나라를 망치는 망국의 요인으로 작용한 것이다. 거기에 중대한 정책적 판단 착오가 곁들여지면서 백제는 삼국 가운데 제일 먼저 멸망하는 비운을 맛본 것이다.

그렇다면 백제 멸망의 원인을 의자왕의 주색잡기로 돌린 것은 훗날 패자를 폄훼하는 승자의 역사 기록이거나 호사가들이 만든 이야기임에 틀림 없다.

의자왕 이외에 『삼국유사』에 기록된 백제의 효자 임금은 시조 온조(재위 B.C.18~A.D.27)를 들 수 있다. 그는 고구려의 시조 동명왕(재위 B.C.37~19)의 셋째 아들로(『삼국사기』에서는 둘째라고 함), "몸집이 크고 성품이 효성스럽고 우애가 있었고 말타기와 활쏘기에 뛰어났다."[38]고

---

37) 『삼국유사』「태종춘추공」: 以至於此, 遂與太子隆(或作孝 誤也). 走北鄙, 定方圍其城, 王次子泰自立爲王, 率衆固守, 太子之子文思謂王泰曰, 王與太子出, 而叔擅爲王, 若唐兵解去, 我等安得全, 率左右, 縋而出, 民皆從之, 泰不能止.
38) 『삼국유사』「南扶餘 前百濟 北扶餘」: 體洪大, 性孝友, 善騎射.

한다. 하지만 온조가 어떻게 효행을 펼쳤는지에 대한 구체적인 기록은 없다.

(2) 화랑도와 효윤리

보통 신라의 삼국통일 원동력을 화랑도에서 찾는다. 특히 원광법사(542~640)의 세속오계는 화랑정신의 가장 중요한 가치로 말한다. 이를 설명한 대표적인 예로 리선근李瑄根(1905~1983)의 『화랑도와 삼국통일』을 들 수 있는데, 여기서 리선근은 "화랑도는 삼국통일의 원동력이 되었고, 그 근본정신은 5계戒와 3이異에 잘 나타나 있다. 5계는 세속오계라 하여 원광법사가 매우 강조한 것이며, 3이는 후일의 경문왕과 결부되어 있다."39)고 하였는데, 어떤 근거로 그러한가에 대한 구체적인 설명은 없다.

그러나 원광법사와 화랑은 일단 무관계하다. 화랑이 처음 논의된 것은 『삼국사기』에 의하면 576년 진흥왕 37년의 일이고, 『삼국유사』에도 이와 비슷한 기록이 있다. 그리고 원광법사가 당나라 유학을 마치고 신라에 들어와 활동한 시기는 600년 진평왕 22년 이후의 일이다. 또한 진흥왕 시절의 화랑은 보통 알려진 무도武道로서의 화랑정신과는 거리가 있다.

정확히 말하자면 진흥왕 때의 기록은 남자로서의 화랑花郎이 아니라 미모를 갖춘 여자로서의 원화原花를 말한다. 원화를 선발하여 그들에게 부모에 대한 효, 형제간의 공경, 나라에 대한 충, 친구 간의 믿음을 교육했다. 여기서 효제충신은 국가를 치리하는 가장 큰 요체였

---

39) 리선근, 『화랑도와 삼국통일』 세종대왕기념사업회, 1999년 11월 제2판, 73면.

다.[40] 그런데 원화로 선발된 남모랑南毛娘과 교정랑姣貞娘(『삼국사기』에는 준정랑俊貞娘) 두 사람이 서로 시기 질투하며 발생한 살인사건으로 인해 원화제도는 폐지되었다. 그 후 여러 해 뒤 나라 부흥을 위해 선발한 것이 화랑花娘(혹은 花郎)이다. 이들로 하여금 악행을 고쳐 다시 선행을 하게 하고 윗사람을 공경하며 아랫사람에게는 순하게 하는 역할을 하게 한 것이다. 여기서 다섯 가지의 떳떳한 윤리(오상: 인의예지신, 또는 부의父義, 모자母慈, 형우兄友, 제공弟恭, 자효子孝), 여섯 가지 재능(육예六藝: 예악사어서수禮樂射御書數), 삼사三師(천자를 보필하는 태사太師, 태부太傅, 태보太保), 육정六正(성신聖臣, 충신忠臣, 양신良臣, 지신智臣, 정신貞臣, 직신直臣)을 널리 시행하고자 했다.[41]

여자로서의 원화가 되었든 남자로서의 화랑이 되었든, 이들을 선발할 때의 기준은 도덕성이 중요한 잣대였고, 특히 효제충신은 가장 중요한 요체가 되었다. 그런 점에서 아마도 원광법사의 세속오계와 연관되는 게 아닌가 싶다. 다시 말해 원광법사의 세속오계는 화랑을

---

40) 『삼국유사』 「彌勒仙花 末尸郎 眞慈師」: 擇人家娘子美艶者, 捧爲原花. 要聚徒選士, 敎之以孝悌忠信, 亦理國之大要也. 『삼국사기』 「진흥왕」: 始奉源花, 初君臣病無以知人, 欲使類聚群遊, 以觀其行義, 然後擧而用之.

41) 『삼국유사』 「彌勒仙花 末尸郎 眞慈師」: 乃取南毛娘, 姣貞娘兩花, 聚徒三四百人. 姣貞者嫉妬毛娘, 多置酒飮毛娘, 至醉潛昇去北川中, 擧石埋殺之, 其徒罔知去處, 悲泣而散, 有人知其謀者, 作歌誘街巷小童, 唱於街, 其徒聞之, 尋得其尸於北川中, 乃殺姣貞娘, 於是大王下令, 廢原花. 累年, 王又念欲興邦國, 須先風月道, 更下令, 選良家男子有德行者, 改爲花娘(郎), 始奉薛原娘爲國仙. 此花郎國仙之始. 故竪碑於溟州, 自此使人悛惡更善, 上敬下順, 五常六藝, 三師六正, 廣行於代.(國史 眞智王大建八年庚申始奉花郎 恐史傳乃誤) 『삼국사기』 「진흥왕」: 遂簡美女二人, 一曰南毛, 一曰俊貞. 聚徒三百餘人, 二女爭娟相妬, 俊貞引南毛於私第, 强勸酒至醉, 曳而投河水以殺之, 俊貞伏誅, 徒人失和罷散. 其後, 更取美貌男子, 粧飾之, 名花郎以奉之. 徒衆雲集, 或相磨以道義, 或相悅以歌樂, 遊娛山水, 無遠不至. 因此, 知其人邪正, 擇其善者, 薦之於朝. 故金大問花郎世記曰, 賢佐忠臣, 從此而秀, 良將勇卒, 由是而生. 崔致遠鸞郎碑序曰, 國有玄妙之道, 曰風流, 設敎之源, 備詳仙史. 實乃包含三敎, 接化群生. 且如入則孝於家, 出則忠於國, 魯司寇之旨也. 處無爲之事, 行不言之敎, 周柱史之宗也. 諸惡莫作, 諸善奉行, 竺乾太子之化也. 唐令狐澄新羅國記曰, 擇貴人子弟之美者, 傅粉粧飾之, 名曰花郎. 國人皆尊事之也.

위해 설법한 게 아니라, 귀산貴山과 추항箒項이라는 두 사람에게 교훈한 말이었을 뿐이다. [42]

원문의 내용을 간추려 보자면 이러하다. 귀산이란 사람은 사량부沙梁部 사람으로 한 동네에 사는 추항과는 친구 사이였다. 두 사람이 만나서 어진 사람을 찾아가 바른 도리에 대한 가르침을 청하기로 하고 마침 중국 유학에서 돌아온 원광법사를 만나 가르침을 청했다.

"속된 선비들은 무지몽매하여 아는 것이 없으니, 한 말씀만 해주시면 평생토록 경계로 삼겠습니다."[43]

그때 원광법사가 깨우쳐 준 이야기가 세속오계이다.

"불교에는 보살계가 있고 거기에 따로 열 가지가 있으나, 너희들이 다른 사람의 신하가 된 몸으로는 아마도 감당할 수 없을 것 같다. 지금 세속에서 지켜야 할 다섯 가지 계율이 있다. 첫째는 충성으로 임금을 섬기는 것이고, 둘째는 효도로 어버이를 섬기는 것이고, 셋째는 믿음으로 벗과 사귀는 것이고, 넷째는 싸움터에 나가서는 물러남이 없는 것이고, 다섯째는 살생을 가려서 하는 것이다. 너희들은 이를 실행하는 데 소홀함이 없어야 한다."[44]

세속오계의 내용은 불교적 색채 하나로만 채색된 것이 아니다. 이

---

42) 한국철학회 편, 『한국철학사』(上) (동명사, 2002년, 146면) 등을 비롯 상당수 논문이나 저술에서 귀산과 추항 두 사람을 화랑이라고 하나, 왜 그들이 화랑인지 근거를 대고 있는 것은 하나도 없다. 원문에는 단지 어진 선비(賢士)란 말만 있을 뿐이다.

43) 『삼국유사』「圓光西學」; 俗士顚蒙, 無所知識, 願賜一言, 以爲終身之誡.

44) 『삼국유사』「圓光西學」; 佛敎有菩薩戒, 其別有十, 若等爲人臣子, 恐不能堪. 今有世俗五戒. 一曰, 事君以忠, 二曰, 事親以孝, 三曰, 交友有信, 四曰, 臨戰無退, 五曰, 殺生有擇, 若[等]行之無忽.

것은 원광법사가 유학한 당나라의 상황과 삼국이 정립하며 경쟁했던 신라사회의 특수성을 감안한다면, 정확한 이해가 가능하다. 다시 말해 원광법사가 불교지도자 이면서도 효제충신의 유교적 덕목을 강조하고, 적극적인 병법을 계율로 설명한 것은 그가 유학했던 당나라의 유·불·도 삼교의 회통조화會通調和의 분위기와 맞물려 있다. 또 이런 삼교회통三敎會通은 이미 신라사회에서도 회자되고 있었는데,『삼국사기』「진흥왕」편에서 그 흔적을 찾을 수 있다.[45] 거기다 전국시대戰國時代와도 같은 삼국사회의 특수성은 강력한 병법을 요청하고 있었다.『해동고승전』「석원광조釋圓光條」에도 원광법사는 출가하기 전 유학과 도가에 이미 깊숙한 조예가 있었다고 기록했다.[46] 이것은 신라사회가 얼마나 유학적 풍토에 깊이 물들어 있었는가를 알려준다.

그런데 귀산과 추항 두 사람의 관심은 불교 지도자가 유교적 효제충신을 강조하고 병법을 말한 것도 신기한 일이지만, '살생유택'에 대한 설법이 더 궁금했던 것 같다. 귀산이 살생유택에 대해 좀 더 말해 줄 것을 요청한 것은 아마도 이 때문이 아닐까 생각한다.

"육재일(매월 8일, 14일, 15일, 23일, 29일, 30일로 몸조심하고 마음을 깨끗이 재계하는 날)과 봄, 여름에는 살생을 하지 말아야 하니, 이는 시기를 가리라는 것이다. 부리는 가축을 죽이지 말라고 하는 것은 말, 소, 닭, 개를 말하는 것이다. 미물을 죽이지 말라고 한 것은 그 고기가 한 점도 되지 못하는 것을 말하니, 이는 바로 대상을 가리는 것이다. 또

---

45)『삼국사기』「진흥왕」: 崔致遠鸞郞碑序曰, 國有玄妙之道, 曰風流. 設敎之源, 備詳仙史, 實乃包含三敎, 接化群生, 且如入則孝於家, 出則忠於國, 魯司寇之旨也. 處無爲之事, 行不言之敎, 周柱史之宗也. 諸惡莫作, 諸善奉行, 竺乾太子之化也.
46)『해동고승전』「釋圓光條」: 年三十落髮爲僧, …… 校涉玆儒, 愛染篇章.

한 죽일 수 있는 것도 꼭 필요한 양만큼만 죽이고 많이 죽이지는 말라, 이것이 곧 세속의 좋은 계이다."[47]

'살생유택'이란 살상을 금하는 불교 지도자의 지적치고는 대단히 혁신적인 측면이 없지 않다. 여기서 살상을 금하는 이유가 종교적 차원에서의 맹목적, 일방적 강요가 아닌 실용적 차원에 무게가 실려있다. 이것은 신라 불교의 특징일 수도 있지만, 전쟁이 빈번하던 중국 전국시대와도 같은 삼국사회의 특수성을 반영한 것이다. '살생유택'이 실용적, 실리적 차원이듯, '사군이충' '사친이효' '붕우유신' 등 유교적 윤리체계 또한 계율적, 명령적 차원이 아닌 자연스런 삶의 도덕적 요청이다.

여기서 원화나 화랑의 선발기준이었던 효제충신과 세속오계의 '사군이충' '사친이효' '교우이신'은 의미가 상통한다. 다만 세속오계에 '임전무퇴'가 포함된 것은 치열했던 삼국 간의 쟁탈전에 따른 지도자의 기본정신을 여기에 포함시킨 것이고, 그것이 화랑정신과 무관하지 않다. 막상 두 사람은 602년(진평왕24) '임전무퇴'의 정신으로 백제 군대를 물리치고 돌아오는 길에 전사했다는 기록이 『삼국사기』「귀산열전」에 전한다.[48] 앞서도 언급한 리선근은 귀산과 추항이 이렇게 죽은 이후 그들이 신조로 삼았던 세속오계를 화랑도의 실천 강목이

---

47) 『삼국유사』「원광서학」: 六齋日春夏月不殺, 是擇時也. 不殺使畜謂馬牛雞犬, 不殺細物, 謂肉不足一臠, 是擇物也. 此亦唯其所用, 不求多殺, 此是世俗之善戒也.

48) 『삼국사기』「귀산열전」: 百濟敗, 退於泉山之澤, 伏兵以待之, 我軍進擊, 力困引還, 時武殷爲殿, 立於軍尾, 伏猝出, 鉤而下之. 貴山大言曰, 吾嘗聞之師, 曰士當軍無退, 豈敢奔北乎. 擊殺賊數十人, 以己馬出父, 與箒項揮戈力鬪, 諸軍見之奮擊, 橫尸滿野, 匹馬隻輪無反者, 貴山等金瘡滿身, 半路而卒.

라 말하면서,[49] 구체적인 근거를 말하지는 않았다. 『삼국유사』에 나타난 원광법사와 화랑과는 서로 관련지을 단서가 없다.[50] 다만 화랑을 선발할 때 기준으로 효제충신을 강조했고, 원광법사의 세속오계에서도 충과 효를 계율로 강조했다는 점은 그 공통점이라 할 수 있다. 그리고 그것의 함양과 교육이 신라의 통일 원동력으로 작용하였다는 것이다.

(3) 삼국시대의 충효사상

삼국사회는 주변국과의 끊임없는 전쟁의 연속이었다. 그러나 전쟁은 사회적으로 다양한 변수를 제공했다. 특히 가족과 국가라고 하는 크고 작은 공동체에 큰 변수가 되었다.

국가의 안위를 위해서 싸우다 보면 가족을 포기해야 할 경우가 생기고, 가족의 안위를 먼저 고려한다면 국가를 위해 싸우는 것은 불가능할 수가 있다. 이렇듯 국가와 가족은 전쟁이라는 특수한 환경으로 인해 대립 변수가 된다. 나라에 대한 충을 실천하자니 부모에 대한 효를 포기해야 하고, 효를 실천하자니 충을 실천할 수 없는 경우가 발

---

49) 리선근, 앞의 책, 77면 참조.

50) 『삼국유사』「彌勒仙花 末尸郎 眞慈師」에 "왕은 또한 나라를 흥성하게 하려면 반드시 먼저 風月道를 해야 한다고 생각하여, 다시 명령을 내려 좋은 집안의 남자 가운데 덕행이 있는 올바른 사람을 뽑아 花郎이라 고치고, 맨 먼저 薛原娘(郞)을 받들어 國仙으로 삼았다. 이것이 화랑 국선의 시초이다."라고 했는데, 이것은 원광이 살았던 진평왕 이전의 진흥왕 때의 일이다. 한편 화랑도의 실천윤리는 오히려 최치원의 「난랑비서」에 분명하다. 이 비문에는 3교(유·불·도)를 포괄하며 3대 강령을 설명했다. 첫째, 충효의 요소. 둘째, 無爲不言의 요소. 셋째, 爲善去惡의 요소. 그런데 이것은 "3교사상의 핵심적 요소로써 풍류도의 실체를 해석한 것이라기보다는 풍류도의 3대강령이 3교사상의 핵심과 부합한 것으로 본 것이다."(최영성, 『韓國儒學思想史』古代 高麗篇, 아세아문화사, 1994년, 40면 참조.)

생한다는 것이다. 하지만 다른 한편으론 국가가 든든해야 가족이 안전하고, 가족이 평안해야 국가도 안전할 수 있다는 병립 가능성도 배제할 수 없다. 이렇듯 국가와 가족 사이에는 대립 변수도 존재하지만, 양자 병존의 가능성도 열려 있다. 『삼국유사』「물계자」편에서는 이 같은 충과 효의 관계를 같은 선상에서 말하고 있다.

> "임금을 섬기는 도리는 위태로움을 보면 목숨을 바치고 어려움에 임해서는 자신을 잊고 절조와 의리를 지켜 생사를 돌보지 않아야 충忠이라고 들었다. 무릇 보라(발라發羅로 생각되는데, 지금의 나주)와 갈화의 싸움이야말로 나라의 어려움이었고 임금의 위태로움이었는데, 나는 일찍이 몸을 잊고 목숨을 바치는 용기가 없었으니, 이것은 매우 충성스럽지 못한 것이다. 이미 불충으로써 임금을 섬겨 그 허물이 아버님께 미쳤으니, 어찌 효라 할 수 있겠는가. 이미 충효를 잃어버렸는데 무슨 면목으로 다시 조정과 저자를 왕래하겠는가."[51]

나라에 불충했으니, 부모에게는 불효가 되었다는 논리이다. "위태로움을 보면 목숨을 바치라."는 내용은 『논어』「자장」편의 말이다. 『논어』의 이 내용은 선비(士)의 기본정신을 말한 것일 뿐, 그 위태로운 대상이 국가이고 목숨 바치는 것이 충이라고 단정할 만한 단서는 없다. 막상 『논어』에 표현된 충은 국가에 대한 충성 개념보다는 개인적 도리로서의 경충敬忠, 충서忠恕, 충신忠信, 진심盡心의 의미가 강하

---

51) 『삼국유사』「勿稽子」: 吾聞仕君之道, 見危致命, 臨難忘身, 仗於節義, 不顧死生之謂忠也. 夫保羅(疑發羅, 今羅州)竭火之役, 誠是國之難君之危, 而吾未曾有忘身致命之勇, 此乃不忠甚也. 旣以不忠而仕君, 累及於先人, 可謂孝乎, 旣失忠孝, 何顔復遊朝市之中乎.

다.[52] 그러나 『효경』 「개종명의장」에는 "효란 부모님을 섬기는 데서 시작하여 그 다음 군주를 섬기고, 끝으로 입신立身하는 것"[53]이라 하였고, 『효경』 「사인장」에서는 "효로써 군주를 섬기면 충이다."[54]고 하였다. 그렇다면 『삼국유사』의 이 내용은 『논어』와 『효경』이 이미 널리 소개되고 읽혀진 상태에서 삼국시대라는 특수 환경 속에 녹아내린 표현이라 할 수 있다. 다시 말해 이 내용은 『논어』에서 소개한 선비의 개인윤리 덕목이 『효경』에서처럼 국가윤리 덕목으로 승화된 형태라는 것이다.

이 같은 모습은 『삼국사기』 「죽죽」편에도 잘 나타나 있다. 신라 대야성이 백제의 침공을 받아 위태롭게 되자 성을 지키던 죽죽에게 주변에서 항복을 권유했다. 그때 죽죽은 "내 아버지가 나를 죽죽이라 이름 지은 것은 나로 하여금 날이 추워져도 시들지 말고 꺾어질지언정 굽어지지 말라는 뜻에서였다. 어찌 죽음을 두려워하여 살아서 항복할 수 있겠는가?"[55]라고 하며, 성이 함락할 때까지 싸우다 전사했다. 부모보다 먼저 죽는 것이 불효라고 하지만, 구차하게 비겁하게 사는 것보다는 대의를 위해 희생하는 것이 무엇보다 부모를 영화롭게 한다는 차원에서 이 또한 효란 뜻이다. '대의멸친大義滅親'(『춘추좌씨전』 「은공」)이 효의 종국적 의미를 담고 있는 일종의 '입신양명'[56]이란 것이다. 삼국시대 전쟁의 끝없는 소용돌이 속에서 충과 효가 결코 둘로 나뉠 수 없음은 이 같은 『삼국유사』, 『삼국사기』를 통해서 알 수 있다.

---

52) 이동철 외, 『21세기의 동양철학』 을유문화사, 2005년, 232면 참조.
53) 『효경』 「개종명의장」: 夫孝始於事親中於事君終於立身.
54) 『효경』 「士人章」: 以孝事君, 則忠.
55) 『삼국사기』 「죽죽」: 吾父名我以竹竹者, 使我歲寒不凋, 可折而不可屈, 豈可畏死而生降乎.
56) 『효경』 「개종명의장」: 立身行道揚名於後世, 以顯父母孝之終也.

5) 효행설화를 통해 본 삼국시대의 효문화

(1) 불교적 출가 효행

『삼국유사』에 전하는 효행설화는 대개 불교적 색채가 농후하다. 그건 승려 일연의 저작이니 당연할 수도 있다. 그러나 부모공경이라는 일반적 효의 의미야 맥락을 같이 해도 유교와 불교의 교리상 같을 수 없음도 인정해야 한다. 유교적 입장에서 불교는 불효의 종교라 할 수 있고, 불교적 입장에서 유교의 효는 작은 효라 할 수 있다. 효행의 기본이 재가在家[57]에서 이뤄지는 유교적 입장에서 출가出家를 기본으로 하는 불교가 효의 종교가 될 수 없고, 현세만이 아닌 내세까지도 염두에 두는 윤회 불교의 입장에서 유교는 일세一世만을 생각하는 작은 효가 될 수 있다. 이렇듯 유교와 불교는 효행의 차원에서 분명한 차이가 있다. 그 차이는 결국 유교와 불교의 충돌로 이어졌고, 유교적 윤리 구도가 먼저 정착된 신라사회에 불교가 전래되면서 양자의 불편한 동거가 시작되었다. 고구려 백제보다 늦은 신라 불교사에 유독 이차돈異次頓의 순교[58]와도 같은 사건이 일어난 것이 이를 증명한다. 그러나 순교라는 심대한 자극제가 작용했더라도 불교가 신라사회에 적응하는 데에는 시간이 필요했다. 뿌리 깊은 유교적 효문화를 초극하는 데 시간이 필요했고, 그런 가운데 오히려 효문화를 수용하는 쪽으로 방향이 흘렀다. 이로부터 일연은 불교적 효행을 적극 설파할 필요성을 느꼈고, 그것이 『삼국유사』「효선」편으로 드러난 것이다.

---

57) 『논어』「이인」: 父母在, 不遠遊. 遊必有方.
58) 『삼국유사』「原宗興法(距訥祇世一百餘年)厭髑滅身」: 新羅本記, 法興大王卽位十四年, 小臣異次頓爲法滅身.

"진정법사의 효도와 선행은 모두 아름답다."(眞定師孝善雙美)는 주제의 내용이 특히 그렇다. 진정은 가난하여 장가를 들지도 못하고 부역하면서 품팔이로 홀로된 어머니를 봉양하며 살았다. 집안의 재산이라곤 다리 부러진 솥 하나가 전부였는데, 지나던 승려가 절 짓는데 쇠붙이가 필요하다 해서 어머니가 그걸 시주했고, 이를 알게 된 아들 진정이 기뻐했다는 이야기다.[59] 어머니의 뜻을 존중한 양지養志의 효를 실천한 것이다. 나아가 질그릇을 솥으로 삼아 어머니를 계속 봉양한 것은[60] 양구체養口體의 효에 해당할 것이니, 진정은 가난 속에서도 어머니를 제대로 모신 셈이다.

여기까지는 누가 보더라도 유교적 효행이다. 그러나 진정의 효행은 여기서 그치지 않고 출가出家로 이어진다. 유교적 효행의 입장에서 보자면 부모를 떠나는 것 자체가 부모 봉양을 포기하는 것이므로 불효에 해당한다. 하지만 불교적 효행의 궁극은 출가를 통해 이뤄지고 이를 대효大孝 또는 만효萬孝라고 부른다. 윤회사상에서 보면 현세의 부모도 부모이고, 전생의 부모도 부모이기 때문에 출가가 결코 효행을 포기한 것이 아니란 주장이다.[61] 유교적 효행에 물들어 있던 진정은 현세의 부모를 모시다가 나중에 출가하겠다고 결심하는데, 그 결심의 중심에는 어머니의 강력한 권유가 작용했다. 그때 아들에게 출가를 권유하는 어머니의 말은 오히려 현세의 효를 자극하는 것이었다.

"내가 너의 출가에 방해가 된다면, 이는 나를 지옥으로 빠뜨리는

---

59) 『삼국유사』「眞定師孝善雙美」: 定喜現於色曰, 施於佛事, 何幸如之!
60) 『삼국유사』「진정사효선쌍미」: 乃以丸(瓦)盆爲釜. 熟食而養之.
61) 고영섭, 「불교 효사상의 현대적 의미와 성찰」(성산효도대학원대학교, 『21세기를 위한 효사상과 가족문화』) 2005년, 120면 참조.

것이다. 비록 남아서 맛난 고기반찬으로 봉양한들 어찌 효도가 되겠느냐? 나는 남의 문전에서 의식을 빌어먹더라도 타고난 명을 살 수 있으니, 네가 나에게 효도하겠거든 그런 말을 하지 말아라."[62]

출가가 곧 효임을 강조한 말이다. 출가한 진정은 결국 어머니의 임종을 지키지 못하는 불효를 저질렀다. 그러나『삼국유사』의 결론은 진정의 참선으로 어머니가 "하늘에서 환생했다."[63]는 것으로 결론을 맺고 있다. 진정의 출가가 대효를 이루었다는 것이다.

현생의 부모를 위해 불국사를 세우고 전생의 부모를 위해 석불사(석굴암)를 세웠다[64]는 김대성金大城(700~774)의 효행도 유교적 효행[一孝]에서 불교적 효행[萬孝]으로 승화된 내용이다. 다시 말해 현세의 부모님을 잘 공양하는 것을 일효라 하고, 전생의 부모님을 잘 봉양하여 모든 부모님의 은혜에 보답하는 것을 만효라고 한 것이다.

이렇듯『삼국유사』에 불교적 효행이 강조된 것은 불교 지도자 일연의 작품이라서 그럴 수도 있지만, 더 긴요한 것은 아마도 유교적 효행으로 물들여진 사회 속에서 불교의 종교 행위가 불효로 비춰지는 것에 대한 강력한 대응 방책일 것이다. 진정한 효가 무엇인가를 고민하며 출가를 불효가 아닌 대효 실천으로, 불사佛事를 위한 보시가 부모 공양을 소홀히 하는 게 아닌 더 큰 부모 공양의 한 형태임을 종교적 신비성을 가미하며 보여준 것이『삼국유사』에 드러난 불교적 효행이란 것이다.

---

62)『삼국유사』「眞定師孝善雙美」: 噫, 爲我防(妨)出家, 令我便墮泥黎也. 雖生養以三牢七鼎, 豈可爲孝. 子其衣食於人之門, 亦可守其天年, 必欲孝我, 莫作爾言.
63)『삼국유사』「眞定師孝善雙美」: 我已生天矣.
64)『삼국유사』「大城孝二世父母 神文王代」: 乃爲現生二親創佛國寺, 爲前世爺孃創石佛寺.

(2) 유교적 양지養志의 효

공자의 제자 자유子游가 효에 대해 질문하자 공자가 "오늘날 효라고 하는 것이 봉양하는 것만을 말하는 것 같은데, 개나 말에게도 모두 음식을 갖다주는데 공경하는 마음이 없다면 (개나 말 부양하는 것과) 무엇이 다르겠는가?"[65]라고 하며, 공경하는 마음을 효의 기본자세로 보았다.

또한 자하子夏가 효에 대해 묻자, 공자가 "얼굴빛을 기쁘게 하는 것이 어렵다. 자제가 그 어려운 일을 대신하고 술과 음식을 어르신께 먼저 드린다고 효라고 할 수 있는가?"[66]라고 하며, 역시 온화한 얼굴빛으로 마음을 기쁘게 하는 것[色難]을 효의 덕목으로 말했다.

『논어』「학이」편과 「이인」편에서는 부모님의 뜻을 계승하는 것을 효라고 하였다.[67] 이른바 '양지'의 효를 가리킨 것이고, 또 그것이 유교적 효행의 한 방향이 되었다.『삼국유사』에 이 같은 양지의 효행 사례가 소개된 것은 마땅히『논어』의 영향일 것이다.

가난한 집의 한 처녀가 밥을 빌어 어머니를 공양하는데, 구걸만으로는 점점 어머니 공양이 어려워지자 남의 집에서 품을 팔아 공양을 시작하였다. 날이 저물면 쌀을 가지고 와서 밥을 지어드리고 새벽이면 다시 주인집으로 돌아가서 일을 하는데, 어느 날 어머니가 "전에는 거친 음식을 먹어도 마음이 편했는데, 요즘은 좋은 음식을 먹어도 가슴을 찌르는 듯 마음이 편치 못한 것은 무슨 까닭이냐?"[68]고 물었

---

65) 『논어』「위정」: 今之孝者, 是謂能養. 至於犬馬, 皆能有養, 不敬, 何以別乎?
66) 『논어』「위정」: 色難. 有事弟子服其勞, 有酒食先生饌, 曾是以爲孝乎?
67) 『논어』「학이」: 父在, 觀其志; 父沒, 觀其行; 三年無改於父之道, 可謂孝矣. 『논어』「이인」: 事父母幾諫. 見志不從, 又敬不違, 勞而不怨.
68) 『삼국유사』「貧女養母」: 昔日之糠粃, 心和且平, 近日之香秔, 膈肝若刺而心未安, 何哉.

다. 처녀가 진실을 말하고 "어머니를 배만 부르게 봉양하고 마음을 기쁘게 해드리지 못한 것을 탄식하며"[69] 모녀가 부둥켜안고 울었다는 이야기이다. 『삼국사기』에서는 '효녀지은孝女知恩'이란 내용으로 비슷한 내용을 소개하고 있다. 대개 그랬듯 이 이야기 역시도 궁궐에서 알고 곡식과 상을 내렸다는 행복한 결말로 끝을 맺는다.

(3) 자기희생의 전통적 효행

『삼국유사』의 효행 기록에는 오늘날 상황으로는 엽기적일 수 있는 내용들이 제법 전한다. 부모님 공양을 위해 자기 허벅지 살을 벤다든지, 자기 자녀를 희생시키는 사례가 거기에 해당한다. 대개 가난 때문에 비롯된 희생이고, 희생의 대가는 언제나 복으로 갚아진다. 자기 희생적 효행설화의 대표격은 향득向得(『삼국사기』에는 향덕向德)에 대한 이야기이다. 향득은 흉년이 들어 부모님이 거의 굶어 죽게 되자 자신의 다리 살을 베어[割股] 봉양했다. 주변 사람들이 이 사실을 경덕왕에게 알리자 상으로 조租 5백석을 내렸다고 한다.

충남 공주시 소학동 소재 향덕 효자정려와 효자비

---

69) 『삼국유사』「빈녀양모」: 但能口腹之養, 而失於色難也.

비슷한 사례가 『삼국사기』 열전에 나오는데, 청주사람 성각聖覺의 할고割股의 효로 그도 역시 왕으로부터 3백석을 받았다고 한다. [70]

이에 대해 『삼국사기』의 저자 김부식金富軾(1075~1151)은 몸을 훼손하는 것이 오히려 불효임을 지적했다. [71] 『효경』의 "신체발부身體髮膚, 수지부모受之父母, 불감훼상不敢毁傷"이 '효의 시작'이란 데 기인한다. 경전에 근거한 이성적 판단이다.

'할고지효割股之孝'에 대한 고사는 이것 말고도 『삼국유사』에 또 전한다. 충남 공주에 신효거사信孝居士라는 사람이 있는데, 그는 어머니를 극진히 모셨다. 그런데 어머니는 고기가 아니면 밥을 드시지 않았다. 거사는 산과 들을 헤매며 고기를 찾아다니다가 결국 찾지 못하자 자신의 허벅지살을 잘라 어머니에게 드렸다. 그리고는 출가하여 그 집을 내놓아 절을 지었는데, 그것이 지금의 효가원孝家院[72]이라는 것이다.

자신을 희생하는 효가 있다면 자식을 부모 위해 희생시키는 효행 설화도 있다. 늙은 어머니를 모시고 가난하게 사는 손순孫順이란 사람에게는 어린 아들이 하나 있었다. 아들이 어머니를 위해 차려 드린 밥상을 축내자 "아이는 또 낳을 수 있지만, 한 분 뿐인 어머니는 다시

---

70) 『삼국사기』 권 제48 「열전」 제8 '聖覺': 菁州人, 史失其氏族, 不樂世間名官, 自號爲居士. 依止一利縣法定寺, 後歸家養母, 以老病難於蔬食, 割股肉以食之. 及死, 至誠爲佛事資薦, 大臣角干敬信-伊飡周元等, 聞之國王, 以熊川州向德故事, 賞近縣租三百石.

71) 『삼국사기』 「향덕」: 論曰, 宋祁唐書云, 善乎韓愈之論也. 曰父母疾烹藥餌, 以是爲孝, 未聞毁支體者也. 苟不傷義, 則聖賢先衆而爲之, 是不幸因而且死, 則毁傷滅絶之罪有歸矣. 安可旌其門以表異之. 雖然委巷之陋, 非有學術禮義之資, 能忘身以及其親, 出於誠心, 亦足稱者. 故列焉, 則若向德者, 亦可書者乎.

72) 『삼국유사』 「臺山月精寺 五類聖衆」: 後有信孝居士者, 或云幼童菩薩化身, 家在公州. 養母純孝, 母非肉不食, 士求肉出行山野, 路見五鶴射之, 有一鶴落一羽而去, 士執其羽, 遮眼而見人. 人皆是畜生. 故不得肉, 而因割股肉進母, 後乃出家, 捨其家爲寺. 今爲孝家院.

모실 수 없소. 아이가 어머니 밥을 빼앗아 먹으니 어머니의 굶주림이 얼마나 심하겠소. 이 아이를 땅에 묻어 어머니의 배를 채워드리도록 합시다."[73]라고 말하고는 아이를 땅에 묻으려고 했다. 아들을 생매장 하려는 엽기적인 행위를 생각하고 땅을 팠는데 거기서 돌종[石鐘]이 나왔다. 부부는 아이를 묻어서는 안 된다는 하늘의 뜻으로 알고, 아이를 데리고 집으로 돌아와서는 갖고온 돌종을 쳤다. 마침 종소리를 들은 대궐 임금이 사유를 알고는 그 효성을 포상했다는 내용이다.

한결같이 효도하면 복을 받는다는 내용이다. 이렇듯 『삼국유사』의 효행기록은 평상적이든, 종교적이든, 극단적이든 결국은 복으로 이어진다. 여기서 삼국시대에 효를 얼마나 권장했는가를 알 수 있고, 특히 일연이 불교 지도자이면서도 이렇게까지 효를 강조한 것을 보면 당시 사회에서 효가 얼마나 중요한 가치였는가를 보여준다.

6) 유교, 불교, 전통적 민간 토속문화 융합의 효사상

『삼국유사』에 소개된 효행설화는 이렇듯 '불교적 출가 효행', '유교적 양지 효행', '관행적 자기희생의 효행'이 집약된 형태이다. 불교적 출가 효행은 재가 중심의 유교적 효행과는 완전히 다른 형태라 할 수 있다. 재가를 기본으로 하는 유교의 입장에서 보자면 출가는 분명 불효에 해당한다. 하지만 불교에서는 출가가 더 큰 효행이라며 의미를 새롭게 해석하고 있다. 신체보전과 양지를 통한 재가 중심의 유교적 효행에 출가를 당연시한 불교적 효행의 통합이 이뤄진 것이다. 재가적 효를 소효小孝, 출가적 효를 대효大孝라 하며 양자를 둘이 아닌 연

---

73) 『삼국유사』「孫順埋兒 興德王代」: 兒可得, 母難再求. 而奪其食, 母飢何甚! 且埋此兒以圖母腹之盈.

속적으로 이해한 것이다.

한편『삼국유사』에서는『효경』과 같은 유교 경전에서 강조하는 신체보존의 효도 중요하지만, 신체훼손을 통한 희생적 효행도 여럿 소개하면서 유교적 관점 밖의 다양한 효를 말하고 있다. 여기서 유교와 불교 이외의 전통적, 토속적 민간의 관행적 효문화가 함께 공존해 왔음을 짐작케 된다. 자기희생의 효가 신체 안전과 보존을 강조하는 유교적 (경전의) 관점에서는 불효일 수 있지만, 자기희생을 효로 승화시킨 형태는 삼국시대 이후 통일신라 사회에 다양한 효문화가 공존했음을 말해준다. 불교와 유교, 그리고 삼국사회 고유의 전통문화가 새로운 효문화를 만들었다는 이야기이다.

물론 거기에는 중국의 영향도 배제할 수 없다.『삼국유사』기록 이전의 한나라 유향劉向(B.C.77~6)의『효자전』과 그 후 편찬된 원나라 곽거경郭居敬의『24효』의 영향이다. 특히 13세기 말 편찬된『24효』의 내용은 비슷한 시기의『삼국유사』에 지대한 영향을 주었다. 물론 다른 내용도 있으니『삼국유사』에 소개된 효문화는 삼국사회만의 독창적 요소가 없었던 것은 아니다.

유사한 내용으로는『24효』의 '위모매아爲母埋兒'와『삼국유사』의 '손순매아孫順埋兒'가 대표적이고, 이것 이외의 다른 효행 설화들은 내용을 서로 달리하고 있다. 다시 말해『24효』는 유교적 봉양의 효를 주로 소개하고 있지만,『삼국유사』는 불교적 효행과 할고단지와도 같은 희생적 효행을 다루고 있다. 구체적으로『24효』에서 다룬 효행은 우순虞舜, 한문제漢文帝, 증삼曾參, 민손閔損, 중유仲由 등등 선진 유가의 인물과 그들의 유교적 효행이 중심이나,『삼국유사』에서는 전 재산을 시주한 진정법사의 효행 이야기, 불국사와 석불사를 세운 김대성의 효행 전설 등 불교적 효행이 중심이고 허벅지살을 베어 효를 실천한 향득과 같은 민간 효행전설과 가난한 집 딸이 어머니를 봉양했다는 유교적 효행이 함께 섞여서 나온다.

중국 24효의 하나인 한나라 곽거의 효를 표현한 위모매아爲母埋兒

이렇듯 『삼국유사』에서는 불교적, 유교적 효행과 당대 전통문화가 융합된 자기희생적 효행 등 다양한 형태의 효행설화가 소개되고 있다. 또 그런 가운데 효를 하면 복을 받는다는 공통점을 표현했다. 효행의 결과는 늘 복으로 연결된다는 점을 부각시키며 효행을 적극적으로 권장했던 것이다.

정리하자면 『삼국유사』의 효행설화는 가난한 가정환경 → 희생적인 효행 → 복 받는 형식으로 전개됐다. 1단계 가난, 2단계 희생, 3단계 복의 흐름이다. 1단계 가난한 가정형편은 어차피 주어진 환경이니 어찌 할 수 없는 것이고, 3단계 복은 2단계 희생의 결과에 따른 보상이니 역시 본인의 선택 사항은 아니다. 하지만 2단계 희생은 본인의 선택 사항일 수 있으니, 논의의 여지가 있다.

여기서 문제는 부모와 자녀 중 어느 쪽을 선택해서 살릴 것인가의 선택의 문제이다. 사랑[慈]과 공경[孝]의 갈림길이다. 『예기』에서는 부자자효父慈子孝를 말했다. 전통적 사랑과 효의 방법이 상호성에 있음을 말해준다. 전통사회를 보통 수직적 일방향적 효만을 강조하고 부모의 자녀 사랑을 덜 강조한 것처럼 말하는데, 부자자효는 결코 그렇지 않았음을 증명한다. 그것도 부자父慈가 우선이고 자효子孝가 나중이다. 부모의 사랑이 먼저이고, 그 받은 사랑에 따른 자녀의 공경이 뒤따른다.

그런데 『삼국유사』를 비롯한 전통적 효자들은 대개 부모 봉양을 위해 자녀를 희생시키는 형태가 많다. 자녀를 희생시키려고 하는 순간 뭔가 반전 요소가 나오고, 그것이 하늘로부터의 복으로 연결된다.

그렇다면 설화 속의 희생 단계는 극적 반전을 위한 레토릭에 지나지 않다. 막상 효행설화 속에는 자녀를 실제로 희생시킨 사례는 없다. 헌신적, 희생적 효행이 복받는 비결이란 교훈을 말하고 있을 뿐이다. 전제조건을 극단적 환경에 설정하고 그렇게 할 경우 큰 복으로 이어진다는 형식인데, 이는 전근대 사회 감동 사건의 일반적 사례에 해당한다.

예컨대 의료기술이 덜 발달했던 시절, 종교 행위의 한 요소로 치료 행위는 매우 중요했다. 이때 잔병보다는 큰 병 치료가 더 큰 효과가 있었다. 큰 병을 치료한 종교인은 유명해졌고, 그가 속한 단체나 기관은 더 의미 있게 확장됐다. 희생적 효행도 그런 맥락에서 이해할 수 있다. 효를 강조하기 위한 방법으로 극단적 효행이 동원된 것이다. 이런 전통적 효행의 레토릭을 두고 사실적 관계로 이해하며 비판하는 것은 문제가 있다.

이렇듯 생사의 극한 상황에서 옛날 효자들은 노모를 선택하고 어린 자녀를 희생 대상으로 삼았다. '부자자효'의 쌍방향 논리에서 사랑[慈]보다는 공경[孝]를 선택한 것이다. 미래(자녀)보다는 과거(부모)를 존중한 판단이다.

이는 침몰하는 타이타닉호에서 보듯 서구사회라면 어린이를 구하고, 다음이 노인층이다. 우리와는 달리 사랑이 우선이고 공경은 차순위에 해당한다. 무엇보다 효를 소중히 여겼던 사회에서는 노부모가 앞순위에 해당한다. 시간개념을 두고 말하자면 서구사회는 미래의 주역 어린이가 우선이고, 우리 사회는 과거를 기념하는 노부모 세대가 우선이다.

그렇다고 서구사회가 미래지향적이고 우리 사회가 과거(전통) 지향적이라 단정한다면 역시 속단이다. 왜냐하면 서구사회도 전통사회 속에서는 우리와 마찬가지로 여성과 미성년자는 우선순위가 아니었기 때문이다. 서구사회도 19세기말~20세기 초까지만 해도 우리와 별반 다르지 않았다. 이를 염두하지 않고 서구사회는 미래지향, 우리사회는 과거지향이라 말함은 어불성설이다.

또 여기서 분명히 짚고 넘어가야 할 사안은 효행을 위해 자녀를 희생시키려고 한 사례 가운데 실제로 자녀를 희생시킨 경우는 한 건도 없다는 점이다. 아이는 장래 조상과 부모의 대를 이어갈 효행의 필수적 존재이다. 부모 위한 자녀 희생은 효를 강조하기 위한 레토릭일 뿐 그 이상도 그 이하도 아니다. 3단계 복으로 가는 하나의 단계일 뿐 희생이 진짜 희생은 아니다.

이제 희생적 효행에 따른 마지막, 복 받는 단계이다. 『삼국유사』에 소개된 효자들은 대개가 불교에 귀의해서 스님이 되거나 온 재산을 절에 공양하는 형태로 나온다. 유교적 효와 전통적, 관행적 효를 모두 포용하면서 최종적 결론은 불교적 효로 귀결된다. 불교에서 말하는 인과응보因果應報의 원리가 효행설화에 적절히 묻어나온다. 유교적, 전통적, 관행적 효가 필수로 여겨지던 시절 불교의 대중화와 토착화를 위해서 불교적 효를 강조했던 것이다. 가정에서의 부모공경이 소효小孝이고, 불교적 출가와 재산 시주가 대효大孝임을 말하고자 했던 것이다.

7) 『삼국유사』에 수록된 효관련 인명, 지명, 사찰명

참고로 『삼국유사』에 표현된 수많은 고유명사 가운데에는 유난히 효자가 많이 들어갔다. 인명, 지명, 사찰명 등에 효자를 많이 사용한 것이다. 구체적인 명칭을 나열하면 다음과 같다.

○ 효순왕孝順王(재위 599~600): 백제 제29대 법왕, 혜왕(재위 598~599)의 아들.

○ 효명태자孝明太子: 정신태자淨神太子의 형.

○ 방효공龐孝公: 중국 당 제3대 고종(628~683) 때의 장군으로 신라의 요청으로 백제를 정벌하는데 나섰음.

○ 효조왕孝照王(재위 692~702): 신라 제32대왕. 신문왕(재위 681~691)의 아들이자 성덕왕(재위 702~737)의 형.

○ 효소왕孝昭王: 『삼국사기』에서 효조왕의 조照를 소昭로 잘못 표기함.

○ 효성왕孝成王(재위 737~742): 신라 제34대왕.

○ 효정이왕孝貞伊王: 신라 제35대 경덕왕(재위 742~765)이 754년 황룡사 종을 주조할 때 시주한 삼모부인三毛夫人.

○ 정효공주貞孝公主(757~792): 발해 제3대 문왕(재위 737~793)의 딸.

○ 효양孝讓: 벼슬은 대각간. 만파식적을 왕에게 전함. 아들이었던 원성왕(재위 780~798) 때 명덕왕으로 추봉됨.

○ 효원孝圓: 신라 제41대 헌덕왕(재위 809~826) 때의 승려.

○ 홍효사弘孝寺: 흥덕왕(재위 826~836) 때 경주시 건천읍 모량리 취산 효자 손순의 옛집에 세운 절.

○ 효원孝圓: 법주法主. 불법을 잘 아는 고승. 제41대 헌덕왕 때인 817년 조상들의 옛 무덤을 수축하고 기념비를 세움.

○ 효종랑孝宗郎: 신라 진성여왕(재위 887~897) 때 재상 인경仁慶의 아들. 본명은 화달化達. 화랑 출신으로 백성 중 연권連權이란 사람의 딸이 부모 봉양을 위해 남의 집 종으로 살자 이를 부모님께 말하고 부잣집에 몸값을 대신 지불하여 종노릇을 면하게 해줌. 진성여왕은 효종랑의 효행에 감동하여 오리버니 헌강왕(875~886)의 딸과 혼인시켜 조카사위로 삼음.

○ 효양방孝養坊: 효종랑이 상기 효행 내용을 들은 진성여왕이 그들이 살던 동네를 효양방이라 함.

○ 효양리孝養里: 『삼국사기』에는 신라 제50대 정강왕(재위 886~887) 때의 효녀 지은知恩이 살던 마을이라 했고, 『삼국유사』에는 진성여왕 때 어머니 봉양 위해 몸을 판 효녀가 살던 마을이라 했다. (※ 상기 효양방 참조)

○ 효공왕孝恭王(재위 897~912): 신라 제52대 헌강왕(재위 875~886)의 서자, 어머니는 김씨. 이름은 요嶢.

○ 신효信孝: 충청남도 공주 출신. 지극한 효성으로 소문난 신라시대 거사居士. 신효가 살던 곳이 오늘날 오대산 월정사라고 전함.

○ 효가원孝家院: 거사 신효의 효행을 기려 만든 절. 충남 공주에 있다.

○ 효목孝穆: 고려를 건국한 왕건(877~943)의 딸, 낙랑공주의 이름. 신라의 마지막 왕 경순왕(재위 927~935)의 아내. 효목은 시호.

○ 효종孝宗: 경순왕의 부친.

○ 효렴孝廉: 신라 제55대 경애왕(재위 924~927)의 동생.

○ 효봉孝奉: 신라 말기의 후백제 장군.

○ 효충孝忠: 신라 승려.

○ 신효사神孝寺: 왕의 원당願堂.

(※『삼국사기』에 효란 글자는『삼국유사』에는 없는 제34대 효성왕 때의 신하 효신공孝信公, 제37대 선덕왕(재위 780~785)의 아버지 해찬海湌 효방孝芳을 소개하고 있음을 정리해 둔다.)

8)『신라본기』수록 효행정책과 사례

(1)「내물왕 본기」

"2년 봄에 사신을 보내어 '환과고독鰥寡孤獨'[74]을 위해 위문하고 각기 쌀 3곡斛을 내려 주었으며, 효성과 우애와 특이한 행실이 있는 자에게 벼슬을 내렸다."

"3년 2월에 시조묘始祖廟에 친히 제향을 올리니, 사당 위로 붉은 구름이 감돌고 사당 뜰에는 신작神雀이 모여들었다."

(2)「실성왕 본기」

"갑진 3년 2월에 시조묘에 친히 배알하였다."

---

74) 鰥은 남자가 늙어서 홀아비가 된 것이고, 寡는 부인이 늙어서 홀어미가 된 것이고, 孤는 어린 아이가 부모를 잃은 것이고, 獨은 만년에 아들이 없음을 말한다.

(3) 「눌지왕 본기」

"무오 2년 시조묘에 친히 배알하였다."

"7년 4월에 남당南堂에서 양로연養老宴을 베풀고 친히 식사를 함께 했으며, 미곡을 하사했는데, 연령에 따라 차등을 두었다."

"19년 2월에 역대 능원陵園을 수리하고, 4월에는 시조묘에 친히 제향을 올렸다."

(4) 「자비왕 본기」

"기해 2년 2월에 시조묘에 배알하였다."

"22년 2월 3일에 임금이 훙하시고 소지왕이 즉위했는데, 어려서부터 효행이 있었으며 겸손하고 온순하며 공순하여 사람들이 모두 복종하였다."

(5) 「소지왕 본기」

"2년 2월에 시조묘에 친히 제향을 올렸다."

"7년 4월에 시조묘에 친히 제향을 올리고 사당을 수호하기 위하여 20호를 증설 배치하였다."

(6) 「지증왕 본기」

"임오 3년 3월에 순장殉葬을 금지하였고,[75] 신궁神宮에 친히 제향을 올렸다."

"5년 4월에 상복법喪服法을 마련하여 반포하였다."

---

75) 국왕을 장사 지낼 때 남녀 각 5명을 함께 묻었다.

(7)「선덕왕 본기」

"임진 원년 10월에 사신을 보내어 사궁四窮, 곧 환과고독이 자력으로 생활하지 못하는 것을 위문하고 진휼하였다. "

(8)「신문왕 본기」

"임오 2년 6월에 국학을 세웠다. 상고하건데 교수의 법은『주역』『상서』『모시』『예기』『춘추좌씨전』『문선』으로 나누어 직업을 삼았으며 박사와 조교 1인이 혹은『예기』『주역』『논어』『효경』으로 혹은『춘추좌씨전』『모시』『논어』『효경』『문선』으로 가르쳤다. 여러 생도의 글 읽는 과정은 3품 출신으로서『춘추좌씨전』과『예기』와『문선』을 읽어 그 뜻을 통달하고 겸하여『논어』와『효경』에 밝은 자는 상上이 되고『곡례』와『논어』와『효경』을 읽는 자는 중中이 되며『곡례』와『효경』을 읽은 자는 하下가 되었다."

(9)「성덕왕 본기」

"17년 2월에 서쪽 변방을 순무巡撫하여 고령자와 환과고독을 위문하고 물품을 하사하여 형편에 따라 차등이 있었다."
"30년 4월에 노인에게 술과 음식을 하사하였다."

(10)「경덕왕 본기」

"14년 봄에 곡식이 귀하여 사람들이 굶주렸다. 웅천주熊川州에 사는 상덕尙德이 집안이 가난하여 봉양할 길이 없자 자신의 허벅지살을 떼어 아버지를 봉양하였다. 왕이 이 일을 듣고 재물을 후하게 내리고 정

려문을 세우라 명하였다. 7월에는 죄인을 석방하고 노인들과 환과고
독을 위문하고 각기 형편에 따라 차등 있게 곡식을 내리었다."

(11) 「혜공왕 본기」

"13년 청주菁州(지금의 진주) 사람 성각聖覺이 어머니를 지성으로 모셔
어머니가 병이 들자 자기 넓적다리 살을 베어 이를 먹이고 사후에는
지성으로 장례를 모시니 왕이 벼 삼백석을 내렸다."

(12) 「애장왕 본기」

"신사 2년 2월에 시조묘를 배알했다."

(13) 「헌덕왕 본기」

"5년 2월에 시조묘에 배알했다."

(14) 「흥덕왕 본기」

"8년 4월에 시조묘를 배알했다."
"10년, 손순孫順이 효성이 지극하나 가난하여 어머니를 봉양하기가
어려웠다. 아들을 하나 두었는데, 매번 어머니가 잡수실 것을 뺏어
먹으니 아이를 묻어버리기로 하고 땅을 팠더니 석종石鐘이 나왔다.
손순이 이상하게 여겨 아이를 업고 종을 메고 집에 돌아와 종을 쳐 보
았는데, 소리가 매우 청아하였다. 왕이 이 종소리를 듣고 사정 얘기
를 물은 후 세급미歲給米를 내리었다."

(15)「진성왕 본기」

"11년 효녀 지은知恩의 정려각을 세웠다."

2. 고려시대 유교사상과 효문화

1) 고려 이전의 충효사상

삼국시대는 중국의 춘추전국시대처럼 겸병 전쟁이 빈번했던 시절이다. 국가 간의 잦은 침략전쟁은 그에 따른 새로운 사회윤리 도덕을 요청했다. 세속오계가 대표적이다. 세속오계는 유교·불교·병가兵家의 내용을 모두 포괄하는 시대정신을 담고 있다.

이것은 통일국가를 이루었을 때에도 계속적인 시대정신으로 작용했다. 682년(신문왕2) 국학國學이 성립되고 788년(원성왕4) 독서삼품과讀書三品科를 설치했을 때에는『논어』와『효경』을 필수과목으로 했고, 나머지 유교 경전들도 주요 교과목으로 설정하여 도덕 중심의 교육을 실시했다. 하지만 교육내용의 핵심은 충효를 강조하면서도 효를 충에 종속시키는 경향이 농후했다.『효경』을 강조한 데서 드러난다.『효경』은 효를 중심 주제로 하고 있지만 실제로는 충을 위한 기반이었다. 국가에 대한 충을 통해 부모에 대한 효를 실현하도록 하였다.[76]『효경』의 원리를 이용 국왕의 일원적 지배체제 확립과 사회질서의 안정을 도모하였기 때문이다.

『삼국사기』에 "신하가 되어서는 충만한 게 없고, 자식이 되어서는

---

76) 강만길 외,『한국사』6, (한길사, 1994년) 264면 참조.

효만한 게 없다. 나라가 위태로움을 당하여 목숨을 거는 것은 충과 효를 모두 보전함이다."[77]라고 하였는데, 이것은 충효 모두를 강조하면서도 결론적으로는 나라가 위태롭게 된다면 충이 우선임을 강조한 내용이다. 효를 충에 종속시킨 것이다. 그러나 이 같은 신라시대의 충효관은 고려사회가 들어서면서 조금씩 달라졌다. 효가 더욱 강조되었다는 것이다.

2) 고려 전기의 유교와 효문화

유교사상이 삼국시대와 통일신라시대에 상당한 영향을 준 것은 사실이지만, 고려시대만큼 강한 체제이념으로 작용한 것은 아니다. 고려시대 유교사상은 이상국가 실현의 정치이념으로 원용되었다.[78] 그런 관점에서 유교 실천윤리의 핵심인 효사상도 그 어떤 시대보다 강조되었다. 이 같은 분위기는 태조 왕건의 태도에서부터 확연히 드러났다. 불심이 강해 육식을 금하다 병이든 최응崔凝(898~932)[79]을 위문할 때 태조가 말한 내용이 그 예이다.

"태조가 그(최응)의 집에 행차하여 이르기를, '경이 육식을 하지 않으면 두 가지 손실이 있다. 몸을 보전하지 못하여 끝까지 어머니를 봉양하지 못함이 불효이며, 명이 길지 못하여 나로 하여금 일찍 좋은 보필을 잃게 함이 불충이다.'고 하였다. 그러자 최응이 마침내

---

77) 『삼국사기』 권5 「신라본기」; 爲臣莫若忠 爲子莫若孝 見危致命 忠孝兩全.
78) 이희덕, 「고려천문오행설과 효사상의 연구」 연세대대학원 박사학위논문, 1984년, 187면 참조.
79) 최응은 왕건의 핵심 참모로 총애를 받으며 왕명의 출납을 맡아보던 관리였지만, 932년 34세의 나이로 요절했다.

고기를 먹고 결국 병이 나았다."[80]

    태조가 최응의 불교식 식생활이 결코 도움이 안 된다는 논리를 불효·불충에 비유하며 설득한 내용이다. 유교적 충효의 논리로 불교적 삶의 방식을 바꿀 것을 설명한 것이다. 이것은 장차 유교적 예교주의의 교화 방법으로 나라를 다스릴 것을 예고한 것이고, 『효경』과 『논어』가 주요 텍스트가 될 것임을 알려준 내용이다. 고려 최고지도자의 이러한 생각은 교육제도상에 그대로 반영되었다. 특히 『효경』이 교육의 필수과목이자 과거시험 과목으로 편성된 것이다. 동시에 그 내용은 생활상의 필수 덕목으로 자리했고, 관리가 되기 위한 지도자의 기본 도리가 되었다.[81]

    고려시대 교육제도의 핵심에는 국자감과 12도徒, 그리고 지방마다 향교가 있다. 국자감과 향교는 국립이고, 12도는 사립이다. 그중에서도 국자감은 가장 대표적인 국립대학격의 교육기관이라 할 수 있다. 가장 규모가 컸던 국자감은 국립대학임에도 불구하고 창설연대가 분명치 않다. 다만 992년(성종11) 12월 토지와 학교 건립에 필요한 건축을 지시하며 "국자감을 창건하라."[82]는 교서를 내렸다는 기사가 있긴 하지만, 그 이전에 이미 태조가 학교를 세웠다는 기록도 보인다.[83] 정황상 고려는 이미 개국 초부터 신라의 국학을 이은 학교가 있었고, 그후 성종 때 이르러 교육 체제가 전과 달리 정비된 것이다.

---

80) 『고려사』 권92 「열전」5, 崔凝條: 太祖幸其第, 謂曰, 卿不食肉, 有二失. 不保其身, 不得終養其母, 不孝也. 不求命, 使子무喪良弼, 不忠也. 凝乃始食肉果平復.
81) 『고려사』 권2 光宗世家: 進別序孝經一卷, 越王孝經新義八卷, 皇靈孝經一卷, 孝經雌雄圖三卷.
82) 『고려사』 권74 選擧 學校: 創國子監.
83) 『고려사』 권74 選擧 序文: 太祖首建學校.

다시 말해 '국자감 창건'이란 성종의 교서 의미는 종래의 국학이 국자감으로 개편·정비된 것이지, 국자감이 처음 개설된 것은 아니란 것이다.[84] 이후로 국자감은 1275년(충렬왕 원년) 국학으로 개칭되었고, 다시 1298년에는 성균감成均監으로 1308년에는 성균관成均館으로 개칭했고, 이것이 조선으로 이어졌다.

이렇듯 국자감은 여러 차례 명칭을 바꿔가며 국립대학으로 명맥을 이어오다가 최충崔沖(984~1068)이 세운 문헌공도文憲公徒 등의 사학이 발달하자 크게 위축되었다. 그러자 1102년(숙종7년) 국학 폐지론까지 나왔지만, 예종(재위1105~1122)과 인종(재위1122~1146)의 적극적인 관학 진흥책에 힘입어 국자감은 면모를 유지할 수 있었다.[85] 여기서 주목할 것은 국자감의 교육과목과 그에 따른 교육 목표이다.

국자감에서는 신라에서처럼 『논어』와 『효경』을 필수과목으로 하여 수신윤리의 기본적인 교양을 터득하게 했다. 그리고 『주역』 『상서』 『주례』 『예기』 『모시』 『춘추좌씨전』 『공양전』 『곡량전』 등 모두 8개의 경전을 선택과목으로 선정했다. 주목되는 것은 『논어』와 『효경』만은 필수로 하였고, 모든 학생이 1년 안에 이수해야만 했다는 사실이다.[86] 고려사회가 인仁과 효孝를 정치이념과 교육이념으로 확고히 채택했음을 보여주는 실례라 하겠다.

고려 태조의 훈요십조[87]에는 유교·불교·도교의 요소가 두루 혼재

---

84) 민병하, 「고려시대의 교육제도 - 특히 국자감을 중심으로」(『역사교육』2, 1957년) 44~46면 참조.

85) 박용운, 『고려시대사(상)』 일지사, 1990년, 368면 참조.

86) 『고려사』권74 選擧 學校: 凡經周易尙書周禮禮記毛詩春秋左氏傳公羊傳穀梁傳, 各爲一經, 孝經論語必令兼通. 諸學生課業, 孝經論語共限一年,

87) 훈요십조의 내용을 요약하면 다음과 같다.(『고려사절요』권1, 태조26년) ①우리나라는 부처의 호위하는 힘을 입어 나라를 세웠으니 불교를 장려하되, 사원쟁탈이 일어나지 않도록 하라. ② 모든 사원은 道詵이 推占한 것에 따라 창건한 것이니, 함부로 願堂을 창건하여 地德을 손상시

되어 있지만, 그 가운데 3, 4, 7, 9, 10조는 유교사상에 입각한 내용이다. 훈요십조는 단순한 유훈遺訓이 아니라 고려사회 전 시대를 원칙적으로 가름하는 전범典範이었기 때문에 그 의미는 가중된다고 할 수 있다.

최승로崔承老(927~989)의 시무책에서는 불교를 '수신지본修身之本', 유교를 '이국지원理國之源'이라 구별했다. '수신'은 내생來生의 저 멀리 있는 일이고, '이국'은 금일의 일이기 때문에 금일을 버리고 내생의 저 먼 것을 추구하는 것은 잘못이라고 했다.[88] 이 말은 양자의 역할과 기능을 나누면서 동시에 유교의 중요성을 역설한 것이다. 불교는 오래 전부터 민간의 의식을 사로잡고 있었고, 유교는 새로운 왕조의 치국의 기틀로서 새롭게 등장한 이론이었다. 이 때문에 양자의 대립 갈등적 구도는 사회 안정에 전혀 도움을 줄 수 없었다. 당대 최고 지도자들의 유불 상생·공존의 태도는 정치안정 및 사회질서 유지를 위해서 매우 중요한 과제가 되었다. 따라서 불교를 배제하지 않으면서 동시

키는 행위를 하지 말라. 신라 말기에 다투어 寺塔을 건립함으로써 지덕을 손상시켜 망하게까지 되었던 사실을 경계하라. ③왕위 계승은 嫡嫡相承을 원칙으로 하되, 嫡長子가 不肖할 경우 次子에게 전하여 주고, 차자 또한 불초하거든 그 형제 중에서 여러 신하들이 추대하는 자에게 대통을 계승토록 하라. ④우리 동방은 예로부터 唐의 풍속을 본받아 禮樂, 文物이 모두 그 제도를 따르고 있으나, 나라마다 특수성이 있으니, 구차히 같게 할 필요는 없다. 거란은 禽獸의 나라이니 절대로 본받지 말라. ⑤산천의 陰佑를 입어 나라를 세웠으니, 우리나라 地脈의 근원이 되는 西京의 지덕을 중히 여겨라. ⑥부처를 섬기는 연등회와 天靈, 名山, 大川, 龍神을 섬기는 팔관회를 시행하되 가감하지 말라. ⑦군왕은 諫言을 따르고 讒訴를 경계하며, 백성을 부리되 때를 가려서 하며, 부역을 적게 하고 세금을 가벼이 하며, 농사짓는 어려움을 아는 등 백성에게 仁政을 베풀어 민심을 얻도록 힘쓰라. ⑧車峴이남과 公州江 밖은 山形과 地勢가 모두 背逆하였으니, 그곳 사람들(후백제계)을 등요하지 말라. ⑨녹봉제를 공정히 준수하고, 이웃나라를 경계하며, 군사를 잘 관리하라. ⑩널리 經史를 보아 옛일을 거울삼아 오늘의 일을 경계하라. 周公의「無逸」편을 벽에 걸어두고 출입할 때마다 觀省토록 하라.
88) 『고려사』 권93 열전 「최승로」: 行釋教者, 修身之本, 行儒教者, 理國之源. 修身是來生之資, 理國乃今日之務. 今日至近, 來生至遠, 舍近求遠, 不亦謬乎!

에 유교를 존중하는 태도는 고려 초기 매우 중요한 문제였다. 제4대 광종(재위949~975)과 제6대 성종(재위981~997)은 이 문제를 적극적으로 풀어간 고려 초기의 군왕들이다. 이들은 유교를 진작시키면서 동시에 『효경』을 필수 교양 도서이자 관리의 입문서로 자리매김하면서 이 문제를 해결하였다.

이렇듯 『효경』을 강조한 것은 고려의 중앙집권적 정치체제와 깊은 관련이 있다. 호족연합정권이었던 고려사회에서 효가 국가안정의 초석으로 작용한 것이다. 각 지역을 중심으로 독립적 세력을 형성하였던 호족정권은 중앙집권을 향한 고려왕조가 넘어야 할 산이었다. 그런 점에서 『효경』의 효치 이념은 효를 통해 국가를 하나로 이끄는 매우 중요한 작용을 하였다.

> "옛날에 명철한 군주가 효로써 천하를 다스릴 때에는 작은 나라
> 의 신하도 소홀히 하지 않았다. 하물며 공·후·백·자·남임에랴! 그러
> 므로 모든 나라로부터 환심을 얻어서 그 선왕을 섬기었다."[89]

『효경』의 이 내용은 고려의 정치원리로 그대로 원용되었다. 효치가 고려사회의 핵심 원리로 작용하며, 가정의 효가 국가적 충으로 연결된 것이다. 효를 인간의 기본이라 여겼고, 그것을 미루어 나라의 충으로 이어갈 수 있다는 논리이다.

> "무릇 나라를 다스림에 반드시 근본에 힘쓰는 것은 효보다 큰 것

---

89) 『효경』「효치장」: 昔者明王之以孝治天下也. 不敢遺小國之臣而況於公侯伯子男乎. 故得萬國之懽心以事其先王.

이 없다. 가문에 효자가 되면 반드시 나라에 충신이 된다. "[90]

나라 다스림의 근본이 효에 있음을 말하고 효자 가문에서 충신이 난다는 내용을 말한 것이다. 신라가 충에 종속된 효를 말했다면, 고려에서는 효를 정치의 근본이라 강조한 것이다. 전쟁을 비롯한 다양한 정치적 불안정 요소가 상존하던 신라 사회에서는 효보다 충을 우선할 것을 요청했다면, 어느 정도 정치 기반이 안정된 고려 귀족 중심의 사회에서는 충에 앞서 효를 먼저 강조했던 것이다.

고려의 효에 대한 강조는 성종 때 효자·순손順孫·의부義夫·절부節婦를 찾아 그들에게 벼슬과 전토田土를 주어 포상 장려하는 데서 찾을 수 있다. 치국의 근본 도리를 효에서 찾으면서 각 지역에 사람을 보내어 효행자를 찾아 그들에게 여러 가지 혜택을 주고 벼슬까지 내리는 정책을 펼친 것이다. 이를 통해 고려사회가 얼마나 효를 확대 진작시키려고 했는가를 알게 된다.[91] 특히 성종시대에 더 구체화 되면서 유교적 예교주의가 뿌리를 내리었다. 물론 예교주의의 핵심에는 효가 깊이 자리했다. 성종은 국가에 충성심을 요구하는 충보다는 효를 우선적으로 장려하는 정책을 펼친 것이다. 성종이 효행장려정책을 펼칠 수 있었던 데에는 당시 사회적으로 안정된 분위기가 작용했을 뿐만 아니라 성종 자신의 유교에 대한 적극적인 의식도 크게 작용했다. 그것은 국학으로서 국자감을 창설한 데서도 알 수 있다. 성종이 일반 신민臣民의 일상생활에서 얼마나 효를 장려했는가는 오복제

---

90) 『고려사』 권3 성종 9년: 凡理國家, 必先務本, 務本莫過於孝, 能爲孝子於家門, 必作忠臣於邦國.
91) 『고려사절요』 권2 성종 9년: 凡理國之本, 莫過於孝. 遺使六道, 頒示敎條, 訪求孝子順孫, 義夫節婦, … 其咸富等男女七人, 竝令旌表門閭, 免其徭役, 白丁給公田爲丁戶, 車達三人咸富等四人, 免出驛島, 隨其所願, 編籍州縣, 順興等五人, 擬授官階, 以揚孝道.

도五服制度에서도 드러났다.

> "이 해 새로 오복에 휴가를 주는 법식을 정하였으니, 참최斬衰와
> 재최齊衰 3년에는 백일의 휴가를 주고, 재최 기년朞年에는 30일의 휴
> 가를 주며, 대공大功 9월에는 20일간의 휴가를 주고, 소공小功 5월에
> 는 15일의 휴가를 주며, 시마緦麻 3월에는 7일의 휴가를 주었다."[92]

　오복제도를 통해 백성들에게 효행을 장려하려는 정책적 고려가 잘
드러난 대목이다. 오복제도는 중국 고대의 상복제도이다. 죽은 자의
친소관계에 따라 복상을 달리하는 제도로서 유교적 예교주의의 한
내용임과 동시에 효행을 표현하는 매우 중요한 요소였다. 따라서 성
종의 오복제도 재정비는 효행장려 정책의 매우 중요한 수단이자 방
법이었다. 오복제도 정비를 효치의 한 방법으로 활용한 것이다. 아울
러 성종은 사대부가 먼저 효행의 모범을 보여야 함을 말하면서 효자
가 되면 반드시 나라에 충신이 될 것이라며 지도자들의 효행을 독려
하기도 했다.

> "아아, 군주는 만민의 원수元首요, 만민은 군주의 복심腹心이니, 너
> 희 관료들이 착한 일을 하면 이는 나의 복이요, 너희들이 악한 일을
> 하면 그것은 또한 나의 걱정이다. 어버이 봉양의 행실을 드러내어
> 풍속을 아름답게 하는 마음을 드러내야 한다. 전야田野의 어리석은
> 백성들도 오히려 효도를 하는데, 진신군자縉紳君子가 선대 받들기를
> 게을리할 수 있겠는가! 능히 가문에 효자가 되면 반드시 나라에 충

---

92) 『고려사절요』권2 성종 4년: 是歲, 新定五服, 給暇式, 斬衰齊衰三年, 給百日, 齊衰朞年, 給三十
　日, 大功九月, 給二十日, 小功五月, 給十五日, 緦麻三月, 給七日.

신이 될 것이다. 모든 사서인士庶人은 나의 말을 되새겨야 할 것이
다. "93)

솔선수범을 통한 효행 독려의 뜻을 잘 표현한 내용이다. 더욱이 효
자가 되어야 충신이 된다는 말은 관리에 대한 꿈을 갖고 있는 사서인
에게는 이보다 더한 효행장려책도 없을 것이다.

한편 고려는 불교 중심의 사회를 표방했기 때문에 유교문화와의
조화와 융화 문제가 매우 중요한 과제가 아닐 수 없다. 표면적으로나
이면적으로 불교와 유교는 이질적인 문화이기 때문에 더더욱 그러하
다. 하지만 유교와 불교는 효라고 하는 공통점을 가지고 갈등과 충돌
을 지양하고 조화와 융화를 모색할 수 있었다. 효를 통한 유불의 조
화·융합은 채충순蔡忠順(?~1036)이 찬한「현화사비음기玄化寺碑陰記」에
잘 나타나 있다.

"성인의 지감至鑑이란 유서儒書를 마음에 간직하고 부지런히 수양
하는 것이다. 그러면 정교政敎가 일어나게 되고, 불법을 마음에 두
고 경건히 하면 복록福祿이 성취된다. 이른바 비록 삼교三敎를 주로
하여도 근원은 하나로 함께 있으니, 진리가 안에서 융화되고 화
문化門은 밖으로 나타난다. 유교에서는 인과 효보다 앞서는 것이 없
다. 그러므로 선생(공자)이 (『효경』에서) '효는 덕의 근본이다. 교육이
이로 말미암는다.'고 하였다. 그래서 선왕이 효로서 천하를 다스렸
고, 그 가르침은 숙연하게 하지 않아도 이루어지고, 그 다스림은 엄
하게 하지 않아도 다스려져 천하가 화평하고 재해도 생기지 않았

---

93) 『고려사절요』 권2 성종 9년: 於戲, 君后, 萬民之元首, 萬民, 君后之腹心, 若有爲善, 是吾福也, 若
有爲惡, 亦吾憂也. 光顯奉親之行, 用彰美俗之心. 田野愚氓, 尙勤思孝, 縉紳君子, 其怠奉先. 能
爲孝子於家門, 必作忠臣於邦國, 凡諸士庶, 可復子言.

다. 불교에서도 또한 『부모은중경』을 설하여 경권經卷 속의 뜻을 갖
추었으니 다시 수고롭게 더할 이야기도 없다. 유교와 불교 이문二
門이 모두 효를 종宗으로 삼았으니 효의 지극함은 덕의 두터운 바라
하겠다. …… 높이 만승萬乘에 거함에 성품은 모든 것을 다 듣고 삼
교지종三敎至宗에 일심一心이 밝게 빛나 인이 베풀어짐에 도가 드러
나고 효로 다스려 교화가 이루어지니 팔방의 백성들이 기꺼이 추
대한다. 이미 안으로 불교를 준행하고 밖으로 유풍儒風으로 교화하
여 내외를 융화 통합하여 고금을 아우른다. 이른바 성감聖鑑이 선
왕先王·제불諸佛의 도를 합한 것은 곧 우리 임금을 이르는 것이다."94)

한마디로 불교의 삭발과 출가는 유교의 "신체발부, 수지부모, 불감
훼상"의 효와는 상충한다. 하지만 이를 불식시키기 위한 불교의 노력
은 『부모은중경』과 같은 위경僞經을 만들면서까지 불교를 효의 종교
로 탈바꿈시키었다. 고려 중기의 대표적인 고승 의천義天(1055~1101)
의 언설에서도 이러한 논지를 찾을 수 있다.

"오형에 속한 것이 삼천 가지이나 불효보다 큰 것이 없다. 육도六
度에 돌아감이 팔만이나 효를 행하는 것보다 큰 것은 없다. 석문釋
門은 오시五時에 두루두루 펼쳐지며 유가의 경전은 육경에 통달하
여 크고 작은 것을 모두 망라하여 존비를 통관하는 것인데, 비록 가

---

94) 『朝鮮金石總覽(上)』 247쪽 「高麗國靈鷲山大慈恩玄化寺碑陰記」: 臣聞聖人之至鑑也, 儒書龜志
勤修, 則政敎是興, 佛法在心虔敬, 則福祿克就, 所謂雖各主三敎, 而共在一源, 眞理內融, 化門外
顯者也. 所以於儒則無先其仁孝. 故先生云, 孝者德之本歟, 敎之所由生也. 是以先王之以孝理天
下, 其敎不肅而成, 其政不嚴而理, 天下和平, 災害不生矣. 於佛則亦說父母恩重經, 具如卷中之
旨也. 更不勞剖宣, 可謂儒釋二門, 皆宗於孝, 孝之至矣, 德所厚焉. …… 尊居萬乘, 性稟四聰, 三
敎至宗, 一心明炤, 仁施道著, 孝理化成, 百姓樂推, 八方忻戴, 旣卽內遵以佛敎, 又外化以儒風,
內外含融, 古今洞曉, 所云聖鑑合先王諸佛之道者, 卽我當今之謂也.

르침은 다르더라도 효를 숭상하는 것은 다르지 않다."[95]

유교와 불교의 다름을 인정하면서도 효에 관한한 같음을 역설한 내용이다. "오형에 속한 것이 …… 불효보다 큰 것이 없다."는 표현은 『효경』「오형장」의 내용이다. 불교가 유교의 효사상을 위반하지 않음을 설명하며 유불의 조화·융합이 효를 통해 이뤄짐을 말한 것이다. 이것은 유교적 효사상이 고려사회의 핵심으로 작용했음을 증명한 것이고, 그것이 또 윤리 도덕의 초석이었다는 것이다.

3) 고려 중후기의 유교사상과 효문화

고려 중기로 접어들면서 사학이 육성되고, 유교사상은 이전과 다른 새로운 흥성기를 맞이했다. 사학이란 이른바 십이공도十二公徒를 말하는데, 그중에서 최충의 문헌공도文憲公徒는 사학의 효시로써 관학을 압도했다. 일명 해동공자라 일컬어질 만큼 유교사상의 대가였던 최충의 사학이 유교사상을 진흥시키는데 크게 기여했던 것이다. 최충의 이와 같은 교육사업은 당시 지식인들의 커다란 반향을 불러일으켰다. 뜻있는 학자들이 너도나도 사숙私塾을 열어 도徒를 개설한 것이다. 이른바 사학 개설 열풍이다. 고려 수도 개경에만 11곳이었다. 『고려사』권95「열전」「최충전」과 『고려사』권74「선거지」「학교」「사학」에 근거해서 당시 개설되었던 12도, 일명 사립학교의 명칭과 설립자를 살펴보면 다음과 같다.

---

95) 『大覺國師文集』권3, 「講蘭盆經發辭」; 五刑之屬三千, 而罪莫大於不孝, 六度之歸八萬, 而福莫大於行孝. □□釋門遍於五時, 儒典通乎六稽, 包羅大小□ 貴尊卑, 雖設敎有殊, 而崇孝無有別.

명칭	설립자	관직	급제及第 관계	고시관考試官 경력
문헌공도	최충	문하시중	목종 8년 장원	현종 17년, 정종 원년 지공거知貢擧
홍문공도弘文公徒(熊川徒)	정배걸鄭倍傑	문하시중	현종8년 장원	문종 원년 지공거
광헌공도匡憲公徒	노단盧旦	참지정사		문종 34년, 선종 2년 지공거
남산도南山徒	김상빈金尙賓	국자좨주		문종 3년 국자감시國子監試 시관試官
서원도西園徒	김무체金無滯	복사	정종 원년 장원	
문충공도文忠公徒	은정殷鼎	시랑		
양신공도良愼公徒	김의진金義珍 박명보朴明保	평장사랑중		문종19년 지공거
정경공도貞敬公徒	황형黃瑩	평장사		숙종2년 지공거
충평공도忠平公徒	류감柳監			
정헌공도貞憲公徒	문정文正	문하시중		문종32년. 지공거
서시랑도徐侍郎徒	서석徐碩	시랑		
구산도龜山徒				

　이들 사립학교는 대개 1055년(문종9)을 기점으로 창립했고, 대부분 고관 출신의 유력인사들이 설립했다. 또 대개 과거시험 고시관인 지공거를 지낸 이들 이어서 당시 사학이 얼마나 위력을 발휘했는가를 가늠할 수 있다. 당대 최고 석학들이자 대학자들이 사학 설립에 앞장서자 사학을 통해 입신출세하려는 사람들이 즐비하게 모여들었을 것이라 쉽게 짐작할 수 있다. 마치 오늘날 대학입시 최고 대학의 최고

학자가 입시출제위원을 맡고 있다가 사립학교를 개설하면 거기에 수많은 입학 희망자들이 몰리는 것과 같은 이치이다.

이렇게 사학이 번영을 누리자 국가에서도 관학을 진흥시키기 위해 노력하지 않을 수 없었다. 예종(재위1105~1122)은 일종의 장학재단인 양현고를 설치하고 학문의 진작과 관학 활성화를 도모했다. 그러나 명경明經보다는 제술製述에 치중하는 경향이 있었는데, 이것은 벼슬을 위한 학문으로 기울었음을 의미한다. 경학을 소홀히 하고 오로지 과거시험을 위한 글짓기에만 치중했다는 것이다.

1127년(인종5)에는 이자겸李資謙(?~1126)의 난으로 흐트러진 민심 수습과 국정 쇄신책의 일환으로 각 주에 학교를 세워 가르침의 도리를 넓히려는 노력이 있었다.[96] 이로부터 지방의 교육시설로서 향교가 확충되었고, 이것이 중앙의 국자감과 더불어 백성 계몽의 중심에 서게 되었다. 향교는 지방교육의 중심이었지만, 향교가 언제부터 보급되었는지는 정확한 기록은 없다. 다만 성종조라고 하는데, 이것은 성종의 지방 교육에 대한 남다른 관심에서 찾을 수 있다. 처음에 성종은 주군州郡의 자제 260명을 서울로 뽑아 올려 학업을 하게 하였고, 그것이 효과가 없자, 207명의 학생을 고향으로 돌려보내고 이들의 교육을 위해서 12주목州牧에 경학박사 등을 파견하여 교육하도록 했다. 이것이 지방 향교의 시작이란 설도 있다.[97] 향교란 명칭은 1142년(인종20) 과거와 관련하여 내린 판문判文 중 "계수관향교도회界首官鄕校都會"[98]라 한데 처음 보인다. 그렇다고 이때 향교가 처음 세워졌다고 할

---

96) 『고려사절요』 권9 인종5년: 諸州立學, 以廣敎道.
97) 박용운, 『고려시대사 (상)』 (일지사, 1990년) 378면 참조.
98) 『고려사』 권73 選擧志 科目 인종 20년 2월

수는 없다. 그 이전에 이미 진주향교, 부평향교, 강화향교 등이 실재하였음을 밝히고 있기 때문이다.[99]

그러나 여기서 논의의 중점은 국자감과 향교의 중심 교과목으로 『효경』과 『논어』가 채택됐다는 점이다. 1134년(인종12)에는 『효경』과 『논어』를 대량으로 인쇄하여 민간에 보급했다는 것도 주목할 필요가 있다. 『효경』은 교육기관에서 필수과목이자 모든 이들이 마땅히 읽어야 할 필독서였다. 재미난 것은 『효경』과 『논어』를 필수과목으로 강조 보급하면서 『맹자』를 언급하지 않은 대목이다. 아마도 당시 고려 유학이 인의仁義중심의 공맹유학이 아닌, '인효지도仁孝之道'의 주공·공자 유학의 단계였기 때문일 것이다.[100]

한편 유교사상은 고려 무신 집권기를 맞이하여 쇠퇴의 길을 걸었다. 무신 집권과 몽고 침략으로 문풍文風은 위축되고, 유교사상은 암흑기를 맞았다. 유학의 근본 목적인 수기치인의 도리를 버리고 산야에 은둔하거나 사장학詞章學에 얽매이는 경향이 나타난 것이다. 비록 유교의 충효와 인의仁義에 대한 교화 노력을 포기한 것은 아니지만, 그보다는 이록利錄에 더 큰 희망을 품었던 것이다.[101] 고려말 성리학 수용은 불교로부터 유학으로, 사장의 말폐로부터 경학의 근본정신으로 돌아가자는 운동의 일환에서 비롯되었다. 성리학 수용의 사상적 배경으로 융성했던 불교문화의 퇴색과 사장·훈고 중심의 학풍에 대한 반성 풍토가 강하게 작용한 것이다.

성리학 수용의 핵심 인물 안향安珦(1243~1306)은 "성인의 도는 일용

99) 박찬수, 「고려시대의 향교」(『한국사연구』42, 1983년) 45면 참조.
100) 최영성, 『한국유학사상사』(고대·고려편) (아세아문화사, 1994년) 273면 참조.
101) 한국철학사연구회 편, 『한국철학사상사』(심산, 2005년) 128~129면 참조.

생활의 윤상倫常에 지나지 않다. 아들 되어 부모에게 효도하고, 신하되어 군주에게 충성하며, 예로써 집안을 다스리고, 신의로 벗과 사귀며, 자기 몸을 닦는 데는 경敬으로 하고, 일을 실천함에는 성실을 다할 것이다."102)고 하며, 충효신경성忠孝信敬誠의 실천 덕목을 강조했다. 이것은 주자가 『소학』에서 강조했던 내용들로 고려 후기사회의 정신 계몽의 방향이 무엇이었는가를 가늠할 수 있는 내용이며, 이것은 훗날 조선의 핵심 강령으로 자리했다.

안향의 이 같은 가르침은 물론 공자에게서 나왔다. "부자夫子의 도는 만세의 규범이다. 신하가 군주에게 충성하고, 아들이 아버지에게 효도하며, 아우가 형에게 공경함은 누구의 가르침인가? 내가 무인武人인데 무엇이 괴로워 돈을 내어 그 생도들을 양성하느냐고 말한다면 이는 공자가 없어도 가하다는 말이다."103) 성리학을 말하면서 동시에 그 중심에는 공자의 충효공忠孝恭이 있음을 강조한 내용이다. 이것은 성리학을 익힌 사대부들이 반드시 지켜야 할 실천 덕목이고, 이것이 점차 강화되어 조선으로 이어진 것이다.

그런데 무엇보다 주목해야 할 인물은 권보權溥(1262~1346)이다. 그는 성리학을 즐겨 연구하고 효행으로 이름이 높았다. 특히 효에 대한 관심은 역대 효자 64명의 행적을 한데 모은 『효행록』 편찬으로 이어졌다. 『효행록』 중 24편은 고려 후기 세도가였던 권준權準(1280~1352)이 엮은 뒤, 이제현李齊賢(1287~1367)이 찬을 붙이고 그림을 그려서 아버지께 올린 것이고, 38편은 아버지 권보가 아들의 뜻을 높이 사 추

102) 『晦軒集』「論國子諸生文」: 聖人之道, 不過日用倫理, 爲子當孝, 爲臣當忠, 禮以齊家, 信以交朋, 修己必敬, 立事必誠而已.
103) 『고려사』 권105, 列傳 安珦: 夫子之道, 垂憲萬世, 臣忠於君, 子孝於父, 弟恭於兄, 是誰敎耶. 若曰, 我武人, 何苦出錢, 以養爾生徒, 則是無孔子也, 而可乎.

가로 엮은 뒤 역시 이제현이 찬을 붙인 것이다.

조선 초기 권보의 증손 권근權近(1352~1409)은 여기에 평설을 붙였다. 하지만 이 책은 현대적 안목에서 현실적이지 못한 내용이 많고 지나치게 극단적인 내용을 담고 있어서 설득력이 떨어지는 문제를 안고 있다. 또한 중국의 효자를 주로 다루고 있기 때문에 효를 강조하려는 의도는 높이 살 수 있지만, 현실성은 여러모로 부족하다는 비판에서 자유로울 수 없다.[104]

또한 주목할 사항은 이제현의『효경』을 중시한 학문적 경향이다. 성리학자들은『효경』보다『소학』을 중시했는데, 그것은 주자가『효경』을 의심하며『효경간오』를 짓고, 그 영향 아래『효경대의』를 편찬하여 기존『효경』의 내용을 완전히 재편했던 데서도 알 수 있다. 그런 점에서 성리학자 이제현이『효경』을 학문의 일순위로 삼은 것은 눈여겨볼 대목이다.

> "『효경』『논어』『맹자』『대학』『중용』을 강론하여 격물치지·성의정심의 도를 익히고,…… 사서를 이미 숙독하였으면 육경을 차례로 강론하여 밝힌다."[105]

성리학의 특징은 '격물치지'와도 같은 철학적 탐구정신에 있다. 하지만 이제현이 이것을 강조하면서 동시에『효경』을 앞세운 것은 여전히 실천적 윤리도덕으로 효가 중심임을 천명한 것이다. 이것은 고려 말 성리학자들의 공통점이기도 한데, 이색李穡(1328~1396)의 학문에서

---

104) 윤호진 역,『효행록』(경인문화사, 2004년) 3면 참조.

105)『益齋集』拾遺「上都堂書」: 講孝經論孟大學中庸, 以習格物致知誠意正心之道, ……. 四書旣熟, 六經以次第講明.

도 비슷한 양상을 볼 수 있다. 이색은 일상적 충효윤리를 성리학의 체용體用·중화中和의 원리로 풀어가면서 전과 다른 해석을 했던 것이다.

"집안에서 효도하고 나라에 충성하는 데 장차 어찌 근본이 있겠는가? 오직 중中이 있을 뿐이다. 부모를 잘 섬기는 것을 효라 하고, 이를 옮겨 군주 섬김을 충이라 한다. 그 이름은 다르지만 리理인즉 하나요, 리의 일—이 곧 이른바 중中이다. 무릇 사람이 태어남에 건순오상(음양오행)의 덕을 갖추나니 이를 성性이라 한다. 본래 어찌 충효가 있었겠는가? 적연부동하여 감공형평함이 성의 체體요, 이것을 중中이라 한다. 감이수통하여 구름 가고 물 흐르듯 함이 성의 용用이요, 이것을 화和라고 한다. 중의 체가 선 즉 천지의 지위가 화和하고, 용이 운행한 즉 만물이 화육한다. 성인의 참찬지묘가 작용하여 덕성이 존중되고 인륜이 차례로 갖추어져 하늘의 질서가 찬연히 밝혀지나니, 충효중화忠孝中和가 어찌 다른 이치겠는가?"[106]

인륜의 대본인 효제충신을 체용과 중화로 말하면서 천하에 양친養親함의 최고는 순임금이라 하였고, 충에는 주공周公을 꼽았다.[107] 일상적 효제충신을 성리학적으로 재해석하면서 성학聖學 실천의 한 방법으로 정착시킨 것이다. 사군事君과 사친事親을 『중용』의 중화이론으로 설명한 것도[108] 고려 말 충효에 대한 새로운 해석 방법이라 생각한다.

한편 고려에서 조선으로의 전환은 사상사적으로 불교에서 성리학

---

106) 『牧隱文藁』권10 說 「伯中說贈李狀元別」: 孝於家忠於國, 將何以爲之本乎. 子曰大哉, 間乎中焉而已矣. 善事父母其名曰孝, 移之於君, 其名曰忠. 名雖殊而理則一, 理之一卽所謂中也. 何也夫人之生也, 具健順五常之德, 所謂性也. 曷嘗有忠與孝哉. 寂然不動, 鑑空衡平, 性之體也, 其名曰中. 感而遂通, 雲行水流, 性之用也, 其名曰和. 中之體立, 則天地位和之, 用行則萬物育, 聖人參贊之妙, 德性尊, 人倫敍, 天敍天秩, 粲然明白, 曰忠, 曰孝, 曰中, 曰和. 夫豈異致哉.
107) 위의 책: 天下養親, 其孝大矣, 是舜之中也. … 周公抱成王, 以定周室, 其忠至矣, 是周公之中也.
108) 위의 책: 事君事親行已應物中和而已.

의 이일분수적 세계관으로의 변환 과정이었다. 따라서 고려말의 성리학자들은 이 같은 사상사적 변화의 한복판에서 충효사상도 해석하였다. 이것은 이색의 아버지이자 이제현의 문인이었던 이곡李穀(1298~1351)에게 잘 나타난다. 그의 학문에서 충효사상이 핵심적인 위치를 차지하고 있는 것은 아니지만, 불교와 성리학의 충효사상이 어떻게 합일되어 나타나는가를 잘 보여주고 있어서 의미가 있다. 일반적으로 불교는 마음과 분리된 객관 대상을 인정하지 않는다. 따라서 유교적 '수신제가치국평천하'에 특별한 의미를 두지 않는다. 객관 대상으로 인해 욕망이 생기고, 본래의 평등한 마음을 왜곡시킨다고 보기 때문이다.

반면 성리학은 자기 자신과 객관 대상이 세계관의 핵심이고, 그로부터 나온 '수신제가치국평천하'는 학문의 최고 방법이자 목적이다. 이곡은 이런 관점에서 유교(성리학)를 옹호하고 불교를 비판했다. 이곡은 불교에서 충효사상을 핵심논리로 추구하고 있지는 않지만, 그렇다고 부정한 것도 아니라고 말한다. 불교식 충효사상의 실체를 말한 것이다.[109] 불교의 자비와 유교의 인애仁愛를 같은 맥락에서 이해한 것이다.[110] 유교사회에서 불교가 오랫동안 지속할 수 있었던 것도 여기에 기인한다.[111] 하지만 그는 불교의 충효 윤리체계는 유교만 못하다고 했다. 그래서 그는 불교의 문제를 유교적 효사상을 통해 보충

---

109) 『稼亭先生文集』 권4 「大都天台法王寺記」: 按佛氏之法, 起自東漢, 而其三韓地濱出日, 西域之敎宜若後至, 以今觀之, 山川之間, 竺梵遺迹, 往往有先中國而爲之者. 又其爲俗, 凡事君事親養生送死, 一以佛敎, 人或不然, 群怪而衆嗤之, 謂於忠孝有未盡也. 吁, 習俗之久, 蓋有莫本其所自者矣.
110) 『稼亭先生文集』 권6 「金剛山長安寺重興碑」: 蓋聖人好生之德, 佛者不殺之戒, 同一仁愛, 同一慈悲也.
111) 『稼亭先生文集』 권6 「大都大興縣重興龍泉寺碑」: 予聞佛者以虛無爲宗, 慈悲不殺爲敎. 其言曰, 諸惡莫作, 衆善奉行, 蓋其爲敎雖不切於世治, 苟能推廣是心, 使一世之人皆知好善惡惡, 躋于仁壽之域, 則豈曰小補之哉. 此佛道之所以久行於天下歟.

하려고 했다. 그것은 곧 유교의 효사상으로부터 충으로의 확대를 말
한다.[112]

> "충효는 인의를 실천하는 일이다. 섬기는 것은 둘로 구분되지만,
> 이치는 하나다. 처한 상황이 같지 않아 느리게 하고 급하게 하는 차
> 이는 있지만, 그 근본과 말단은 대개 분별이 있어 문란하게 할 수
> 없다."[113]

군주를 섬기고 부모를 섬길 때 대상은 다르지만, 이치는 하나라는
것이다. 상황에 따라서 방법적으로 다를 수는 있어도 본말에 있어서
는 같다고도 하였다. 물론 그 뿌리에는 백행의 근본으로서의 효가 자
리한다. 조선 성리학자들 충효관의 밑그림을 이곡의 사상에서 확인
할 수 있는 대목이다.

한편 이색의 제자 길재吉再(1353~1419)는 여말선초 왕조교체기 '불사
이군不事二君'의 충절을 실천한 일도 대단한 것이지만, 효심 또한 지극
했다. 그는 고향의 부모님 봉양을 이유로 조선 왕조의 부름을 사양했
다. 고려 신하로서 충절을 지키면서 동시에 부모님에 대한 절절한 효
심을 표현한 것이다. 실제로 그는 고향으로 돌아와서 늙으신 어머니
를 극진히 봉양하면서 매일 '혼정신성昏定晨省'하였는데, 이를 돕고자
처자가 나서서 대신하려고 하였지만, 부모 모시는 기간이 한정되어
있으므로 작은 일이라도 대신시키지 않았다고 하는 일화는 너무나

---

112) 『稼亭先生文集』권1「趙苞忠孝論」: 出以事君, 入以事親, 本之性行之身, 以立於天地之間者忠
與孝也, 昧乎此則禽獸矣. 孔子又曰, 事親孝, 故忠可以移於君. 孟子曰, 未有仁而遺其親者也,
未有義而後其君者也.
113) 『稼亭先生文集』권1「趙苞忠孝論」: 夫忠孝者, 仁義之事, 事二而理一. 雖以所處之勢不一, 而有
緩急之不同, 其本末蓋有秩然而不可紊者.

유명하다.[114] 그는 "경서를 강론할 때에는 반드시 정주의 뜻에 부합되어야 하며, 말은 반드시 충효를 위주로 해야 한다."[115]고 하며 정주학과 충효가 그 사상의 핵심임을 스스로 밝혔다. 한마디로 길재의 학문은 성리학과 충효사상을 중심으로 하였다. 이는 길재를 기리는 조선의 수많은 학자들의 공통된 평가이기도 하다.[116]

4) 고려율과 효행 장려정책

불교국가로 알려진 고려의 유교적 예교에 대한 입장은 매우 뜻밖이란 생각이 들 정도로 강조되었다. 불교가 개인적·종교적 차원의 수신의 원리라면, 유교는 국가적·정치적 차원의 치국의 원리로 확고하게 작용했다. 그 가운데 유교의 효사상은 개인과 가정과 사회와 국가의 기본 정신적·실천적 방향을 좌우하는 매우 중요한 요소로 작용했다. 동시에 고려의 효사상은 불교와 유교의 화해·융화는 물론 사회통합의 기능을 하기도 했다.

고려의 효사상은 율령체계 내에도 깊이 뿌리내리고 있었다. 율령이란 해도 되도 안해도 되는 선택의 문제가 아니라 반드시 지켜야 하고 지키지 않으면 제재나 형벌을 받아야 하는 강제성이 있다. 따라서 효를 법률로 정한 것은 또 다른 의미를 갖는다. 윤리와 도덕이 자율적 선택의 문제라면 법률은 강제된 규정에 해당하는데, 효는 윤리 도덕에 해당하기 때문이다.

---

114) 김익수, 『한국의 효사상』(서문당, 1977년) 150면 참조.
115) 『冶隱集』「行狀」: 講論經書, 必務合於程朱之旨, 言必以忠孝爲主.
116) 『야은집』에 실린 西厓 柳成龍을 비롯한 후대 학자들이 쓴 제문에 공통적으로 언급한 길재의 학행은 충효관련 사항이다.

일찍이 중국에서는 죄 가운데 가장 중한 죄를 불효라고 했다.[117] 이후로 왕조마다 이를 계승했는데, 고려율에도 영향을 주었다. 고려율에 가장 큰 영향을 준 것은 당률唐律이었고, 당률에서는 십악十惡을 나열했는데, ①모반謀反 ②모대역謀大逆 ③모반謀叛 ④악역惡逆 ⑤부도不道 ⑥대불공大不恭 ⑦불효不孝 ⑧불목不睦 ⑨불의不義 ⑩내란內亂 등이 그것이다. 주로 국가의 사회기강 확립과 가족공동체 안정과 관련된 내용들이다. 효와 직결되는 항목은 ⑦불효 ⑧불목인데, 이로 보아 효 실천이 얼마나 강조되었는가를 알 수 있다. 고려율에서도 십악 모두를 열거하지는 않았지만, 십악을 근거로 처벌했음을 보게 된다.[118]

특히 불효자에 대한 처벌은 매우 엄격했다. 구체적으로 부모나 조부모를 때렸을 경우 참형斬刑에 처하고, 그들을 고발하거나(告罪) 욕을 하였을(詈罪) 때에는 교형絞刑으로 다스렸다.[119] 물론 당률에서는 이에 대한 항목이 좀 더 세분되어 있지만, 고려율에서는 한 항목으로 이뤄져 있다는 것이 차이점이다. 다시 말해 당률은 모반謀反·모대역·모반謀叛처럼 국가 안위에 대한 범죄가 아니고서는 부모, 조부모가 명백한 잘못을 범했어도 이를 고발한 자녀는 예교를 파괴한 불효자로 교형에 처했다.[120] 부모의 범죄에 대하여 국가 안위와 관련된 것이 아니라면 자녀가 고발해서는 안 된다는 것을 법으로 규정한 것이다. 그 어떤 법률보다 효가 우선함을 천명한 내용이다. 나아가 이것은 친속에 대한 고발까지도 연장되었다. 이른바 친속에 대한 고발자에 대

---

117) 『여씨춘추』 「孝行覽」: 尚書曰, 刑三百, 罪莫重於不孝. 『효경』 「五刑章」: 五刑之屬三千, 而罪莫大於不孝.
118) 『고려사』 권84 「刑法志」: 毆殺堂弟妹堂姪孫流二千里, 故殺絞, 毆妻父母准十惡不睦論.
119) 『고려사』 권84 「형법지」: 毆祖父母父母斬, 告詈絞.
120) 당률의 불효죄에 대한 상세한 내용은 이희덕, 앞의 논문, 227~230면 참조.

한 처벌 조항이 그것인데,[121] 유교적 가족주의가 법률적으로 얼마나 잘 보호받고 있었는가를 알게 하는 단서이다.

또한 고려율에는 호적 문제, 재산 문제와 더불어 부모 봉양에 대한 자녀의 의무를 법으로 명시하였다. 만일 호적을 달리하거나(別籍), 재산을 분리하거나(異財), 부모 봉양을 소홀히 하면(供養有闕), 불효행위자로 징역 2년에 처하고, 복상服喪중일 때에는 1년을 감해서 징역 1년에 처한다는 법률이다.[122] 고려시대 분재分財와 분가分家가 불효에 해당함을 알려줌과 동시에 상기를 마칠 때까지 이를 불허한다는 것으로 효와 가족주의가 얼마나 중요한 사회적 요소였는가를 알게 한다. 아울러 부모상을 당했을 때 슬퍼하지 않는 것도 불효로서 법률적인 제재를 가했다.[123] 상을 당하여 가슴을 두드리며 소리내어 울면서 애통함이 마땅한데, 그렇지 않고 오히려 악기를 연주하고 가무를 즐긴다면, 이것은 불효에 해당하므로 형벌을 가했고, 우연히 상기 중 연회에 참석하는 것도 불효죄로 다스렸다.

조부모나 부모가 돌아가셨다고 사칭하며 휴가를 얻거나 역役을 면하려고 하는 것도 불효죄로 다스렸다.[124] 효를 사칭하여 자신의 영달을 도모하려는 자를 불효죄로 처벌하였다는 항목도 있다.

범죄자라 하더라도 부모가 연로하여 봉양이 필요할 때에는 특별 감형을 통해 부모공양을 하도록 한 경우도 법률로 정했다. 범죄한 자에게 나이 70세 이상 된 노인이 있어 보호받을 수 없을 때에는 형벌

---

121) 『고려사』 권84 「형법지」: 告周親尊長外祖父母夫婦之祖父母, 雖得實徒二年, 流罪徒三年, 死罪流三千里, 誣告加所誣罪二等, 告周親卑幼罪杖六十.

122) 『고려사』 권84 「형법지」: 祖父母父母在, 子孫別籍異財, 供養有闕, 徒二年, 服內別籍, 徒二年.

123) 『고려사』 권84 「형법지」: 聞父母喪, 若夫喪, 忘哀作樂雜戲徒一年.

124) 『고려사』 권84 「형법지」: 詐稱祖父母父母死, 以求暇及所避徒二年.

을 면해주어 효양孝養·시양侍養을 하게 했다는 내용이다.[125] 이를 휼형恤刑이라고 한다. 그런데 모법인 당률에서는 십악의 경우는 제외한다는 내용이 있어 고려율에서도 그렇게 하지 않았을까 판단된다.[126]

이렇듯 고려율에 나타난 고려사회의 효행법은 유교를 전면적으로 표방했던 조선사회 이상의 의미를 갖고 있었다. 고려 역시도 효치국가의 기본을 유지했던 것이다. 불효자에 대한 사회적 규제 역시도 법률적 제재 이상의 의미를 갖고 있어서, 불효를 저지른 당사자 말고도 그 자손까지 사회적 불이익을 주었다. 어찌 보면 법률적 치죄治罪 이상의 효과가 사회적 제재에 있었기 때문에 사람들은 이를 더 두려워했다. 예컨대 불효자의 자손은 과거에 응시할 자격을 박탈했고, 그로 인한 불명예는 당대로 끝나지 않고 대를 이어가도록 했다. 불효는 곧 개인의 문제가 아니라 자손 대대로 이어지는 심각한 범죄와도 같았다.[127] 본래 고려시대 과거시험 응시 자격은 양인이면 누구나 가능했다. 능력에 따라서 일반 평민도 과거에 응시하여 신분 상승의 기회를 가질 수 있었다. 개방적 형태로 과거제도를 운영한 것이다. 하지만 불효자는 과거 응시 자체를 불허했기 때문에 결과적으로 천인과 다를 바 없는 처분을 받았고, 학교 입학에도 제한을 두었다. 악역惡逆·구타毆打와도 같은 불효죄를 저지르면 천인이나 범법자와 더불어 국자학國子學에 입학할 수 없도록 하였다.[128] 악역은 고려율에 근거해서

---

125) 『고려사』 권84 「형법지」: 年七十以上父母, 無守護, 其子犯罪, 應配島者, 存留孝養.
　　같은 책: 文宗二年正月制, 犯罪配鄕人, 若有老親, 權留侍養, 親沒還配.
126) 이희덕, 앞의 논문, 247~248면 참조.
127) 『고려사』 권73 「選擧志」: 靖宗十一年四月判, 五逆五賊, 不忠不孝, 鄕部曲, 樂工雜類子孫, 勿許赴擧.
128) 『고려사』 권73 「選擧志」: 仁宗朝式目都監, 詳定學式…… 凡係雜路及工商樂名等賤事者, 大小

처벌을 받더라도 참형이나 교형絞刑에 해당하는 불효죄였다. 혹 감형 되더라도 학교 입학 불허와도 같은 불이익을 자손 대대로 받을 수밖에 없었다. 특히 십악에 해당하는 불효죄는 사면도 불허했다. [129] 불효죄를 철저히 적용하고 관리했음을 알 수 있다.

5) 고려시대의 효행열전

"부모에게 효도하고 형제간에 우애하는 것은 인간의 변하지 않는 본성이다. 그런데 세간의 교화가 쇠퇴하여 그 본성을 잃은 사람이 많다. 그런즉 효도와 우애에 모든 힘을 다한 자를 세상에 널리 알리고 장려하지 않을 수 있겠는가? 고려 5백년간의 효도와 우애로서 역사책에 기재되어 있거나 정표旌表에서 찾아볼 수 있는 자가 10여 명이 있으므로 이에 효우전孝友傳을 짓는다."(『고려사』「효우」)

(1) 문충文忠

문충은 그의 세계世系가 상세하지 않다. 그는 모친을 지극한 효성으로 모시며 서울에서 30리 떨어진 오관산五冠山 영통사靈通寺 부락에서 살았다. 모친 봉양을 위해 벼슬에 따른 녹봉을 받았는데, 아침에 나가고 저녁에 들어올 때마다 모친에게 문안하고 보살피는 것을 조금도 게을리하지 않았다. 모친이 늙어가는 것을 비탄해 하며 지은 목계가木鷄歌가 오관산곡五冠山曲이라 하여 악보樂譜에 전한다.

功親犯嫁者, 家道不正者, 犯惡逆歸鄕者, 賤鄕部曲人等子孫, 及身犯私罪者, 不許入學.

129) 『고려사절요』권4 德宗2年: 大赦國內, 除不忠不孝. 『고려사』권28 忠烈王世家: 當布殊恩, 不忠不孝外, 二罪以下, 減赦除之.

(2) 석주釋珠

석주는 문종 때 사람이다. 어려서 부모를 잃고 몸을 의탁할 곳이 없어 머리를 깎고 스님이 되었다. 그는 나무를 깎아 부모님의 형상을 만들고 색칠하고 옷을 입혀 모셔두고는 아침저녁으로 문안하고 봉양하며 살아계신 부모에 대한 예에 맞게 모셨다. 지방 관리가 (이것을) 보고하자 왕이 "옛날 한나라 정란丁蘭의 효성도 이보다 더할 수는 없다." 라고 말하고, 명령을 내려 후한 상을 주었다.

부모님 돌아가시자 나무에 부모 형상을 새겨 놓고 살아계실 때처럼 예를 갖추자, 아내가 이를 못마땅하게 여겼다는 '각목사친刻木事親'의 효의 주역이 정란이다. (24효의 하나)

(3) 최루백崔婁伯

최루백은 인종 때 사람으로 수원의 아전 상저尙翥의 아들이다. 아버지 상저가 사냥 나갔다가 호랑이한테 물려 죽었다. 그때 최루백의 나이는 15세로 아직 어렸지만, 호랑이를 잡으려고 했다. 모친이 못 가게 말리자 최루백이 말하기를 "아버지의 원수를 어찌 갚지 않을 수 있겠습니까?"라고 하며 도끼를 들고 호랑이 발자국을 따라가자 호랑이는 벌써 배불리 먹고 누워 자고 있었다. 최루백이 앞으로 나서며 "네가 내 아버지를 먹었으니 나도 마땅히 너를 잡아먹을 것이다."라고 꾸짖으니 호랑이는 꼬리를 치며 넙죽 엎드렸다. 갑자기 도끼로 내려쳐서 배를 갈라, 호랑이는 항아리에 담아 개울 바닥에 묻고 부친의 유해는 그릇에 넣어 홍법산弘法山 서쪽에 매장했다. 그리고 곁에 묘막을 짓고 지켰다. 하루는 졸고 있는데, 아버지 상저가 나타나서 다음과 같은 시를 읊었다.

> "개암나무 헤치고서 효자의 묘막에 다다르니,
> 가슴 속엔 느낌이 많고 기쁜 눈물 끝없어라.
> 날마다 흙 져다가 무덤을 꾸미나니 그 정성 누가 알까?
> 밝은 달과 청풍뿐이네.
> 생전에 봉양하고 사후에 묘 지키니,
> 뉘라서 너의 효성 시종이 없다더냐!"

시를 읊고 나니 (아버지 상저가) 보이지 않았다. (루백은) 복상을 끝내고 나서 묻어두었던 호랑이 고기를 꺼내서 먹었다. 그리고 과거에 급제하여 의종 때에 여러 관직을 거쳐 기거사인起居舍人 국자사업國子司

業 한림학사翰林學士 벼슬을 하였다.

(※ 효자 최루백의 기사는 조선시대 『세종실록』 148권 지리지 경기수원
도호부, 『선조실록』 10권, 1576년(선조9) 2월 15일자에도 수록되었다.)

경기도 화성시 봉담읍 분천리 167-11에 있는 고려 효자 한림원 학사 최루백 정려비

(4) 위초尉貂

위초는 근본이 거란契丹 사람으로 명종 때 산원동정散員同正으로 임
명되었다. 부친 위영성尉永成이 나쁜 병에 걸렸는데 의원의 말이 아들
의 살[肉]을 쓰면 치료할 수 있다고 하였다. 위초가 서슴지 않고 넓적
다리 살을 베어 만두 속에 넣어 먹이니 병이 약간 나았다. 임금이 듣
고 조서를 내려 "위초의 효성은 고금에 으뜸이다. 전하는 말에 '효는
모든 행실의 근원이다.'라고 하였고, 또 '충신은 효자 가문에서 구하
라.'고 하였다. 그러니 위초의 효성에 대하여 마을에서 반드시 상을
주도록 하라."라고 하였으며, 또 재상들에게 명령을 내려 포상할 것
을 의론케 하였다. 이때 한문준韓文俊과 문극겸文克謙 등이 임금에게
말하기를 "당나라 안풍현에 사는 백성 이흥李興의 아버지가 나쁜 병
에 걸리자 이흥이 자기 다리 살을 베어 다른 고기라 속이고 드시기를

권하였으나 부친이 병이 중하여 드시지 못하고 밤을 지나 그만 돌아가셨습니다. 자사刺史가 임금께 (이 사실을) 고하여 그 마을에 정문旌門을 세워 이홍을 표창하였습니다. 위초는 본시 거란 종족으로 무식한 사람이지만 이제 제 몸을 아끼지 않고 살을 베어 부친께 먹였고, 또 부친이 돌아가신 후에는 묘막에서 3년상을 치르며 게을리하지 않았으니, 가히 효성이 지극하다고 하겠습니다. 마땅히 그 마을에 정문을 세워주고 그 효성을 역사에 기록하여 영원히 후세의 모범을 삼으시기 바랍니다."라고 하였더니 임금이 좋다고 말했다.

(5) 서릉徐稜

서릉은 장성현長城縣 사람이다. 고종 때 모친을 봉양하느라고 벼슬을 지내지 않았다. 모친의 목에 종기가 생겨 의원을 청하여 보이자 "이 병은 산 개구리를 구하지 못하면 낫기 어렵다."고 하였다. 서릉이 "지금 엄동설한의 추위에 산 개구리를 구할 수 있을까요? 어머니 병환을 못 고치겠네요."라고 말하고는 목 놓아 울며 그치지 않자, 의원이 "산 개구리는 없어도 다른 약이라도 조제하여 시험해 봅시다."고 하면서, 나무 아래서 약을 다리는 데 문득 무엇인가 나무에서 떨어져 솥 안으로 들어갔다. 그것은 바로 산 개구리였다. 이때 의원이 말하기를 "당신의 효성에 하늘이 감동하여 이것을 주었으니 당신의 모친은 반드시 좋아질 것이다."라고 하고는 약을 조제하여 바르니 과연 나았다. 그 마을 사람인 대장군 서희徐曦는 매일 이 일을 이야기할 때마다 언제나 눈물을 흘렸다.

(※ 서릉의 효행기록은 조선시대『세종실록』151권, 지리지 전라도 나주

목 장성현에도 수록되었다.)

(6) 김천金遷

김천은 명주(지금의 강원도 강릉) 아전이며 아명은 해장海莊이다. 고종 말년에 몽고병이 침범하였을 때 모친과 동생 김덕린金德麟이 포로로 잡혀갔다. 그때 김천의 나이는 15세였는데, 밤낮을 울며 지내다가 잡혀간 사람들이 도중에 다수 죽었다는 소문을 듣고 모친상을 예법에 맞춰 지냈다. 그 후 14년 백호百戶 습성習成이란 자가 원나라에서 돌아와 장터에서 사흘 동안 "명주 사람 있소!" 하고 외쳤다. 마침 정선 사람 김순金純이 응답하니 습성이 말하기를 "김씨라는 여자가 원나라 동경東京에서 말하기를 '나는 본래 명주 사람인데, 해장이란 아들이 있소.'라고 하면서 이 편지를 전해달라는 부탁을 하였는데, 해장이란 사람을 아시오?"라고 하였다. 김순이 "내 친구입니다."라고 말하고, 그 편지를 받아다 김천에게 전해 주었다. 그 편지에, "나는 살아서 어느 주州 어느 마을 누구 집에 와서 노비가 되었다. 배고파도 먹지 못하고 추워도 입지 못하고 낮이면 밭을 매고 밤이면 절구질을 한다. 그동안 갖은 고생을 다했다. 누가 나의 생사를 알겠는가?"라고 쓰여 있었다. 김천은 이 편지를 읽고 통곡했고, 식사할 때마다 목이 메어 밥을 먹지 못했다.

김천은 가서 모친을 속신贖身하려고 했지만, 집안이 가난하여 재물이 없으므로 남에게서 은을 빌려서 서울로 올라가 모친을 찾겠다고 신청하였으나, 조정에서 허락하지 않자 되돌아 왔다. 그 후 충렬왕이 원나라에 입조할 때, 또 서울로 와서 청했지만, 조정의 결정은 지난

번과 같았다. 김천은 오랫동안 서울에 묵고 있으면서 옷은 해어지고 식량도 떨어져 우울하게 지내던 중 길에서 같은 마을 중 효연孝緣을 만나 눈물을 흘리며 슬픈 사연을 말하자 효연이 "내 형 천호千戶 효지孝至가 지금 동경으로 가니 당신도 따라갈 수 있을 것이다."고 하며, 주선해 주었다.

어떤 사람이 김천에게 말하기를 "당신이 모친의 편지를 받은 지가 벌써 6년이나 지났는데, 그간 모친의 생사를 어찌 알겠는가? 그리고 도중에 불행히 강도라도 만나면 목숨과 돈을 빼앗길 수도 있습니다."고 하였다. 그러나 김천은 "가서 못 보더라도 목숨을 어찌 아끼겠습니까?"라고 말하며, 마침내 효지를 따라 동경으로 가서 역어별장 홍명과 함께 북주 천로채로 가서 모친이 있는 곳을 찾았다.

원나라 군졸 요좌要左 집에 갔더니 한 노인이 나와서 절을 하는데, 누더기옷에 머리는 쑥대머리요, 얼굴에는 때가 더덕더덕 묻어 있었다. 김천은 노인을 보고도 자기 모친인 줄도 모르고 "당신은 누구십니까?"라고 물었다. 그러자 "나는 본시 고려 명주 호장 김자릉金子陵의 딸인데, 동생 김용문金龍聞은 이미 진사에 급제하였고, 나는 호장 김종연金宗衍에게 출가하여 해장과 덕린 두 아들을 두었는데 덕린은 나를 따라 이곳에 와서 지낸 지 벌써 19년이란 세월이 지났습니다. (덕린은) 지금 서쪽 이웃에 사는 백호 천로天老의 집에서 종살이를 하고 있습니다. 오늘 뜻밖에 우리 사람을 보게 되었네요."라고 하였다. 김천은 이 말을 듣고 꿇어앉아 절하고 눈물을 흘리면서 울었다. 어머니도 김천의 손을 쥐고 울면서 "네가 진정 내 아들이냐? 나는 네가 죽을 줄로만 알았구나!"라고 하였다. 요좌가 마침 집에 없어서 김천은 어머니를 속신하지 못하고 동경으로 가서 별장 수룡守龍의 집에 한 달이나 유숙하다가 수룡과 함께 요좌 집에 다시 가서 속신을 요구하였지만, 들어주지 않으므로 김천이 애원하며 은 55량을 주자 간신히 속신해 주었다.

어머니를 말에 태우고 김천은 걸어서 따라갈 때 덕린은 동경까지 배웅 나와 울면서 "평안히 돌아가세요. 지금은 함께 가지 못하지만, 하늘의 복이 있으면 반드시 만날 때가 있을 것입니다."라고 하면서 모자가 함께 부둥켜안고 울면서 말을 잇지 못했다. 그때 중찬 김방경 金方慶이 원나라에서 본국으로 돌아오는 길에 동경에 이르러 김천의 모자를 둘러보고 칭찬과 감탄을 마지않았다. 그리고는 원나라 총관부에 부탁하여 증명서를 교부받아 숙식을 제공받으며 귀국하도록 하였다.

명주 가까이 왔을 때, 김종연이 이 소식을 듣고 진부역까지 마중 나와 부부가 서로 보고 기뻐하였다. 김천이 술잔을 들어 올리고 통곡하자 좌중이 모두 눈물을 흘렸다. 김자릉은 나이 79세였는데, 딸을 보고 너무나 기뻐하다가 땅에 넘어졌다. 그 후 6년이 지나 천로의 아들이 김덕린을 데리고 왔으므로 김천은 86량을 주고 속신하였다. 몇 해 안가 전후로 꾸어 쓴 돈을 다 갚고 아우 덕린과 함께 종신토록 효성을 다했다.

(7) 황수黃守

황수 집안은 대대로 평양부에서 살았다. 충숙왕 때에는 평양부 잡재서승이 되었다. 부모는 나이가 모두 70이 넘었고, (형제자매로) 동생 황현黃賢, 황중련黃仲連, 황계련黃季連과 또 자매 둘이 있었다. 모두가 한솥밥을 먹고 살았는데, 하루 세끼 맛있는 반찬을 장만하여 부모님께 드리고 물러 나와서 같이 먹었다. 20여 년을 이렇게 살자, 자손들도 이것이 습관이 되어 조금도 해이해지지 않았다. 찬성 강융姜融과 판밀직 김자金資가 친히 그 가정을 방문하였을 때, 그의 부모가 모두 백발의 노인임에도 영접하려고 마당까지 나오자 이를 만류하며 앉아 계시게 했다. 강융이 눈물을 흘리면서 감탄하기를, "지금 세상에 사대부 간에도 효자가 드문데 이 성안에 이 같은 효자 가문이 있을 줄이야 어찌 생각이나 했겠는가?"라고 하고는, 부중 사람더러 글을 지어 왕에게 보고하도록 했다. (그러자 왕은) 그 마을 입구에 정문을 세우도록 명했다.

(8) 정유鄭愈

정유는 진주 사람이며, 지선주사 정임덕鄭任德의 아들이다. 공민왕 21년 아우 정손鄭孫과 함께 아버지를 따라서 하동군을 수비하고 있었다. 이때 왜적이 밤을 이용하여 갑자기 침입하므로 다 도망갔다. 정임덕은 병졸이므로 말을 탈 수 없었으므로 정유와 정손이 아버지를 부축하며 달아났다. 적이 추격하며 따라오자 정유가 말 타고 활을 쏘아 몇 놈을 쓰러트렸다. 그러자 적들이 감히 덤벼들지 못하고 있는데, 왜적 한 놈이 칼을 휘두르며 돌진하여 정임덕을 찌르려고 하였다. 이때 정손이 자기 몸으로 칼날을 막아 정임덕은 죽음을 면하였지만, 정손은 끝내 죽고 말았다. 이 일이 조정에 알려지자 정유에게 종부시승 벼슬을 내렸다.

당시 어떤 형제가 길을 가다가 아우가 황금 두 덩이를 주어서 하나를 형에게 나누어 주었다. 양천강에 이르러 또 함께 배를 타고 가는 데 아우가 갑자기 황금을 물속에 던졌다. 형이 이상하게 생각하여 이유를 묻자, 대답하기를 "평소에 저는 형님을 사랑했습니다. 그런데 저 금덩이를 나누어 가진 뒤로는 형님을 꺼리는 마음이 갑자기 싹이 텄습니다. 이것은 좋은 일이 되지 못합니다. 그래서 이것을 강에 던지고 잊어버리려고 한 것입니다."라고 하였다. 형도 "네 말이 옳다." 라고 하며, 역시 황금을 물속에 던졌다. 그때 함께 배에 탔던 사람들이 모두 어리석은 사람들이라 그 형제의 성명과 주소를 물어보지 않았다고 한다. [130]

(9) 조희참曹希參

조희참은 수성(지금의 강원도 고성) 사람이다. 벼슬은 여러 관직을 거쳐 군기소윤이 되었다. 왜적을 피하여 그의 어머니를 부축하고 경산부성으로 가는 길에 가리현 동편 강에 왔을 때 배가 없어 건너지 못했다. 적병이 추격하여 오므로 어머니가 조희참에게 말했다. "나는 늙고 병들었으니 죽어도 후회할 것도 없다. 너나 빨리 말을 타고 화를 면하라." 그러자 조희참이 "어머니가 계신 데 제가 어디로 가겠습니까?"라고 하고는 어머니와 함께 밭 사이에 숨어 있다가 발각되었다. 적이 창으로 조희참을 찌른 다음 어머니를 살해하려고 하자, 조희참이 활과 말, 재물을 모두 적에게 주고 몸으로 어머니를 가리면서

---

130) 이 이야기는 '兄弟投金'이란 교훈적인 사자성어가 되어 『고려사절요』『신증동국여지승람』권 10, 『경기도읍지』등 여러 문헌에 전승되고 있고, 중국에도 영향을 주었다고 하는데, 이미 당나라 승려 道世(?~683)이 편찬한 『法苑珠林』권 94에 기존 내려오던 설화 내용을 전하고 있어, 오히려 『고려사』가 이 설화를 인용한 것으로 보인다.

"원컨대 나를 죽여도 어머니는 해치지 말라."고 하였다. 그러자 적은 조희참을 죽이고 어머니는 그대로 두고 갔다. 체복사 조준趙浚이 이 일을 마침내 조정에 보고하자 정표旌表로 기념하였다.

(10) 정신우鄭臣祐의 딸

정씨는 우달적干達赤 신우臣祐의 딸이다. 아버지가 죄를 짓고 해주로 귀양가 있다가 병이 위중해져서 자기 집에 통지하였더니 어머니가 편지를 받고 통곡하였다. 그때 정씨 나이는 17세로 출가 전이었다. 어머니에게 말했다. "아버지의 생사가 조석에 있으니 제가 가서 뵙고 오겠습니다." 그러나 어머니가 "네 아버지가 나라에 죄를 지었는데, 어찌 네가 가서 보는 걸 허락하겠느냐?"라고 하였다. "그래도 제가 청원해 보도록 하겠습니다."라고 말하고, 곧 말을 달려 서울로 가서 서류를 만들어 제출했지만, 도당都堂에서 받아 주지 않았다. 정씨는 문밖에 서서 재상들이 나오기를 기다렸다가 앞으로 나가며 시중의 말고삐를 붙잡고는 "저의 아버지 신우의 죄가 반역죄는 아닌데 먼 타향에 귀양가서 지금 병이 위중하다 하오니 청컨대 제가 가서 뵙는 것을 허락해 주십시오."라고 하였다. 재상들이 감동하여 눈물을 흘리고 즉시 신우에게 고하여 정신우를 석방시켜 고향으로 돌아가게 하였다.

(11) 손유孫宥

손유는 청주 아전인데 항상 공적인 일로 촌락을 드나들었으나, 백성들의 물건을 조금도 다치지 않게 하였으므로 청백리라 칭송했다. 신우辛禑(고려 제32대 우왕) 4년에 왜적이 그가 사는 마을로 침범하자 어린 자식들이 옷자락을 붙잡고 울부짖었으나 돌보지 않고 그 모친의 집으로 뛰어 들어가 모친을 업어다가 화를 면하게 했다. 이에 마을 사람들이 그를 존경하고 탄복했다.

(12) 권거의權居義·노준공盧俊恭

권거의는 백주(황해도 연백)사람으로 여러 관직을 거쳐 부령 벼슬을 하였다. 신우 때 모친상을 당하여 3년간 묘막에서 거상하였으며 슬픔을 극진히 하였다.

또 광주光州사람 노준공도 3년간 묘막에서 거상하였다. 당시 상제喪制가 문란하여 모두 백일복百日服을 입고는 상복을 벗었는데, 이 두 사람만은 세속에서 벗어났으므로 나라에서 가상히 여겨 모두 여문閭門을 내려 정표하였다.

(13) 신사천辛斯蕆의 딸

신씨는 영산 사람 낭장 신사천의 딸이다. 신우 8년에 왜적 50여명이 말을 타고 영산을 침범했을 때, 신사천이 가족을 거느리고 피란하였다. 신사천의 아들 급열及悅이 배를 끌었는데, 때마침 여름 장마철이라 파도가 심하여 닻줄이 끊어지고 배가 언덕에 좌초했다. 이때 적들이 달려와 배에 탄 사람들을 대부분 살해할 때 신사천도 죽었다. 왜적 한 놈이 신사천의 딸을 잡아 배에서 끌어 내리려고 하자 신씨가 저

항했다. 적이 칼을 뽑아 위협해도 신씨는 적을 향해 말하기를 "이놈
아! 죽일테면 죽여라. 네 놈들은 우리 아버지를 죽였으니 나의 원수
다. 죽으면 죽었지 네 말을 듣지 않겠다."라고 하며, 적의 멱살을 잡
고 발로 차서 쓰러뜨리니 적이 성내며 신씨를 죽였다. 그때 나이가
16세였다. 체복사 조준이 이 사실을 조정에 보고하고 비석을 세워 정
표하였다.

(14) 윤구생尹龜生

윤구생은 찬성사 윤택尹澤의 아들이다. 여러 벼슬을 거쳐 판전농시
사로 있다가 벼슬을 그만두고 금주(지금의 충남 금산)에 거주하면서 사
당을 세우고 매월 초하루 보름과 사중四仲 및 속절俗節에는 3대 조상
을 제사하고 동지에는 시조를 제사하는데, 전적으로『주자가례』에 의
거했다. 그리고 부모님과 조부모님 무덤에는 묘석을 세워 기일을 새
겨두었고, 아버지 무덤에는 묘비를 세웠다. 또 묘 남쪽에는 재실을
지어 석비에 고조 중조 이하의 기일을 새겨 후세까지 잊지 않도록 하
였다. 공양왕 3년에 전라도 관찰사 노숭盧嵩이 금주에 공문서를 보내
어 이르기를 "지금 나라에서 가묘 설치할 것을 명령하였으나 한 사람
도 실행하지 않았는데, 윤구생은 명령이 있기 전에 이미 가묘를 설치
하고 제사를 지내며 조상을 공경하고 있으니 그의 효성이 실로 뭇사
람의 모범이 된다. 선왕의 정사는 선악을 구별하여 표창함으로써 풍
교風敎를 수립하였다. 이제 마땅히 마을 입구에 정표하고 효자비를
세우며 그의 집에 대하여 부역을 면제하여 모든 사람들을 권면할 것
이다."라고 하였다. 아들은 창종昌宗, 소종紹宗, 회종會宗인데 소종에

대한 전기는 별도로 전한다.

(15) 반전潘腆

반전은 안음현(지금의 경상도 함양군 일대) 사람이고 산원散員으로 고향에 거주했다. 신우 14년(1388) 왜적이 갑자기 침입하여 그의 부친을 잡아갔다. 반전이 은과 은으로 만든 띠를 가지고 적진에 들어가 이것을 건네면서 부친을 돌려보내 달라고 애걸하였다. 적도 의롭게 생각하고 허락하였다.

(16) 군만君萬

군만은 광대였다. 공양왕 원년(1389)에 부친이 한밤중에 호랑이에게 물려갔다. 군만이 하늘을 우러러 통곡하며 활과 화살을 갖고 산으로 갔다. 호랑이는 이미 부친을 다 먹어버리고 산모퉁이에 엎드려 있다가 군만을 보자 으르렁대며 앞으로 다가와서 먹은 뼈마디를 토해냈다. 군만은 호랑이를 단번에 쏘아 죽이고 칼을 뽑아 배를 가르고 부친의 유체를 추려 모아 불에 태워 매장하였다.

참고로 여말선초 권근權近(1352~1409)이 지은 「광대효자군만전優人孝子君萬傳」을 소개한다.[131] 앞에 소개한 군만의 효행 이야기보다 구체적이고 또 평론까지 하는 등 매우 분석적인 것이 그 특징이다.

---

131) 효문화연구단 편, 『효자전선독』 한국효문화진흥원, 2023년, 19~23면 참조.

군만은 진주의 광대 군자軍子의 아들인데 홍무 기사년(1389, 창왕1) 겨울에 군자가 밤에 범에게 물려가자, 군만은 울부짖으며 날이 밝길 기다렸다가 활과 화살을 메고 산으로 들어갔다. 범은 그의 부친을 다 먹고 산굽이를 등지고 있다가 군만을 보자 으르렁대면서 앞으로 달려드는 바람에 뜯어 먹었던 팔다리의 마디가 입에서 튀어나왔는데, 군만이 활을 쏘아 단번에 죽이고 칼을 뽑아 배를 가르고 남은 뼈를 모두 거두어 가지고 와서 불태워 장사지냈다.

이때 이웃 고을 고성에 아들 7형제를 둔 어떤 노인이 병이 들자 무당이 "사귀가 붙었으니 자리를 옮겨야 한다."라고 말하자 7형제는 그대로 믿고 들것에 실어, 집 뒤에 내놓고 노숙하면서 7형제가 빙 둘러 노인을 모시고 누워서 잤다. 밤중에 범이 그 아비를 물고 갔는데도 7형제는 모두 깊이 잠이 들어서 모르고 있다가 깨어나서는 그 아비가 집으로 돌아갔으리라 생각하고 집에 와서 물었지만 없었고, 7형제는 당황하여 어디로 가야 할 바를 모르고 있던 차에 아침에 어떤 사람이 와서 "밤에 어느 숲을 지나오는데 몹시 애처로운 사람의 소리를 들었다."라고 말하자 허둥지둥 찾아가 보니 범이 다 먹지 못하고 신체의 반을 버리고 달아났지만 7형제가 모두 겁을 먹고 쫓아가는 자가 없었으므로 끝내 잡지 못하고 신체의 반만을 가지고 돌아와서 장사 지냈다. 아, 군만은 혼자의 힘만으로도 무서운 범과 싸워 통쾌히 그 원수를 갚을 수 있었는데, 저들 7형제는 해낼 수가 없었으니 어쩌면 부모가 죽는 위급한 즈음에서 애통하고 절박한 심정을 베풂이 이렇게도 같지 않을 수 있을까. 통탄할 일이로다. 역사에서는 이것에 대해 다음과 같이 평론한다.

7형제의 불효한 죄가 군만과 같지 못할 뿐만 아니라, 거처를 편안히 해드리고 병이 있으면 근심하는 것이 어버이를 섬기는 자식의 변하지 않는 도리인데, 어버이가 늙고 병들어서 자리에 누워도 약을 먼저 맛보는 예를 삼가지 않았고, 따뜻한 방에 편안히 모시지 않았으며, 도리어 무당의 요망스러운 말을 믿고서 여위고 병든 어버이 몸을 바람과 서리가 치는 차가운 곳에 두었으므로 그 죄가 첫 번째다.

무릇 병간호하는 사람은 의관을 벗지 않고 자는 법인데, 저 7형제는 병든 부친을 범의 굴 옆에 놓아두고도 다리를 뻗고 편안히 깊은 잠을 자면서 범이 물어가는 것까지 모르고 있었으니, 그들에게 걱정하는 마음이 있었다고 하겠는가. 그 죄가 두 번째다.

"상처 나고 죽는 환난에도 형제만이 서로 염려한다."[132]라고 한 것은, 지친至親의 정의가 절로 그렇지 않을 수 없음을 말한 것으로, 형제도 그러하거든 하물며 부친에게 있어서는 어떠하겠는가. 바야흐로 사방을 돌아보며 허둥지둥 찾아도 알 수 없던 차에 그 먹다 남은 뼈와 흩어진 피가 낭자하게 땅에 뿌려져 있는 것을 본 뒤에는 애통하고 절박한 마음이 더욱 폭발하여 자신의 이해를 생각할 겨를도 없이 반드시 죽은 이를 위해 단번에 때려잡아 통쾌히 원수를 갚아야 조금이라도 그 통분함을 씻을 수 있었거늘, 저 7형제는 머뭇거리면서 태도에는 아무런 변화가 없이 감히 덤벼들지 못하였으니, 그 죄가 세 번째다.

옛날 동한시대 황향黃香은 한낱 여자였지만 능히 범을 타고 앉아 그 아비를 구출하였고(황향은 자가 문강文强으로 남자이다), 요씨姚氏도 한낱

---

132) 『시경』「常棣」에 "죽음의 두려움을 형제간에 심히 걱정하며 언덕과 습지에 쌓인 시신을 형제가 찾아 나서느니라.〔死喪之威 兄弟孔懷 原隰裒矣 兄弟求矣〕"라는 말이 있다.

여인으로 능히 범을 때려잡아 그 어미를 보전하였다. 한낱 여자도 해낸 일을 7형제는 하지 못하였으니 그 죄가 네 번째다.

모두가 나약하여 힘을 쓸 수가 없었더라도 울부짖으면서 이웃 사람에게 함께 가자고 간청하였다면 그 누가 따르지 않았겠는가. 그 죄가 다섯 번째다.

광대가 아는 것은 해학이고, 선비가 지키는 것은 예절인데, 선비 7형제가 도리어 한 광대만 못하였으니 그 죄가 여섯 번째다.

"살았을 때 봉양하는 것이 큰일이 아니고 오직 죽은 이를 장사 지내는 것이 큰일이다."[133]라고 하였으니 그 묏자리를 보아서 안장하는 것은 장사를 신중히 하는 도리이다. 나의 부모가 땅속에 안장된 뒤에야 내 마음이 편한 것이거늘, 저 7형제는 그 시체의 반쪽만 무덤에 묻고 그 나머지는 범의 똥이 되도록 내버려 두고 거두지 않았으니, 그러고도 마음이 편할 수 있었단 말인가. 그 죄가 일곱 번째다.

부모의 원수와는 한 하늘 밑에서 살지 않는 법[134]인데, 저들은 제때에 부모의 원수를 갚지 않았으니, 뒤에 비록 범을 잡아 죽인다고 하더라도 그것이 부친을 잡아먹은 범인지를 어찌 알 수 있겠는가. 이 7형제는 원수를 영영 갚을 길이 없으니 그 죄가 여덟 번째다.

어버이의 원수를 갚지 못하면 거적을 깔고 창을 베고 자며, 시장터에서 만나도 무기를 버리지 않고 싸운다고 하였다. 7형제는 비록 아비를 잡아먹은 범을 알지 못하더라도 항상 무기를 몸에 지니고 다니

---

133) 『맹자』「이루하(離婁下)」에 "살아계실 때 봉양하는 것은 큰일에 해당한다고 할 수 없다. 오직 돌아가셨을 때 장례를 모시는 것이 큰일에 해당될 수 있다.〔養生者不足以當大事 惟送死可以當大事〕"라고 했다.

134) 『大明律附例箋釋』권20 33장에 "부모의 원수는 같은 하늘 아래에서 살 수 없기 때문에 함부로 죽였더라도 가볍게 처벌하는 것이다.〔父母之讎 不共戴天 故輕之也.〕"는 말이 있다.

면서, 반드시 모두 죽여 버리려 하여 자기의 목숨이 다한 뒤에 그만 두어야 할 것인데 저 7형제는 능히 그렇게 했는가. 그 죄가 아홉 번째다.

"후하게 할 데 박하게 하면 장차 박하게 아니할 데가 없다."[135]라고 하였는데 이미 지극히 후하게 할 데에 박하게 하였으니, 다시 그가 박하게 할 데 후하게 할 수 있겠는가. 그 죄가 열 번째이다.

아! "5형에 속한 것이 3천가지이나 불효보다 더 큰 죄가 없다."[136] 하였으니 통탄할 일이로다. 저 군만은 범을 잡아 죽였을 뿐 아니라 범이 군만을 보고 그 먹던 것을 토해냈으니, 이것은 곧 지극히 진실한 효에 감동된 것이다. 비록 사나운 짐승이라도 오히려 편히 삭이지 못하고 죄에 굴복하듯이 하였으니, 어찌 더욱 훌륭하지 않은가!

6) 고려시대 효사상의 특징

고려의 유교사상과 그에 따른 효문화와 효자들의 행적을 열전의 내용으로 알아보았다. 이를 통해 고려사회가 불교국가였지만, 유교사상을 정치적으로 사회적으로 잘 활용하고 있음을 알았다. 고려유학은 단조롭고 편협한 조선 유학에 비해 깊이는 그만 못하다 하더라도 포괄적이고 실천적이며, 특히 국가사회의 현실과 서민들의 실제 생활에 입각, 불교·도교의 낭비와 허탄함, 그리고 백성들의 미신적 의식을 비판하고 깨우치는데 크게 기여한 합리적인 것이었다.[137] 그

---

135) 『맹자』「진심상」: 於所厚者薄, 無所不薄也.
136) 『효경』「오형장」: 五刑之屬三千, 而罪莫大於不孝.
137) 김충렬, 『고려유학사』 (고려대 출판부, 1988년) 57면.

만큼 고려시대 유교사상은 사회이념으로 또 정치원리로 크게 작용했다. 또한 이것은 인간과 우주의 원리규명에 치우친 조선의 성리학과 구별되는 고려만의 특징이었다. 고려의 유교사상이 이렇듯 성리학과는 달리 일상적인 삶의 요소를 중시했는데, 그것은 효제충신의 강조로 드러났다. 본원 유가가 특별히 효제충신을 강조하였다는 점에서 고려의 유교사상은 송명대 성리학보다는 본원 유가의 원리에 더 가까이 갔다.

실천윤리이자 생활윤리로 강조된 고려의 효문화는 불교 지도자들의 관심을 돌리는 효과를 가져오기도 하였다. 불교를 효의 종교로 만드는 역할을 한 것이다. 유교와 불교의 자연스런 만남도 이로부터 가능했다. 효문화가 이질적 두 문화를 화해·소통시킨 것이다.

권보에 의해 편찬된『효행록』은 훗날 조선의 여러 효관련 도서 편찬에 큰 영향을 주었다. 아울러 고려의 효에 대한 강조는 법률에도 적용되었다. 효가 단순히 윤리 도덕적 차원에 머물지 않고 반드시 실천해야 할 덕목임을 법으로 규정한 것이다. 효도하지 않으면 엄한 형벌을 받게 하여 효실천을 진작했던 것이다.

통일신라시대 이후 고려사회에 이르기까지 불교가 사회 일반의 대세였다 하더라도 유교의 효사상은 모든 사람들의 필수 실천 항목으로 자리했다. 불효자에 대한 처벌을 명시한 고려율은 유학을 국시國是로 삼았던 조선시대만큼이나 효를 강조하였음을 알려준다. 불교문화가 꽃을 피웠던 신라사회의 유교적 효행이 일상적 실천윤리이자 생활윤리였다면, 고려의 효는 법률에 근거해서 반드시 실천해야 할 당위 규정이었다. 한마디로 고려는 효를 그 어느 사회보다 강조한 효치孝治국가였던 것이다.

제3장

조선 전기 효행정책과
성리학 전성기의
효사상

조선 전기 효행정책과 성리학 전성기의 효사상

1. 세종시대의 효행정책

1) 효제윤리를 통한 정치안정

효제孝悌는 조선의 통치 이념이었던 성리학의 주요 가치 가운데 한 요소였지만, 조선 초기 최고 정치권 내의 부자 관계 불화와 형제간 벌어진 왕자의 난 등은 효제와는 거리가 멀었다. 특히 태종 이방원의 정권 장악 과정에서 일어난 아버지 이성계와의 충돌과 형제들 간의 권력 다툼은 효제충신孝悌忠信의 유학적 이상과는 동떨어진 것이었다. 효제의 모범을 보여야 할 최고 권력층에서 정반대의 행태를 보인 것이다. 이것이 태종시대까지 조선의 실상이었다면, 세종시대부터는 크게 달라졌다. 명실상부한 유교사회의 면모를 효제 실현을 통해 이룬 것이다. 군신君臣은 물론 일반 서민들에게까지 효제를 일반화시키는 계기를 만들어 갔다. 『삼강행실도』편찬과 배포, 그리고 교육이 이를 뒷받침한다.

당장 세종은 장자가 아니었기 때문에 정치적 핸디캡을 지니고 있었다. 이를 극복하는 데에는 아버지 태종의 도움이 없지 않았지만, 본인 스스로도 용서와 화해의 리더십으로 문제를 해소하는 데 노력했다. 이때 충효열忠孝烈은 매우 중요한 기능을 했다. 정치안정의 기틀을 다지는데 충효열을 도구로 삼았다. 군신관계의 충과 부자 형제 관계의 효제와 부부관계의 열烈의 윤리적 가치를 사회안전망 구축에 활용한 것이다. 가정과 사회, 국가 안정의 초석으로 충효열을 이용한 것이다.

엄밀히 충효열은 군신, 부자, 부부라고 하는 서로 다른 관계의 산물이지만, 모두가 효를 근간으로 하고 있다는 공통점이 있다. 군주를 부모처럼 섬기는 것이 충이고, 아내가 남편을 부모 대하듯 순종하며 따르는 것을 열이라고 한다면, 모두가 효와 직결되고 있다.

이런 효의 특징과 의미를 생각하면서 조선 초 특히 세종시대 효행 사례를 검토하고자 한다. 재미난 것은, 이 시기 유교 경전에 근거한 효행 사례와 사회적 관행 속에서 전개된 효행의 양태가 혼재해서 나타났다는 점이다. 경전에 근거한 효행이야 유교사회 속에서 당연히 권장되어야 할 사항이지만, 경전에 없는 오히려 경전과는 배치되는 사회 관행 속의 효도 함께 표상된 것은 흥미로운 일이 아닐 수 없다. 여기서 검토할 중요한 내용이고, 『세종실록』은 가장 핵심적인 근거 자료가 된다.

2) 세종의 효행과 위민爲民 정치

세종은 조선의 여러 군주 가운데서도 특별히 효심이 강했던 왕으로 알려져 있다. 그는 평소 "효자는 그 어버이가 죽어도 죽은 것으로 여기지 않는다."[1]는 생각을 갖고 있었다. 대비가 학질에 걸려 고생할

---

1) 『세종실록』(이하 생략) 세종2년(1420) 7월 30일: 孝子不死其親.

때 대왕의 신분을 접어두고서 몸소 일반 사람들처럼 단마單馬로 달려가 대비를 모시고 치료에 힘썼다고 한다. 이를 두고 부친 태종은 아름다운 효성이라 칭송하기도 했다.[2]

세종이 왕위에 오른 뒤 온갖 정사에 지치어 수척해 보일 때의 일화다. 주변에선 건강을 염려하며 육선肉膳을 권했지만, 세종이 허락하지 않았다. 이 소식을 전해 들은 상왕 태종은 육선을 먹지 않아 병약해지는 것이 오히려 '불효'라며 세종을 설득했고, 세종은 부친의 말을 따라 육선을 들었다고 한다.[3] 『논어』「위정」편에서 맹무백孟武伯이 효에 대해 질문하자, "부모가 걱정하는 것은 오로지 자식 건강"[4]이라며 건강을 효에 비유한 것을 떠올리게 하는 장면이다.

조선 초 정치적 격동기에 태종과 세종은 장남이 아니라는 공통점을 지녔고, 그에 따른 형제간의 아픔도 여러 형태로 드러났다. 다만 태종은 폭력으로 쟁취한 권력이고, 세종은 절차에 따른 평화적 승계라는 점이 다를 뿐이다. 하지만 둘의 부모에 대한 지극한 효심은 다르지 않았다. 특히 세종의 태종에 대한 생각은 역대 어느 왕보다도 철저했음을 실록 곳곳에서 확인할 수 있다.

낙천정樂天亭[5]은 태종이 세종에게 왕위를 물려주고 즐겨 찾던 곳이다. 변계량卞季良(1369~1430)은 「낙천정기」에서 더 재위할 수 있음에도 불구하고 태종의 왕위 선양을 '부자자효父慈子孝'의 윤리로 규정했다. 왕이 솔선하여 '자효慈孝'의 도리로 화락하니 천하 백성이 모두 화락

---

2) 세종2년 6월 7일: 上王曰, 予未知大妃, 主上所之, 今日乃得知之. 主上憂大妃癎疾, 身親匹夫之行, 以單騎率宦者二人, 奉大妃出避之, 以圖離病, 予嘉其孝誠.

3) 1년 10월 11일: 上王曰, "主上顏色之瘦, 使我傷心. 若不許肉膳, 是亦不孝." 上始進肉膳.

4) 『논어』「위정」: 父母唯其疾之憂.

5) 현재 강변북로에 면한 자양동 낙천3길 현대아파트 102동 우측에 1991년 복원하였다.

한다는 것이다.[6] 백성들과 더불어 즐거워하는 '여민동락'[7]을 공경의 원리, 즉 "어버이를 어버이로 모시고, 어른을 어른으로 모시어, 인륜의 도를 다한다."[8]는 효제 윤리 차원에서 말한 것이다.

상왕 태종은 바로 이곳 낙천정으로 세종의 형 양녕대군(1394~1462)을 불러 "임금에 충성하며, 부모에 효도하고, 앞으로 잘못을 기르지 말라."[9]는 충고도 하였다. 장남으로서 세자로 책봉되어 당연히 왕이 되어야 할 양녕이었지만, 궁궐 생활에 잘 적응하지 못하고 폐위된 뒤로 풍류를 즐기며 전국을 누비던 양녕에게 충군효친忠君孝親을 말한 곳이 여기다. 비록 동생이라도 그가 왕이 되었다면 그에게 충성을 다해야 한다는 것이고, 또 부모의 뜻이 자신과 다르더라도 부모의 말을 따르는 것이 당연한 자녀의 도리란 것이다.

이런 태종에게 세종도 공경의 예를 다했다. 태종이 상왕으로 물러나고 세종이 즉위하였을 때 일이다. 흉년이 들자 상왕은 먼 거리 지방의 진상을 폐지하라는 명을 내렸다. 백성들의 고충을 덜고자 하는 위민정책의 일환이다. 하지만 신하들은 작은 폐단(흉년)으로 진상을 폐지하는 것은 심한 일이라며 반대했고, 세종에게 다시 복구해 줄 것을 청원했다. 이때 세종은 "(상왕의) 뜻을 받들고 순종함이 곧 효도이다. 상왕께서 민생의 어렵고 괴로움을 염려하시어 폐지하라고 분부

---

6) 1년(1419) 9월 4일: 父慈子孝, 愉愉如也. 天下之樂, 復有何樂加於此者哉!(이하 책명은 생략)

7) '與民同樂'은 『맹자』 「양혜왕하」: 今王鼓樂於此, 百姓聞王鐘鼓之聲, 管籥之音, 舉欣欣然有喜色而相告曰: "吾王庶幾無疾病與? 何以能鼓樂也?" 今王田獵於此, 百姓聞王車馬之音, 見羽旄之美, 舉欣欣然有喜色而相告曰, "吾王庶幾無疾病與? 何以能田獵也?" 此無他, 與民同樂也. 今王與百姓同樂, 則王矣.라는 데서 구체적 예를 찾을 수 있다.

8) 1년 9월 4일: 各親其親, 各長其長, 以盡人倫之道.

9) 2년(1420) 1월 4일: 上王召見讓寧, 戒忠君孝親, 勿長前非之意.

하신 것을 내가 감히 달리 청할 수는 없는 일이다."[10]고 하며, 부모에 대한 효와 백성을 동시에 생각하는 위민정신을 함께 들어 거절했다. 국가 최고 지도자로서 부모 공경과 백성에 대한 배려를 함께 고려했음을 엿볼 수 있는 장면이다.

군주의 명령이 곧 법으로 통하던 왕조시대, 세종에게 올라온 효와 관련된 상소문이 눈길을 끈다. 참찬 황희黃喜(1363~1452)가 "조부모나 부모의 초상을 만나 장례를 치르지 못한 자에게는 부역을 시키지 말게 하여 효성을 다하게 하소서."[11]라고 진언하자, 세종이 이를 가납했다는 내용이다. 무엇보다 효를 우선했던 조선의 풍토를 알게 된다. 『논어』에 "상·제례를 극진히 하면 백성의 마음이 후덕하게 된다."[12]는 뜻을 정치 현실에 적용한 것인데, 일종의 효사상을 위민정치의 한 방법으로 활용한 것이다.

또한 지중추원사 이징석李澄石(?~1462)이 상소한 내용은 충과 효, 무엇을 우선할 것인가를 고민하게 만드는 하나의 사례가 될 듯하다. 이징석은 무과 출신이고, 아우 이징옥李澄玉(?~1453)은 김종서金宗瑞(1383~1453)와 함께 북방 경계를 맡은 장군이다. 두 사람 모두 공무 때문에 늙으신 94세의 부친을 봉양하지 못함을 안타깝게 여기며 벼슬을 그만두고 고향으로 돌아가 부친을 모시겠다는 상소를 올렸다. 이에 세종은 "이제 경이 말한 바가 이치에 심히 합당하나, 국가에서 경을 믿기를 간성干城과 같이 하니 한가한 곳에 나아가게 할 수 없다. 그러나 그 의리를 저지하기 어려우므로 권도權道로 그 청에 따른다."[13]고 하

---

10) 즉위년(1418) 9월 16일: 順承是乃孝也. 上王慮民生艱苦, 命除之, 予不敢以請.

11) 5년 5월 28일: 遭大父母, 父母之喪未葬者, 勿差役, 俾全孝誠.

12) 『논어』「학이」: 愼終追遠, 民德歸厚矣.

13) 27년(1445) 4월 11일: 今卿所言, 甚合於理. 國家倚卿等如干城, 不可使就閑地, 然義難沮之, 權

며, 요청을 들어준다. 비록 나라에 대한 충이 중요하기는 하나 94세의 고령이신 부친 봉양도 소홀히 할 수 없다는 판단이고, 그런 상황을 헤아려 권도로서 요청을 들어준 것이다. 여기서 충과 효, 무엇이 우선이고 중요한가를 굳이 논한다면, 문맥상 나라를 위한 공무가 우선이다. 현재 나라의 간성으로 임하고 있으니 충이 정도正道이고, 부모 봉양은 권도란 것이다. 하지만 인륜지사 늙으신 부모 봉양 역시도 무시할 수 없기 때문에 권도로서 효도 중시해야 한다는 내용이다.

한편 대사헌 하연河演(1376~1453)은 부모를 모시지 않거나 어려운 가족을 돌보지 않는다면 마땅히 처벌해야 하고, 반대로 가족을 돌보고 부모에게 효성을 다하면 상을 주어야 한다고 진언했다. "굶주리는 남녀 가운데 혹 부모와 형과 누이가 부자로 살면서 자식과 아우와 손아래 누이가 굶거나 혹 자식과 아우와 손아래 누이가 넉넉하게 살면서 부모와 형과 누이가 굶게 되어 골육간의 은혜가 이지러지고, 강상의 의가 끊어지게 된 것은 인과관계가 가벼운 것이 아니오니, 청하건대 중외에 격문을 내어 추고하여 논죄할 것이며, 또 자식으로서 부모에게 공무로 인하여 각기 동서에 떨어져 있는 것도 아니면서 혹 3,4년이 되어도 한 번도 가서 부모에게 근친하지도 아니하며, 그 어버이를 돌보지도 아니하는 것은 마땅히 논죄하여야 하고, 그 어버이에게 효도하는 자는 벼슬로 상을 주게 해야 합니다."[14]라고 한 진언이다. 이는 가족을 돌보지 않음에 대한 처벌 규정이고, 반대로 잘하는 사람에

從其請. 참고로 실록에는 징석을 "무과출신으로 활쏘기와 말타기에 뛰어났으나, 사람됨이 狂妄하고 재물을 탐하여 널리 田園을 두었고, 양민을 거느리며 노예같이 부렸고, 자산은 부유하지만 인색하여 작은 것도 따지는 속물이었다."고 기록한다.

14) 5년 5월 28일: 饑饉男女內或父母及兄姊饒富, 子息弟妹則饑饉, 或子息及弟妹饒富, 父母兄弟則饑饉. 骨肉恩虧, 綱常義絶, 關係匪輕, 請中外行移, 推考論罪. 且子之於父母, 不因公務, 各在東西, 或至三四年絶無往覲. 不顧其親, 當論其罪, 擧其孝親者, 爵以賞之.

게는 포상해야 한다는 주장이다.

당대 관직에 있던 효행자들은 부모가 늙었다고 벼슬을 사직하고 돌아가 봉양 의무를 다하기도 하였고, 또 군주는 그런 이들에게 벼슬을 다시 제수하기도 하지만 사퇴하고 취임하지 않는 경우를 종종 볼 수 있다.[15] 얼마 전 중국 상하이에서 부모를 찾아뵙지 않는 사람들을 처벌하겠다는 조례를 제정했다는데,[16] 조선 세종 때에 유사한 제도가 이미 있었음을 보게 된다.

자녀를 대신해서 방문서비스를
대행해 주겠다는 광고와 기사

중국 중앙 텔레비전과 지방 신문에 보도된
'노인권익보장법' 기사

---

15) 14년 5월 17일: 變甲以母老辭職歸養者久, 上嘉其孝行, 特授是職, 又辭不就.

16) 2013년 7월 1일 중국은 고령화 사회 대비 '노인권익보장법'(효도법)을 제정했는데, 자녀는 노년이 된 부모에게 정신적, 재정적 지원을 해야 하며, 부모가 60세가 넘으면 정기적으로 찾아뵈어야 하며, 만일 뵙지 않으면 처벌한다는 내용이다. 이후로 자녀를 대신해서 방문해 준다는 직업도 생겼다고 하는데,(중국 廣州日報 2013년 7월 10일, 7월 17일자, 중국 錢江晩報 2013년 7월 13일자, 조선일보 2013년 7월 3일자, 아시아경제 2013년 8월 12일자) 막상 이를 알고 있는 주변 중국인들이 많지 않은 것으로 보아 실효성 있는 법으로 인식된 것 같지는 않다.

3) 효도법과 효행사례 분석

조선사회의 정치이념은 유교에서 나왔고, 유교의 인간관계론은 삼강오륜을 기본으로 한다. 우선 세종은 군신, 부자, 부부에 대한 바른 관계를 충효열로 규정하며, 그 모범을 보인 사례를 그림과 글로 엮어 『삼강행실도』를 편찬했다. 이를 촉발시킨 사건이 경상도 진주 땅에서 벌어졌다. 김화金禾라는 사람이 아비를 살해한 사건이다. 경연 석상에서 이 사실을 전해 들은 세종은 깜짝 놀라 낯빛이 변해서 자책하며 명한 것이 『삼강행실도』 편찬이다.[17] 패륜범죄의 원인을 교육의 부재로 여긴 것이다. 그리고는 신하들을 소집하여 효제를 돈독히 하고 풍속을 후하게 이끌도록 방책을 논의하다가 『효행록』 편찬 이야기가 나왔고, 이것이 『삼강행실도』 편찬으로 이어졌다. 이 책을 널리 반포하여 일반인들로 하여금 읽게 하여 효제와 예의를 도모하려고 하였던 것이다.[18]

삼대三代의 이상정치를 실현하기 위해서는 군신, 부자, 부부윤리가 우선적으로 확보되어야 한다는 것이다. 이를 위해 충효열에 뛰어난 행실과 행적을 보인 이들을 그림으로 그려 귀감으로 삼았다. 이는 "우매한 남녀들까지 모두가 쉽게 보고 느껴서 분발하도록 하기 위한 일이다. 그렇게 하면 또한 백성을 교화하여 풍속을 이루는 한 방법이 될 것이다."[19]라고 판단한 것이다. 그리고 서문에 중국과 조선의 모

---

17) 10년(1428) 9월 27일자 기사에서는 세종이 "계집이 남편을 죽이고, 종이 주인을 죽이는 일은 간혹 있는 일이지만, 이제 아비를 죽이는 자가 있으니, 이는 반드시 내가 덕이 없는 까닭이로다."는 탄식소리를 전한다.

18) 10년(1428) 10월 3일: 上嘗聞晉州人金禾弑父之事, 矍然失色, 乃至自責, 遂召群臣, 議所以敦孝悌, 厚風俗之方..... 請廣布孝行錄等書, 使間巷小民尋常讀誦, 使之駸駸然以曉愚民.

19) 14년 6월 9일: 庶幾愚婦愚夫, 皆得易以觀感而興起, 則化民成俗之一道也.

범적인 효자, 충신, 열녀 1백인을 찾아 행적을 그림과 글로 표현하였다고 밝혔다.

중요한 것은 여기서 윗물이 맑아야 아랫물이 맑듯이 지도자의 철학과 가치가 중요함을 밝히고 있다는 점이다. 요순시대와 걸주시대가 다름은 "진실로 임금이 사람의 본성의 교도敎導, 보양保養을 잘하고 못하는 데 달렸다."[20]고 하면서 서문에 기록했는데, 이는 치란의 근본 원인이 교육과 보양, 즉 오늘날 식으로 말하자면 인성교육을 어떻게 하느냐에 달려 있다는 뜻이기도 하다.

이렇듯 조선시대 효를 강조하고 교육한 이유는 그만큼 효가 절실했기 때문이다. 우리는 간혹 전통사회 특히 조선시대에는 효가 매우 잘 시행된 효행사회로 알고 있고, 또 그렇게 미화하기도 한다. 하지만 당시 효를 강조한 것은 노자老子의 말[21]이 아니더라도 효를 절실히 필요로 하였던 사회였기 때문이다. 효가 없거나 사라져가기 때문에 효를 강조한 것이다. 세종의 언설에서도 알 수 있다. "삼대의 정치가 훌륭하였던 것은 다 인륜을 밝혔기 때문이다. 후세에는 교화가 점점 쇠퇴하여 백성들은 군신, 부자, 부부의 큰 인륜에 익숙하지 않고, 거의 타고난 천성에 어두워서 항상 각박한데 빠졌다."[22]고 한데서 읽을 수 있다. 요즘 말로 하자면 인성교육 차원에서 효를 교육하지 않아서 각박한 사회가 되었다는 말과 같다. 교육에 의해 인성계발이 이뤄짐을 말한 것이고, 그 가운데 효가 있다는 것이다.

---

20) 14년 6월 9일: 良由君上導養之如何耳.

21) 『노자』18장: 大道廢有仁義, 慧智出有大僞, 六親不和有孝慈, 國家昏亂有忠臣.

22) 14년 6월 9일: 三代之治, 皆所以明人倫也. 後世敎化陵夷, 百姓不親, 君臣父子夫婦之大倫, 率皆昧於所性, 而常失於薄.

(1) 효행자 포상제도

조선시대 효교육은 인성교육의 한 방식이었고, 이를 법으로 규정하고 실천을 강제한 경우도 있다. 이를 효행법이라 한다면, 당시 효행법의 특징은 크게 두 가지로 나눠서 볼 수 있다. 하나는 효행자 포상이고, 다른 하나는 불효자 처벌이다. 효행자 포상은 정문류旌門類, 상직류賞職類, 복호류復戶類, 상물류賞物類 등 네 종류가 있다. 정문류는 가장 높은 단계의 표창으로 상직, 복호, 상물이 수반되는 경우가 일반적이다. 상직류는 관직을 하사하는 경우이고, 복호류는 요역 부담을 면제 또는 감면하는 제도이고, 상물류는 의복이나 물건을 상으로 주는 제도이다.

상물의 예로서 진천 사람 김덕숭金德崇을 들 수 있다. 김덕숭은 70세의 나이에 95세의 부친과 85세의 장모를 한 집에서 모시고 살면서 지극한 효성을 베푼 사람이다. 8,90대 양가 노인을 한 집안에 모시면서 지극 정성을 다한 것이 주변에 알려졌고, 이를 진천현감이 보고하자 술과 고기, 그리고 쌀 10섬을 하사했다는 내용이다.[23]

다음은 관직을 상으로 주는 상직의 예이다. 각 지역에서 효자를 추천하면 관리로 등용하는 제도로서 중국 한나라 효렴제가 그 기원이다. 훗날 관직에 눈먼 사람들이 이를 이용하면서 가짜 효자가 속출하는 부작용이 생겨났기에 중국에서는 점차 사라졌지만, 『세종실록』에는 이렇게 해서 관직을 제수받은 경우가 제법 많았다. 기록에 보이는 것만도 세종 7년(1425) 9월 11일, 11년 9월 24일, 13년(1431) 5월 18일, 9월 11일, 10월 9일, 16년(1434) 2월 3일, 3월 22일, 6월 12일, 6월 17

---

23) 26년(1444) 3월 13일자 기사 참조.

일, 7월 25일, 8월 24일, 10월 9일, 20년(1438) 11월 16일, 31년(1449) 6월 22일, 6월 28일, 11월 18일 등 16건이다. 여기 나온 인물들은 모두가 효의 대가로 상직과 더불어 복호, 정문을 받은 사람들이다.

이 가운데 11년 9월 24일자 기록은 세종시대 효행자 추천제도의 전형을 보여주는 대표적인 사례가 될 것이다. 주변 관리들이 모범적인 효행을 보이다가 나이 50이 되도록 말단 관리에 머물러 있던 상주 사람 엄간嚴幹을 추천하는 내용이다. 그는 어릴 때 과거에 급제하여 봉상부록사 겸 성균학록의 벼슬자리에 있었는데, 자리에 충실하다 보니 멀리 계신 부모 봉양을 제대로 못함을 안타깝게 여기며 효실천을 위한 귀향을 청하였다. 귀향 후 맛난 음식과 아침저녁으로 정성定省을 다하며 극진히 부모 봉양에 힘썼지만, 부모 모두 돌아가셨다. 6년상을 치르면서 『가례』 의식을 지키며 불교 의식을 조금도 따르지 않았고, 사대부로서의 이런 효행은 높이 칭송되었다. 지역의 관리가 효행 표창과 승진을 요청하였지만, 순자循資[24]의 격식에 걸려 불가능했다. 이를 안 신하들이 "군부의 의義는 하나이니, 충효의 도가 하나인 것과 같습니다. 그런 까닭에 경서에 '아버지 섬김에 의지하여 임금을 섬겨 공경한다.'[25]고 했고, 또 '어버이 섬김에 효도로 하기 때문에 임금에게 충성으로 옮길 수 있다'[26]고 하였습니다. 이것이 이른바 충신은 효자 집안에서 나온다는 것입니다. …… 이제 성조盛朝 때에 효도를 숭상함에 있어 엄간의 효행이 이와 같은데, 한 관직에서 작은 벼슬아치로 늙어감이 이와 같으니 어찌 성대聖代에서 효로써 다스리는

---

24) 관리의 임명과 승진을 규정한 제도로, 재직연수에 따라 결정하기 때문에 함부로 승진을 명할 수 없다는 규정이다.

25) 『효경』「사장」: 資於事父, 以事君, 而敬同.

26) 『효경』「광양명장」: 君子之事親孝, 故忠可移於君.

일에 있어 어긋남이 있지 않겠습니까. 엎드려 바라건대 전하께서 차례를 초월하여 뽑아 등용하시어 '효도하는 풍속'[孝風]을 장려하소서."²⁷⁾라고 하였다. '효치'를 통한 '효풍' 진작을 말하고, 그런 효행자를 표창하여 효하는 나라를 만들자는 상소문이다. 상소문의 근간이 '효치'와 '효풍'이라 한다면, 이는 곧 『효경』에 근거한 세종시대, 나아가 조선사회 정치의 기본이 되었던 것이다.

(2) '할고단지형' 자기희생적 효행

'효치'를 근간으로 하는 조선 사회에서 신체보전을 효의 덕목으로 말하는 『효경』은 매우 중요한 경서였다. 하지만 『효경』에 어긋난 일을 효로 칭송하는 경우도 제법 많았다. 부모의 병을 치료하기 위해서 '할고단지'와도 같은 신체훼손을 하였던 경우를 말한다.

천민 신분이었던 백정 양귀진梁貴珍은 부친이 급질에 걸려 고생할 때 주변에서 사람고기를 먹으면 낫는다는 말을 듣고는 손가락을 잘라 구워 먹여 치병하였고, 이를 안 조정에서 그에게 정문을 세워주고, 복호하였다는 내용이다.²⁸⁾ 단지斷指형 효행사례이다. 하지만 이는 『효경』「개종명의장」에서 말하는 신체 보전과는 상치되는 행위이기 때문에 논란의 대상이 된다.

그럼에도 불구하고 조선사회 수많은 효행자들은 신체 훼손을 자연스럽게 시행하고 있다는 점이 신기하다. 김여도金汝島의 딸 김효생金

---

27) 11년(1429) 9월 24일: 君父之義一也, 而忠孝之道無異. 故經曰, "資於事父, 以事君而敬同." 又曰, "事親孝, 故忠可移於君." 此所謂忠臣出於孝子之門也……. 今盛朝孝之日, 幹之孝行如彼, 而老於一館又如此, 豈不有虧於聖代之孝治乎. 伏聖殿下不次擢用, 以礪孝風.
28) 5년(1423) 11월 17일자 기사.

孝生도 거기에 해당한다. 아버지가 광질狂疾에 걸려 고생하자 12세의 효생은 산 사람의 뼈를 먹으면 낫는다는 속설을 믿고 부모 몰래 제 손가락을 잘라 국에 넣어 드리니 아버지의 병이 나았다는 얘기이고, 이것이 주변에 알려지면서 해당 지역 감사가 보고하였고, 조정에서 정문과 복호를 내렸다는 기록이다. [29]

석진石珍의 사례도 그 가운데 하나이다. 광질로 고생하는 부친을 위해 온갖 약을 구해 찾아다녀도 차도가 없었다. 어느 날 스님이 찾아와 "그 병에는 산 사람의 뼈를 갈아 피에 타서 먹이면 나을 것이다."는 말을 듣고는 무명지를 잘라 피에 타서 드리자 효과를 보았다는 내용이다. [30] 이 소식을 접한 지역 관리가 "대개 그 몸을 상하게 해서 부모를 섬기는 것이 효의 바른 도리에 맞는 것이라고는 할 수 없으나, 그 효행이 족히 민심을 감동케 하였다."[31]고 하며, 관찰사에게 보고하고, 다시 왕에게 보고하자 문려門閭에 정표旌表하고 이역吏役을 면제시켜 주었다는 기록이다.

여기서 중요한 것은 단지와도 같은 신체 훼손이 효의 바른 도리가 아니라는 사실을 언급하고 있는 대목이다. '할고단지'와도 같은 엽기적 희생이 『효경』「개종명의장」의 "신체발부, 수지부모, 불감훼상, 효지시야."라고 하는 신체 보전의 내용과 어긋난다는 것이다. 그런데 비록 이런 행위가 경서에 어긋난 일이지만 치병에 성공하였고, 주변에 감동을 주었기 때문에 표창한다는 말이 흥미롭다.

---

29) 11년 3월 14일: 瑞興人金汝島之女孝生年十二, 其父得狂疾, 孝生聞食生人骨卽愈, 密令人刃斫手指, 不使父母知之, 居三日, 和羹以飼, 父疾少間. 本道監司上其事, 請旌門復戶, 從之.

30) 2년(1420) 10월 18일자 기사 참조. 막상 이런 '石珍斷指'는 『삼강행실도』와 『오륜행실도』에 효행의 대표사례로 실린다.

31) 2년(1420) 10월 18일: 夫傷其身體, 非孝之中道, 然其孝行足以感動人心.

『삼강행실도』에 실린 석진단지. 그림 위쪽으로 스님을 만나 산 사람 뼈가 좋다는 얘기를 듣는 장면이 있다.

『오륜행실도』에 실린 석진단지. 『삼강행실도』도 그렇고 손가락을 자르는데, 부모 앞이 아닌 보이지 않는 다른 곳에서 단지하는 것은 부모에 대한 최소한의 예가 아닐까 생각한다.

『세종실록』에서도 완곡하게 이를 에둘러 말하고 있는 대목이 보인다. "손가락을 끊는 일은 지나친 일이오니 반드시 이렇게 한 뒤라야 효가 되는 것은 아닙니다. 효도하는 마음이 순수하고 지극하여 어버이 뜻에 순종하여 즐겁게 해드리고, 남들이 이간하는 말이 없어 사람됨이 특히 뛰어난 자에게는 더욱 포상하는 것이 마땅하오니, 이제부터는 중외中外로 하여금 일체 모두 표창해 천거하여 풍속을 장려하게 하되, 혹시 실행이 있는 자를 천거하지 아니하거나, 혹 실적이 없는 자를 천거하는 자가 있으면, 그를 천거한 향리 사람이나 관리를 캐물어 죄를 주게 하소서."[32]라고 하는 의정부의 상소문이다. '할고단지'

32) 23년(1441) 10월 22일: 然斷指則過常之事, 不必如是而後以爲孝也, 至如孝心純至, 順悅親意,

와도 같은 효행을 굳이 효행의 표본으로 삼을 것이 아니란 이야기이다. 일상 속의 평상적인 효를 포상하며, "뼈를 분질러 약에 타는 것과 6년 동안 시묘살이하는 것은 궤격詭激하여 본받기 어려운 것은 아마도 그 일이 특이해서 할 수 없는 것."[33]이라 한 것도 신체 훼손이 결코 효행의 표본이 될 수 없음을 말한 대목이다.

『삼강행실도』에 실린 자강복총. 그림 위로 한글 설명이 있다. 자강은 모친이 돌아가시자 3년상을 치르다가 이미 돌아가신 부친 3년상을 치루지 못함을 안타깝게 여기며, 6년상을 결심했다. 처가 식구들이 말렸지만, 이를 물리치고 여묘살이를 모두 치렀다는 이야기다.

『오륜행실도』에 실린 자강복총. 『삼강행실도』의 내용은 이야기 전체를 장면마다 마치 몇 컷 만화처럼 그림으로 표했는데, 『오륜행실도』는 함축적으로 표현했다.

그러고 보면 일상적, 평상적 효행은 시간과 정성이 필요하므로 오히려 어렵고, '할고단지'와도 같은 특이한 효행은 단번에 티가 나는 것

人無間言, 特異於人者, 則尤宜褒獎. 自今令中外一皆褒擧, 以勵風俗. 如或有實行而不擧, 或無實跡而謬擧者, 其所擧鄕里人及官吏, 按問科罪.

33) 15년(1433) 1월 18일: 至於折骨和藥, 六年居墓, 爲行詭激, 不可爲訓者, 恐不可特異其科也.

이기 때문에 진짜 효자 아닌 사람들이 이용하는 경우도 없지 않을 듯
하다. 다시 말해 효행자 아닌 사람을 효행자로 추천하는 것을 죄로 다
스린다는 내용의 행간에서 읽을 수 있다. 효행자 포상에 따른 부작용
이 없지 않았음을 반증하는 내용이다. 단번에 드러나거나 또 가시적
으로 눈에 띄는 3년상은 가짜 효행의 주요 수단이 될 수 있다는 것이
다. 허위 효행자를 추천한 관리나 향리 사람들이 있다는 것은 효를 빙
자한 결탁이 일부 있었음을 확인해 주는 사례라 하겠다.

(3) 효행사례의 특징과 문제

　세종은 중앙과 지방의 관리들에게 마땅히 해야할 일들을 조목조목
나열하면서 특별히 효행자 표창을 강조했다. '의부義夫' '절부節婦' '효
자孝子' '순손順孫'을 널리 찾아 방문해서 확인하고 표창할 것을 명한
것이다.[34] 나아가 나라를 위해 일하다 죽은 사람의 가족을 보호하고
자손들을 돕고, 또 능력 있는 사람은 특별히 임용하라는 명을 내리면
서 효와 더불어 충을 각별히 강조했음을 보게 된다.[35] 이를 담당할 부
서로 '충의위忠義衛'를 설치하고 이로부터 불충, 불효를 예방하도록
하였다.[36]

　그리고 즉위하고서 처음으로 효자 포상을 실시하기 위한 구체적
실적을 찾아 보고케 하자 그 수가 수 백 명에 달했다. 특별한 효행을
찾아보라고 다시 명하자 41명으로 추려졌다. 1420년(세종2) 1월 21일

---

34) 세종즉위년(1418) 11월 3일: 義夫節婦孝子順孫, 義所表異, 廣加訪問, 開具實迹, 啓聞旌賞.
35) 세종즉위년(1418) 11월 3일: 水陸戰亡士卒子孫, 所在守令, 復戶優恤, 其有才能可任者, 啓聞
　　敍用.
36) 세종즉위년(1418) 11월 3일: 設忠義衛, …… 身犯不忠不孝者及其子孫, 不許入屬.

자 기록이다. 이를 도표로 정리하면 아래 〈자료1〉과 같다.

여기서 '혼정신정昏定晨省', '출필곡出必告, 반필면反必面' 같은 일상적 효행을 평상형, '할고단지'나 기타 신체 훼손 및 목숨을 건 사연이 동반된 유형을 희생형, 3년상, 6년상 같은 묘막살이는 시묘형, 그리고 기타 등으로 표기했다.

번호	직위와 이름	효행내용	유형
1	대흥호장 이성만 李成萬	"동생 순順과 함께 부모님을 잘 섬겨 마음을 다하여 맛있는 음식으로 봉양하고, 매번 봄, 가을로 술과 음식을 갖추어 부모님이 가까이 지내는 친구 분들을 초청해서 향연을 베풀어 그 마음을 즐겁게 해 드렸고, 부모님이 돌아가시자 형은 어머니의 무덤을 지키고, 동생은 아버지의 무덤을 지키며, 매일 아침 저녁으로 형제가 오고가며 한상에서 같이 먹고, 비록 한 개의 음식이라 하더라도 반드시 나눠 먹었다."	평상형 시묘형
2	해미선군 임상좌 林上左	"어머니가 돌아가시자 무덤을 지키고 집이 가난해서 신을 만들어 제사상을 차렸다."	시묘형
3	박유朴蕤	"어머니가 돌아가시자 그 무덤을 지키고, 아내는 품을 팔아 제수를 마련했고, 간혹 이것도 할 수 없으면 채소로 제사를 지냈다."	시묘형
4	인동의 김윤金閏	"바다로 나갔다가 돌아오지 못했다. 마침 어머니가 역병에 걸리자 다른 아들들은 모두 피해 도망갔지만, 바다로 갔던 김윤이 돌아와 어머니를 간호했고, 어머니가 돌아가시자 등에 업어 장사지내고, 매번 묘를 보살피며 3년상을 치뤘다."	희생형 시묘형 (3년상)
5	진원 학생 이격李格의 처 심씨沈氏	"나이 겨우 7세에 아버지가 돌아가시자 어머니를 모시고 살았는데, 아버지께서 일찍 돌아가신 것을 애통하게 여겨 빈소 곁에 여막을 짓고 제사지내기를 살아생전에 모시듯 하였다."	시묘형
6	공주현감 정자구鄭自丘의 처 고씨高氏	"나이 33세에 남편이 죽자, 아버지가 개가시키려고 하였지만, 명을 좇지 않고 무덤 곁에 초막 짓고, 명절이면 제사를 지냈다."	절개형 시묘형
7	면천소감 심인부 沈仁富의 처 경씨耿氏	"나이 28세에 남편이 죽자 온 가족이 그 정분을 떼어 놓으려고 했지만, 울면서 좇지 않고 지금까지 절개를 지키었다."	절개형

8	서산 사노私奴 막금莫金의 처 소사召史	"나이 24세에 남편이 죽자 여러 사람들이 데려가려고 하였지만, 좇지 않고 수절하였는데, 지금은 이미 54세이다."	절개형
9	연산 급제 김문金問의 처 허씨許氏	"나이 20세에 남편이 죽자, 무덤 곁에 여막을 짓고 몸소 조석으로 상식을 드리며 3년상을 마치었고, 지금까지도 곡읍을 그치지 않고 몸치장을 하지 않았다."	절개형 시묘형 (3년상)
10	대구 낭장 김내金鼐의 처 서씨徐氏	"24세에 남편이 죽자 아버지가 개가를 시키려고 했지만 굳이 거절하고 좇지 않고 지금까지 절개를 지키니, 나이 48세이다."	절개형
11	선산 선군 조을생趙乙生의 처 약가이藥加伊	"병자년에 남편이 왜적의 포로가 되어 생사를 알지 못하자, 술과 고기와 냄새나는 나물을 먹지 않았고, 부모가 개가를 시키려 하자 눈물을 흘리면서 좇지 않았는데, 8년만에 남편이 돌아오자 함께 살면서 아내의 도리를 다했다."	절개형
12	학생 김구金珣의 처 불비佛非	"나이 20세에 남편이 죽자 아버지가 개가시키려고 했지만, 죽기를 맹세하며 따르지 않고 시부모님을 끝까지 봉양하였다."	절개형 평상형
13	함창의 박희준朴希俊의 처 김씨	"23세에 남편이 죽자 아버지가 개가시키고자 했지만 굳세게 회피하며 절개를 지키니 나이 이미 47세이다."	절개형
14	영천 낭장 이선李鮮의 처 정씨鄭氏	"나이 24세에 남편이 죽자 그 부모가 개가시키려 하였지만 따르지 않고 지금까지 고기를 먹지 않았다."	절개형
15	영일 전제공 이등李瞪의 처 오씨吳氏	"나이 27세에 남편이 서울에서 죽자 그 시체를 거두어 집 북쪽 산에 장사지내고, 시조모 섬기기를 친정 부모처럼 하고, 매월 초하루 보름에는 묘에 가서 제사를 지냈다."	절개형 평상형
16	김해 녹사 윤홍도尹弘道의 처 배씨裵氏	"나이 19세에 남편이 죽자 시어머니를 각별히 섬기었고, 시어머니가 돌아가시자 제사를 지성으로 지냈다."	절개형 평상형 시묘형
17	의령 학생 심치沈致我의 처 석씨石氏	"나이 20세에 남편이 죽자 시어머니 섬김을 지극한 효성으로 하였고, 그 아버지가 개가시키려 하자 '남편이 외아들로 일찍 돌아갔으니, 아버지께서 저의 뜻을 빼앗으면, 죽은 이의 병든 어머니를 그 누가 봉양하겠습니까.' 라고 하며 거절하며 명을 따르지 않았다. 그리고는 시어머니 섬기기를 더욱 각별히 하여 매번 시어머니가 출입할 때면 자신이 부축해 드렸다."	절개형 평상형
18	합천 장흥고부사 장우량張友良의 처 한씨韓氏	"나이 25세에 아들이 없다는 이유로 버림을 당하였지만, 수절하며 개가하지 않았고, 시부모가 돌아가시자 6년동안 상을 입었고, 기일에는 제사를 지냈다."	절개형 시묘형 (6년상)
19	전주 기관 이경李瓊의 처 소사召史	"나이 26세에 남편이 죽자 시부모를 잘 섬겼고, 시부모가 돌아가셨을 때에는 죽은 남편을 대신하여 상을 입고 가산을 기울여가면서 장례를 모셨다."	절개형 평상형 시묘형

20	정읍 산원 진경陳慶의 처 유씨劉氏	"나이 30세에 남편이 왜란에 나가 죽자 지금까지 절개를 지키고 시어머니를 섬겨 효도를 다하였다."	절개형 평상형
21	금산 부정 임영순林英順의 처 한씨韓氏	"나이 26세에 남편이 죽었지만 지금까지 절개를 지켜 이제 나이 61세이다."	절개형
22	전직 산원 이익李효의 처 소사	"나이 25세에 남편이 죽었지만 수절하여 나아기 이미 67세이다."	절개형
23	광주光州 별장 홍전洪璵의 처 박씨	"나이 30세에 남편이 죽자 시어머니를 효성으로 섬기었고, 지금 나이 이미 51세이다."	절개형 평상형
24	나주 한림 조탁趙琢의 처 나씨	"나이 24세에 아들 없이 혼자되었지만, 개가하지 않았다."	절개형
25	태인 전 사정 박조朴健의 처 임씨林氏	"남편을 따라 서울에서 살았는데, 시어머니가 병들어 거동하지 못하였다. 그런데 밤중 불이나 위험해지자 불속으로 뛰어 들어가 시어머니를 업고 나오면서 그만 머리와 팔에 화상을 입었지만 다행히 화는 면했다."	희생형
26	제주 전 주부 문방귀文邦貴	"그곳 풍속이 3년상을 행하지는 않지만, 병술년 아버지 3년상을 치르고, 상제는 모두 가례를 따르며 효도의 기풍을 세웠다. 그로부터 제주사람들은 그를 본받아 무덤을 지킨 자가 3명이고, 3년상을 행한 자가 10여명이나 되었다."	시묘형 (3년상)
27	서울 권경權景	"어렸을 때, 아버지가 돌아가시자 홀어머니를 모시면서 혼정신성하였고, 외출할 때나 돌아와서는 반드시 고하였다. 집안의 물건은 감히 마음대로 하지 않았고, 반드시 어머니에게 청한 뒤에 썼으며, 만일 희귀한 음식을 보게 되면 반드시 가지고 오고, 만약 어머니가 병에 걸리면 옷과 띠를 풀지 않았고, 의원을 불러 약을 택하여 들이면서 병이 나을 때까지 계속하였다."	평상형
28	중부 유학 전사례全思禮	"아버지께서 돌아가시자 거적자리를 깔고 자면서 흙덩어리를 베개로 삼았다. 매일 범벅죽을 먹고 좋은 음식은 먹지 않으면서 3년상을 마쳤다. 어머니를 섬기면서 나갈 때나 들어올 때나 늘 고했고, 혼정신성을 다했다. 학문에도 심혈을 기울여 그 행동이 그릇되지 않았다."	시묘형 (3년상) 평상형

29	공주 전 판무산현사 임모 林髦	"경오년에 왜적 70여 명이 집에 나타났을 때 문을 막고 들어오지 못하게 하면서 부모님을 먼저 뒷문으로 나가 피하게 한 뒤 자신도 피했다."	희생형
30	서천 유인봉兪仁奉	"부모님을 섬기면서 큰 추위나 더위나 비에도 힘든 일들을 꺼리지 않으면서 봉양의 도리를 다했고, 부모님이 돌아가신 뒤에는 무덤을 6년이나 지켰다."	평상형 시묘형 (6년상)
31	해미 전 별장 임우林雨	"병진년, 정사년 사이에 왜적이 갑자기 쳐들어와서 포위 하였을 때, 마침 몸져누워 계시던 아버지를 호위하며 홀로 적을 물리치고는 아버지를 업고 산으로 도망하여 난을 면하였다."	희생형
32	유학 정효신鄭孝新	"나이 13세 부친께서 돌아가시자 3년상을 치렀다."	시묘형 (3년상)
33	안음 산원 심전沈 腆	"무진년에 왜적이 갑자기 쳐들어와 아버지를 잡아 목을 매서 잡아가자, 은대銀臺와 은괴銀塊를 마련해서 적중으로 들어가 아버지와 바꾸어 왔다."	희생형
34	선산 학생 전익수田益修	"정사년에 부친께서 전쟁에 돌아가시자 조부 섬김에 정성을 다하며 부모처럼 하였다. 조부께서 돌아가시자 3 년간 묘막을 짓고 무덤을 지켰다."	평상형 시묘형 (3년상)
35	함창 유학 신효량申孝良	"조부의 무덤을 3년간 지키며 채식만 먹었다."	시묘형 (3년상)
36	유학 신효온申孝溫	"부친상에 3년간 나물과 과일도 먹지 않고 어머니와 조모를 섬기는데 봉양도 잘하고 공경도 극진히 하였다."	시묘형 (3년상) 평상형
37	무안 생원 김생우 金生禹	"부모를 잘 섬기었고, 부모가 돌아가신 뒤에는 6년간 무덤을 지켰으며, 거적자리에서 흙덩이를 베고 잤으며, 돌아가신 분 섬기기를 살아계실 때처럼 하였다."	평상형 시묘형 (6년상)
38	해미 유학 정안의鄭安義	"조모의 무덤을 지켰다."	시묘형
39	진주 전 낭장 강용진姜用珍	"왜적의 침입을 당하여 목사 박자안과 더불어 싸웠으나 패하여 거의 적에게 잡히었을 때, 그가 탄 말을 목사에게 주어 겨우 면하게 하였다."	희생형
40	김제 전 교수관 정곤鄭坤	"사재로 서원을 세워 그 동네 사람들은 물론 타향 사람들도 와서 배우기를 청하면 다 가르쳐 주었다."	※ 교육 활동
41	광주光州 생원 최보민崔保民	"사재로 서원을 세워 생도를 훈도하고 가르쳤다."	※ 교육 활동

〈자료1〉 1420년(세종2) 1월 21일자 효행기록

상기 〈자료1〉의 사례를 다시 유형별로 나눠 정리해 보면 다음과
같다.

유형	평상형	희생형	시묘형	절개형	기타(교육, 충신, 형제애, 스승공경…)
전체 41건(복수)	14건	6건	19건 (6년상 3건)	19건	2건
비율(복수)	34%	15%	46%	46%	5%

〈자료2〉 1420년(세종2) 효행유형

〈자료2〉를 살펴보면, 3년상과 6년상 같은 시간적, 경제적 희생과
봉사가 전제되는 시묘형과 여자로서의 삶을 포기하고 시부모 봉양에
전념한 절개형이 각각 19건으로 가장 많고, 다음으로 '할고단지'나 자
신의 목숨을 담보로 부모의 목숨을 보전하려고 한 희생형이 6건이며,
'혼정신성', '필곡반면', '친상탕약親嘗湯藥'과 같은 평상적 효행이 12건
이다.[37]

그 가운데 6년상의 경우 청장년 시절 상당 기간을 묘막살이에 바쳤
다는 점에서 남다른 봉사, 헌신, 희생이 수반된 경우라 할 수 있다. 또
26번 문방귀의 사례는 3년상의 풍습이 없던 제주에서 3년상을 치른
특이한 경우로, 그로 인해 주변 다른 사람들에게 영향을 미쳤다고 하
는데, 이는 유교적 상·제례 문화가, 제주도에서도 조금씩 정착해 갔
음을 보여주는 사례가 된다.

---

37) 문방귀의 효행 사례는 세종8년(1426) 1월 25일 기사에도 나온다. 조부와 부친의 업을 계승하
기 위해 성균관에 입학 충과 효를 다하려고 하는데, 마침 부친상과 모친상을 당하여 각각 3년,
도합 6년상을 치르자 효행자로 포상받고 벼슬을 받았다. 서울 생활을 하면서 처자식이 제주도
에 남아 외롭게 지냄을 안타까워하고는 상서로 제주로 돌아가 가족을 데리고 서울로 올라와
함께 살기를 청원하는 내용이다.

그래도 가장 눈여겨볼 대목은 1번과 40, 41번 항목이다. 평소 맛있는 음식으로 봉양하고, 때때로 부모님 친구분들을 초청해서 잔치를 베풀었고, 막상 돌아가시자 형제들이 돌아가며 무덤을 지키고 형제 간에 작은 것도 나누며 우애 있게 지낸 것을 효행 사례로 꼽은 내용이다. 극히 일상적이고 평범해 보이는 일이지만, 쉽지만은 않은 이 사례가 눈에 띄는 것은 '할고단지', '3년상', '6년상' 같은 극단적 희생·헌신형 효행사례와 비교되기 때문이다. 또 부모 봉양에 장남, 차남 가리지 않고 형제들이 함께 나눠서 실천하면서도 우애가 돈독했다는 점도 눈에 띈다. 언제부턴가 부모부양은 장남의 몫으로 여겨졌고, 혹 형편이 여의치 않을 경우 부모부양을 나눠서 하기보다는 자녀 한 사람이 부양과 상·제례를 도맡아 하는 일종의 '독박獨縛'과도 같은 것이 효행의 모습이었다면, 이 경우는 형제들이 부모부양 책무를 나눠서 졌다는 점에서 오늘날 하나의 모범적 사례가 되지 않을까 생각한다.

〈자료2〉의 효행사례가 세종 초기(1420)의 특징이라면 중기에 해당하는 1428년(세종10) 10월 28일자 기록, 〈자료3〉을 살펴보면서 또 다른 특징을 살펴보는 것도 의미 있다. 특히 앞서 언급한 진주 땅의 아들이 아버지를 죽이는 패륜 범죄가 그해 9월에 보고 되었기 때문에 이때 효행자 추천 기록은 남다른 의미를 찾을 수 있다.

번호	직위와 이름	효행내용	유형	유형
1	유학 한윤옹韓允雍 대사성 황현黃玹의 사위	서울 동부	"천성이 후하고 곧으며 부친이 일찍 돌아가시자 홀어머니를 지극 봉양하였습니다. 새벽에 나가서 문안하고 한낮에도 문안드리며, 밤이면 잠자리를 편히 살펴드리고, 옷의 따뜻하고 차가운 것을 여쭈어 절기에 따라 의복을 해드리고, 하루 세 번 모친에게 나아가되, 비가 오고 눈이 내려도 폐한 바 없으며, 곁에 모실 때에는 말을 공손히 하고 얼굴빛을 부드럽게 하여 어머니의 뜻을 편하게 해 드리려고 마음먹으며, 혹시 맛난 음식을 얻으면 비록 적은 것이라도 반드시 어머니에게 올리고, 혹 질병이 있을 것 같으면 반드시 먼저 약 맛을 보고서 드리고, 근심스런 얼굴빛으로 새벽이 되도록 자지 않는다 하옵니다."	평상형
2	유학 이성혜 李成蹊 사직 이원李 元의 아들	서울 중부	"어버이 곁에서 떠나지 않으며 기쁜 안색과 부드러운 음성으로 대하여 나갈 때 반드시 여쭙고, 들어오면 반드시 얼굴을 보이며, 새벽에 문안하고 저녁에 잠자리를 봐 드리는 등 감히 어버이의 뜻을 거역하지 않았습니다. 어버이가 병을 얻어 해를 지나자 맛있는 음식을 먹지 아니하고 걱정하며 널리 약을 구하여 지성으로 치료하였습니다. 양친이 연달아 돌아가시자 6년간의 거상을 한결같이 주문공의 『가례』에 근거했고, 반혼返魂할 때에 따라 조석으로 받들어 올리기를 게을리하지 않았습니다. 새로운 음식물을 때에 따라 올리면서 그 효성은 지금까지도 한결같이 하면서 집안에 불이 났을 때 책과 가재도구가 모두 탔지만, 먼저 영정을 받들고 나왔으므로 불에 타는 것을 면하게 하였습니다."	평상형 희생형 시묘형 (6년상)
3	전 녹사 전충례全忠禮		"부친 상사시 거적자리에 토막을 베고, 다만 겨죽만 먹고, 좋은 음식을 맛보지 않았으며, 상기를 마치고는 조석으로 제사하였고, 또 홀어미를 섬김에 그 뜻에 순종하며 어기지 않았고, 나갈 때에는 반드시 고하고, 들어오면 반드시 나아가서 얼굴을 보이며, 아침 저녁으로 문안하고 잠자리를 보살피고, 질병이 있으면 약을 반드시 먼저 맛보는 등 이와같이 하기를 노년에 이르도록 고치지 않았다고 하옵니다."	평상형 시묘형 (3년상)
4	유학 배홍식裵弘湜	경기 장단	"모친상 당하자 3일 금식하다가, 대렴大斂을 하고 나서야 죽을 먹었으며, 3년간 여묘를 사는 동안 거적자리에서 토막잠을 자고 춥든 덥든 비가 오든 무덤 곁에서 모시기를 날이 마치도록 하여, 그 동네 어귀에 정문旌門을 세워 효행을 표시했는데, 그 부친이 돌아가시자 애통해 하면서 파리한 모습이 전의 모친상 때보다 더하였다 하옵니다."	시묘형 (3년상)

5	학생 송윤宋倫	안성	"위로 형 세 사람이 있었는데, 막내로서 3년간의 여묘를 마치고는 다시 분묘 곁에 여막을 얽어 세우고 거친 음식을 먹으면서 모시기를 4년이나 하였다 하옵니다."	시묘형 (4년상)
6	유학 윤흥지尹興智	원평原平	"부친상 당하자 여러 날 금식하였고, 상장喪葬의 모든 일을 한결같이 『가례』에 의거하였고, 3년간 분묘를 지키면서 죽만 먹고 소채나 과일조차도 먹지 않았으며 몸소 불을 때어 상식을 올렸다고 하옵니다."	시묘형 (3년상)
7	학생 임자수 林自秀		"부친상사에 분묘 옆에 여막을 짓고 3년 동안 죽만 먹고 지냈으며, 인석茵席도 깔지 않았고, 조석으로 자기 손으로 불을 때어 상식을 올렸다고 하옵니다."	시묘형 (3년상)
8	전 광흥창 부승 정면鄭㝠	포천	"부모가 연달아 돌아가시자 6년간 여묘를 살면서 아우와 더불어 몸소 돌을 등에 지고 담장을 쌓고 계체階砌를 만들고 새벽과 저녁에 반드시 곡하였으며, 노비와 가산을 분배하는데, 반드시 고르게 하여 조금도 자기에게 더함이 없었습니다. 또 울면서 말하기를 '아들을 낳아 가정을 이룬 것을 보기를 원하는 것이 부모의 마음인데, 두 아우가 모두 결혼하지 못하였으니, 어찌 살겠는가!'라고 하며 드디어 자기 몫으로 나누어 얻은 가재도구와 전토와 노비를 아우들에게 다 주었다고 하옵니다."	*형제애 시묘형 (6년상)
9	학생 김순金順 사정 김가외 金可畏 형제	충청도 대흥	"부모 상사를 당하자 그 해 마침 큰 기근이 들었는데, 김순은 모친의 분묘를 지키고 김가외는 부친의 분묘를 지키면서 신을 삼아 조粟를 바꾸어서 몸소 불을 때어 조석을 받들고 이렇게 3년을 마치었습니다."	시묘형 (3년상)
10	임산수任山壽	온수溫水	"부모 돌아가시자 날마다 흙을 메고서 분묘를 이루어 놓고는 분묘를 지키면서 곡읍하며 6년을 마쳤으니, 그 뒤에도 매번 삭망朔望을 당하면 반드시 제사했다 하옵니다."	시묘형 (6년상)
11	유학 정강鄭江	전라도 순천	"모친상 당하고 부친이 후처를 두었는데, 정강은 부친과 5리나 되는 거리 살고 있으면서도 매일 세 번씩 가서 문안인사를 올렸고, 비록 무더운 날이라도 비가 오나 눈이 오나 이를 폐하지 않았습니다. 부친이 뜰을 쓸고 있는 것을 보고서는 먼저 일어나서 몸소 쇄소灑掃의 노역을 행하여 그 노고를 대신하였고, 부친이 계실 때에는 일찍이 멀리 출입하지 않았고, 시골사람들의 잔치 모임에도 늦게 왔다가 곧바로 돌아가곤 하였는데, 사람들이 좀더 있다 가기를 권하면 '가존家尊의 안부를 알 수 없어 사양합니다.'라고 하였고, 별미를 얻으면 반드시 그것을 가지고 돌아와 아버지에게 드렸습니다. 그 효심이 한결 같았다 하오며, 부친이 돌아가시자 죽을 먹으며 거적을 깔고 3년간 여묘살이를 하였다고 합니다."	평상형 시묘형 (3년상)

12	김난金難	경상도 함창	"살고 있는 집이 겨우 방 한 칸이었는데, 하루는 집에 불이 나자 김난은 죽음을 무릅쓰고 병으로 누워 계신 모친 업고 나오다가 함께 불에 데어 모친은 3일 만에 죽고, 자신은 화상으로 1년 동안 고생하다가 겨우 나았다고 합니다."	희생형
13	생원 송도宋滔	울산	"부모가 모두 오랜 병을 앓고 있었는데, 10여년을 모시고 약을 써오다가 부모님이 1년 간격으로 돌아가시자, 송도는 몸소 흙과 돌을 져다가 분묘를 조성하였으며, 상제喪制는 한결같이 『가례』에 따랐고, 불교 의식을 쓰지 않았습니다. 사당을 세우고 신주를 모셔놓고는 새벽에 나아가 분향하고 때에 따라 제사하되 새로운 음식물로 하였다고 합니다."	시묘형 (6년상)
14	전 사정 박성덕朴成德	의령	"9세 때 부친 돌아가셨는데, 장성해서 이장하고 흰 옷과 소식素食으로 3년간을 추복追服하였으며, 그 모친의 나이는 금년 73세인데, 본래부터 풍질을 앓고 있었으므로 몸소 약을 달여 드리며 곁을 떠나지 않았고, 맛있는 음식을 갖추어 바쳤으며, 혹 군무軍務로 인하여 밖에서 밤을 지내게 되면 언제나 '우리 어머니가 너무 늙으셨다.'고 하면서 어육魚肉 등을 먹지 않았다고 하옵니다."	시묘형 (3년상) 평상형
15	유학 유안劉安	거창	"15세 때 부친 돌아가시자 몸소 불을 때어 조석을 올렸고, 흙과 돌을 져다가 분묘를 조성하고는 3년간 여묘살이를 하면서 끝내 게으르게 하지 않았으며, 모친이 돌아가시자 또 시묘살이를 3년간 하고, 애통해 하기를 부친상 때와 같이 하였다고 하옵니다."	시묘형 (6년상)
16	전 산원 장시張恃	대구	"부친상을 당하자 장사지내고 7일 만에 비로소 죽을 먹었으며, 채소와 과일을 먹지 않고 거적자리와 나무토막으로 거처하고 여막을 짓지 않았으며, 불을 때어 조석을 받들고 흙과 돌을 져서 몸소 분묘를 조성하고 3년 동안 애통해하면서 추모하기를 항상 빈소를 모시던 날과 같이 하였으며, 모친이 돌아가시자 또 분묘 곁에 여막을 짓고 3년을 모셨는데, 하루는 저녁에 범이 와서 크게 울어도 조금도 무서워하지 않았다고 하며, 무덤 곁을 떠나지 않았다고 합니다."	시묘형 (6년상)
17	한기두韓箕斗	황해도 백천	"청렴하고 정직하였고, 부친께서 돌아가시자 여막에서 분묘를 지키면서 3년상을 치렀고, 모친을 섬기는데 효성을 다하였다고 합니다."	시묘형 (3년상)
18	유학 이갑경 李甲耕	서흥瑞興	"모친이 돌아가시자 여막에서 분묘를 지키면서 나무를 베고 밭을 갈면서도 조석을 몸소 지어서 받들었고, 부친께서 또 돌아가시자 연이어 6년간 여묘살이를 하였다고 합니다."	시묘형 (6년상)

19	전 사직 이보가李甫家	함길도 북청	"부친이 돌아가시자 3년상"	시묘형 (3년상)
20	학생 신여화申汝和	함길도 북청	"부친이 돌아가시자 3년상"	시묘형 (3년상)
21	학생 김여귀 金汝貴	평안도 무산	"부모상에 모두 합이 6년동안 시묘살이를 하면서 죽만 먹었다 하옵니다."	시묘형 (6년상)
22	학생 이천서 李天瑞	평안도 무산	"부친상 당하여 여묘살이 하다가 질병에 걸렸지만, 바야흐로 심한 지경까지 이르렀어도 조석전을 폐하지 않고 3년상을 마쳤다고 합니다."	희생형 시묘형 (3년상)
23	전 정설판관 박간朴侃	강서江西	"외아들로서 양친의 분묘를 각기 3년씩 지켰는데, 몸소 불을 때어 조석전을 올렸으며 때가 오면 곡읍하며 애모의 정을 다하였으며, 매년 봄 가을로 친히 흙을 져다가 분묘에 더하였다고 합니다."	시묘형 (6년상)
24	서운정 정균鄭均의 아내 허씨許氏	경기 안성	"나이 36세에 남편이 죽자 절개를 지키며 살면서 날마다 맛있는 음식으로 시어머니를 봉양하였고, 매번 세속명절이나 자신의 생일을 맞이하면 반드시 음식을 장만하여 헌수獻壽하였으며, 계묘 갑진년 사이에는 역질이 크게 성행하여 젊은 사람들이 눕게 되었는데도 허씨는 병을 두려워하지 않고 반찬을 갖추어 시어머니 봉양하기를 평상시와 같이 하였는데, 자신과 시어머니는 모두 탈이 없었습니다. 나중에 시어머니가 돌아가시자 집 북쪽에 장사지내고 조석으로 반드시 제사를 지내며, 나갈 때는 반드시 고하고, 돌아와서는 반드시 뵈었다고 합니다."	평상형 절개형 시묘형
25	사재감 부정 김윤화金允 和의 아내 이씨	서울 남부	"남편이 죽자 포천에 장사지내고 3년간 분묘를 지켰다고 합니다."	시묘형 (3년상)
26	절제사 홍상직洪尙 直의 아내 문씨文氏	경기도 적성	"남편이 죽자 분묘 곁에 여막을 짓고 조석으로 상식을 올리면서 대상大祥에 이르기까지 잠시도 분묘 곁을 떠나지 않았고, 상제를 마치고서도 차마 멀리 떠나지 못하여 가까운 동리에 살면서 매번 삭망朔望과 세속명절에 반드시 제사하였다고 하옵니다."	시묘형 (3년상)
27	학생 박한생朴漢 生의 아내 정씨鄭氏	충청도 공주	"나이 20세에 남편이 버리고 다른 여자와 살자, 부모가 다시 시집보내려고 하여도 따르지 않았고 나이 30세에 남편이 죽자 부모가 다시 시집을 보내려고 하여도 역시 따르지 않았다 하옵니다."	절개형
28	감무 이중빈李 仲斌의 아내 임씨林氏	홍주	"일찍 남편을 잃자 절개를 지키며 살더니, 시어머니가 돌아가시자 3년간 분묘를 지켰다고 합니다."	절개형 시묘형 (3년상)

29	소감 박맹문朴孟 文의 아내 조씨趙氏		"나이 39세에 남편이 죽자 3년간 분묘를 지키었고, 시어머니가 돌아가시자 또 분묘를 지켰다고 합니다."	시묘형 (6년상)
30	유학 최이원崔以 源의 아내 이씨	전라도 전주	"나이 18세에 남편이 죽자 부모에게 청하여 집 곁에 장사하게 하고 집이 몹시 가난하였지만, 가산을 팔아서 조석을 받들었는데, 3년을 마친 뒤에 부모님이 다시 시집보내려고 날을 이미 정했는데도 시부모의 집으로 도망하여 끝내 절개를 지켰다고 합니다."	절개형 시묘형 (3년상)
31	급제 김구연 金九淵의 아내 이씨		"나이 26세에 남편이 죽자 분묘 가까운 곳으로 이사하여 살면서 삭망에 반드시 제사하였으며, 시어머니를 따라 13년간 살면서 술과 고기를 입에 대지 않았고, 혹 때로는 버선을 만들어서 무덤 앞에서 사르는 등 살아있는 사람 섬기듯 하였다고 합니다."	시묘형
32	호장 양전梁 佃의 아내	남원	"나이 28세에 남편이 죽자 부모가 시집보내려고 하니, 스스로 절개지킬 것을 맹세하고 어육과 훈채葷 菜를 먹지 않았다고 합니다."	절개형
33	학생 최유룡崔有 龍의 아내	담양	"나이가 44세인데, 무진년에 왜구가 대거 침입하매 최유룡은 안쪽 행랑으로 들어가서 이를 방어하고 아내는 두 아들을 이끌고 바위 아래 풀섶 가운데 숨어 있었는데, 적이 달려들어 강간하려 하자 완강히 거절하며 좇지 않자 적이 마침내 그를 창으로 찔러 죽였는데, 마침 이웃 사람이 그 곁에 있다가 이를 불쌍히 여겨 적이 물러간 뒤에 시체를 거두어 장사 하였다고 합니다."	절개형 희생형
34	중추원 부사 이침李沈의 아내 문씨	제주	"나이 19세에 시집갔는데, 3년만에 이침은 서울로 가고 자식도 없이 홀로 살다가 남편이 죽자 구혼하는 사람이 많았으나 굳게 절개를 지켰다고 합니다."	절개형
35	직원 석아보리개 石阿甫里介의 아내 무명無命	정의旌義	"나이 20세에 시집갔다가 9년 만에 남편이 죽고 자식도 없었으며, 부모와 노예도 없었으나, 곤궁과 기아를 달게 여겼고, 청혼하는 자들도 많았지만, 끝내 지조를 고치지 않았다고 합니다."	절개형
36	다방별감 여백훈余伯 壎의 아내 윤씨	경상도 경주	"나이 19세에 남편이 죽자 아들도 노복도 없이 가난하게 살면서 삭망에는 친히 전奠을 드리고 울부짖으며 복제를 마쳤는데, 그 모친이 다시 시집 보내려고 하자 시부모님 댁으로 도망해서 절개를 보전하였고, 그 뒤 시아버지 복을 입었을 때에도 3 년을 게을리하지 않았으며, 지금까지도 제사를 받들고 있다 합니다."	절개형 시묘형 (6년상)

37	지군사 이태경李台 慶의 아내 강씨姜氏	황해도 곡산	"나이 29세에 남편이 죽자, 3년 뒤에도 사계절의 제향을 반드시 정성껏 지냈고, 판사 조윤명曹允明이 그를 취하려 하였을 때에는 머리를 깎고 좇지 않았으며, 상산군象山君의 아들 강진姜鎭도 그를 취하려 하였지만, 도망하여 숨고 또 머리를 자르고 친속들이 누차 금지하였던바 즉시 서울로 갔다가 오랜 뒤에 돌아와서 시제를 받들기를 전과 같이 하였다고 합니다."	시묘형 (3년상) 절개형
38	유학 윤원상尹元 常의 어머니	평안도 양덕陽德	"나이 32세에 남편이 죽자 3년상을 입었고, 매번 삭망제를 당하여 분묘 곁을 떠나지 않고 슬피 호곡號哭하였으며, 6명의 아들이 모두 어려서 몸소 나무하고 물긷는 노고를 다하면서 외롭게 살아가자, 그 모친이 친족과 더불어 그 뜻을 억지로 빼앗으려고 하니 굳게 거절하고, 시어머니를 20년 동안 지극한 효성으로 받들다가 시어머니 돌아가시자 3년간 참최斬衰의 복을 입었다고 합니다."	절개형 시묘형 (6년상)
39	기관 을봉乙 奉의 어머니	무산撫山	"나이 33세에 남편이 죽자 3년상을 마쳤고, 그 모친과 가족들이 시집보내려는 것을 완강히 거절하고 시어머니의 나이 89세인데도 더욱 공경히 봉양하며 남편이 죽은 지 20년이 되도록 매일 기일만 당하면 언제나 머리를 풀고 통곡한다고 합니다."	시묘형 (3년상) 절개형 평상형
40	훈도관 윤통尹統	경주	"아주 여렸을 때 부친이 돌아가셨는데, 장성하면서 부친 섬김의 도를 다하지 못함을 한스럽게 여기며 조부 섬기기를 부친 섬기는 것처럼 하더니, 조부가 연로하여 앞으로 곁에 모실 날이 짧음을 민망히 여기며 벼슬을 사양하고 돌아와서 새벽에 문안드리고 저녁으로 자리를 보살펴 드리는 등 항상 곁을 떠나지 않았으며, 봉양할 때에는 조부의 뜻에 맞도록 힘썼으며 조부가 돌아가시자 애통해하며 호곡하기를 그치지 않았고, 분묘 곁에 여막을 짓고 3년을 지켰는데, 시제를 당하면 정성과 공경을 다하며 생존하셨을 때와같이 하였다고 합니다."	시묘형 (3년상) 평상형 (養志)

〈자료3〉1428년(세종10) 10월 28일자 효행기록

이를 다시 유형별로 정리하면 다음과 같다.[38]

유형	평상형	희생형	시묘형	절개형	기타(교육, 충신, 형제애, 스승공경…)
전체 40건(복수)	7건	4건	33건 (6년상 12건, 4년상 1건)	11건	1건(형제애)
비율(복수)	17.5%	10%	82.5%	27.5%	2.5%

〈자료4〉 1428년(세종10) 효행유형

위 〈자료3〉에서 눈에 띄는 항목은 8번 정면의 사례로, 부모가 연달아 돌아가시자 6년상을 치르면서 형제간 우애를 돈독히 한 경우다. 부모의 재산을 나눌 때에도 공평히 하였고, 더욱이 가정을 이루지 못해 아이를 두지 못한 동생을 더욱 챙기려는 형의 동생 보살핌과 사랑이 돋보인다. 『논어』에서 효를 말할 때,[39] 효만 말하지 않고 '효제孝悌'를 함께 말한 것은 의미 있다. 부모공경과 형제간의 우애와 공경이 함께 중요함을 지적한 것이다.

또 위 사례의 특징 가운데 하나는 남편과 사별한 아내들의 절개를 효와 더불어 함께 취급했다는 점이다. 유교사회 조선의 여인은 출가외인으로 취급되면서 '삼종지도'에 따른 '여필종부', '부창부수'가 그 숙명이었다. 그로 인해 수많은 여인들이 남편이 죽으면 자결한 사례도 없지 않았다. 그런데 위 사례를 면밀히 살펴보면 친정 부모는 남편 잃은 딸에게 개가할 것을 강력히 권한다는 사실이 주목된다. '과부재가금지법'이 조선 1477년(성종8)에 시행되었고,[40] 그 이전 세종시대

---

38) 세종10년(1428) 10월 28일: 生子願有室者, 父母之心也, 而二弟俱未得婚, 何以爲生. 遂以己所分得貲産土田奴婢加給.

39) 『논어』 「학이」: 孝弟也者, 爲仁之本與.

40) 고려시대까지는 계급을 막론하고 과부의 재혼이 자유로 왔고, 죄악시 하지 않았다. 하지만 조선이 유교사회(성리학)를 표방하면서 점차 재가는 금지되는 경향으로 나아갔다.

(세종11년, 1429)에는 부부는 "인륜의 근본이며 만화의 근원"[41]이라 논하며 "한번 더불어 같이 하면 죽을 때까지 바꿀 수 없는 도"[42]로써 '삼종지도'를 언급하면서 "한번 몸가짐을 그르치면 그 행위는 금수와 같은 것이니, 죄가 이보다 큰 것은 없다."[43]고 하였지만, 위 사례를 보자면, 또 이를 통해 정리하자면, 1428년 이전만 하더라도 재가가 제법 자유로웠음을 행간으로 알게 된다. 오죽하면 1429년 9월 30일자 "종신불개終身不改"와도 같은 내용이 상서되었겠는가.

또 한 가지 특이 사항은 전보다 3년상, 6년상과 같은 시묘형 효행이 33건으로 부쩍 늘었다는 점이다. 그 가운에서도 6년상 12건, 4년상 1건 등 4년 이상의 시묘살이가 33건 중 13건이라는 점은 남다른 의미가 있다. 이보다 4년 뒤인 1432년(세종14) 9월 13일자 기록을 검토하고 함께 생각해 보자.

	직위와 성명	지역	효행내용	유형
1	김인金初	예천군	"집안이 가난하여 노비가 없는데도 부모를 섬겨 지극히 효도하고, 부친상에 무덤지키고자 했으나, 마침 모친 병에 걸리자 무덤지키지 못했습니다. 모친 돌아가시자 무덤 옆에 여막을 짓고 아침저녁으로 슬피 울며 생각하고 기년이 된 후에도 죽을 먹으며 재기再期가 된 후에도 채식하면서 그 상제를 다했지만, 부친 여막살이 못한 것이 한스럽게 여겨져, 이내 다시 3년동안을 거처하면서 처음부터 끝까지 한결 같았습니다."	시묘형 (6년상)
2	김효량金孝良	창원부	"15세에 부친 병들자 의원에게 부탁해서 치료해도 효과가 없자, 산 사람의 뼈가 좋다는 말을 듣고 스스로 손가락을 끊어 볶아 말리어서 가루를 만들어 술에 타서 마시게 했습니다."	희생형 (斷指)

---

41) 세종11년(1429) 9월 30일: 人倫之本, 萬化之源.

42) 세종11년(1429) 9월 30일: 一與之齊, 終身不改.

43) 세종11년(1429) 9월 30일: 一失其身, 則行同禽獸, 罪莫大焉.

3	전좌명田佐命	선산부	"모친이 온 몸을 쓰지 못하고 병상에 누운지 7년이나 되었는데, 늘 스스로 약을 달이고 몸소 오줌 그릇을 받들다가, 돌아가시자 무덤을 지켰으며 명년에 부친이 또 돌아가시자 모친과 합장하고 4년 동안을 여막에 살았으며, 상기를 마쳤는데도 오히려 떠나지 않았으므로 마을 사람들이 법을 들어 개유開諭하려고 하였지만, 또 3개월을 머물러 있으면서 슬피 울기를 그치지 않았습니다."	희생형 시묘형 (4년상)
4	양욱梁郁	산음현 (경상도 산청의 옛 이름)	"부모를 섬기면서 혼정신성昏定晨省을 조심스럽게 하고, 마음을 다하여 맛있는 음식을 해 드렸으며, 부친 돌아가시자 3일 동안을 먹지 않고, 3년 동안을 무덤에서 여막살이 했으며. 모친도 돌아가시자 부친과 합장하고 종족과 이웃 사람에게 빌어 얻고, 또 가산을 다 팔아서 제사를 받들고, 또 3년 동안을 무덤에서 여막살이를 했습니다."	평상형 시묘형 (6년상) 희생형
5	윤은보尹殷保, 서즐徐騭	(경상도) 지례현知 禮縣	"장지도張志道에게서 공부를 하였는데, 일찍이 약속하기를 '사람이 군, 사, 부 세 분에게 섬기기를 똑같이 해야 하는데, 하물며 우리 스승님은 후사가 없으니 돌아가신 후에는 마땅히 무덤에 여막을 짓고 3년 동안을 마쳐야 되겠다.'하더니, 스승이 돌아가시자 부모에게 알리고 상례에 따른 의관을 갖추고 무덤 옆에 여막을 짓고 몸소 밥을 지어 올렸습니다. 어느 날 은보는 부친께서 병이 나자 집에 돌아가 약을 달이고 잠시도 웃옷을 벗지 않았으며, 병이 나으매 다시 돌아와 무덤에서 여막살이를 한 지 한 달 남짓하였는데, 은보가 상서롭지 못한 꿈을 꾸고 즉시 집으로 돌아가 보니, 과연 부친께서 다시 병을 얻어 5일 만에 돌아가시자, 가슴을 치고 뛰며 슬피 울면서 빈소 곁을 떠나지 않았습니다. 어느 날 광풍을 만나 향합香盒을 잃어버렸는데, 몇 달 만에 까마귀가 향합을 물고 북산으로부터 날아와서 무덤 앞에 두고 갔으므로 그에게서 공부한 심징沈澄, 배현裵現 등이 이를 주어서 보니 과연 전의 향합이었습니다. 은보는 비록 부친의 무덤에서 여막살이를 하지마는 오히려 스승을 위하여 초하루, 보름을 만나면 반드시 제사 지냈으며, 서즐은 홀로 스승의 무덤에서 여막 짓고 3년동안을 마쳤습니다."	시묘형 (6년상) ※ 스승 에게도 3년상
6	임유任柔	서울	"20세에 모친 병들자 곁에 모시고 약을 달이면서 조금도 게을리하지 않았으며, 모친 돌아가시자 3일 동안 먹지 않고, 3년 동안 슬퍼했으며, 외조부모가 잇달아 돌아가시자 임유는 아버지를 대신해서 상주가 되어 슬퍼하고 사모하기를 정성을 다했으며, 아버지가 병이 들어 거의 돌아가시게 되었는데, 사람의 피가 좋다는 말을 듣고 즉시 팔을 찔러 피를 뽑아서 드렸더니 과연 나았습니다."	희생형 시묘형 (3년상)

| 7 | 강숙전康叔全 | "어릴 때부터 나가 노는 곳의 행방을 반드시 알렸고, 밖에 나갔다 들어오면 반드시 알렸고, 자라서는 부모의 곁을 떠나지 않았고 '혼정신성'하며 밖에 나갔다 들어오면 반드시 고하였습니다. 부모님 나이 모두가 85세가 되시면서 함께 풍질을 앓게 되자 숙전이 모시며 약을 드렸으나 10여 년이 되어도 차도가 없었는데, 부모님을 모시고 온정溫井에 와서 목욕을 시켜드렸더니 3년 만에 병이 나았습니다. 부모님은 그 효성에 감동되어 가산과 노비를 주려고 하였지만, 숙전은 사양하면서 '약으로 병을 낫게 하는 것은 자식의 직분으로 마땅한 일이오니, (저에게만 주시지 마시고 자녀들에게) 고루 나누어 주소서.'라고 하자, 부모님이 그대로 따랐습니다." | 평상형 형제애 |
| 8 | 고용례高用禮 | "집이 가난했으나, 어머니는 나이 79세이므로 맛있는 음식으로 봉양하고 혼정신성하며, 겨울에는 따뜻하게 하고 여름에는 시원하게 하여 반드시 조심하며, 어머니가 돌아가시매 상례는 한결같이 『가례』에 따랐고, 무덤에 여막을 짓고 조석으로 제전을 드리는 일과 나무를 심고 무덤을 쌓는 일을 몸소 하지 않음이 없었으며, 죽을 먹으면서 상기를 마쳤습니다." | 평상형 시묘형 (3년상) |

〈자료5〉 1432년(세종14) 9월 13일자 효행기록

이를 다시 앞서와 마찬가지로 유형별로 분류해 본다.

유형	평상형	희생형	시묘형	절개형	기타(교육, 충신, 형제애, 스승공경...)
전체 15건(복수)	6건	4건	12건 (6년상 6건, 4년상 1건)	1건	4건
비율(복수)	40%	27%	80%	7%	27%

〈자료6〉 1432년(세종14) 효행유형

〈자료5〉에서 특기할 사항은 5번 윤은보, 서즐의 스승상에 3년 시묘살이를 한 것이다. '군사부일체'이기 때문에 스승에게도 부모에 준하는 예를 올려야 한다는 것이고, 그런 가운데 한 사람은 부친상을 당

하였지만, 이를 동시에 고려해 가면서 두 군데 모두에 예를 갖추었다는 점이다.

또 눈여겨볼 대목은 11번 오민경의 효행으로 연이은 부모상에 6년 동안 여막살이를 하다가 형과 형수가 일찍 죽자 갈 곳 없는 조카 여섯을 데려다가 자신의 자식처럼 사랑하며 키우면서 나중에는 혼수를 갖춰 결혼까지 시켰다는 기록이다. 콩 한 알도 쪼개 먹었다는 뜨거운 형제애가 빛나는 사례라 할 수 있다.

12번 조선의 효행도 눈에 띈다. 가난한 살림 가운데 지극 정성으로 어머니를 모시다가 돌아가시자 94세의 외할머니를 역시 같은 정성으로 봉양했다는 내용이다. 하지만 안타까운 사실도 찾게 된다. 14번 이기의 효행으로 모친상을 당하여 집안 형편상 3년상을 치를 수가 없어 부친이 반대하지만, 3년 시묘살이를 하는 가운데 부친마저 돌아가셨다는 얘기다. 다시 말해 가난도 가난이지만 집안을 돌볼 상황이 안 되는 환경에서 돌아가신 분 3년상을 치루다가 살아계신 부친을 돌보지 않았음을 보게 되는데, 여기서 3년상의 진정한 의미가 무엇인지 돌이켜 보게 된다. 살아 계신 분에 대한 봉양과 돌아가신 분에 대한 효행, 어느 것에 더 중점을 두어야 할지를 생각하게 하는 사건이다.

전체적으로 특기할 사항은 〈자료6〉에서 보듯, 이전 효행 사례와 비교해서 시묘형이 80%를 차지할 정도로 매우 높게 나타나고 있다는 점이다. 그 가운데 절반 이상이 6년상이란 점도 주목된다. 그럼 왜 시묘형 효행이 전보다 증가했는가가 중요한데, 먼저 얼마나 증가했는지, 시기별로 비교해 보면서 살펴보자.

유형	세종2년(1420)	세종10년(1428)	세종14년(1432)
평상형	34%	17.5%	40%
희생형	15%	10%	27%
시묘형	46% (시묘형 19건중 6년상 3건. 장기비율 9%)	82.5% (시묘형 33건중 6년상 12건, 4년상 1건. 장기비율 39.4%)	80% (시묘형 12건중 6년상 6건, 4년상 1건. 장기비율 58.3%)
절개형	46%	27.5%	7%
기타	5%	2.5%	20%

〈자료7〉 년도별 효행유형 비교표

　상기 〈자료7〉에서 특이점을 발견할 수 있다. 시묘형 효행이 1420
년 46%에서 1428년 82.5%, 1432년 80%로 거의 두 배 가까이 늘었다
는 점이다. 또 '할고단지'를 비롯한 신체의 위험을 무릅쓴 희생형 또
한 1420년 15%에서 1432년 27%로 늘어난 점도 주목된다.

　이는 앞서도 언급했지만, 세종대왕의 효행자 우대와 표창제도가
가져온 하나의 결과라 할 수 있다. 시간과 노력이 수반되는 평상형 효
행은 가정 내에서 이뤄지는 것이기 때문에 남들 눈에 쉽게 띄지 않는
다. 또 가정 내에서의 효행은 조선사회 유교적 삶을 강조하는 분위기
에서 어찌 보면 당연한 것으로 치부될 수도 있기 때문에 질병 치료와
같은 특별한 경우가 아니고서는 주변에 알려지기 힘든 구조이다. 반
면 3년에서 6년 시묘살이는 공개된 현장에서 표현되는 효행이기 때
문에 효행자를 추천해야 할 관리자 입장에서는 매우 유용한 객관적
효행사례라 할 수 있다. 이것이 평상형 효행자보다는 시묘형 효행이
늘어날 수밖에 없는 구조이다. 물론 희생형은 위험을 무릅쓴 경우이
기 때문에 그에 알맞은 조건, 예컨대 외적의 침입을 당했다든지, 화

재나 역병과도 같은 재난이 발생했을 때와도 같은 조건이 필수적으로 따르지만, 시묘형은 상대적으로 누구나가 주어지는 조건(상·제례)이기 때문에 조금만 신경 쓰고 노력하면 가능했던 효행이라는 것도 감안할 필요가 있다. 그런데 시묘살이는 그 특성상 기본적으로 가족의 생계가 우선 확보되어야 가능하지만, 그렇지 않은 경우에도 시행한 사례가 있어서 돌이켜볼 문제이다. 다시 말해 산 사람 봉양보다 죽은 사람 봉양을 우선할 때 생기는 문제이다. 세종의 시묘형 효행에 대한 생각이 매우 관대하고 유연했던 이유도 여기에 있다. 역시 사례를 통해 확인해 보자.

(4) 3년상에 대한 세종의 유연한 생각

앞서 실록에 나타난 효행사례를 살펴보았다. 여기서 우리는 갈수록 시묘형(3년, 4년, 6년상)이 늘고 있다는 사실을 확인할 수 있었다. 어찌됐든 이들에게는 대부분 복호復戶, 서용敍用, 상물賞物 등의 혜택을 내렸다. 1433년(세종15) 6월 1일 기록에는 갑산 사는 김전金專이 아우 김점金占과 더불어 사친의 효를 다하다가 돌아가시자 3년상을 치렀고, 이에 감동한 같은 마을 사는 사람이 자신도 3년상을 치렀다는 얘기이다. 그리고 몇 건의 3년상이 더 이어지면서 릴레이 형식의 효가 됐다는 것이다. 한 사람의 3년상이 주변 사람에게 영향을 주면서 너도나도 3년상을 치렀다는 얘기이다. 물론 이들은 부모 섬김의 본보기란 차원에서 모두 표창되었다.

재미난 것은 3년상을 치루다가 중간에 그만두어 논란이 된 사례이다. 아버지 상기를 어긴 최자달이란 사람을 처벌해 달라는 소청이다.

3년상은 천하의 공통된 도리인데 과거시험에 합격해서 관리가 됐다고 이를 무시하고 상복을 벗었다는 것이다. 관직과 녹봉에 눈이 어두워 복상 기간을 어겼으니 당연히 처벌해야 한다고 하면서 "관직을 거두시고 유사에게 명하여 법대로 죄를 주고 상제를 마치도록 하여 인륜을 두텁게 하면서 동시에 선비의 기풍을 닦게 해 달라."⁴⁴⁾는 상소문이다. "어버이 섬기기를 효도로 하기 때문에 그 충성을 임금에 옮길 수 있다."⁴⁵⁾ 그래서 "충신을 효자 가문에서 구한다."⁴⁶⁾는 경전의 내용까지 인용하며 처벌을 강조하지만, 세종은 허락하지 않았다. 3년상을 경직되게 바라보지 않았던 세종의 상황 리더십을 엿보게 된다. 충과 효, 모두가 중요하다. 하지만 때론 무엇을 우선할 것인가의 선택의 순간에 국가 대사를 먼저 생각했음을 보게 된다. 상소한 신하들은 효를 우선이라 생각했지만, 세종이 허락하지 않은 것은 공적 업무로서의 충이 우선임을 보여준 것이다.

『논어』에 언급된 3년상은 태어나서 부모로부터 받은 은혜에 대한 감사의 표현이므로 형식보다는 바른 마음 자세가 중요하다.⁴⁷⁾ 그렇다면 그 마음이 확고하다면 3년이란 수치화된 형식보다는 질적 내용이 더 중요할 수 있다. 세종은 이런 식으로 에둘러 말한 것이라 생각한다.

비슷한 예로 경상좌도 처치사 김효성金孝誠은 3년상을 핑계로 사면을 청했지만, 세종이 허락하지 않았다는 기록이 있다.⁴⁸⁾ 그 이전 북쪽

---

44) 세종11년 1월 8일: 亟收此職, 命攸司按律科罪, 俾終喪制, 以厚人倫, 以礪士風.
45) 세종11년 1월 8일: 事親孝, 故忠可移於君.
46) 세종11년 1월 8일: 求忠臣於孝子之門.
47) 『논어』「양화」: 子生三年, 然後免於父母之懷. 夫三年之喪, 天下之通喪也.
48) 세종22년(1440) 4월 25일자 기록 참조.

변방 경원절제사로 있을 때에는 가까이서 늙은 모친 봉양하지 못함을 이해하면서도 임지를 바꿔주기보다는 역마를 달리게 하는 배려를 하였다.[49] 비록 나라에 대한 충과 부모에 대한 효가 모두 중요하지만, 관직에 있는 사람들에게는 충이 우선이란 판단이다. 가정이란 사적 공간에서의 효보다 관직이란 공적 기관에서의 충을 먼저 고려한 처사이다. 비록 백행의 근본으로 효를 말하지만, 공적 업무와 비교해 볼 때 사적 영역에 해당할 수 있기 때문에 공직자에게 요구되는 우선순위가 무엇인가를 알려준다. 3년상의 경우도 그때그때 처한 상황에 따라서 달리 이해하고 적용해야 한다는 것이다. 획일적·일방적 판단에 대한 경계이다.

3년상에 대한 세종의 유연했던 태도는 함길도 도절제사 김종서金宗瑞의 모친상에서도 그대로 드러난다. 북방 경계에 두터운 신망을 업고 충성하는 김종서를 생각하며 세종은 김종서의 고향에 있는 모친이 조금이라도 질병이 있으면 약과 음식을 손수 보낸다. 군주의 은혜를 입은 모친은 급히 달려온 아들 김종서에게 "너는 빨리 네 직책으로 돌아가라. 네가 능히 성상께 충성을 다한다면 나는 비록 죽더라도 유감이 없을 것이다."[50]라고 하며, 본직으로 돌아갈 것을 강권한다. 모친의 뜻에 따라 변방으로 돌아간 김종서는 모친의 임종을 보지 못했지만, 공사 구분에 있어서 무엇이 소중한 일인가를 알려주는 중요한 사례가 된다. 막상 상을 당해 3년상을 치르며 못다한 효성을 다하려고 김종서는 생각하지만, 바삐 돌아가는 국경 상황 때문에 세종은 그에게 복귀명령을 내린다. 상제喪制를 마치게 해달라는 청도 거절하

---

49) 세종20년(1438) 6월 27일: 其情必不忘定省, 母若有疾, 則予當馳驛以論矣.

50) 세종18년(1436) 1월 21일: 汝其亟還職, 若能效忠於上, 則我雖死, 無憾.

며 원대 복귀를 명령한 세종은 국가의 안위가 중차대함으로 김종서
를 설득한 것이다. 아무리 다시 상서를 올려도 허락지 않겠다며 억지
로라도 상복을 벗고 직책으로 돌아갈 것을 명한 것이다.[51] 큰 틀에서
효는 개인적인 일이고 충은 공적 사무이다. 그런 점에서 국가적 책무
를 담당한 공직자는 공을 우선해야 한다는 세종의 뜻을 이 사례를 통
해서 알게 된다.

김종서 장군 묘와 사당 충익사(세종시 장군면 대교리 237)

4) 효가 어렵게 된 까닭

효행은 부모에 대한 자녀의 기본 도리로 백행의 근본이라 했다. 태
어나 자라면서 부모로부터 받은 은혜에 대한 당연한 보답이지만, 이
를 백행의 근본이라 한 것은 효행이 여타 동물과 다른 인간만의 고유
한 도덕적 가치이기 때문이다. 어떠한 동물이든 내리사랑은 본능적
행위에 가까울 정도로 공통적이다. 하지만 받은 사랑을 다시 돌려드

---

51) 세종18년 1월 21일: 俾還舊任, 予意已決, 書疏雖上, 終無可從之理, 愼勿再進, 強脫縗絰, 速就
厥職.

리는 것은 오로지 인간만이 갖는 특징이다. 인간이 짐승과 다른 점은 효행에 있다. 나서[生], 자라고[長], 성숙하고[成], 자립하는[立] 과정에서 부모로부터 받은 은혜가 자애慈愛라면, 역으로 부모가 늙고[老], 병들어[病], 쇠약해[衰]지면서 자립이 불가능할 때 받은 은혜를 다시 갚는 마음과 행위가 효행이다. 따라서 오로지 받기만 하는 짐승들과는 확연히 다르다. 생후生後 받았으니 효행도 삶 속에서의 부양이 핵심이다. 몸을 부양하는 것[養口體]도, 뜻을 받드는 것도[養志]도, 마음으로부터 공경하는 것도 살아생전의 문제이다.

이런 효의 의미는 늙은 부모를 업고 있는 효도할 효孝자에 그대로 담겨 있다. 효는 젊은 자녀[子]가 늙은 부모[老]를 짊어진 형태의 글자이다. 이때 젊다는 것은 "생활 능력이 있다."는 것이고, 늙었다는 것은 "생활 능력이 없다."는 것이다. 생활 능력이 있는 것을 '강자'라 한다면, 생활 능력이 없는 것은 '약자'에 해당한다. 한마디로 '강자'가 '약자'를 보호하는 형태이다. 강자의 약자 보호가 효라면, 효는 매우 합리적이다. 조선시대의 예를 들어보자. 한창 젊어서 조정에 나아가 일하다가 부모가 나이 들어 홀로 거동할 수 없게 될 때쯤 부모 돌봄을 위한 사직 상소를 올린다. 왕조실록에 전하는 이런 부모 돌봄 사례는 매우 많다. 임금도 그런 관리의 뜻을 존중했고, 때론 고향 근처 지방직으로 발령 내어 부모 돌봄을 배려했다.

하지만 시간이 흐르면서 강자의 약자 보호기능은 사라져갔다. 약자가 강자에게 헌신 봉사 희생하는 것을 효라 여기며 가르쳤다. 어린아이와 나약한 여성들이 그 희생의 중심에 섰다. 효행기록을 담은 수많은 실록 자료에는 한창 어린 나이의 청소년들과 어린 나이에 시집온 여인들의 헌신적인 희생 사례를 여럿 실었다. 한국의 대표 효행설화 심청전도 같은 맥락이다. 보호받아야 할 청소년들이 효란 명분하에 희생되는 모습들이다. 강자의 약자 보호기능이 약자의 강자 보호기제로 바뀐 것이다. 효개념의 완전 변질이자 왜곡이다. 효개념의 회복이 필요한 이유이다.

또 언제부턴가 효행의 중심이 일상에서 상·제례로 옮겨갔다. 생전의 효행보다는 사후의 효행, 즉 '시묘형 효행'이 효의 중심이 됐다. 효가 종교적, 절대적 가치로 전환했고, 이를 표창하고 포상하는 제도까지 나왔다. 3년상도 모자라 연이은 초상도 아닌데, 오래전에 돌아가신 부모상을 소급해서 4년, 6년상을 치르는 경우도 생겼다. 백행의 근본인 일상적 효행, 그래서 누구나 마땅히 해야할, 또 할 수 있는 '평상적 효'에서, 이제는 좀 더 시간적, 경제적 헌신과 희생이 요구되는 '시묘형 효행'으로 옮아갔다. 효행이 누구나 하기 힘든 특별한 일이 된 것이다.

거기에는 이유가 있다. 효행자 포상제도가 활성화되면서 객관적 효행 근거는 필수요소가 됐다. 추천해야 할 관리자 입장에서 시묘형 효행은 일상적 삶에서 표현된 평상적 효행보다 매우 가치 있는 행위였다. 여러 사람이 볼 수 있고, 확인 가능한 공개된 장소에서의 효행 사례이기 때문에 객관성·구체성을 담보할 수 있다. 결국 오랜 시간 헌신과 노력이 수반되는 '시묘형 효행'은 추천 우선 대상이 될 수밖에 없다. 근거 중심의 효행자 표창 제도가 시묘형 효행을 늘어나게 한 요인으로 작용한 것이다.

그런데 이것은 누구나 해야 하는 효행에서 누구나 할 수 없는 효행이 되었다는 데 문제가 있다. 출퇴근 시묘살이도, 시간제형 시묘살이도 아닌 온전히 분묘 곁에서 3년에서 6년이란 긴 시간과 노력을 투자

해야 할 효행이기에, 일반 사람들에게는 보통 부담이 아니었다. 마음도 중요하지만, 경제력이 없는 사람들에게 3년상은 너무나 가혹한 일이었다. 효행이 아무나 하기 힘든 매우 부담스럽고 어려운 일이 된 것이다.

한편으론 일상적·평상적 효행과는 달리 엄청난 희생과 결단을 요구하는 또 하나의 효행사례에 대한 비판적 검토이다. 곧 '할고단지'와도 같은 '희생형 효행'에 대한 검토이다. '희생형 효행'은 몸을 훼손한다는데, 경전상의 효행과는 거리가 멀다. 하지만 주변에 이런 사례는 효의 표본이 됐다. 역시 누구나 따라 하기 힘든 부담스런 효행이다.

이렇듯 시묘형, 희생형 효행은, 또 그것으로 효행 표창을 받은 경우는 효를 일반 대중으로부터 멀어지게 했다. 일반사람들이 감내하기 힘든 헌신과 희생이 수반되면서 효가 부담으로 작용한 것이다.

이제 전통적 효행의 특징을 오늘날의 관점에서 새롭게 돌아보자면, 이는 효의 표본이 아니라 반성의 요소라 할 수 있다. 과거의 '평상적 효행'도 만만치 않은 일인데, 생사를 넘나드는 극한 상황에서의 '희생형 효행'이나 시간과 물질과 노력을 수반하는 '시묘형 효행'은 효를 일반으로부터 멀어지게 한, 그래서 효를 부담스럽게 만든 요소라 할 수 있다. 그래서 『논어』에서 말하는 '건강'도, '공경하는 마음'도, '온화한 얼굴'도 효[52]라고 한 매우 일상적이고 현실적인 효행이, 이런 희생적, 시묘형 효행에 묻혀, 마치 효가 아닌 것처럼 비춰지게 됐다.

그런 점에서 조선 초기 세종대왕의 시묘형, 희생형 효행에 대해 유

---

52) 『논어』 「위정」: 孟武伯問孝. 子曰: "父母唯其疾之憂." 子游問孝. 子曰: "今之孝者, 是謂能養. 至於犬馬, 皆能有養; 不敬, 何以別乎?" 子夏問孝. 子曰: "色難. 有事弟子服其勞, 有酒食先生饌, 曾是以爲孝乎?"

연했던 태도와 판단은 오늘날 효의 방향을 어떻게 제시해야 하는가를 가늠하는 중요한 요소라 할 수 있다. 나아가 형제애와 가족애를 표창하며 그것을 효행으로 기린 것은 오늘날 본받아야 할, 값진 효행의 한 사례라 생각한다.

아무리 아름다운 전통문화라도 현대적 관점에 맞지 않는 것은 버려야 한다. 아름다운 문화 전통으로 효행을 되살리는 길은 현실성과 실천성을 먼저 고려해야 한다. 박물관 전시실로 가야 할 효행과 여전히 일상에서 유용한 효행을 구별해야 한다. 일상생활 속의 '건강' '공경' '온화한 얼굴'을 효행의 덕목으로 삼은 것은 그런 점에서 매우 절실한 내용이 아닐 수 없다.

5) 조선 중기의 사회 분위기와 남녀문제

(1) 남녀 평등적 사회에서 불평등사회로

16세기 이전 조선의 모습은 생각보다 남녀 차별적 요소가 많지 않았다. 보통 조선사회하면 유교를 떠올리고 유교하면 남녀불평등을 생각하는데, 16세기만 하더라도 그렇게 심하지 않았다. 그 이면에는 남녀 모두가 제사를 모신다는 평등적 요소가 깔려 있다. 17세기 이후 정착된 남성 중심의 제사문화, 곧 양자를 들여서라도 장자가 제사를 모셔야 한다는 제도가 결국 남녀불평등으로 이어지는 단초가 됐다. 장자 독점의 제사 문화가 결국은 남녀불평등, 형제불평등의 가부장사회로 자리매김 했고, 그것이 17세기 이후 조선사회를 지배하며 유교문화의 전반적인 이미지로 굳어졌다. 거기에는 유교적인 가치 규범을 정립한『주자가례』와『소학』의 확대 보급이 큰 영향을 미치었다.

특히『주자가례』는 일반 가정에서 지켜야 할 예절과 관혼상제의 기본이 모두 수록되었다. 주자학을 무엇보다 소중히 여긴 조선 사회에서『주자가례』가 귀중한 서책으로 여겨지면서 당시 사회의 표준이 됐다. 17세기 이후 조선 사회가 유교적 의식구조로 정착하는데『주자가례』가 큰 영향을 미쳤다는 이야기이다.

아래 도표 〈왕조실록에 나타난 유교 관련 도서 언급 횟수〉에서 보듯 비록 시대별로 도서별 큰 차이를 보이는 것은 아니지만, 다양한 서책들이 언급된 것은 유교적 범절과 관혼상제 문화가 꾸준히 정착되었음을 알려준다. 특히 결혼제도와 제사, 그리고 재산 상속 문제에 있어서 종법을 바탕으로 한 적장자 중심의 강력한 가부장제 정착의 이면에는 이런 유교 경전과 서책의 확대 보급이 큰 영향을 주었음을 확인시켜 준다. 적장자 차등 상속과 제사로부터의 소외는 결국 사위들을 처가로부터 멀어지게 했고, 혼인풍속도 남자 중심으로 바뀌면서 남녀불평등 구조를 심화시켰다. 친가 중심의 문화가 정착되면서 여자들은 친정으로부터 멀어진 것이다.

	소학	주자가례	내훈	논어	맹자	대학·중용	심강행실도	합계
15세기(태조~연산군)	124회	29회	-	174회	378회	68회	4회	777회
16세기(중종~선조)	221회	12회	9회	226회	335회	80회	17회	900회
17세기(광해군~숙종)	120회	17회	17회	275회	465회	48회	2회	944회
18,19세기(경종~순종)	337회	13회	7회	287회	513회	67회	7회	1,231회
합 계	802회	71회	33회	962회	1,691회	263회	30회	3,852회

〈왕조실록에 나타난 유교 관련 도서 언급 횟수〉

유교적 여성의 교훈서에 해당하는『내훈』에 대한 왕조실록의 언급 회수도 이를 반영한다. 1475년(성종6)에『열녀전』『소학』『여교女敎』『명감明鑑』에서 부녀자들에게 필요로 하는 내용만 뽑아서 편찬한『내훈』이 구체적으로 정사에 언급된 것은 16세기이고, 17세기 들어와서는 거의 두 배 가까이 늘어났는데, 이는 그때부터 여성들이 폐쇄된 집안에 묶였고, 그 이면에는 이 책이 기여한 바가 제법 컸다는 것이다.

물론 이런 요소들이 남녀문제의 부정적 요소로 작용하였지만, 지나치게 남성 중심적 삶의 형태가 지속되면서 남자들 성씨 중심의 혈연 문화가 정착되었고, 그런 가운데 동성동본금혼은 다양한 여성들의 성씨 문화 조합이 이뤄지도록 하는 사회 문화적 특징이 됐다. 남성 중심의 지정학적·혈연적·폐쇄적 사회구조 속에서 다른 성씨의 집합체인 여성들이 유일한 대외 개방 창구로 작용할 수 있었다는 것이다. 폐쇄된 지역의 같은 성씨 그룹의 남성 사회에 다양한 집안 출신의 여성들이 유입되면서 대외적인 교류 통로가 여성 중심으로 재편됐다는 의미이다.

한편 유학의 본질은 바른 인간관계를 통한 기본질서 확립이었다. 거기에 삼강오륜의 사회적 질서가 요청되고, 그것이 당대 절실했다. 이로 인한 일부 지나친 불평등적 요소가 없지 않았지만, 안정이 요구되던 당대 사회 속에서는 삼강오륜이 매우 중요한 초석으로 작용했다. 개인보다는 공동체의 안정이 우선인 사회에서 삼강오륜은 사익 배제, 공익 우선의 핵심 가치로 부각되었고, 사회안전망 구축에 지대한 영향을 주었다. 삼강오륜의 유가 윤리가 주요한 가치로 작용하면서 조선사회는 유교사회의 면모를 갖추기 시작한 것이다.

그런데 맹자가 언급한 오륜에서 삼강의 기본 관계 원리는 이미 언급했다. 군주와 신하 사이의 의리[義], 부모와 자녀 사이의 친밀함[親], 남편과 아내 사이의 구별[別]이 이미 언급되었는데도 다시 삼강을 강조한 것은 그만큼 강력한 사회윤리의 필요성이 절박했기 때문이다. 조선 초 왕조 안정이 요구되던 시절에는 '오륜'의 자율적 윤리보다는 '삼강'의 강력한 강령이 보다 절실했다는 것이다.

이 때문에 세종대왕은 『삼강행실도』를 편찬했고, 이후로 16세기 들어서는 율곡을 비롯한 유학자들이 유교 정착을 위한 노력에 집중하면서 『삼강행실도』는 더욱 부각되었다. 참고로 『삼강행실도』가 편찬된 이후로도 지속적인 효자, 효부, 열녀 관련 도서 간행이 이루어졌는데, 이는 유교 사회 정착에 대한 조선 사회의 열망이 얼마나 강했는가를 보여준다. 그 이면에는 민간에서 척결해야 할 도교와 불교적 관습이 여전히 강하게 작용하고 있었음을 확인할 수 있다.

앞서 제시한 것처럼 유교 사회 정착 과정에서 드러난 유교 경전에 대한 왕조실록의 언급 횟수는 중요한 의미를 갖는다. 조선 중후기로 갈수록 불교 도교 관련 용어 언급은 줄어들고 유교 관련 용어 언급은 증가하는데, 이는 조선의 유교화 과정과 직결된다. 특히 율곡이 활동하던 16세기의 유교사회화 분위기 속 언급은 더욱 활발했는데, 당대 유학자들의 적극적인 활동과 비례한다고 할 수 있다. 이것을 증명할 수 있는 사례가 당대 언급된 유교 경전 및 관련 도서에 대한 언급 회수로 찾을 수 있다.

앞서 제시한 통계자료에 근거, 조선사회 전체를 통틀어 가장 많이 언급된 유교경전은 『맹자』로 1,691회이고, 그 다음이 『논어』962회, 그 다음이 『소학』802회이다. 유학을 보급하고 정치 사회 현장에 활용하는데, 이들 경전들의 역할이 컸음을 보여준다.

여기서 눈여겨볼 것은 조선 초기로부터 후기로 갈수록 이들 서책에 대한 언급 횟수가 15세기 777회, 16세기 900회, 17세기 944회, 18~19세기 1,231회로 갈수록 늘어나고 있다는 점이다. 유교사회 정착 과정에 따른 당연한 흐름으로 해석할 수 있는 대목이다. 앞서 정리한 15~16세기 조선사회는 아직 유교가 정착하지 못한, 유불도가 함께 가는 모습이었다. 그런 점에서 상기 도표는 유교사회 정착 확대 과정속에서 유교 경전과 서책의 역할이 얼마나 큰가를 보여준다.

(2) 유교 지식인들의 수난기

16세기 조선 사회는 정치 사회적인 격변기로, 특히 유교 지식인들에게 여러 고난이 있었던 시기이다. 연산군 시절의 무오·갑자사화, 중종 시절의 기묘사화, 명종 시절의 을사사화 등 조선의 4대 사화가 모두 16세기를 전후로 해서 연속적으로 일어났다.

사화는 말 그대로 유교 지식인들의 재앙이다. 기득권을 지닌 훈구 대신들과 신진 사대부의 정치적 갈등 속에 주로 사림파가 피해를 당하는 경우가 대부분이었다. 정치적 기득권을 지키려는 훈구파의 전횡과 그에 따른 비도덕적 행위를 비판하고 바로 잡으려는 사림파의 노력이 갈등으로 비화하면서 사림파의 피해가 컸던 것이다.

1498년(연산군4)의 무오사화는 조카 단종을 몰아내고 왕위에 오른 세조의 행위를 비판하는 글을 훈구파가 문제 삼으면서 사림파를 대역 죄인으로 몰아갔던 사건이고, 1504년(연산군10)의 갑자사화는 연산군 자신의 생모를 죽게 만든 장본인들과 주변 사람들을 가리지 않고 숙청하고, 그 여세를 몰아 무오사화 때 살아남은 사림파를 일소했던 사건이고, 1519년(중종14)의 기묘사화는 중종반정으로 주도권을 장악한 반정공신들의 횡포가 심해지자 왕도정치를 내세운 조광조趙光祖(1482~1520) 등의 신진 사림들이 개혁정치를 내세우며 훈구파를 척결하려고 했지만, 이들이 재반격하며 일어난 사건이고, 1545년(명종 즉위년)의 을사사화는 세자 책봉과 왕위 계승 문제로 외척간의 갈등이 심화되면서 권력을 장악한 문정왕후와 명종 즉위 세력에 의해 자행된 사건이다.

처음에는 주로 사림파가 피해 대상이었지만, 시간이 흐르면서 사림파 이외의 관료 대신들도 피해 대상이 되었다. 이렇듯 각종 사화는 유교 지식인 관료 집단의 집권을 위한 몸부림일 수도 있지만, 사림파의 피해가 가장 컸다.

(3) 유교문화 진흥의 사상적 기반 확립

사화의 중심에는 훈구파와 사림파의 대립 갈등이 있지만, 양자 모두가 사대부 출신이란 공통점이 있다. 조선 초 문·무 양반을 통틀어 사대부라 했고, 시간이 흐르면서 관직에 있는 사람을 훈구파, 벼슬하지 않은 재야 선비를 사림파라 분류했다. 세조의 쿠데타 이후 공신들이 집권하면서 약 18년간의 횡포가 그 단초가 되었고, 단종의 억울한 사연에 동조한 '불사이군'의 절의파 선비들이 재야에서 시세를 안타깝게 바라보며 오로지 학문에만 전념하던 사람들이 사림의 중심이 되었다. 사림은 『소학』의 가르침을 기반으로 부패하고 불의한 훈구파의 논리를 비판했고, 훈구파의 전횡에 시달리던 군왕도 사림파를 존중하고 등용하면서 조정은 훈구파와 사림파가 서로 경쟁하는 장이 되었다.

주로 사림파가 사화의 직접적인 피해자였지만, 군왕의 입장에서는 그래도 사림의 신선한 바람이 필요했고, 그래서 그들을 중용하기도 했다. 특히 선조 때 그 흐름이 역력했다. 기묘사화 이후 사림의 피해가 컸지만, 선조가 즉위하면서 사림파 지식인들이 하나둘 정계로 진출하면서 분위기는 많이 달라졌다. 대표적인 경우가 퇴계 이황(1501~1570)과 율곡 이이(1536~1584)의 등장이다. 한국 유학의 두 거목이 선조 때 비록 연배의 차이는 있어도 연달아 등장한 것이다.

한편에선 당대 사림파의 등장과 동인과 서인의 분당 문제를 함께 말하는 경우도 없지 않지만, 의견 차이에 따른 자연스런 토론 분위기를 분열로만 해석하는 것도 문제가 있다. 퇴계 이황과 남명 조식(1501~1572)의 제자들과 율곡 이이와 우계 성혼(1535~1598)의 제자들을 동서 분파로 말하며 대립 구도로 평가하는 의견이 있는가 하면, 이는 단순 정치적 견해일 뿐 사상사 발전의 측면에서는 결코 문제가 아니란 지적이다. 의견 차이에 따른 활발한 토론의 장이 마련된 것은 오히려 사상 발전의 긍정적 요소라 할 수 있다. 이들 양대 세력의 끊임없는 토론과 의견대립이 한국사상사 발전의 커다란 단서와 계기를 마련하였고, 그런 가운데 성리학적 효제사상도 이들에 의해 그 이론적 깊이를 더해 갔다. 퇴계 이황, 남명 조식, 율곡 이이 등과 같은 조선 최고의 성리학자들이 자신들의 개인적인 삶과 철학이론 속에 효제사상의 이론적 깊이를 더한 것이다.

2. 퇴계 이황의 삶과 효제사상

1) 효성과 우애가 넘치던 어린 시절

퇴계退溪 이황李滉(1501~1571)은 현재의 안동시 도산면(당시 예안현 온계리)에서 태어났다. 본관은 진보眞寶인데, 진성眞城이라고도 한다. 퇴계의 5대조 송안군松安君 이자수李子修가 왜적을 피해 안동부 풍산현으로 이주하면서 안동에 입향했다. 예안현에는 퇴계의 조부 이계양李繼陽 때부터 거주했다. 이계양은 당호를 노송정老松亭이라 했는데, 퇴계가 태어난 곳이다. 조부는 퇴계가 태어나기 전인 1488년(성종 19)에 돌아가셨고, 조모는 퇴계 나이 22세 때까지 살아계셨고, 향년 93세이다.

퇴계가 조선 최고의 학문적 성과를 이룬 데에는 어머니의 엄한 가르침이 컸다. 퇴계는 조부의 맏아들인 진사 이식李埴과 춘천 박씨 사이의 7남 1녀의 막내로 태어났지만, 부친은 그가 태어난 지 7개월 만에 돌아가셨다. 이식은 본래 예조정랑을 지낸 의성 김씨 김한철金漢哲의 딸과 혼인해서 두 아들과 딸 하나를 두었는데, 1488년 병으로 죽었고, 계취繼娶로 춘천 박씨가 들어와 퇴계를 비롯한 7남 1녀의 자녀를 두었다. 비록 부친의 얼굴을 기억하지는 못하지만, 퇴계는 부친에 대한 생각을 다음과 같이 기술했다.

"공(부친)은 어려서부터 아우인 이우李堣와 더불어 뜻을 독실히 하고 배움에 힘써 여러 가지 책을 널리 보았다. 글을 지을 때는 과거科擧의 격식에 맞는 문장 짓기를 전적으로 일삼지 않았기 때문에, 여러 차례 응시했으나 합격하지 못했다. 1500년(경신년) 향시에 장원을 했고, 1501년(신유년) 진사에 합격했다. 항상 분발하여 노력하기를 조금도 게을리하지 않으며 탄식하기를, '진실로 세상에 뜻을 얻지 못할진대, 학생들을 모아 가르친다면 내 뜻을 저버리지 않을 수 있을 것이다.'고 했다. 1502년(임술년) 6월 13일에 병으로 돌아가셨는데, 향년 40이었다."[53]

부친의 과거시험에 얽매이지 않았던 자유로운 학문적 처세관을 알려준다. 그러면서도 향시와 진사에 합격한 것을 보면 놀면서 공부하는 오늘날 가장 이상적인 학자의 길을 간 것이 아닐까 생각한다. 한마디로 공자가 말하던 '아는 것', '좋아하는 것', '즐기는 것'의 공부 3단계 가운데[54] 최고 3단계인 즐기면서 공부한 것이다. 퇴계가 이런 부친의 모습을 그린 것은 아마도 주변 사람들의 증언이 있었기에 가능했다. 그리고 부친께 못다한 효성은 모친과 숙부, 그리고 형들에게로 향했다. 특히 숙부 송재松齋 이우(1469~1517)는 아버지와도 같은 존재로 퇴계에게는 큰 버팀목이었다. 퇴계는 이런 숙부를 늘 공경하며 따랐다.

참고로 숙부 이우는 내·외직의 여러 공직을 거치고, 1512년 홀어머니 봉양을 위해 사직하고 고향으로 돌아와서 자신의 아들과 조카인 퇴계 형제들을 가르쳤다. 특히 효성이 지극했던 퇴계에 대해서는 "장차 우리 집안을 부지할 사람은 분명, 이 아이일 것이다."[55]고 칭찬했다. 그리고 먼저 돌아간 퇴계의 부친을 생각하며, "형님이 이 두 아들

---

53) 『퇴계선생문집』권46, 「先考贈嘉善大夫吏曹參判兼同知義禁府事成均進士碣陰紀事」
54) 『논어』「옹야」: 知之者不如好之者, 好之者不如樂之者.
55) 『퇴계선생연보』권1, 「壬申」: 又謂先生曰, 持門戶者, 必此兒也.

을 두셨으니 돌아가신 것이 아니다."[56]고 하며 대견스럽게 생각했다. 그런 가운데 숙부는 퇴계의 학문을 엄히 독려하며 조금도 소홀함이 없도록 가르쳤다. 간혹 숙부께서는 바깥 물정을 알도록 배려했다. 숙부의 인도로 퇴계는 형들과 함께 청량산에 들어가 독서하며 외부 세상 물정을 경험하도록 안내했다. 숙부의 이런 배려와 안내를 내심 고마워하던 퇴계는 훗날 자신도 조카들을 데리고 청량산에 올라 옛날 추억을 회상하며 시를 남기기도 했다.[57]

하지만 숙부 역시도 자신의 운명 앞에서는 어찌할 수 없었다. 1517년 안동부사로 재직하던 숙부께서 49세를 일기로 세상을 떠난 것이다. 퇴계가 한창 배울 나이였던 17세 때의 일이니, 아버지와도 같던 숙부의 죽음은 퇴계에게 천붕지해天崩地解와도 같은 충격이었다. 이제 퇴계에게 남은 어른은 어머니 한 분 뿐이고, 그에 대한 공경에 더 지성을 다했다.

2) 어머니 춘천 박씨의 엄한 가르침과 퇴계의 지극한 효성

숙부의 엄하면서도 자상한 가르침을 받았지만, 숙부가 돌아가시자 퇴계는 어머니에게 더한 정성을 다하며 봉양했다. 비록 위로 형들이 있었지만, 홀로 되신 어머니를 공경하는 데에 비할 바는 아니었다. 어머니는 아들들이 후레자식 소리 듣지 않기 위해서 더 엄히 가르쳤다. 부친의 얼굴을 접하지 못한 퇴계는 평생 부친에 대한 공경하는 마

---

56) 『퇴계선생연보』 권1, 「壬申」: 松齋每稱之日, 亡兄有此兩兒, 爲不亡矣.

57) 『퇴계선생문집』 권2, 「住在乙亥春, 叔父松齋遊山, 寓上淸凉庵, 滉與諸兄弟侍, 今來不勝感涕, 示諸姪孫, 二首」

음이 늘 도사리고 있었다. 그러니 살아계신 어머니에 대한 효성심은 얼마나 극진했을까. 퇴계의 모친에 대한 효성은 누구보다 지극했다. 그런 모친께서 돌아가시자, 어머니 묘갈명에 "나에게 가장 많은 영향을 끼친 분은 어머니시다."[58]고 했다. 어머니는 애비 없는 자식들 소리 듣지 않기 위해서라도 매우 엄한 교육을 시켰다. 어린 시절 어머니의 말씀이다. "세상 사람들이 흔히 과부의 자식이라고 허물하기 쉬우니 너희들은 정신을 가다듬고 다른 아해들 보다도 몇 백 배, 몇 천 배 힘써 공부를 해야 한다. 그렇지 않으면 이런 비난을 면할 길이 없을 것이다."[59] 후레자식 소리 듣지 않기 위한 어머니의 특별한 교육 방법이 담겨 있다. 공부에 힘쓰는 것에서 인생의 나아갈 길을 찾아야 함도 담았다. 짧지만 대학자 어머니의 남다른 교육철학이 배어 있다.

그런 어머니의 교육을 받아서일까. 퇴계는 어려서부터 성숙한 모습을 보였다. 6세 때부터 매일 아침 혼자서 빗질을 하고 몸을 단정히 했다. 8세 때는 형이 칼에 찔려 손에 피가 흐르자 같이 아파하며 눈물을 흘렸을 정도로 형제간의 우애심도 깊었다. 이렇게 위로 공경하고 아래로 겸손하였기에 주변의 칭송이 자자했다.

숙부에게서 『논어』를 배울 때에는 특별히 "집안에 들어가서는 부모님께 효를 다하고, 나아가서는 웃어른들께 공경을 다해야 한다."[60]는 내용을 접하고는 "사람의 아들이 되어서는 도리가 마땅히 이와 같아야 한다."[61]고 하며 스스로를 단속하며 경계했다.

성년이 되어서도 해가 뜨기 전 일어나서 세수하고 머리빗은 후에

---

58) 권오봉, 『퇴계 선생 일대기』교육과학사, 2001년, 18면
59) 유정동, 『동양철학의 기초적 연구』성균관대 출판부, 1986년, 525면
60) 『논어』「학이」: 弟子入則孝, 出則弟.
61) 유정동, 앞의 책, 526면

는 의관을 정제하고 서재에 들어가 책을 읽고 글을 쓰면서 연구에 전념하는 일을 규칙적으로 할 수 있었던 것도 어려서부터의 엄한 생활 덕분이었다.[62] 스스로에게 엄격한 삶을 살았던 것이다.

3) 아내 사랑과 장인 장모 공경

퇴계의 결혼생활은 평탄하지 않았다. 동갑이었던 첫 번 부인 김해 허씨와는 사별했고, 두 번째 부인 안동권씨 가문은 갑자사화에 연루되어 멸족당하는 불운을 겪었다. 이렇게 퇴계는 두 번 결혼했으니, 처가도 두 군데였고, 두 곳 모두에 정성을 다했다.

첫 번 부인 김해허씨가 일찍 죽자 퇴계는 장인 장모에게 지극 정성을 다했고, 1535년 장인이 세상을 떠난 뒤에는 장모를 각별히 챙겼다. 특히 장모가 병이 나서 고생할 때 약을 사서 보낸 사실이 『도산전서』에 구체적으로 기록되어 있다.[63]

두 번째 부인의 가문은 갑자사화 때 연루되어 멸문지화를 당했고, 장인 권질權礩(1483~1545)도 그로 인해 거제도 유배를 갔다가 1506년 중종반정 이후 복권되었다. 하지만 1521년 신사무옥에 다시 연루되어 안동 땅에 유배되었다. 유배 중 퇴계를 만나 딸을 아내로 맞아 줄 것을 청했고, 퇴계는 이를 받아들였다. 그런데 딸은 아버지를 따라 유배지를 전전하다가 그만 정신이 혼미해진 비정상적 상태가 됐다. 그래도 이를 받아들여 결혼생활을 시작한 퇴계는 여러모로 불편했지

---

62) 권오봉, 앞의 책, 29면 참조.

63) 이치억, 「생활상으로 본 퇴계의 효사상」 (한국효문화진흥원, 『한국효문화 뿌리를 찾아서』 IV, 2022년) 168~169면 참조.

만, 누구보다 정성스레 아내를 깍듯이 대했다. 다음은 권씨 부인과
관계된 구전 설화이다.

> "조부의 제삿날에 식구들이 온혜에 있는 큰형 집에 모였다. 제사
> 상을 차리느라 모두 분주히 움직이는 가운데 상 위에서 배가 하나
> 떨어졌다. 그러자 권씨 부인은 재빨리 배를 집어서 치마 속에 숨겼
> 다. 이를 본 큰 형수가 동서를 나무랐다. ⋯⋯ 이 광경을 지켜보던
> 여인들은 차마 뭐라 할 수 없어 손으로 입을 가리고 웃을 뿐이었다.
> 바깥 대청에서 왁자지껄하는 소리가 들리자 퇴계는 밖으로 나와
> 자초지종을 듣게 되었다. 그리고 큰형수에게 가서 정중히 사과를
> 드렸다. '죄송합니다. 앞으로 제가 잘 가르치겠습니다. 그리고 손
> 자며느리의 잘못이니, 돌아가신 할아버지께서도 귀엽게 보시고 화
> 를 내시지 않을 것입니다. 부디 용서해 주십시오.' 그리고는 권씨
> 부인을 따로 불러 치마 속에 배를 숨긴 이유를 물었다. 배가 먹고
> 싶어서 숨겼다고 하자, 퇴계는 치마 속에 감춘 배를 달라고 한 뒤
> 손수 껍질을 깎아서 잘라 주었다."[64]

퇴계 입장에서 부끄러울 수도 있는 내용 속에서 오히려 퇴계의 너
그러운 마음씨와 배려정신을 보게 된다. 내려오는 말이니 와전된 내
용일 수도 있지만, 사대부가의 양반이 직접 과일을 깎아 부인을 대접
한 것도 예삿일은 아니다. 서울 생활 중에도 권씨 부인은 여러 가지
모자란 행동들을 했다. 흰 도포 자락의 해진 부분을 빨간 천을 대고
짜깁기했을 때, 퇴계는 고맙다 예를 표하고는 묵묵히 그대로 입고 나
갔다는 이야기도 있다. 웃음거리가 될 수 있는 못난 권씨 부인의 행

---

64) 김병일, 『퇴계처럼』 글항아리, 2012년, 26면.

동을 아무렇지도 않게 받아들인 퇴계의 행동 속에서 넓은 인품과 배려심을 확인하게 된다. 이렇듯 퇴계의 두 번째 결혼생활도 순탄치만은 않았는데, 거기에다 장인 장모가 비슷한 시기에 세상을 떴고, 권씨 부인도 곧바로 세상을 떠났다. 외롭게 남은 퇴계가 이들 장례를 모시며 마지막 효를 다했던 것이다.

4) 인효·자효·성학을 통한 사회안정책

퇴계는 자타가 공인하는 한국 성리학의 대표사상가이다. 현장 정치에 참여 안 한 것은 아니지만, 본뜻은 학문에 있었다. 연산군 시대 이후 4대 사화를 겪으면서 시대의 난제를 푸는 것이 학문에 있다며 현실 정치보다는 학문 세계로 뛰어들었다. 일생을 학문에 매진한 까닭이다. 출사를 재촉하는 선조의 명령도 여러 차례 받았지만, 대체로 사양하고 대신 글로써 자신의 뜻을 피력했다. 「무진육조소」(이하 「조소」)가 그것이다. 「조소」는 무진년 8월, 퇴계가 68세 때 올린 6개 항목의 상소문이다.

「조소」는 당시 얽힌 정국을 풀어갈 방도를 담았다. 특히 윤리 도덕적으로 군왕의 바른 도리를 강조하며 인仁과 효孝를 강조한 것을 주목할 필요가 있다. 치도의 근간에 인효를 두고 왕의 솔선수범을 말한 것이다. 선조는 막상 이 상소를 접하고 "천고의 격언이요, 현시대의 급선무"[65]라고 대답할 정도였다.

퇴계의 「예안향약」에서도 참된 삶의 길을 보여준 내용이 있다. 핵심은 『대학』 8조목의 '수신제가치국평천하'에 있다. "선비된 자들이

---

65) 『선조실록』 2권, 1568년(선조1) 8월 7일: 眞千古之格言, 乃當今之急務.

반드시 집안에서 수양하여 행실이 향당에 드러난 뒤에 나라에 나아
갈 수 있었으니, 이와같이 했던 것은 무엇 때문인가? 효제충신은 인
간 도리의 큰 근본인데, 가정과 향당은 실제로 그것을 행하는 자리이
기 때문이다.”[66] 효제충신을 함께 말했지만, 향약에서 효를 무엇보다
우선 했음은 부모에게 불순하는 것을 첫 번째 금기로 삼은 데서 알 수
있다.

   앞서 언급한「조소」의 내용을 큰 틀에서 보자면, 1조는 인효를 온전
히 할 것, 2조는 참간讒間을 막고 양궁兩宮을 친히 할 것, 3조는 성학聖
學을 돈독히 해서 정치의 근본을 바로 할 것, 4조는 도술道術을 밝히고
인심人心을 바로 잡을 것, 5조는 복심腹心을 미루어 이목耳目을 통하게
할 것, 6조는 성심껏 수양과 성찰을 하여 천애天愛를 받을 것 등을 말
한다. 1조와 2조는 효제에 관한 것이고, 3조와 4조는 학문에 대한 것
이고, 5조와 6조는 이상적인 정치를 말한 것이다.

(1) 인효

   퇴계가「조소」에서 첫 번 항목으로 말한 인효는 당대 사회적 요청
과 맞물려 있다. 선조의 직전 군왕 명종에게는 아들이 없었다. 어린
명종을 대신한 문정왕후의 수렴청정과 윤원형尹元衡(1503~1565)을 비
롯한 외척이 극성을 부리고 있었다. 특히 문정왕후의 동생이던 윤원
형의 전횡은 뜻있는 선비들을 몰아치는 을사사화로 이어졌다. 자신
의 의견에 동조하지 않는 사대부를 숙청한 사건이자, 외척간의 주도

---

66)『퇴계선생문집』권42,「鄕立約條序」: 爲士者, 亦必修於家著於鄕而後, 得以賓興於國, 若是者何
    哉! 孝悌忠信, 人道之大本, 而家與鄕黨, 實其所行之地也.

권 쟁탈전이다.[67] 얼마나 조정이 혼란했던지 그 여파는 사회불안으로 이어졌고, 와중에 임꺽정林巨正과 같은 도적이 활개치면서 사회는 더욱 불안정해졌다.[68] 명종의 뒤를 이은 선조는 방계 가족에서 선발된 군주였기에 이후로도 혼란은 계속되었고, 무엇보다 종통이 강조되던 조선 사회에 방계 출신 선조는 부담이 예상되었다. 이에 퇴계는 인효를 통해서 극복할 것을 첫 번 항목으로 요청했던 것이다. 먼저 퇴계의 말을 살펴보자.

"계통을 중히 하여 인효를 온전히 하소서. 신이 듣건대 천하의 일이 군위君位의 일통一統보다 더 큰 일은 없다고 합니다. 무릇 막중한 계통을 아버지는 아들에게 전하고 아들은 아버지께 이어받으니, 그 일의 지극히 중대함이 어떻겠습니까. 예로부터 임금으로서 지극히 크고 막중한 계통을 계승하지 않는 이가 없지만, 능히 그 지극히 크고 막중한 뜻을 아는 이가 적어서 효에 부끄러움이 있고, 인에 도리를 다하지 못하는 자가 많습니다. 정상적으로 계승하여도 오히려 그러하거늘 혹 방계에서 양자로 들어와 계승한 임금의 경우는 인효의 도리를 다하는 이가 더욱 적어서 이륜彝倫의 가르침에 대해 잘못을 저지르는 자가 더러 있으니, 어찌 깊이 두려워할 일이 아

---

67) 이성무,『조선왕조사1』동방미디어, 1998년, 406~411면 참조. 이전의 세 차례 사화는 사림이 그 피해의 주된 대상이었지만, 을사사화는 외척대 외척의 대립 구도에서 전개되었기 때문에 사림은 고래 싸움에 새우등 터지 듯 피해를 입었다.

68) 이성무, 앞의 책, 421~425면 참조. 1559년 이후 3년 동안 황해도 일대를 휩쓴 임꺽정의 난은 국가 차원의 진압도 불가능할 정도로 강한 세력권을 형성했다. "모여서는 도적이 되고 흩어져서는 평범한 백성이 되며 출몰이 무상하여 잡을 수가 없다."고 할 정도로 그들은 게릴라전에 능숙하였다. 거기다 백성들의 지원을 받고 있었기 때문에 그 힘은 대단한 것이었다. '꺽정'이란 이름은 어릴 때부터 사고를 쳐서 '걱정'시키는 일이 많아 붙여진 이름이다. 그럼에도 불구하고 그는 도적의 대장이 되기 전까지는 전국을 돌아다니면서 글과 무예를 익히고 백성들의 삶의 현장을 돌아보면서 뼈저린 체험을 하였다. 권세가들의 토지 수탈로 인한 백성들의 고통을 해결하려는 의지가 임꺽정의 난을 부추긴 사회적 배경이다.

니겠습니까."[69]

　직계 아닌 방계로서 왕위를 이은 선조에게 퇴계는 돌려서 말하지 않고 직설적 화법으로 그 태생적 한계를 말하며, 정상적으로 왕위를 계승한 군주도 인효의 도리가 부족한데, 떳떳하지 못한 군주가 어찌 인효의 도리를 다할 수 있겠느냐고 일갈했다. 아무나 하기 힘든 용기 있는 상소문이다. 물론 내용의 핵심은 비록 정상적이고 떳떳한 군왕으로 오르지는 못했지만, 인효의 도리를 다해야 한다는 내용이다. 막상 조선왕조 500년사 27명의 왕 가운데 정통성에 문제가 없는 왕은 10명(문종, 단종, 연산군, 인종, 현종, 숙종, 정조, 순조, 헌종, 순종)에 불과하다.[70] 나머지 17명은 왕위 계승의 원칙에 맞지 않는 비정상적인 승계자였다. 방계 출신 선조도 이에 해당한다. 원칙과 뜻을 중시하는 사람들에게 이런 사실은 매우 불편한 진실이 되었고, 그 시절 퇴계도 관직에 몸담고 있으면서 직설화법으로 상소문을 올린 것이고, 그 첫 번 항목이 인효 실천이었다.

　비록 순수한 효심을 갖고 있더라도 주변 환경 따라서 돌변할 수 있기 때문에 퇴계는 스스로 삼가고 신중해야 함을 상소문에서 지적했다. "나무가 썩으면 벌레가 생기고 효도하는 마음은 처자 때문에 쇠잔해진다."[71]란 옛말을 떠올리며 상황이 효를 멀리할 수도 있음을 경계하며 군주를 깨우친 것이다.

---

69) 이황, 『增補退溪全書(一)』卷六「戊辰六條疏」(이하 「조소」): 重繼統, 以全仁孝, 臣聞, 天下之事 莫大於君位之一統. 夫以莫大之統, 父傳於子, 而子承乎父, 其事之至重, 爲如何哉. 自古人君莫 不承至大至重之統, 而鮮能知至大至重之義, 孝有慙德, 而仁未盡道者多矣, 處常猶然, 其或以旁 支入繼之君, 則能盡仁孝之道者益寡. 而得罪彝倫之教者, 比比有之, 豈不深可畏哉.

70) 이성무, 앞의 책, 436면 참조.

71) 「조소」: 木腐而蟲生, 孝衰於妻子.

(2) 자효

「조소」의 두 번째 항목은 참소와 이간을 막아 양궁兩宮을 친근하게 하라는 내용이다. 양궁이란 세자와 세자빈을 말한다. 부모가 자녀를 사랑하는 것을 자애慈愛라 하고, 아들이 부모를 잘 섬기는 것을 효라고 한다. 자효慈孝는 모든 선의 으뜸이니, 그 은혜가 지극히 깊고, 그 윤리가 지극히 무겁고, 가장 간절한 내용이다. 그런데 권력이 오가는 궁궐의 특성상 정情과 사세事勢는 소통될 때보다는 자신들의 사사로운 이권에 눈이 멀어 막힐 때가 더 많다고 하면서, 그로 인한 궐내 참소와 이간질은 인간의 기본 정서마저도 해친다고 했다. 그리고 그 중심에 환관과 여자가 있다고 했다. 그들의 음흉하고 교활한 참소 때문에 부모의 사랑과 자녀의 효가 사라진다고 하며 양궁을 친근하게 하는 방법은 참소와 이간을 막는 것이라 했다.

"참소와 이간을 막아 양궁兩宮을 친근하게 하소서. 신이 들건대, 부모가 자식을 사랑하는 것을 자애라 하고, 아들이 부모를 잘 섬기는 것을 효라 한다고 합니다. 효와 자애의 도리는 천성에서 나와 모든 선의 으뜸이 되니, 그 은혜가 지극히 깊고 그 윤리가 지극히 무겁고 그 정이 아주 간절합니다. 지극히 깊은 은혜로 지극히 무거운 윤리를 따라 아주 간절한 정을 행하는 것이니, 극진히 하지 못하는 자가 없어야 하는데, 혹 효에 결함이 있어 자애하는 천성마저 없어지는데 이르고, 심한 경우 지친至親이 이리로 변해 돌보지 않게 되기도 합니다. 보통 사람들도 실로 이를 면치 못하는 경우가 있지만 제왕의 집안에는 이러한 근심이 더욱 많으니, 그 까닭이 무엇이겠습니까. 그것은 무릇 정과 사세가 막히기 쉽고 참소와 이간이 더욱 많기 때문입니다."[72]

궁궐에서 자애와 효의 모범을 보여야 하는데 그렇지 못한 이유가 참소와 주변 무리 때문이란 것이다. 요즘 식으로 말하자면 사실을 왜곡한 가짜 뉴스와 이를 조장하는 모리배들이 판치기 때문이란 것이다. 구체적으로 양궁을 오가며 말을 전하는 내시와 여자들의 교활한 농간으로 궁궐이 혼란하고, 그로 인해 부모자녀간의 가장 소중한 사랑과 효가 사라진다는 지적이다. "없는 것을 있다 하고 옳은 것을 그르다."고 하여 그 정상을 이루 헤아릴 수 없게 만들고, 또 귀신과도 같고 여우와도 같아 혹은 충동하여 노하게 하고 혹은 속여서 두렵게 만들면서 오로지 눈앞의 이익만 따지는 소인배들의 음흉함 때문에 자녀는 불효하게 되고, 부모는 자애롭지 못하게 된다는 지적이다.[73] 그들에게는 지극히 근본인 사랑과 효하는 마음이 없기 때문에 간사함으로 참소하고 이간질한다는 지적이다. 이를 막는 방법은 집안의 법도를 엄정하게 하고 양궁이 화락하게 하는 것이라 했다.[74]

그렇다면 간사한 무리가 끼어들 틈이 없다는 것이다. 군주가 가법家法을 엄정히 하고 기본 도리인 효와 사랑에 귀감이 된다면 참소하고 이간하는 일은 사라진다는 것이니, 역시 자효慈孝와 인仁을 정치의 기본으로 삼으라는 주문이다. 그럴 때 음흉하고 교활한 자들도 복

---

72) 「조소」: 杜讒間, 以親兩宮. 臣聞, 父母之愛其子爲慈, 子之善事親爲孝. 孝慈之道, 出於天性, 而首於衆善, 其恩至深, 其倫至重, 其情最切. 以至深之恩, 因至重之倫, 而行最切之情, 宜無有不盡者, 而或至於孝道有缺, 慈天亦虧, 其有甚者, 則至親化爲豺狼而莫之恤. 恒人固有不免, 而帝王之家, 此患尤多, 其故何哉. 凡以情勢易阻, 而讒間益衆也.

73) 「조소」: 以無爲有, 以是爲非, 情狀萬端, 如鬼如蜮, 或激而致怒, 或誑而令懼, 一或傾耳聽信, 則自陷於不孝, 而陷親於不慈必矣.

74) 「조소」: 蓋家法嚴正, 兩宮交驩, 則此輩無所容其奸.

종한다고 했다.[75] 군주 한 사람의 효성스런 마음으로 한 나라의 봉양
을 극진히 한다면, 그 효는 대단히 큰 위력이 있을 것이니,[76] 군주의
솔선하는 효가 얼마나 중요한가를 말한 것이다. 당파로 얼룩진, 그래
서 혼란한 조정의 정치를, 군주의 효로서 바로 할 수 있다는 내용으
로, 『효경』의 '효치천하'를 생각나게 하는 대목이다.[77]

인과 효를 왕에게 주문하며 퇴계는 『주역』「가인괘」와 『소학』「명
륜」편을 거울로 삼으라고 권면한다. 핵심은 자신에게 엄격히 하고 집
안을 바로 세우며, 어버이 섬기기를 독실히 하며 자녀된 도리를 다하
라는 것이다. 무엇보다 효와 자애를 우선하게 되면 참소와 이간이 사
라질 것이고, 오히려 평안이 올 것이라는 말이다.[78]

(3) 성학

「조소」의 세 번째 항목은 성학聖學을 돈독히 하여 정치의 근본을 확
립하라는 말이다.[79] 성학이란 성인이 되는 학문이고 정치란 '바르
게'[80]하는 것으로 퇴계는 "정일집중精一執中은 학문의 커다란 방법입
니다. 커다란 방법으로 큰 근본을 세우면 천하의 정치가 모두 여기에

---

75) 「조소」: 自是以來, 聖德日聞, 仁孝罔間. 推此以往, 何陰而不伏.

76) 「조소」: 且夫以殿下之孝誠, 極一國之奉養, 孝亦大矣.

77) 『효경』「孝治」: 子曰, "昔者明王之以孝治天下也. 不敢遺小國之臣而況於公侯伯子男乎. 故得萬
國之懽心以事其先王. 治國者不敢侮於鰥寡而況於士民乎. 故得百姓之懽心以事其先君. 治家者
不敢失於臣妾而況於妻子乎. 故得人之懽心以事其親. 夫然故生則親安之祭則鬼享之. 是以天下
和平災害不生禍亂不作. 故明王之以孝治天下也如此. 詩云有覺德行四國順之.

78) 「조소」: 伏願殿下監大易家人之義, 法小學明倫之訓, 嚴於自治, 而謹於正家, 篤於事親, 而盡於
子職, 使左右近習之人, 洞然皆知兩宮至情莫重於孝慈, 而吾輩讒間無以得行於其間, 亦見其成
孝慈者獲安.

79) 「조소」: 敦聖學, 以立治本.

80) 『논어』「안연」: 政者, 正也.

서 나올 것입니다."[81]라고 하며 학문과 정치의 관계를 논하고, 구체적인 방법으로『대학』의 '격물치지'와 '성의정심',『중용』의 '명선明善'과 '성신誠身'을 예로 들었다.[82] 그 주된 자료로『대학장구』『중용장구』『혹문』등『대학』과『중용』에 대한 주자의 해설서를 들었다. 성의·정심·수신·제가를 강조하며, 이에 대한 절실한 공부를 요청하였다. 이때 중요한 것은 대본大本이고, 대본의 기본은 공경하는 마음이다. 공경하는 마음으로 오륜과 백행을 지선으로 연마하여 늘 몸에 간직해야 한다고 말한다.[83]

다시 말해 스스로의 몸가짐과 공경으로서의 오륜과 백행을 말하며 큰 틀에서의 효경孝敬하는 자세를 강조한 것이고, 그것이 성인이 되는 학문이란 것이다. 맹자는 "학문의 길에는 다른 방법이 없다. 잃은 마음을 찾을 따름이다."[84]고 하며 '구방심求放心'을 말했다. 여기서 '방심'이란 무엇일까. 당연히 지녀야 할 마음이다. 퇴계는 이를『대학』과『중용』에서 찾았고, 기본은 효경하는 마음과 다를 바 없다. 마음은 보이지 않지만, 그것이 '성의정심 수신제가 치국평천하'로 드러난다면, 그 중심에는 효와 경이 있다. '성의정심수신'이 내적 자신의 모습을 성찰하는 것이라면, 그것이 '제가치국평천하'의 외적 도리로 드러나는 것이고, 이를 '수기치인', '내성외왕'으로 표현한다면, 그 중심적 자리에는 효와 경이 있고, 그것을 왕에게 성학을 돈독히 해서 정치의 근본을 닦으라고 한 것이다.

---

81) 「조소」: 精一執中, 爲學之大法也. 以大法而立大本, 則天下之政治, 皆自此而出乎.

82) 「조소」: 大學之格致誠正, 中庸之明善誠身是也.

83) 「조소」: 遵二書所垂之敎, 敬以爲主.… 五常百行, 磨礱乎至善.

84) 『맹자』「고자상」: 學問之道無他, 求其放心而已矣.

(4) 도술

「조소」의 네 번째 항목은 도술道術을 밝혀 인심을 바로 잡으라는 말이다.[85] 도道란 개인과 공동체가 지향해야 할 이상적인 생활방식이자 가치이다. 자애·성실·공경·정의를 아우르는 덕德을 포괄하며, 대인관계 속의 필수 항목이다. 맹자는 인간이 동물과 다름을 비유하며 부모와 자녀 관계의 사랑과 효, 부부관계의 구별, 군주와 신하 사이의 정의와 의리, 어른 아이 관계의 예와 질서, 친구 관계의 믿음과 신뢰 등다섯 가지 도를 말했다.[86] 일명 인간이 마땅히 지켜야 할 오륜이다. 서양의 중국학 전문가 크릴(Lorraine Creel)은 이런 지켜야 할 도를 정의하며 "법률보다 더 항구적이고 지속적인 행동규범을 제공한다."[87]고지적했다. 법률은 시대와 공간에 따라서 개인이 되었든 집단이 되었든 지배자의 생각에 따라서 좌우되지만, 도는 그 어느 경우에도 종속되지 않는 보편적 가치를 지닌다. 권위도 거기에서 나온다.

효도 마찬가지다. 효행의 차이는 있어도 도덕적 차원의 가치는 예나 지금이나 변함이 없다. 특히 한국의 효는 가족을 지탱하는 핵심적인 요소였고, 가족은 국가공동체를 구성하는 가장 중요한 동력이다. 한국 문화가 수많은 시달림 속에서도 오랫동안 영속할 수 있었던 근본 원인도 가족제도가 군건했기 때문이다. 가족을 기반으로 하는 최소공동체에 대한 헌신적, 희생적 효가 국가공동체로 확대되며 국가적 위난을 극복하는 충의 논리로 전환했기 때문이다.

---

85) 「조소」: 明道術, 以正人心.
86) 『맹자』「등문공상」: 人之有道也, 飽食 煖衣 逸居而無敎, 則近於禽獸. 聖人有憂之, 使契爲司徒, 敎以人倫, 父子有親, 君臣有義, 夫婦有別, 長幼有序, 朋友有信.
87) H.G. 크릴 저, 이성규 역, 『공자, 인간과 신화』지식산업사, 1985년, 143면.

가족에게 요구되던 지켜야 할 도리로서의 효가 사회윤리로 확장되었고, 그것이 확고하게 다져지면서 다양한 국가적 문제를 해결하는 도구가 되었다. 그런 점에서 가족은 도덕을 배양하는 그릇이고 한편으론 사회적 기반이다. 유교적, 전통적 '군사부일체'가 비록 전근대적 이데올로기의 중심에 있다 하더라도 그것이 국가적 위난을 해결했던 요소로 작용했다는 것이다. 물론 그 중심에는 효가 있다.

5) 관직 생활과 검소했던 만년의 삶

앞서 지적한 대로 퇴계의 삶에는 어머니의 영향이 컸다. 어머니는 농사와 양잠으로 가족의 생계를 꾸렸다. 홀어머니 밑에서 성장한 퇴계는 어려서부터 병약했고, 나이가 들어서도 건강이 썩 좋지는 않았다. "어머니께서 일찍이 '네가 벼슬을 하되 자그마한 고을의 책임자는 가하거니와 중앙의 고급 관리 노릇은 그만두는 것이 좋겠다. 세속의 사람들이 너를 용납지 못할까 근심스럽다.'고 하신 바, 그대로 지키지 못하고 부질없이 이름에 끌리어 전전해 온 것이 후회된다."[88]고 하며 관직생활에 대한 부담을 우회적으로 표현했다. 연산군(재위1494~1506) - 중종(재위1506~1544) - 인종(재위1544~1545) - 명종(재위1545~1567) - 선조(재위1567~1608)로 연이어지는 정치적 소용돌이 속에 몸을 상할까 염려한 어머니의 염려와 이를 회고하는 퇴계의 심정이 담겨 있는 내용이다.

참고로 퇴계는 34세에 대과에 급제하여 예문관 검열로 서울에서 관직 생활을 했다. 어머니를 모시고 싶었던 퇴계였지만, 여러 형편상

---

88) 퇴계는 20세 되던 해 『주역』에 몰두하다가 병약을 자초한다. (유정동, 앞의 책, 527~528면 참조)

관직에 나아갔다. 평소 어머니는 퇴계의 성정이 복잡한 정치 현장과는 맞지 않다고 생각했고, 혹 관직에 나가더라도 작은 고을의 수령 정도가 좋겠다고 말해 왔다. 퇴계 역시도 벼슬길을 원하지 않았고, 성균관 유학생활 속에서도 낙향을 생각했다. 그런 가운데 대과에 급제한 후 관직의 길로 들어선 것을 두고두고 후회했다. 이런 자신을 두고 훗날 "집이 가난하고 어머니가 늙으셨기 때문에 억지로 과거를 보아 녹봉을 취하게 되었다."[89]고 회고했다. 한마디로 퇴계의 관직 생활은 어머니 봉양을 위한 효양孝養 정신과 가족의 생계를 꾸리기 위한 방편이었지, 결코 일신의 부귀영화를 위한 것은 아니었다.

그리고 48세에 단양군수, 52세에 성균관 대사성, 65세에 홍문관 대제학을 지내고, 67세에는 예조판서로 부름 받았지만, 병을 핑계로 부임하지 않았다.[90] 내·외직을 두루 거치면서 화려한 권력형, 부귀영화형 관직은 아니었으니, 관직 생활에서도 퇴계는 어머니의 뜻을 존중했던 셈이다. 그러던 중 1537년 가을, 어머니 박씨가 68세의 나이로 세상을 떴다. 마침 서울에 있던 퇴계는 임종을 지키지 못했다. 당시의 상황과 안타까운 심정을 헤아릴 수 있는 내용을 살펴보자.

"어머니 박씨의 상사를 당하다. 선생이 6품에 오르면서부터 지방
관으로 나아가 어머니를 봉양하기 편하게 하려 했으나, 요직에 있

---

89) 『퇴계선생문집』 권10, 「與曺楗仲」: 復緣家貧親老, 强使之由科第取利祿.
90) 명종 때에도 여러 차례 벼슬이 내려지지만 사양하였고, 1569년 선조 때에는 퇴계 나이 69세인데 당시 18세였던 선조가 조정에 머물러 정치에 참여할 것을 강력히 권유한다. 하지만 퇴계는 재삼 사양한다. 더 이상 말릴 수 없음을 안 선조가 정치에 도움 될 만한 말을 청하자 예의를 갖추고 "獨智로 馭世하지 말 것과 국고를 든든히 할 것"(유정동, 앞의 책, 536면)을 주문한다. 이는 1년 전인 1568년 파란만장했던 명종이 승하하고 부임한 선조에게 군주 독단으로 일을 처리하지 말고 어진 신하들의 말에 귀를 기울이라는 주문이며, 국고를 든든히 해야 함은 부강한 나라 확립 차원에서 말한 것이다.

는 자에 의해 저지되었다. 이때 어머니의 별세 소식을 듣고 서울에서 급히 달려갔다. 초상 치르는 동안 꼬챙이처럼 마르는 병에 걸려 생명을 잃을 지경까지 갔다."[91]

예로부터 임종을 지키지 못함을 불효라 생각했다. 임종을 보지 못한 퇴계의 마음이 얼마나 애가 탔을까. 그러잖아도 어머니 곁으로 가서 봉양하려는 뜻이 있었는데, 관계 요직에 있는 사람의 방해로 못 간 것은 두고두고 한탄할 일이 됐다. 별세 소식을 듣고 한 걸음으로 고향에 내려와 상사를 치르며 피골이 상접했고, 그로 인해 얻은 질병으로 죽을 고비까지 갔다고 하니 당시 퇴계의 효성심이 얼마나 절박, 절실했는가를 알 수 있다. 37세의 나이에 중견 관직에 올라 금의환향이자 입신양명의 효를 하며, 어머니를 기쁘고 영화롭게 해드리고 싶었지만, '풍수지탄'이 되고 만 것이다. 얼마나 애석하고 안타까웠으면 대꼬챙이처럼 마름병에 걸려 생사의 기로까지 갔을까. 이후로 서울과 고향을 오가며 관직과 야인 생활을 겸하던 퇴계는 결국 낙향해서 가족을 돌보며 제자 양성에 매진했다.

명종은 즉위하자마자 퇴계를 초청했지만, 사양하고 올라가지 않았다. 그러자 명종은 화가를 보내어 퇴계가 사는 지역의 풍경을 그려오게 했다. 이른바「도산도陶山圖」를 그리고 그 위에「도산기陶山記」와 퇴계가 지은「도산잡영陶山雜詠」을 써서 병풍을 만들어 곁에 두고는 퇴계를 그리워했다는 것이다.[92]

평소 검소했던 일화도 많지만, 특히 좌의정과 영의정을 지낸 권

---

91) 『퇴계선생문집』 권1, 「丁酉」: 母夫人朴氏憂. 先生自陞六品, 欲乞外便養, 而爲當路所沮. 至是, 自京奔喪. 服中柴毁成疾, 幾至不救.

92) 유정동, 앞의 책, 527면 참조.

철權轍(1503~1578)이 퇴계를 찾아왔을 때 너무 반찬이 소찬이라 그만 먹지 못하고 돌아갔다는 일화는 유명하다. 권철이 불원천리 퇴계를 만나러 왔는데, 마침 끼니때가 되어 밥상을 내왔는데, 보리밥에 달랑 거친 산나물 반찬뿐이어서 제대로 들지 못했다는 이야기이다. 평소 검소했던 퇴계의 일상을 보여준다.

퇴계의 마지막 유언에서도 그의 진솔한 삶을 보여주는 이야기가 전한다. 집 옆에 놓인 매화분을 다른 곳으로 옮기게 하고는 격식 갖춘 '예장禮葬'을 사양하고 큰 비석도 세우지 말고, 다만 자그마한 돌에 '퇴도만은진성이공지묘退陶晚隱眞城李公之墓'라 새기라 당부한다.[93] 자신의 삶과 철학을 간단한 묘비로 새긴 것이다. 조선 최고의 유학자이자 한국 사회 가장 큰 영향력을 행사한 사상가의 모습 속에서 진정한 삶의 의미가 무엇인지 되돌아보게 된다.

3. 남명 조식의 효제사상

1) 전통적 효 관념에 따른 남명 조식 재검토

남명南冥 조식曹植(1501~1572)의 자는 건중楗仲, 호는 남명, 산해山海·방장노자方丈老子·방장산인方丈山人이라고도 했다. 시호는 문정文貞이다. 연산군 7년 경상도 삼가현 토동, 현 경상남도 합천군 삼가면 외톨이 외가에서 출생하고, 부친 조언형曹彦亨은 승문원 판교를 지냈다. 모친은 인천이씨 충순위 이국李菊의 딸이다.

---

93) 유정동, 앞의 책, 527면 참조.

남명은 1507년(7세)부터 아버지에게 글을 배우고 『시경』『서경』을 암송하며 공부했는데, 이는 전통적 유가 교육의 필수 과정이었다.[94] 1509년(9세)에는 중한 질병에 걸려 위독한 적이 있는데, 그때 걱정하는 어머니를 보고 "하늘이 사람을 태어나게 한 것이 어찌 우연이겠습니까? 지금 제가 다행히 장부로 태어났으니 하늘이 저에게 부여한 사명이 반드시 있을 것입니다. 어찌 지금 갑자기 요절할까 걱정할 것이 있겠습니까?"라고 하며 오히려 어머니를 위로하여 주위를 놀라게 했다는 「행장」 기록도 있다. 일찍이 맹무백孟武伯이 공자에게 효에 대해 질문하자, "부모님은 오직 (자식들이) 병에 걸리는 것을 걱정하신다."[95] 라고 답한 데서 보듯, 부모의 자식 걱정을 헤아린 남명의 발언이 아닐까 생각한다.

1515년(15세)부터 1518년(18세)까지 아버지가 단천군수로 임명되었을 때의 일이다. 남명은 부친의 임지로 가서 함께 살면서 유교 경전을 습득하고 관아의 불합리한 관행과 백성들의 고충을 몸소 목격했다.

1520년(20세)에는 진사·생원 초시와 문과 초시에 합격했으나 생원·진사 회시에는 응하지 않았고, 다음 해(1521) 부모님의 강권으로 회시에 응시했으나 낙방했다. 여기서 남명은 훗날 산림처사山林處士의 길을 고집했지만, 입신양명의 길을 요구했던 부모의 뜻에 순응한 모습을 보게 된다.[96]

---

94) 『논어』「계씨」편에 陳亢問於伯魚曰: "子亦有異聞乎?" 對曰: "未也. 嘗獨立, 鯉趨而過庭. 曰: '學詩乎?' 對曰: '未也.' '不學詩, 無以言.' 鯉退而學詩."라고 하며, 공자가 시 공부를 강조한 대목이 있는데, 남명도 부친에게서 詩書를 먼저 배운 것도 같은 맥락이 아닐까 생각된다.

95) 『논어』「위정」孟武伯問孝. 子曰: "父母唯其疾之憂."

96) 『효경』「개종명의장」立身行道, 揚名於後世, 以顯父母, 孝之終也. 하지만 남명은 1533년(33세)에 다시 鄕試에 응시 1등으로 합격하였지만, 1534년(34세)에 회시 응시 했으나 역시 낙방하였고, 1536년(36세)에는 향시에 3등으로 합격하였으니, 남명이 처음부터 처사를 고집한 것 같지

1522년(22세)에는 남평조씨南平曺氏의 딸과 결혼했고, 1526년(26세)에는 부친이 돌아가시자 1528년까지 삼년상을 치렀다. 1530년(30세) 어머니를 모시고 김해 신어산神魚山 아래로 이사했고, 1536년(36세) 첫째 아들 차산次山이 출생했지만, 차산은 1544년 8세의 어린 나이에 병에 걸려 죽었다.[97] 1545년(45세) 11월 모친이 돌아가시자 1548년까지 시묘살이를 했고, 그 후로도 남명은 어떤 중앙의 부름에도 나아가지 않고 오로지 제자 양성에만 힘을 기울였다. 1552년(52세) 둘째 아들 차석次石이 출생하여 늦게나마 '무자無子'의 한을 풀었고, 1557년(57세)에는 셋째 아들 차마次磨, 1560년(60세)에는 넷째 아들 차정次矴이 출생하여 노익장을 과시하기도 했다. 그러고 보면 남명은 전통적 효관념의 주요 범주 가운데 가장 중요했던 '무후無後'의 불효를 확실히 벗은 셈이다.[98]

1572년, 남명은 72세의 일기를 마감하면서 자신을 '처사'로 불러달라는 유언을 남겼다. 이는 전통적 효관념의 또 하나의 내용이었던 입신양명의 효는 표면상 이루지 못한 것으로 볼 수도 있다. 하지만 그의 올곧은 정치 현실에 대한 판단과 과감한 상소는 비록 관직을 지내지는 않았지만, 국가적 차원에서 매우 값진 것이었기 때문에 그 어떤 입신양명보다 소중한 것이었다. 그것은 막상 남명이 타계하자 조정

는 않다. 그 후 1538년(38세)에는 晦齋 李彦迪의 천거로 헌릉 참봉에 임명되었지만 사양하고 나가지 않았고, 그 이후로도 여러 차례 조정의 부름을 받았지만 나가지 않았다.

97) 아들을 잃고 상심하며 쓴 시: "몇 년 전에 외아들을 잃어 상심이 이만저만이 아니었는데, 늦게 차남을 얻었습니다."(昔年孤兒捐背, 無以自裁, 晚得其次男.『남명집』「與全州府尹書」) "집도 없고 아들도 없는 게 중과 비슷하고, 뿌리도 꼭지도 없는 이내 몸 구름 같도다. 한평생 보내면서 어쩔 수 없었는데, 여생을 돌아보니 머리 흰 눈처럼 어지럽도다."(麋室麋兒僧似我, 無根無蔕我如雲. 送了一生無可柰. 餘年回首雪紛紛.『남명집』「喪子」)

98)『맹자』「이루상」; 孟子曰, "不孝有三, 無後爲大. 舜不告而娶, 爲無後也, 君子以爲猶告也."

247

에서 통정대부 사간원 대사간을 증직하고, 부의賻儀를 내리고 예관을
보내 제사 지내게 한 것에서도 드러난다. 또 1615년(광해군7)에 성균
관 유생들이 남명의 증직贈職과 증시贈諡를 상소하여 당대 최고의 자
리에 오른 것으로도 알 수 있다.[99] 이런 남명을 '살아서 의로웠고 죽
어서 최고의 입신양명'의 효를 실천한 사람으로 기리는 것은 결코 헛
된 일이 아닐 것이다.

남명 조식을 배향한 경남 산청군 시천면 남명로 소재 덕천서원과 남명 석상

2) 남명의 가치관을 통해본 윤리관

남명의 효사상을 살펴보기에 앞서 윤리관을 먼저 짚어 보는 것은
의미 있는 일이다. 생애 가운데 세속의 영화보다는 자신의 청의淸
議를 우선하려는 가치관이 남달랐기 때문이다. 유가적 지식인이라면
수기치인의 이상을 실현하기 위해 적극적인 관직의 길을 모색하였겠
지만, 남명의 경우 그렇지만은 않았다. 그것은 분명 남명만의 남다른

---

99) 남명이 받은 관직명은 大匡輔國崇祿大夫 議政府 領議政 겸 領經筵弘文館藝文館春秋館觀象
監監事 世子師라는 긴 직책이었다. (※이상 연보의 내용은 경상대, 『남명집』 600~605면 참조)

가치관과 윤리관이 작용하고 있었기 때문이다.

(1) 신중한 언행과 강직한 발언

'신언서판身言書判', 당나라 때 관리 등용 시험에서 인물 평가의 기준으로 삼았던 네 가지 덕목이다. 올바른 몸가짐, 신중한 언행, 준수한 필적, 공정한 판단력 등 관리가 지녀야 할 필수 항목들이다. 어느 것 하나라도 소홀히 할 수 없지만, 올바른 몸가짐과 신중한 언행이야말로 특히 유의해야 할 사항이다. 그래서 우리 조상들은 말은 적게 하고 듣기는 많이 하라(寡言多聞), 행동은 민첩하게 하고 말은 신중히 하라(敏行愼言)[100]고 주문했다. 이것은 수기修己는 물론이요 치인治人의 단계를 지향하는 유가 지식인들에게는 필수적인 요목이었다. 남명은 그 가운데서도 특히 신언身言에 해당하는 언행에 특히 주의를 기울였다.

> "언행을 신의 있게 하고 삼가며, 사악함을 막고 정성을 보존하라. 산처럼 우뚝하고 못처럼 깊으면, 움 돋는 봄날처럼 빛나고 빛나리라."[101]

언행에 신중할 것을 다짐하는 것은 자신을 닦는 가장 중요한 방법의 하나이다. 믿음직스럽고 신중한 언행, 그리고 사욕·사악을 경계하며 진실한 마음공부, 이것을 남명은 자기 수양의 가장 중요한 덕목으

---

100) 『논어』「위정」: 子曰, "多聞闕疑, 愼言其餘, 則寡尤; 多見闕殆, 愼行其餘, 則寡悔. 言寡尤, 行寡悔, 祿在其中矣."
101) 『남명집』「座右銘」: 庸信庸謹, 閑邪存誠. 岳立淵沖, 燁燁春榮.

로 여겼다. 또 그것이 성취된다면 우뚝하게 설 수 있다고 생각했다. 그렇게 해야 할 이유는 간단하다. 문제는 아주 작은 데서 비롯한다는 사실을 알았기 때문이다.

> "구름 낀 큰 둑이 만 발이나 되어도, 개미집으로 해서 무너진 다."[102]

비슷한 내용이 중국 고전에도 전한다. "천 발이나 되는 긴 둑도 개미구멍 때문에 허물어진다."[103]는 내용이다. 같은 맥락에서 남명은 "병마개를 닫듯 입을 닫아 말을 조심하라."[104]고 하며, 신중한 언행을 강력히 다짐한다. 그렇다고 남명이 할 말을 못하면서까지 조심한 것은 아니다. 분명히 잘못된 것은 잘못이라 지적한 용기 있는 상소문을 통해서 확인된다.

> "전하의 나랏일이 이미 그릇되었고 나라의 근본이 이미 망했으며 하늘의 뜻은 이미 떠나버렸고 민심도 이미 이반 되었습니다. 비유하자면 백 년 동안 벌레가 그 속을 갉아먹어 진액이 이미 말라버린 큰 나무가 있는데, 회오리바람과 사나운 비가 어느 때에 닥쳐올지 전혀 알지 못하는 것과 같으니, 이 지경에 이른지가 오랩니다. 조정에 있는 사람 가운데 충성된 뜻있는 신하와 일찍 일어나 밤늦도록 공부하는 선비가 없지는 않습니다. 하지만 이미 그 형세가 극도에 달하여 지탱할 수 없고 사방을 둘러보아도 손쓸 곳이 없다는 것을 알면서도 낮은 벼슬아치는 위에서 어름어름하면서 오로지 재

---

102) 『남명집』「慎言銘」: 雲堤萬丈, 由蟻穴潰.
103) 『한비자』「喩老」: 千丈之堤, 以螻蟻之穴潰.
104) 『남명집』「慎言銘」: 守口如甁.

물만을 늘리며, 물고기의 배가 썩어 들어가는 것 같은데도 그것을 바로잡으려 하지 않습니다. 게다가 궁궐 안의 신하는 후원하는 세력 심기를 용이 못에서 끌어들이는 듯하고 궁궐 밖의 신하는 백성 벗기기를 이리가 들판에서 날뛰듯 합니다. 그들은 가죽이 다 해어지면 털도 붙어 있을 데가 없다는 것을 알지 못합니다."[105]

남명의 절절한 우국충정이 솔직 담백하게 표현된 내용이다. 우국충정에 대한 분명한 의지를 드러내면서 주춤주춤 권력자의 눈치나 보지 않았다. 문제를 예리하게 지적하며 신랄한 비판을 쏟아 놓은 상소문이다. 나아가 당시 금기시되던 왕과 그 가족에 대한 언급도 과감히 했다. 예컨대 이미 널리 알려진 당시 섭정의 주역 문정왕후를 과부에 비유한 간언은 죽음을 무릅쓰지 않고서는 불가능한 발언이었다.

"자전慈殿(임금의 어머니 문정왕후)께서 생각이 깊으시기는 하나 깊숙한 궁중의 한 과부에 지나지 않고, 전하께서는 어리시어 다만 선왕의 한 외로운 아드님이실 뿐이니, 천 가지 백 가지의 천재天災와 억만 갈래의 민심을 어떻게 감당해 내며 무엇으로 수습하시겠습니까?"[106]

---

105) 『남명집』「乙卯辭職疏」: 抑殿下之國事已非, 邦本已亡, 天意已去, 人心已離, 比如大木, 百年蟲心, 膏液已枯, 茫然不知飄風暴雨何時而至者, 久矣. 在廷之人, 非無忠志之臣, 夙夜之士也, 已知其勢極而不可支, 四顧無下手之地, 小官嬉嬉於下, 姑酒色是樂, 大官泛泛於上. 唯貨賂是殖, 河魚腹痛, 莫肯尸之, 而且內臣樹援, 龍拏于淵, 外臣剝民, 狼恣于野, 亦不知皮盡而毛無所施也.

106) 『남명집』「을묘사직소」: 慈殿塞淵, 不過深宮之一寡婦, 殿下幼沖只是先王之一孤嗣, 天災之百千, 人心之億萬, 何以當之, 何以收之耶.

이처럼 과감한 발언들은 앞서 지적한 신중한 언행과는 별개로 여겨진다. 의를 추구하는 데에서는 조금도 주저하지 않은 강개한 태도를 보여준다. 임금의 어머니를 과부로, 임금을 외로운 아들로 말할 정도라면 일반 조정의 잘못된 관행을 비판하는 것은 말할 것도 없다.

"평소에 조정에서 재물로 사람을 임용하다 보니, 재물만 모이고
백성은 흩어져 버렸습니다."[107]

조정의 잘못은 임금의 무능, 무관심에 있다고 하며 강력히 비난했는데, 이것이야말로 국가 대사에 대한 남명의 대의 정신이 얼마나 강건했는가를 알게 한다.

"엎드려 살펴보니, 전하의 나랏일이 이미 글러 한 가닥도 손댈 곳이 없는데, 모든 관원은 둘러서서 보기만 하고 구원하지 않습니다. 이미 어떻게 할 수 없음을 알고, '어떻게 해야 할까?'라고 생각도 하지 않은 지가 오랩니다. 만약 전하께서 보고서도 알지 못하신다면 전하의 밝음이 가려진 데가 있는 것이고, 알고서도 혁파할 생각이 없으시면 나라에 주인이 없는 것입니다."[108]

조정에서 이뤄지는 일들의 잘잘못을 혹 임금이 몰랐다 하더라도 그것은 그들을 관리할 책무가 임금에게 있기 때문에 책임을 면할 수 없을 뿐더러, 하물며 이를 보고서도 그것이 잘못인지 알지 못한다면 이것은 현명하지 못한 일이며, 또 알고서도 고치지 않았다면 임금이

---

107) 『남명집』「乙卯辭職疏」: 平日, 朝廷以貨用人, 聚財而散民.
108) 『남명집』「謝宣賜食物疏」: 伏見殿下之國事已去, 無一線下手處, 諸臣百工, 環視而莫救, 已知無
　　可奈何, 不曰如之何者, 久矣. 若殿下視而不知, 則明有所蔽矣, 知而罔念, 則國無主矣.

없는 것과 마찬가지라는 이야기이다. 한동안 유행하던, "문제를 알고
도 안 한다면 직무유기이고, 모르고 못한다면 무능"이란 말이 떠오르
는 대목이다. 여기서 남명의 대의명분이 어디에 있는가를 알 수 있
다. 그것도 주변 사람들도 아닌 임금께 직접 상소하는 말속에 이렇게
표현한 것은 대단한 의미를 갖는다.

이렇듯 남명은 평소 신중한 언행을 강조하면서도, 대의에 어긋난
것에 대해서는 아무리 지존자라 하더라도 반드시 지적하고 비판하는
면모를 보여주었다. 이것은 조선의 강인한 선비정신과 의리정신의
표상을 보여준 것이라고 할 수 있다.

남명선생 신도비문 국역비와 상소문(무진봉사)

(2) 공경과 굳셈

일명 남명을 '칼을 찬 선비'라 한다. 칼은 강인한 무인을 상징하지
만, 문인이었던 남명은 늘 칼을 차고 다녔다. 주변에서 "무겁지 않냐"
고 물었을 때, "뭐가 무겁소. 내 생각에는 그대 허리춤의 금대(돈주머
니)가 더 무거울 것 같은데"라는 일화가 전한다. 칼을 찬 이유는 「패검

명」을 통해 확인할 수 있다.

　　"안으로 마음을 밝히는 것은 경敬이요, 밖으로 행동을 결단하는
　　것은 의義다."[109]

『주역』「곤괘·문언」에 "군자는 경으로 안을 곧게 하며 의로 바깥을
반듯하게 한다."[110]는 말을 연상시킨다. 그렇다면 남명에게 칼이 상
징하는 것은 경으로 자신을 단속하고 의로 주변을 가지런히 한다는
상징적 의미이다. 다시 말해 여인들의 비녀가 단순 자신의 아름다움
을 추구하기 위한 장식 기능을 넘어 자신을 방어하고 그 옛날 여인으
로서 지켜야 할 정절의 최후수단이었듯, 남명의 칼은 단순 칼이 아닌
경과 의를 밝혀주는 칼이란 것이다.

　　"또한 경은 성학聖學의 시작이 되고 끝이 되는 것으로, 초학자로
　　부터 성현에 이르기까지 모두 경을 주로 하는 것으로 도에 나아가
　　는 방편을 삼습니다. 학문을 하면서 경을 주로 하는 공부가 부족하
　　면 학문하는 것이 거짓이 됩니다. 맹자가 말하기를 '학문하는 도는
　　다른 것이 없다. 놓아버린 마음을 구하는 것 뿐이다.'고 하였는데,
　　그것이 바로 경을 주로 하는 공부입니다."[111]

　　경 공부에 대한 내용이다. 초학자로부터 성현에 이르기까지 경 공
부는 선택이 아닌 필수 과정임을 말하고 있다. 그것이 맹자가 말한

---

109) 『남명집』「佩劍銘」: 內明者敬, 外斷者義.
110) 『周易』「坤卦·文言」: 君子, 敬以直內, 義以方外.
111) 『남명집』「示松坡子」: 且敬者, 聖學之成始成終者, 自初學以至聖賢, 皆以主敬爲進道之方. 學而
　　欠主敬工夫, 則其爲學僞矣. 孟子曰, "學問之道無他. 求其放心而已. 此是主敬工夫."

'구방심求放心'이라는 것이다.

> "그 이치를 궁구하고 몸을 닦으며, 가슴 속에 본심을 보존하고 밖
> 으로 자신의 행동을 살피는 가장 큰 공부는 곧 반드시 경을 위주로
> 해야 합니다. 이른바 경이란 것은 정제하고 엄숙히 하여, 항상 마음
> 을 깨우쳐서 어둡지 않게 하는 것입니다. 한마음의 주인이 되어 만
> 사에 응하는 것은 안은 곧게 밖은 방정하게 하는 것입니다. 공자께
> 서 이른바, '경으로 몸을 닦는다.'[112]는 것이 이것입니다. 그러므로
> 경을 주로 하지 않으면 이 마음을 보존할 수 없고, 마음을 보존하지
> 못하면 천하 이치를 궁구할 수 없으며, 이치를 궁구하지 못하면 사
> 물의 변화를 다스릴 수가 없습니다."[113]

공경을 수양의 기본으로 삼는다는 내용이다. 다시 말해 '수기치인'
의 유가적 목적의식의 발로가 공경에서 비롯한다는 지적이다. '수
기修己' 함에 공경을 근간으로 하는 것은 천하 이치를 궁구할 수 있기
때문이고, 천하 이치를 궁리할 수 있다면 사사물물의 변화에 능동적
으로 대처할 수 있기 때문에 '치인'의 단계로 나갈 수 있다는 것이다.
또 이것을 공경으로 시작해야 함은 공경이 물욕物欲을 제어할 수 있
기 때문이다.

> "학문으로 근본을 삼으면, 물욕의 감정이 마음을 흔들지 못한다.
> 물욕의 감정에 빠져버리면 근본이 없어지며, 물욕의 감정에 흔들

---

112) 『논어』「헌문」: 修己以敬.
113) 『남명집』「戊辰封事」: 其所以爲窮修存省之極功, 則必以敬爲主, 所謂敬者, 整齊嚴肅, 惺惺不
　　昧, 主一心而應萬事, 所以直內而方外, 孔子所謂修己以敬者, 是也. 故非主敬, 無以存此心, 非
　　存心, 無以窮天下之理, 非窮理, 無以制事物之變.

리면 쓰임이 없어지리라. 경을 통하여 그 근원을 함양하고, 하늘의
법칙에 근본해야 하리라.”[114]

물욕이 인간의 감정을 지배하게 되면 인간이 추구해야 할 근본이
흔들리고, 근본이 흔들리면 인간의 윤리적 당위는 사라진다. 따라서
인간이 추구해야 할 윤리의 근본 인자를 회복하기 위해서는 물욕에
따른 감정을 다스려야 하며, 그것은 경 공부를 통하여 가능하다는 남
명의 생각이다.

일반적으로 우리는 '경'이란 말보다는 '공경'에 익숙하다. 경은 공부
가 함께 따라붙어서 공부의 내용이 되고, 공경이란 공부의 대상이 아
니라 그 자체로 하나의 마음가짐이자 실천 행위가 된다. 다시 말해 공
경이란 사람과 사물을 대하는 공손한 태도이며 상대를 존중하는 조
심스런 태도이다. 하지만 양자는 무관하지 않다. 연속성을 지닌다.
그런 점에서 남명의 경 공부에 대한 강조는 단순 수양론에 그치는 것
이 아니라 윤리적 지향을 동시에 표현한 것이라 할 수 있다.

(3) 기본 예의를 강조한 윤리교육

남명의 기본에 충실한 교육이념은 제자 정인홍鄭仁弘(1536~1623)이
편찬한 「남명행장」에 적나라하게 드러나 있다. 그는 고담준론만을
일삼는 학자들을 빗대어 "큰 저잣거리에 진귀한 보배가 없는 게 없건
만 종일토록 오르내리며 값만 물어보고 제 것으로 만들지 못하는 것

---

114) 『남명집』 「原泉賦」: 學以爲本, 感罔能擾. 可汩則無本, 可擾則用熄. 敬以涵源, 本乎天則.

은 내가 짠 베 한 필을 팔아 생선 한 마리라도 사는 것만 못하다."[115]
고 하며, 당대 학자들의 문제가 실천 결여에 있음을 지적했다. 이것
은 남명과 더불어 당대 사상사의 한 획을 그은 퇴계 이황과 주고받은
편지에도 나온다.

> "요즘 공부하는 자들을 보건대, 손으로 물 뿌리고 비질하는 절도
> 도 모르면서 입으로는 천리를 담론하여 헛된 이름이나 훔쳐서 남
> 들을 속이려 하고 있습니다."[116]

사실 "물 뿌리고 비질하는 것, 그리고 응대하고 나가고 물러가는 예
절"[117]은 모든 학문의 기본이기 때문에 학문의 입문서인 『소학』에 제
시되었다. 하지만 실제 현실은 그렇지 못하기 때문에 남명은 이를 지
적하고 있는 것이다.

> "그대는 요즘 선비들을 살펴보지 않았습니까? 손으로 물 뿌리고
> 비질하는 절도도 모르면서 입으로 천상의 이치를 말하는데, 그들
> 의 행실을 공평히 살펴보면 도리어 무지한 사람만도 못합니다."[118]

> "명사들은 날로 나아가기만 하고, 멀리 떠나 피할 줄은 모르고 있
> 습니다. 젊은 사람들이 성리性理를 말하면, 문득 그들을 마주하고

---

115) 鄭仁弘 撰,「南冥行狀」: 遨遊於通都大市中, 金銀珍玩, 靡所不有, 盡日上下街衢而談其價, 終非
　　自家家裡物, 却不如用吾一匹布, 買取一尾魚來也. (※今之學者, 言談性理, 而無得於己, 何以
　　異此.) (문집총간 제31권, 458면)
116) 『남명집』「與退溪書」: 近見學者手不知洒掃之節, 而口談天理, 計欲盜名而用以欺人.
117) 『소학』: 灑掃應對進退之節.
118) 『남명집』「與吳御史書」: 君不察時士耶. 手不知洒掃之節, 而口談天上之理, 夷考其行, 則反不
　　如無知之人.

종장宗匠이 된 사람처럼 말을 합니다."[119]

천리天理를 논하고 성리를 논란하는 선비들이 가장 기본이 되는 것을 등한히 하는 태도를 무지한 사람만 못하다며 지적했다. 남명은 자신도 남 못지않게 성리학을 공부했지만, 굳이 이를 언급하지 않은 것은 뭔가 그보다 더 충실히 해야 할 도리가 있다는 것을 간파했기 때문이다.

"나는 평생 다른 기예를 배우지 않고, 혼자 책만 보았을 뿐입니다. 입으로 성리를 말하고자 하면 어찌 남들보다 못하겠습니까마는, 오히려 그 점에 대해 기꺼이 말하고 싶지 않았습니다."[120]

한 마디로 천리를 말하고, 성리를 말하는 것이 실제로는 내용보다는 허상을 좇고 현실보다는 공허한 이론만 따라가는 허학이라는 지적이다.

"시속이 숭상하는 바를 자세히 들여다보면 당나귀 가죽에 기린의 모형을 뒤집어씌운 것 같은 고질이 있습니다. 온 세상이 모두 그러해 혹세무민하는데 급급해 하고 있으니, 크게 어진 이가 있더라도 구제할 수 없을 것입니다. 이는 실로 사문의 종장인 사람이 오로지 상달上達만 주로 하고, 하학下學을 궁구하지 않아 구제하기 어려운 습속을 이루었기 때문입니다. 일찍이 그와 더불어 서신을 왕복하며 논란을 했지만, 돌아보려 하지 않았습니다. 공은 지금 이 폐단

---

119) 『남명집』「與吳御史書」: 名士日造, 猶不知邁邁走避, 年少談理, 奄然當之, 若爲宗匠然者.
120) 『남명집』「與吳御史書」: 僕平生不執他技, 只自觀書而已. 口欲談理, 豈下於衆人乎, 猶不肯屑有辭焉.

을 구제하기 어렵다는 것을 알지 않으면 안 됩니다."[121]

내실은 없으면서 겉만 화려하게 꾸미는 시속을 비판한 내용이다.
이 내용에서 사문의 종장은 퇴계 이황을 가리킨다는 주장도 있다.[122]
당대 최고의 성리학 대가를 겨냥한 이 발언은 남명의 남다른 용기와
기상이 아니고서는 힘든 것이라 생각한다.

그렇다면 남명이 추구한 기본에 충실하고 현실에 충실한 학문관은
무엇일까? 그는 "아래로 사람의 일을 배우고 위로 하늘의 이치에 통
하는 것이 또 학문에 나아가는 순서입니다. 사람의 일을 버리고 하늘
의 이치를 말하는 것은 곧 입에 발린 이치이며, 자신에게서 돌이켜보
지 않고 들어서 아는 것만 많은 것은 곧 귀에 발린 학문입니다."[123]고
하였다. 한마디로 '하학이상달下學而上達'을 말한 것이다. 적어도 남명
의 눈으로 본 당대 선비들은 '하학'을 버리고 오로지 '상달'에만 매달
려 있다. 훗날 성리학의 폐단이 '하학'을 돌보지 않은 데서 나온 것을
놓고 본다면 남명의 이 발언은 실학사상의 단서가 되었다고도 할 수
있다. 윤리적 단서 역시도 작은 데서 출발해서 점차 더 큰 세계를 지
향하는 극히 기본에 충실한 학문적 태도를 엿보게 된다.

"부부에서 시작해서 가정·국가·천하에 미치는 것은 다만 선과 악
의 나뉨을 밝혀 자신이 성실해지는 데로 돌아가게 하는 데에 있을

---

121) 『남명집』 「與吳子强書」: 熟看時尙, 痼成麟楦驢鞁, 渾世皆然, 已急於惑世誣民. 雖有大賢, 已不
可救矣. 此實斯文宗匠者, 專主上達, 不究下學, 以成難救之習. 曾與之往復論難, 而不肯回頭,
公今不可不知. 此弊之難救矣.
122) 경상대 남명학연구소, 『남명집』 주석 211면 참조.
123) 『남명집』 「戊辰封事」: 由下學人事, 上達天理, 又其進學之序也. 捨人事而談天理, 乃口上之理
也. 不反諸己而多聞識, 乃耳底之學也.

뿐입니다. ”124)

부부 → 가정 → 국가 → 천하로 이어지는 관계에서 그 규모의 대소
는 있을지언정 선악 구별을 기본으로 한다는 데에는 다를 수 없음을
천명한 내용이다. 바로 이를 해결하기 위해 남명이 제시한 윤리의 핵
심은 역시 사악함을 제거하는 것이고, 사악함을 제거하기 위해서는
사욕을 없애야 하며, 그것은 충효로 드러난다고 했다.

“사악함을 막으면 마음이 한결같아지고, 사욕이 없으면 마음이
한결같아진다. 예의는 반드시 태일太一125)에 근본해야 한다. 사악한
마음을 없애는 것이 그 법칙이니, 충효로써 섬겨야 한다. ”126)

사악함과 사욕을 제거함이 수양의 기본이고, 그것은 한결같은 마
음의 보전을 위함이며, 또 그것이 자기를 수양하는 기본원칙이라면
그것이 밖으로 드러나는 윤리적 행위는 충효라는 것이다. 결국 기본
에 충실할 것을 강조한 남명의 윤리사상은 충효로 귀결된다고 하겠
다. 충이 국가에 대한 윤리적 요청이라면, 효는 가정의 윤리적 요청
이라 할 수 있다. 그런데 여기서는 논의의 편의상 충에 대한 논의는
접어두고 효에 대한 내용만을 다루기로 한다.

---

124) 『남명집』「무진봉사」: 造端乎夫婦, 以及於國家天下, 只在明善惡之分, 歸之於身誠而已.
125) 太一眞君을 말한다. 태일진군이란 神明한 마음을 가리킨다. 太一은 大道, 元氣로서 만물을
總攝하는 것이다.
126) 『남명집』「神明舍銘」: 閑邪則一, 無欲則一. 禮必本於太一. 無邪其則, 事以忠孝.

3) 효사상과 그 의미 확충

(1) 효제윤리

학문의 기본은 부모와 어른을 공경하며 섬기고 형제간 서로 공경하는 데서 출발한다. 바른 사람, 바른 예와 인성을 갖춘 사람됨을 우선한 것이다. 학문을 출세 지향에 뜻을 두고 사람 됨의 기본을 멀리하고 과거시험 공부에만 몰두하는 것을 경계한 말이다. 『논어』에서는 효제孝悌를 인仁을 실천하는 근본이라 말한다.[127] 성운成運(1497~1579)이 찬한 남명의 묘비문에 보면 남명의 삶과 학문도 여기에 그 뜻이 있음을 분명히 했다.

> "학문하는 것은 처음부터 어버이를 섬기고 형을 공경하며 어른을 공경하고 어린이를 사랑하는 것에서 벗어나지 않는다. 혹 여기에 힘쓰지 않고 문득 성리性理의 심오함만을 탐구하려 한다면, 이는 인사상人事上에서 천리天理를 구하지 아니하여 마침내 마음에서 실지로 얻는 것이 없을 것이다."[128]

사람됨의 학문 중심에 효제를 우선하고 철학적 성리 공부를 나중하라는 뜻이 담겼다. 그 이유 또한 천리 구현에 두었고, 천리의 기본이 효제에 있음을 보여준 내용이다. 혹 부모님이 계시지 않는다면 그 유체遺體, 곧 형제들이 우애 있게 지내야 함을 지적했다. 나아가 주변

---

127) 『논어』「학이」: 孝弟也者, 其爲仁之本與!
128) 『남명집』「묘비문」: 爲學初不出事親敬兄悌長慈幼之間. 如或不勉於此, 而遽欲窮探性理之奧, 是不於人事上求天理, 終無實得於心, 宜深戒之.

사람들과의 우호적인 관계 유지를 선인에 대한 도리라 했다.

> "옛 집과 옛 나무는 오히려 남아 있건만 선인先人은 계시지 않고,
> 옛 산과 옛 물은 여전하건만 선인은 돌아가셨으니, 여기에 앉고 여
> 기에 눕고 여기서 노래하고 여기서 춤추고 여기서 형제들과 우애
> 있게 지내고 여기서 벗들과 어울리면서 어찌 잠시인들 선인을 잊
> 을 수 있겠는가!"129)

　형제와 벗들과 흥겹게 어울리면서도 선인의 은덕을 잊지 말아야
한다는 뜻 가운데에는 두 가지 의미가 함축되어 있다. 하나는 주변인
과의 효제 윤리 실천이고, 다른 하나는 선대 조상들의 은덕에 대한 감
사한 마음이다. 그런데 이 둘은 별개가 아니라 하나이다. 효제 실천
을 선인들이 강조했으니 이를 실천하는 것이 곧 선인의 뜻에 대한 보
답이기 때문이다. 선인의 뜻을 존중하는 것이 효이고, 그 효의 항목
에 형제는 물론 주변 사람들과 우애 있게 어울리는 것이 포함되어 있
으니, 효를 단지 부모 자녀 관계로만 한정하지 않았음을 보게 된다.
이것이 가능한 것은 주어진 환경에 대한 긍정적 자세에 있다. 아무리
힘들고 곤궁해도, 또 여유 있고 넉넉하더라도 살아갈 수 있다는 것은
모두가 선인의 은택이라 생각한 것이다.

> "입고 먹을 것이 넉넉하여, 굶주리고 헐벗을 때에도 살아갈 수 있
> 는 것은 선인이 끼치신 은택이 아닌가?"130)

---

129) 『남명집』「永慕堂記」: 故宅故樹猶存, 而先人不在, 故山故水依然, 而先人亡焉, 坐於斯, 臥於斯,
　　舞於斯, 兄弟於斯, 朋友於斯, 寧可有時而忘先人耶.
130) 『남명집』「영모당기」: 衣食繩繩, 有賴於飢寒之日者, 非先人之遺澤乎.

"하물며 아들은 과거에 합격하여 부모를 기쁘게 해주는 즐거움이 있고, 여러 아우들은 자신을 수양하여 선인에게 누가 미칠 염려도 없음에랴!"[131]

"사람들은 대체로 곤궁함을 걱정하지만, 나에게는 곤궁함이 바로 통달함이 되었다. 여러 번 과거에 낙방하여, 곤궁함을 인하여 형통해지기를 구하다가 가야 할 길을 찾게 되었고, 그 길을 가다가 본지풍광本地風光을 볼 수 있었고, 부형父兄의 기침 소리를 들을 수 있었다. 굶주리다가 먹을 것을 얻고 근심하다가 즐거움을 얻게 되었으니, 나의 곤궁함을 세상 사람들의 통달함과 바꿀 수 있겠는가!"[132]

넉넉한 것만을 선인의 은택이라 말하지 않고, 굶주리고 헐벗을 것까지도 선인의 은택이라 말한 내용이다. 아마도 『논어』에서 자로子路가 어려운 환경에 처했을 때 군자도 곤궁할 때가 있느냐고 질문하자, 공자가 "군자는 곤궁함을 견디지만, 소인은 곤궁하면 곧 함부로 행동한다."[133]고 한 말이 떠오른다. 모두가 선인의 은택이란 말은 어떠한 경우라도 긍정적으로 공경하고 감사하는 태도를 말한다. 하물며 과거에 합격하여 입신양명의 효를 행함은 두말할 것도 없는 선인들의 은택이고, 혹 과거 합격은 아니더라도 자신을 수양하며 경건한 가운데 선인에게 누를 끼치지 않음도 후손의 당연한 효라 할 수 있다.

---

131) 『남명집』「영모당기」: 而況家兄稱慶, 有燕喜高堂之樂, 群弟修躬, 無累及先人之患.
132) 『남명집』「書圭菴所贈大學冊衣下」: 人多以困窮爲憫, 於余則困是爲通. 屢屈科第, 因困求亨, 而尋得路向這邊去, 見得本地風光, 聞得父兄謦咳. 飢而食, 憂而樂, 吾窮有可以換做, 世人之通乎.
133) 『논어』「위령공」: 君子固窮, 小人窮斯濫矣.

(2) 가족사랑

시는 인간의 속마음을 제한된 언어로 담는 그릇과도 같다. 입으로 표현하는 말은 상황에 따라서 부연할 수 있으니, 어찌보면 포장, 각색의 여지도 많지만, 시는 함축적 의미로 표현하기 때문에 그런 여지가 많지 않다고 생각한다. 예나 지금이나 마음속 깊은 곳의 뜻을 시로 표현하는 것은 그런 점에서 의미가 있다. 남명의 효에 대한 깊은 생각도 자형 이공량李公亮(1500~1565)을 칭송하는 시에 잘 나타나 있다.

"적막한 빈터에 부모 사모하는 뜻 붙였으니, 아버지 읍벽당挹碧堂 (이공량의 아버지 이정윤李貞胤이 살던 집)의 뜻을 잘 계승했네. 이 속의 선조 추모하는 뜻 알고자 하나, 높은 산처럼 끝이 없고 물처럼 다함이 없도다."[134]

그리고 이어지는 시에서 더 절절히 배어난다.

"다북쑥 같은 신세 되어 부모님 그리며, 고향의 옛 풍경 늘 아련하구나. 이런 느낌 나 때문이 아니라는 것 알겠나니, 이런 처지가 되면 사람마다 구슬퍼지리."[135]

다북쑥은 언제 어디서나 잘 자라는 여러해살이 풀이다. 언제 어디서나 무성하게 자란다는 것은 그저 그렇고 그런 신세를 표현한다. 부모님 생각한다면 고상하고 고결하게 살면서 부모님을 영화롭게 해드

---

134) 『남명집』「永慕堂」: 遺墟廖落號樹風, 挹碧前頭肯構同. 欲識箇中追遠意, 高山無極水無窮.
135) 『남명집』「영모당」: 蓼蓼莪蒿歎昊天, 依依桑梓舊風烟. 從知此感非由我, 到此人人覺着然.

려야 하는데, 그렇지 못한 자신의 모습을 한탄하며 그 미안한 마음을
담았다. 부모님 살던 옛터와 고향 산천과 적절히 어우러진 사친思
親의 정이 물씬 풍기는 시이다. 참고로 남명은 자형의 인간 됨을 표현
하며, 그 중심에 부모에 대한 효심을 강조한다.

"우리 자형은 평소 별난 행실을 좋아하지 않았고, 입으로 일찍이
남의 나쁜 점을 말한 적이 없으며, 마음으로 남을 해치려는 생각을
가져 본 적이 없었다. 남을 사랑하고 착한 것을 좋아하며 소탈하고
얽매이지 않아 옛사람의 풍모가 있었다. 어릴 적부터 문장을 하여
동당시東堂試에 합격하였으나 대과大科에는 실패하였으며, 더불어
사귀었던 사람이 모두 당대 일류의 명사들이었지만, 한 번도 고관
대작의 집을 기웃거려 자신을 알아주기를 바라지 않았다. 서울에
집이 있었지만 홀로 고향에서 지냈던 것은 어버이를 영원히 사모
했기 때문이다."[136]

이런 자형의 착하고 자상하고 소탈하고 효성스런 모습은 가족 구
성원들에게도 그대로 영향을 주었다. 다정다감했던 자형 가족사의
장면을 기록한 것이다.

"(자형의) 두 아들이 모두 아들과 손자를 두어서 이미 아이가 아니
건만, 그래도 때로는 큰 이불 위에서 끌어안고 누워 따뜻하게 감싸
주고 어루만져 주기도 하여 마치 포대기에 싸인 어린 아이 같이 하
니, 사모하고 자애하는 은덕이 한 집안에 흡족하게 흐르고 있음을

---

136) 『남명집』「永慕堂記」: 吾兄素不喜崖異之行, 口未嘗談人之惡, 心無有害物之萌. 其愛人好善, 疎
宕不檢, 有古人之風. 結髮爲文, 每捷東堂, 竟北南宮, 所與遊者皆名流, 猶不肯一, 向朱門求己.
家在王城, 身獨桑鄕者, 爲永慕故也.

볼 수 있다."[137]

> "아버지는 그 어버이를 생각하고 아들은 그 아버지에 의지하여,
> 아버지도 넉넉하고 자식도 넉넉하며 집안 또한 넉넉하다."[138]

여기서 형제간 우의 돈독한 가정의 모습을 보게 된다. 이렇게 형제간의 화해롭고 다복한 분위기가 가능한 것은 위로 부모를 생각하는 마음이 절실했고, 그것이 위아래로 전달됐기 때문이다. 대대로 이어지는 효심이 화기애애한 가족 분위기를 만든 것이다.

(3) 효교육 지침

남명은 평소 독서하면서 자신의 공부에 필요하다고 생각하는 것들을 가려 뽑아 책으로 만들었는데, 그것이 『학기류편學記類編』이다. 일종의 독서노트라 할 수 있다. 이렇듯 남명은 경전의 큰 줄기를 파악하며 자신에게 절실한 것만을 가려 뽑았는데, 이것을 제자 정인홍이 『근사록』의 체재처럼 재편집했다. 한마디로 삶의 지침이 될만한 내용들을 한데 모아 놓은 참고서류이다. 여기서는 효와 관련된 몇 가지 내용만 간추려 본다.

① 간쟁의 효
공자가 말했다. "아버지에게 간쟁해 주는 자식이 있으면 무례한 행

---

137) 『남명집』「永慕堂記」: 兩兒皆已抱子抱孫, 不是孩提子也, 猶時大被抱臥, 煦嘔撫摩, 如襁褓兒, 可見慕慈之恩, 流洽於一家.
138) 『남명집』「永慕堂記」: 父思其親, 子依其父, 父以之肥, 子以之肥, 家以之肥.

동을 하지 않고 선비에게 간쟁해 주는 친구가 있으면 의롭지 못한 행동을 하지 않는다."(子曰, 父有爭子, 不行無禮. 士有爭友, 不爲無義.『학기류편』하,「齊家」, 출전:『孔子家語』제2권「三恕第九」)

② 덕의 근본

오봉 호씨가 말했다. "효와 공경은 덕의 근본이다."(五峯胡氏曰, 孝悌也者德之本.『학기류편』하,「齊家」, 출전:『성리대전』제34권,「性理六 德」)

③ 자녀의 도리

"오늘날 사대부가 임금에게 벼슬을 받으면 자기의 직분을 다하려고 한다. 마찬가지로 부모님께 신체를 받았는데, 어찌 자식된 도리를 다하지 않을 수 있겠는가. 이상 이천"(今士大夫受職於君, 期盡其職. 受身於父母, 安可不盡其道. 以上伊川.『학기류편』하,「齊家」)

정자가 말했다. "자신의 직분을 수행하지 않고 고원한 도리를 배우는 것은 자신을 위한 학문이 아니다."(程子曰, 不修其職而學, 非爲己之學.『학기류편』하,「齊家」, 출전:『程氏經說六』「論語解」)

④ 자녀교육

『가양정어록』에 말하였다. "인생에 가장 지극한 즐거움은 책을 읽는 것이고, 지극히 중요한 것은 자녀 교육만 한 게 없다."(家養正語錄云, 人生至樂, 無如讀書, 至要, 無如敎子.『학기류편』하,「齊家」)

"부자가 자식을 교육할 때에는 반드시 도리를 중히 여기게 해야 하고, 가난한 사람이 자식을 교육할 때에는 마땅히 절개를 지키게 해야 한다."(富者之敎子, 須是重道, 貧者之敎子, 須是守節.『학기류편』하,「齊家」)

⑤ 형제간의 도리

정자가 말했다. "순숙[139]의 아들 여덟 명이 어찌 다 훌륭했겠는가? 한두 명의 훌륭한 아들이 있어 아우들이 서로 영향을 받아 익혀 모두 그렇게 된 것이다. 이천"(程子曰, 荀氏八龍, 豈盡賢者. 一二賢子, 弟相薰習皆然. 伊川.『학기류편』하,「齊家」, 출전:『二程全書』제24권,「鄒德九本」)

⑥ 이웃사랑 - 가족이기주의 배제

"문정공 범중엄에게는 사람들을 구제할 의로운 전답이 있었고, 문숙공 오규에게는 어려운 사람들을 위한 집이 있었다. 그러나 임종 시에는 집안에 남은 재산이 없었고 자제들은 거처할 집도 없었다."(范文正公有義田, 吳文肅公奎亦有義莊. 死之日, 家無餘財, 諸子無宅以居.『학기류편』하,「齊家」)

(4) 먼 외가 조상, 문익점의 효행 소개

문익점文益漸(1331~1400)은 원나라의 금수 품목이었던 목화씨를 들여와 의류혁명을 일으킨 주역이다. 그 문익점이 남명 조식의 증조모의 종조부인데,[140] 남명은 문익점의 효행사적을 기록으로 남겼다.

"공(문익점)은 어버이를 섬김에 그 도리를 다해서, 잠시라도 곁을 떠난 적이 없었다. 비록 관직에 있을 때에도 일년 동안에 휴가를 두 번 갈 수 없음을 걱정하였다. 그 후 만 리나 먼 황무지에서 귀양살

---

139) 후한 때 인물. 자는 季生, 季和. 행실이 고결하였으며 아들 여덟 명이 모두 재주가 좋았다.
140) 남명의 증조부는 曹安習이고 조안습의 처가는 江城文氏이고, 妻父인 문가용은 문익점의 조카이다. 비록 먼 외가쪽 친척이지만, 남명은「三憂堂文公廟祠記」「木棉花記」에서 문익점이 목화씨를 들여와 재배한 공로를 추모했다.

다가 5년 만에 돌아올 적에도 오직 부모님께 인사드리는 일만을 급하게 생각했다. 그러므로 원나라 조정에 있을 때에는 관직에 제배除拜된 지 10여일 만에 사직하였고, 본국에서도 관직에 임명된 지 5일이 못 되어서 직위를 그만두었다. 아는 사람은 '공의 어버이 생각하는 마음은 너무도 지극하여 우환과 부귀 속에서도 능히 잊지 못했다'라고 하였다. 그 후 모친상을 당해서 복을 입고 여묘廬墓하고 있는데 마침 왜구가 날뛰는 것을 목격했다. 사람들이 모두 도망쳐 숨었으나, 공은 최복衰服을 입고 건질巾絰을 두르고서, 하늘을 우러러 통곡하며 제사 음식 올리는 일을 보통 때와 같이 하였다. 도적들도 감탄해서 나무를 깎아, '효자를 해치지 말라'라는 네 글자를 써 놓고 갔다. 이로 인해 1383년(홍무16)에 조정에서 이 사실을 돌에 새겨 표창하였던 것이다."[141]

관직은 공적 업무를 담당하는 일이고, 효는 가정에서의 사적 영역에 해당한다. 양자를 겸하는 게 쉽지는 않지만, 효를 강조하고 권장했던 고려나 조선에서는 틈나는 대로 효를 할 수 있도록 배려했다. 개인적으로 비록 공직에 있더라도 효를 무엇보다 우선했다. 남명이 쓴 문익점의 효행사적을 통해서 알 수 있다. 비록 효는 개인적 가정사의 일일 수 있지만, 결코 거기에 머물고 있지 않았음을 이 글을 통해서 보게 된다.

---

141) 『남명집』「三憂堂文公廟祠記」: 公事親盡其道, 未嘗須臾離側, 雖在官, 以一朞不再休爲憂, 及自萬里遐荒, 五載而歸, 惟以反面爲急, 在元朝辭職在於拜職之十餘日, 在本國, 休職亦在拜職之未五日, 識者以爲公思親之心, 能不忘於憂患富貴之中, 後持母服, 廬於墓, 値倭寇陸梁, 人皆逃竄, 公以衰絰, 號哭饋奠, 如平常, 賊亦感歎, 斫木書勿害孝子四字而去, 此乃洪武十六季, 命勒石而㫌之者也.

4. 율곡 이이의 효제이론과 가족사랑

1) 남녀가 공평했던 율곡 가문

유교를 국시로 표방한 조선에서 유교 경전을 활용한 교화사업은 매우 중요한 의미를 갖는다. 유교의 핵심 가치를 담고 있는 사서와 청소년 등 일반의 교화를 위한『소학』과『삼강행실도』의 출간과 반포는 이를 증명하는 근거 자료가 된다. 특히『세종실록』에 기록된 집현전 학자들의『삼강행실』서문에서 말하듯,[142] 모든 교화의 근본은 군신·부자·부부윤리를 규정한 '삼강三綱'과 장유長幼·붕우朋友를 포함한 '오륜' 관계이고, 이것이 사회 안정을 위한 유교의 핵심 가치였다.

실제 혼인 풍습이나 남녀관계에 대한 윤리는 적어도 16세기 이전까지는 고려시대의 유습이 그대로 남아 있었다. 재산상속과 제사 모시는 것도 남녀 차별이 없을 정도로 대등한 관계에서 이루어졌다. 보통 조선사회를 남존여비, 여필종부, 부창부수 등의 남녀 차별적 사회로 인식하고 있지만, 실제 16세기만 하더라도 이런 주장은 해당되지 않는다. 결혼 풍속만 보더라도 남자가 여자의 집으로 가서 결혼하고 생활하는 소위 '남귀여가혼男歸女家婚'이었다. '장가가는' 것이지 '시집가는' 형태가 아니다. 이는 고구려의 혼인제도였던 서옥제壻屋制가 조선 중기까지 어떠한 형태로든 남아 있었다는 증거이다. 서옥제란 남자가 여자의 집에서 마련한 서옥이란 처소에서 자녀를 낳고 살다가 어느 정도 성장하면 남자의 집으로 돌아가는 제도이다. 처가살이가

---

142)『세종실록』56권, 1432년(세종14) 6월 9일자

먼저이고 시댁 살림은 나중이다.

율곡의 모친 사임당이 혼인 후에도 친정집에서 20여년 가까이 지냈는데, 이것도 그 유습의 하나로 보인다. 사임당의 외할아버지나 아버지도 이런 풍습에 따라 처가살이를 하였다. 이는 조선 초 유교 사회를 권장하며 신랑이 신부집으로 가서 신부를 데려다가 신랑집에서 혼례를 치르는 친영제도親迎制度와는 상반된 형태이다. 여기에는 그 중심에 남자가 있는가 여자가 있는가의 차이가 있다. 유교가 상대적으로 남성 중심의 문화라 해도 기존의 이 같은 여성 중심의 제도가 쉽게 바뀌지 않았던 것이다.

제사도 여자라고 소외되지 않았고, 아들과 딸이 돌아가며 모시는 윤회봉사가 일반적 관행이었다. 아들과 며느리 아닌 오히려 딸과 사위가 제사를 모시는 중심에 있었다. 친손 외손 차별 없이 같은 자리에서 제사를 모실 수 있었던 것이다. 외손봉사가 어색하지 않던 시절이다. 직계자손이 끊겨 친손이 더 이상 제사를 모시지 못할 경우 결혼한 딸과 사위가 제사를 잇는 형태이다. 장가들어 오랜 시간 처가살이가 자연스런 사회였으니, 외손봉사 역시도 자연스런 제사문화로 자리했던 것이다. 율곡의 외갓집이 그 대표적인 사례라 하겠다.

강원도 강릉 오죽헌은 연산군 때 대사헌과 형조참판을 지낸 최응현崔應賢(1428~1507)의 집이었다. 그 집을 둘째 사위이자 신사임당의 외할아버지 이사온에게 상속하였고, 이사온은 그 집을 다시 외동딸에게 주었다. 딸은 또다시 이씨의 외손인 권씨에게 상속했으니, 내내 딸 중심으로 재산이 내려온 셈이다.

강원도 강릉의 오죽헌 뒷산과 오죽烏竹

재산도 남녀, 형제자매 차별 없이 분배했다. 물론 거기에는 출가한 딸과 사위도 포함됐다. 신사임당의 어머니 이씨 부인이 재산을 딸 다섯에게 나누어주었다는 「이씨분재기」를 통해서 알 수 있다. 이것이 합리적인 제도였고 당연하다고 받아들여질 수 있는 것은 여자도 제사를 받들었다는 데서 확인 가능하다. 외손자였던 율곡에게도 서울 수진방 기와집 한 채와 노비와 전답을 주었고, 또 다른 외손자 권처균에게도 묘소를 관리하며 제사를 받들라는 명분과 책무를 맡기면서 강릉 북평촌 기와집과 노비와 전답을 나누어 주었다.

2) 덕수 이씨·평산 신씨 가문의 효행과 효자 율곡

한국인에게 고향은 한 곳이 아니다. 태어난 곳도 고향이고, 자라난 곳도 고향이고, 조상과 부모의 자취가 남아 있는 곳도 고향이다. 그럼 율곡의 고향은 어디일까? 경기도 파주일까? 강원도 강릉일까?

경기도 파주에서는 율곡을 기리는 자운서원과 본인은 물론 부모와 조상들의 묘소가 있는 이곳을 고향이라 말하고, 강원도 강릉에서는 외가가 있고 율곡이 태어난 곳이라 해서 이곳을 고향이라 말한다. 참고로 율곡栗谷이란 호는 밤이 많아 밤골로 불렸던 경기도 파주에서 따왔다.

이렇듯 우리에게 고향이란 태어난 곳도, 어려서 자란 곳도, 모두 해당한다. 막상 경기도 파주와 강원도 강릉에서는 각기 그 지역을 율곡의 고향이라 여기며 각종 행사를 치르고 있다. 파주에서는 율곡의 유덕遺德을 추모하며 매년 율곡문화제를 개최하고, 강릉에서는 매년 대현 이선생제를 치르며 아홉 번 장원급제한 율곡을 기념하는 과거시험 체험 등 다양한 행사를 개최하고 있다. 비록 파주보다는 서울과 강릉, 그리고 처가가 있던 해주 석담石潭에서 더 많은 흔적을 남기며 생활했지만, 후손들은 이에 상관없이 율곡의 흔적이 있는 곳 모두에서 기리고 있는 셈이다. 이는 그의 인물됨이나 한국사상사에 미친 영향이 보통이 아니었음을 증명하는 사례가 아닐까 생각한다.

자운서원(경기도 파주시 법원읍 동문리 18-3)

이렇듯 같은 인물이지만 나고 자라고 활동했다는 각기 다른 이유로 각각의 다른 지역에서 추모하고 있으니, 율곡은 덕수 이씨 가문은 물론 해당 지역의 톡톡한 효자 역할을 하고 있는 셈이다.

(1) 덕수 이씨 가문의 효자 율곡

율곡의 본관은 덕수德水이다. 덕수는 지금의 개성특별시 개풍군 덕수리에 해당한다. 시조 이돈수李敦守는 고려 때 거란의 침입을 방어한 공이 있다고 전해진다. 이후로 덕수 이씨 가문에서는 조선시대 문묘에 배향된 율곡을 비롯, 임진왜란의 영웅 충무공 이순신(1545~1598) 등을 배출했다. 이들을 중심으로 입신출세한 인물들을 문인과 무인으로 나눈다면, 문인(문성공파)으로는 문과급제자 102명, 상신相臣 7명, 대제학 5명, 공신 4명, 청백리 2명 등이 있고, 무인(충무공파)으로는 무과급제자 267명, 삼도수군통제사 13명 등이 있다.

율곡의 「선비행장」에는 외가 어른들 얘기가 주종을 이루고 친가 어른 얘기는 많이 없다. 아마도 당시 친가는 정치 사회적으로 그리 잘나가던 집안은 아니었던 것 같다. 다만 어머니 신사임당이 서울 시댁보다는 주로 강릉 친정집에 거주하며 활동하였던 것으로 보아, 덕수 이씨 집안에서 들어온 며느리에게 너그럽게 대했던 것은 아닐까 생각한다.

비근한 예로 신사임당이 결혼하고 얼마 지나지 않아서 아버지 신명화가 돌아가셨을 때의 일이다. 사임당은 결혼한 여자의 몸으로 3년상을, 그것도 친정 강릉에서 치른 것을 통해서 알 수 있다. 그리고 시어머니를 뵌 것은 결혼하고 3년 뒤의 일이었으니, 시어머니 홍씨 부인과 집안의 풍토가 너그러웠던 것으로 보인다. 또 이런 가풍은 당대 교양 있는 여성들의 필독서였던 『내훈』에서도 찾을 수 있다. "효자는 어버이를 섬김에 있어 평소 거처할 때 공경함을 극진히 하고, 봉양할 때에는 즐거움을 극진히 하고, 병환이 나면 근심함을 극진히 하고, 초상이 나면 슬퍼함을 극진히 하고, 제사에는 엄숙함을 극진히 한다. 이 다섯 가지가 갖추어진 뒤에야 어버이를 섬길 수 있는 것이다."[143]는 내용에서 볼 수 있듯, 친가 외가 어느 쪽이 됐든 사임당의 지극한 효성은 매우 간절했다. 또 그것이 가능했던 것은 고부간에 상호 이해하고 협조하는 분위기가 성숙했기 때문이다.

서울로 올라와 시댁 생활을 할 때에도, 선조의 터전이 있는 경기도 파주와 친정이 있는 강원도 강릉을 자주 왕래할 수 있었던 것도, 시댁 어른들의 관대함이 있었기에 가능했을 것이다. 거기에다 남편 이원수가 수운판관으로 있던 강원도 봉평에서도 수년을 살았다고 하니, 합해서 약 20여년을 시댁이 아닌 다른 곳에서 살았던 셈이다. 이렇게 본다면 신사임당은 시댁에서 아예 분가해서 산 것이나 마찬가지였다. 그럼에도 눈에 띄는 시댁의 간섭이 없었던 것으로 보아 시부모의 이해가 전제되었을 것이라 판단한다.

율곡은 어려서부터 총명했고, 효성심이 지극했다. 일찍 어머니 신사임당이 돌아가시자 정성을 다해 상례와 3년상을 치렀다. 하지만 새로 들어온 이원수의 첩, 율곡의 계모가 율곡을 사랑하지 않았다고 한다. 친어머니에 대한 강한 그리움이 남아 있는 상태에서 새로 들어온 계모의 냉대를 받은 율곡은 머리를 깎고 금강산으로 들어가 잠시 불교에 심취한 적도 있다.

하지만 불교의 허황됨을 깨닫고는 다시 유교의 문으로 들어와 생원시에 응시하여 장원으로 급제했다. 이때 성균관 제생들이 잠시 불교에 입문했던 일탈을 문제 삼아 알성과謁聖科 응시를 반대했다. 이에 율곡은 당당하게 대처했고, 이후로도 여러 번 장원하였음이 실록에

---

143) 『내훈』 「효친장」

수록되었다. 그만큼 율곡의 실력이 출중했다는 것이다.

(2) 남다른 형제간 사랑과 공경

이원수와 신사임당 사이에는 4남 3녀가 있는데, 율곡은 7남매 가운데 다섯 번째였다. 장남 이선李璿(1524~1570)은 율곡보다 12살 위로 서울에서 출생했다. 여러 차례 과거를 보았지만 낙방하다가 41세에 성균관에 입학하고, 47세에 종9품에 해당하는 한성부 남부참봉이 되었으니, 아버지 이원수만큼이나 늦깎이 출세이다. 높은 관직도 아닌 낮은 관직에 올랐지만, 얼마 가지 않아 세상을 뜬 관계로 율곡에게는 큰 충격이었다.

큰 형이 죽자 형수는 슬하의 2남 2녀를 거느리고 자립하기보다는 율곡에게 의지하며 살았다. 형수에게 아들이 있었으니 '삼종지도'로 말하자면 아들과 함께 살아야 했지만, 형수는 율곡에게 의지하며 살았다.

둘째 형 이번李璠은 벼슬도 없고, 세상 물정에 어두워 역시 율곡에게 의지하며 살았다고 한다. 율곡은 그런 둘째 형을 극진히 보살피며 뜨거운 형제애를 발휘하였다. 그 심적 부담은 보통이 아니었다. 특히 사회적으로 독립된 생활을 영위하지 못하던 둘째 형이 율곡의 명예를 빌려 경제적 이득을 취한 것이 율곡에게 심한 부담으로 작용한 것이다. 이 일은 『선조실록』14권, 1580년(선조13) 5월 26일 갑오에 실렸다.

율곡보다 6세 아래의 동생 이우李瑀는 어머니 사임당의 재주를 이어받았는지, 거문고, 시, 글씨, 그림 등에 능했고, 진사에 급제한 뒤로는 여러 고을의 현감을 거쳐 정3품 당하관인 군자감정까지 지냈다. 큰 형과 둘째 형 가족이 율곡을 전적으로 의지하며 부담을 주었다면, 동생만이 자립해서 오히려 율곡에게 힘이 되었던 것이다.

세 누이 가운데 율곡보다 7세 위의 큰 누나 이매창李梅窓도 어머니의 재능을 이어받아 그림에 능했고, 그가 그린 매화도는 지금까지 전하며 그 진가를 더하고 있다.

(3) 아들을 성공시킨 어머니의 각별한 사랑

조선시대 여자의 운명은 『의례』 상복편에 나온 '삼종지도'로 말했다. 어려서는 아버지, 결혼해서는 남편, 남편이 죽으면 아들의 말을 따라야 한다는 내용을 여성들에게 강요했다. 거기에다 시부모를 잘 섬기지 못하거나, 아들을 낳지 못했거나, 부정한 행위를 했거나, 질투를 했거나, 좋지 않은 병에 걸렸거나, 말이 많거나, 도적질 한 경우에는 내쫓을 수 있다는 '칠거지악'까지 나왔다.

한마디로 유교적 조선사회는 여성들에게는 암흑기로 비춰졌고, 또 그렇게 비판되었다. 실제 시행 여부를 떠나서 '삼종지도'와 '칠거지악'은 그 자체만으로도 여성들을 불행하게 만들었고, 그 중심에 유교가 있다고 생각했다. 거기다 중앙정부 차원에서 남편 따라 죽은 여자나 개가를 포기하고 평생 수절하며 살았던 여자를 '열녀'라 칭송하며 기렸던 것은 이를 더욱 부채질하기에 충분했다. 한마디로 열녀는 자신의 개인적 삶을 포기한 비인간적, 비인격적, 비인권적 삶이었다.

성종 때부터는 『경국대전』에 정식으로 여성의 재혼을 금지시켰고, 남녀의 내외법, '칠거지악' 등의 여성을 옥죄는 도리를 법으로 규정했다. 물론 실제로 지켜졌는가의 문제는 또 다른 문제이지만, 조선에서 여성을 얼마나 제약했는가를 알게 한다. 여성은 주체적 인간이 아니었던 것이다. 비록 관직에는 나아갈 수 없었지만, 내명부라 해서 남편의 지위에 따라 부인의 관품이 주어진 것도 주체적 인간이 아니었음을 증명한다. 여성은 남편에 의해 지위가 결정되는 부수적, 보조적 인간이었다.

하지만 율곡의 어머니 신사임당의 가족과 활동 내력, 그 활동 폭을 살펴보면 이것이 얼마나 잘못된 선입견인가를 확인시켜 준다. 예컨대 상당수 사람들이 신사임당의 이름은 알아도 남편 이름을 아는 사람은 많지 않다. 조선이 오로지 남성 중심의 사회였다면 있을 수 없는 일이다. 벼슬의 높낮이를 떠나서 어떠한 경우이든 남편의 이름은 구체적으로 드러나지만, 내명부에 근거한 부인은 오로지 전주 이씨 하는 것처럼 본관과 더불어 김씨, 이씨, 박씨 등 성씨만 표시될 뿐 이름은 알 수 없는 게 일반적 통례이다. 아무리 기릴만한 큰일을 했어도 누구의 딸, 누구의 처 등으로 남자들을 기준으로 통칭하는 게 기본인데, 사임당만큼만은 '평산 신씨' '신명화의 딸' '이원수의 처'란 표현보다는 '신사임당'이란 본래 이름 표기가 일반적이다. 여기서 16세기 유교사회에 대한 선입견이 얼마나 큰가를 확인시켜 준다.

사임당이란 스스로 붙인 당호이자 아호로 혹 이런 이름을 붙이지 않았다면 사임당 역시도 그저 '평산 신씨'로 통용됐을 것이다. 참고로 사임당의 사師는 스승, 곧 본받는다는 의미가 있고, 임任은 옛날 중국 문왕文王의 어머니 태임太任에서 따왔다. 문왕의 어머니 태임처럼 현숙한 부인을 본받고자 한다는 뜻에서 사임당이라 했다. 막상 사임당은 태임 이상의 현숙한 여성으로 가문은 물론 조선의 여성사에 빛나는 족적을 남겼던 것이다.

사임당의 부친 신명화는 대단한 효자로 알려졌다. 연산군 시절 연산군 본인이 온전한 3년상을 거부하고 상기를 단축하라는 단상법短喪法 명령을 내렸지만, 신명화는 굴하지 않고 아버지가 돌아가시자 3년상을 온전하게 치렀다. 당대 관리를 비롯한 주변 사람들은 연산군의 폭정에 눈치를 보면서 온전한 3년상을 치르지 못했지만, 신명화는 예에 따른 3년상을 온전히 치른 것이다. 자세한 내용은 율곡이 쓴 『율곡전서』 「외조고진사신공행장外祖考進士申公行狀」에 실려 있다.

신명화의 이런 효심과 행위는 딸 사임당에게 그대로 전수되어 뛰어난 효성심과 섬세한 문학과 예술적 삶의 밑거름이 됐다. 훗날 외손 율곡에게도 그 뛰어난 유전자가 전달되면서 위대한 사상가의 탄생을 뒷받침했다. 사임당은 결혼한 지 얼마 되지 않아 아버지 신명화가 47세의 일기로 세상을 뜨자 여자의 몸으로 그것도 결혼한 여자의 몸으로 3년상을 치렀다. 이런 까닭에 서울 사는 시어머니에게 신혼례를 드린 것은 3년 후의 일이었다.

오죽헌(강원도 강릉시 죽헌길 140)

사임당의 부친이자 율곡의 외할아버지 신명화의 삶이 이렇듯, 모친이자 외할머니 용인 이씨의 삶도 신명화 못지않은 가문에서 올곧은 가르침을 받으며 자랐다. 『율곡전서』「이씨감천기」에는 외할머니의 효행이 남달랐음을 표현했다. 한양에서 시부모님을 모시고 살고 있을 때, 친정어머니가 병들어 눕자 시어머니의 허락을 받고 친정으로 돌아와 지극 정성으로 어머니 병간호를 했다. 정성으로 직접 약을 달여 먼저 맛보았고, 밤에도 자지 않고 병간호에 치중했다. 남편 신명화가 이제 한양으로 돌아가자고 할 때 이씨 부인은 눈물을 흘리며 다음과 같이 말했다.

　"'여자에게는 삼종지도가 있으니, (남편의) 분부를 어길 수는 없습니다. 그렇지만 저의 부모는 이미 늙으셨고 저는 외동딸이오니 하루아침에 갑자기 저마저 없게 되면 부모님은 누구를 의탁하시겠습니까? 더구나 어머니는 오랜 병으로 탕약이 끊어지지 않고 있으니 어찌 차마 버리고 떠날 수 있겠습니까? 제가 애통하여 눈물 흘리며 오직 우는 것은 이 때문입니다. 이제 말씀드려 허락받고자 하는 것은 당신은 한양으로 돌아가시고 저는 시골에 머물면서 각각 노친을 모시도록 하자는 것인데 어떻게 생각하십니까?'라고 하였다. 진사도 이에 감동하여 눈물을 흘리며 그 말을 따랐다."[144]

　이후로 신명화와 이씨 부인은 각기 부모님을 모시며 16년간이나 떨어져 살았다고 한다. 이씨 부인이 42세 되던 해 친정어머니 최씨가 돌아가시자 소식을 들은 신명화가 강릉으로 오던 중 큰 병을 얻어 눕게 되었다. 이때 이씨 부인은 7일 밤낮으로 간병했지만, 여전히 차도가 없었다. 외중조부 최치운의 무덤 앞에 나아가 왼손 중지를 자르면서 "저의 정성이 지극하지 못하여 이렇게까지 되었습니다. 신체의 모

---

144) 『율곡전서』「이씨감천기」

든 것은 실털 하나까지 모두 부모에게서 받은 것이라 감히 훼손하지 못한다고 합니다만, 내 하늘은 남편인데 하늘로 삼는 이가 무너진다면 어찌 홀로 산다 하오리까? 원컨대 제 몸으로써 남편의 목숨을 대신하고 싶사오니 하늘이시어! 하늘이시어! 저의 이 정성을 굽어 살피옵소서."145)라고 절규하며 남편의 치병을 기원했다고 한다.

지성이면 감천이라고 이씨 부인의 간절한 기도로 남편 신명화는 자리에서 일어났다. 이씨 부인의 부모에 대한 효성심과 남편에 대한 아내의 도리를 어려서부터 접한 사임당은 자신도 모르게 이를 터득했고, 그 피를 이어받은 율곡도 이에 영향 받았던 것이다. 율곡 나이 16세에 어머니 사임당이 돌아가시고 크게 낙담하고 있을 때 외할머니 이씨 부인이 그 빈자리를 채우며 위로해 주었음은 율곡이 외할머니에 대해 직접 쓴 「이씨감천기」에 자세하다.

"이씨는 나의 외할머니이시다. 부모 자식 사이와 부부관계에서 인仁과 예禮의 도리를 다하며 부도婦道를 훌륭하게 실천하셨으니, 마땅히 규문閨門의 모범으로 삼아야 할 것이다. 부부의 정이 두텁지 않은 것이 아니었으나, 부모님을 모시기 위해 16년이나 떨어져 사시었고, 진사 남편이 질병으로 고생할 때에는 온갖 정성을 다해 치병을 기원하여 하늘을 감동시키셨으니, 특별히 빼어난 사람의 행실과 옛사람을 초월하는 절의가 아니고서야 어찌 능히 가능한 일이겠는가. 만일 사군자士君子의 대열에 끼어 군부君父 사이에 처하게 하였더라면 충효의 도리를 다 갖추고 나라를 바로 잡을 수 있었을 것임을 여기서 알 수 있다."146)

145) 『율곡전서』 「이씨감천기」
146) 『율곡전서』 「이씨감천기」

눈에 띄는 것은 이씨 부인의 행실이 남자로 빗대어 말하자면 충효로 무장한 나라의 최고 지도자감이란 대목이다. 부모, 남편, 자녀를 대하는 이씨 부인의 남다른 공경, 사랑, 정성이 외손자 율곡의 눈에 비쳤고, 감동적으로 기록되었던 것이다. 결국 율곡은 어머니 사임당은 물론이거니와 외할머니 이씨 부인의 영향도 지대했음을 알게 된다. 그런 외할머니가 돌아가셨을 때 율곡의 마음은 하늘이 무너지는 것 같은 충격을 받았다. 추모하는 제문에 그 상세한 내용이 실렸다.

> "제가 어렸을 때 외갓집에서 자랐는데, (외할머니가) 어루만져 주시고 안아주시면서 잠시도 잊지 않고 보살펴 주셨으니 그 은혜 산하보다 무겁습니다. 뒷일을 부탁하시며 저를 착한 아이로 보셨으니, 외할머니와 외손이란 말은 그저 명칭일 뿐이고, 실제 정분은 어머니와 아들 사이였습니다.…… 도중에 돌아가셨다는 소리를 들으니 오장이 끊어지는 것 같았습니다. 저의 태어남이 때를 만나지 못하여 부모님이 일찍 돌아가시는 슬픔을 안았습니다. 오직 외할머니 한 분만이 자나 깨나 마음속에 계셨는데, 이제 또 저를 버리시니 하늘이 어찌 그리도 혹독하십니까.…… 이승은 끝이 났으니 영원히 침통할 것입니다. 공손히 약간의 제수를 차리고 궤연几筵에 올립니다."[147]

어머니를 일찍 여읜 율곡에게 외할머니는 어머니이자 스승이었다. 그런 외할머니가 돌아가시자 얼마나 충격이 컸는가를 짐작케 하는 제문이다. 이렇듯 외할머니 이씨 부인은 율곡에게는 매운 큰 존재였다.

---

147) 『율곡전서』 「제외조모이씨문祭外祖母李氏文」

(4) 대학자를 키워낸 어머니 신사임당

한동안 5만원권 지폐 주역으로 신사임당을 거론할 때 일부 여성계에서 반대한 이유는 전근대적 '현모양처' 이미지가 너무 강했기 때문이다. 언제부턴가 현모양처보다는 좋은 어머니로서의 이미지 부각에 주력하고 있는 것 같다. 2018년 동계올림픽 대회 기간에는 강원도가 배출한 신사임당과 율곡을 기리는 곳곳의 구조물에서 이런 이미지를 부각시키는데 주력했다. 순종적인 아내의 모습보다는 자상하고 따뜻한, 그러면서도 엄격한 가르침을 준 능력 있는 어머니의 모습이다.

강원도 강릉시 오죽헌, 사임당이 어린 율곡의 손을 잡고 걸었다는 어머니 길

오죽헌 입구에 '어머니의 길'을 조성하고 어머니 신사임당이 어린 율곡의 손을 잡고 다니던 길을 표현했다. 강릉시에서 설치한 길 안내판에는 2016년 11월 28일 '세계 유일한 어머니길'이라 소개함과 동시에 "이 고장에서 탄생한 사임당과 율곡 모자는 우리나라 화폐 인물로 등장할 만큼 이 분들의 예술과 학문, 효사상은 수 백 년의 세월 속에

283

서도 변하지 않고 우리 민족 전통문화 정신의 뿌리로 자리 잡고 있습니다. 가족과 함께 어머니 길을 걸으며 강릉이 효의 고장으로 꽃피어 효문화가 더욱 함양되고 세계인의 가슴 속에도 새겨져 온 인류가 한 가족이 되기를 기원합니다. 밤하늘의 별빛 같은 부모님의 사랑은 영원히 빛날 것입니다."란 내용도 소개했다.

강원도 강릉시 오죽헌, 세계 최초 모자 화폐 인물 탄생지 기념 조형물

강릉시 지변동에는 사모정思母亭을 세우고 신사임당과 율곡을 기리는 시들을 모아 놓았다. 그리고 '효사상 세계화의 발원지'라 명명하며 효향孝鄕 강릉을 대내외에 표방했다. 사임당과 율곡, 모자 관계의 핵심을 효와 사랑으로 명명한 것이다. 동계올림픽기간 동안, 강릉의 이미지를 5만원권과 5천원권의 주역 사임당과 율곡의 이미지로 홍보한 것이다.

경기도 파주시 법원읍 동문리 18-3 자운서원 내 율곡과 사임당 동상

신사임당의 강릉 친정과 서울과 경기도 파주에 있는 시댁을 오간 길은 600리 길이 넘는다. 사임당에게 이 길은 친정 부모든 시댁 부모든 그리움과 아쉬움이 교차하는 길이다. 한양에 계신 시어머니를 뵙기 위해 이 길을 다녔고, 강릉에 계신 친정어머니를 뵙기 위해 이 길을 다녔다. 어머니를 그리는 그립고 안타까운 정이 절로 생기는 길이다. 시댁을 멀리하며 '시'자만 들어가도 불편해하며 시금치도 싫어한다는 요즘 세태에서 이 길이 갖는 의미는 남다르다 할 것이다.

강릉시 유천동(사임당로 155)에는 사임당을 기념하는 또 다른 구조물 사친정思親亭과 사임당 공원을 만들고 사임당이 부모님을 그리는 시들을 모아 놓았다. 부모님이 계신 강릉 고향을 떠나 아흔아홉 굽이 대관령을 넘어 600리길 서울 시가로 가면서 지은 시와 서울 시댁에서 고향 어머니를 생각하면서 지은 시들이다.

〈대관령을 넘으며 친정을 바라보다〉
늙으신 어머니를 고향에 두고 / 외로이 서울로 가는 이 마음
이따금 머리 들어 북촌을 바라보니 / 흰 구름 떠 있는 곳 저녁산만 푸르네.

〈사친思親〉
첩첩산중으로 막힌 내 고향은 여기서 천 리 / 꿈속에도 오로지 고향 생각뿐.
한송정寒松亭 언덕 위에 외로이 뜬 달 / 경포대 앞에는 한바탕 바람이로다.
모래 위론 백로가 항상 모였다 흩어지고 / 파도 머리엔 고깃배가 각기 동서로 왔다 갔다 하네.
언제나 임영臨瀛(강릉의 옛 이름) 가는 길을 다시 밟아 / 비단 색동옷 입고 슬하에서 바느질할까?

사임당공원과 사친정(강원도 강릉시 사임당로 155)

우암 송시열은 이런 사임당을 칭송하며 성리학의 기초를 닦은 정명도程明道(1032~1085)·정이천程伊川(1033~1107) 형제를 낳은 어머니 후부인에 비견하고 있다.

"생각해 보건대 신씨 부인의 어진 덕이 큰 명현을 낳으신 것이 저 중국 송나라 때 후侯부인이 정명도·정이천 두 분을 낳은 것에 비길 만합니다."[148]

---

148) 송시열, 「사임당 산수도山水圖 발」

대학자이자 뛰어난 지도자가 탄생했을 때에는 그만한 배경이 드리워있다. 그 중심에는 어진 덕을 가진 어머니가 있다. 그리고 그 덕은 성리학의 기초를 제공한 정명도·정이천의 어머니 후부인과 비견된다는 것이다. 참고로 후부인에 대해 소개하고 있는 소혜왕후가 쓴 『내훈』을 살펴보자.

> "정태중程太中(정명도 정이천의 아버지)의 부인 후씨는 시부모를 섬김에 효성을 다하고 삼가는 태도로 칭송을 받았으며, 정태중과 더불어 마치 손님처럼 서로를 대했다. 정태중은 그 내조에 힘입어 예의와 공경이 더욱 지극했고, 부인은 겸손과 순종으로 스스로를 다스려 비록 사소한 일이라도 자기 마음대로 한 적이 없고 반드시 여쭌 뒤에야 행했다. 그 부인이 바로 두 정 선생의 어머니이다."[149]

여기서 핵심은 위대한 사상가이자 대학자가 탄생하기까지는 훌륭한 어머니의 가르침과 보살핌이 있었다는 것이다. 대사상가 율곡의 탄생 배후에 어머니 사임당의 역할이 컸음을 말한 내용이다.

3) 효자 율곡의 성장 과정과 가족관계

율곡의 행적을 객관적으로 서술한 왕조실록의 기록을 먼저 살펴보고 성장 과정과 세세한 가족사를 정리해 본다. 초창기 벼슬 정언으로 있을 때 율곡을 소개한 내용이다.

---

149) 『내훈』「부부장夫婦章」

"성품이 순수하고 근실했고 총명이 뛰어났다. 나이 겨우 7세에 읽지 않은 책이 없었고 문장과 박학으로 사람들이 신동이라 했다. 커서는 산수에 노닐면서 시를 읊으며 자득했고, 원대한 뜻이 있었다. 아버지가 돌아가신 뒤 지나칠 정도로 슬퍼했고 3년 동안 죽만 먹으며 제사의 물품을 손수 준비했다."[150)

여기서 율곡이 어려서부터 남다른 성품과 행동을 소유했음을 표현했다. 신동으로 소문날 정도로 총명했고, 커서는 대단한 효자였음도 말했다. 개인적 뛰어남이 남다른 가족 환경 속에서 좀 더 유리하지 않았을까 생각하며 그만의 가족관계와 성장 과정을 살펴본다.

(1) 어린 시절부터 시작된 효행

강원도 강릉시에 위치한 오죽헌은 우리나라 주택 가운데 역사가 가장 오래된 건물 중 하나이다. 앞서 말한대로 오죽헌은 대대로 딸들이 전수받았고, 거기에 신사임당과 그 어머니 용인 이씨도 포함됐다. 용인 이씨가 친정 오죽헌에 머문 것은 친정어머니 병간호를 위함이었으니, 남다른 효성이 서려 있다. 그리고 사임당이 친정어머니를 모시고 살다가 율곡을 낳은 곳이다. 가부장적 남성 중심의 조선 유교사회에서 뭔가 남다른 역사적·지정학적 의미가 깃든 공간이다. 더군다나 예술·사상사적으로 조선 최고의 인물 신사임당과 율곡을 배출한 곳이니, 명당 중에서도 최고의 명당이라 할 수 있다.

율곡은 어려서부터 그 천재성을 유감없이 발휘했다. 세 살 때부터

---

150) 『명종실록』 31권, 1565년(명종20) 11월 18일

글을 읽기 시작했고, 시를 인용하기까지 했다. 어느 날 외할아버지가 석류를 갖고 와서 이것이 무엇이냐고 물었을 때, "은행 껍질은 푸른 옥구슬을 머금었고, 석류 껍질은 부서진 붉은 진주를 싸고 있네."란 옛사람이 쓴 시구를 말해서 주변을 놀라게 했다.

율곡은 어려서부터 효심이 대단했다. 어머니 사임당의 특별한 효심이 아들에게도 자연스레 연결된 것 같다. "효자 집안에 효자 난다."는 얘기가 결코 허언이 될 수 없음을 율곡의 집안을 통해서 알 수 있다. 어머니 사임당은 결혼한 몸으로는 드물게 친정 부모 삼년상을 치렀다. 친정아버지 신명화가 돌아가시자 3년상을 치른 것이다. 강릉과 서울, 파주를 오가며 친정과 시댁 어르신들을 지극 정성으로 봉양한 것은 이미 앞에서 말했다. 어려서부터 이런 모습을 보고 자란 율곡은 자신도 모르게 어머니의 모습을 보고 배웠을 것이다. 부모는 자녀의 거울이라고 말한다. 사임당의 정성스런 효성심은 율곡에게 그대로 전수됐다. 다음은 「율곡행장」에 나온 얘기이다.

> "5세 때 신씨 부인이 병이 나서 위독해지자 온 집안이 어쩔 줄 모르고 있었는데, 선생은 몰래 외할아버지 사당에 들어가서 기도하고 있었다."[151]

남들이 모두 호들갑떨며 어찌할 바를 모르고 우왕좌왕했지만, 어린 율곡만은 조용히 사당으로 들어가 치병을 소원했다는 이야기이다. 의료기술이 부족했던 당시 상황을 놓고 볼 때 어린 율곡의 이런 행동은 어른 못지않은 매우 성숙한 모습이었다.

---

151) 『율곡전서』 「율곡행장」

6세 때에는 서울로 올라와 어머니로부터 사서를 비롯한 여러 유교 경전을 배웠고, 8세 때에는 화석정시를 지어 주변을 놀라게 했고, 9세 때에는 오륜 가운데 '장유유서'와 '붕우유신'을 다룬 『이륜행실』을 읽다가 9대가 함께 살았다는 당나라의 어느 화목한 집안 이야기를 접하고는 형편상 어려움이 없지 않았겠지만, 형제는 부모님을 모시고 함께 살아야 한다는 말을 했다는, 역시 대견한 생각을 가졌던 일화도 전한다.[152]

11세 때에는 아버지 이원수가 병들어 위독하자 민간에 내려오는 '단지'를 해서 피를 아버지 입에 넣어 드리고 조상의 사당에 들어가 눈물을 흘리며 자신이 대신 아프게 해달라는 기도를 했더니 병이 나았다는 얘기도 있다.[153] 이런 기도는 『서경』「금등金縢」에 무왕이 병들어 눕자 주공이 대신 아프게 해달라고 기도한 것과 맥을 같이하는 것으로 일찍이 경전을 접한 율곡이 이를 본받은 행동이라 할 수 있다.

13세 때(1548년 명종3)에는 진사 초시에 급제하여, 효의 궁극적 목표인 입신양명의 꿈을 어려서부터 실현했다. 승정원에서는 어린 나이에 급제한 율곡이 대견하고 기특하자 특별히 불러 면담하는데, 얼마나 점잖고 겸손했던지 장차 큰 인물이 될 것이라 예견했다고 한다. 그런데 초시만 합격하고 진사시에는 응시하지 않았다.

16세 때에는 삼청동으로 이사했고, 수운판관으로 있던 아버지를 따라 형과 함께 평안도에 갔다가 서울 서강에 도착했는데, 그해 5월 17일 안타깝게도 어머니 사임당이 향년 48세로 돌아가셨다는 슬픈 소식을 접했다. 임종을 보지 못한 안타까움에 슬픔이 더했고, 예를

---

152) 『율곡전서』「시장諡狀」
153) 『율곡전서』「시장」

갖춰 3년 시묘살이를 극진히 치르면서 조금도 다른 사람에게 의지하지 않았고, 『주자가례』에 의거 손수 모든 것을 직접 처리했다고 한다. 이 내용도 『율곡전서』 「시장」에 자세히 기록되어 있다.

어머니상을 마치고 18세 때 관행대로 관례를 행하고 자를 숙헌叔獻이라 했다. 19세 때에는 돌아가신 어머니에 대한 그리움이 얼마나 강했던지 금강산에 들어가 1년간 승려 생활을 했다. 물론 불교의 허망함을 깨닫고는 다시 환속해서 문과에 급제하고 벼슬길에 나섰지만, 잠시 잠깐의 승려 생활은 유교사회 조선에서 아픈 기억으로 남았다. 자신을 경계하며 새로운 결심을 다진다는 뜻의 「자경문」을 써서 자신의 잘못된 판단과 행동을 반성하기도 했다.

(2) 짓궂은 서모에 대한 효성심

사임당이 살아 있을 때인지 아니면 돌아가신 이후의 일인지 정확한 내력을 알 수 없지만, 율곡에게 서모 권씨가 있었다. 『명종실록』과 『인조실록』, 그리고 율곡이 쓴 「선비행장」 등에 보이는 서모의 성격은 사임당과 비교될 정도로 괴팍하고 포악스러웠다. 조금만 자신의 맘에 안 들어도 빈 독에 머리를 처박고 큰 소리로 우는 통에 동네 사람들이 이상하게 여길 정도였고, 걸핏하면 끈으로 목매 죽겠다는 시늉을 하여 식구들이 놀라 달려와서 말렸을 정도로 기행을 일삼았다. 한 번은 선물로 들어온 홍시 때문에 일이 커진 적이 있다. 율곡은 마침 배고파 보이는 손님에게 홍시 한 개를 주고 자신도 먹으려고 했다. 이를 지켜본 서모가 자기 허락 없이 홍시를 맘대로 먹는다고 큰소리쳤다. 순간 놀란 율곡은 손님에게 주었던 것과 자신이 갖고 있던 감을 다시 쟁반에 올려놓고 "제가 잠깐 실수했습니다. 용서해주세요."라고 사과했다고 한다.

어느 날은 서모가 심통이 났는지 방문을 걸어 잠그고 나오지 않자 율곡이 의관을 갖추고 띠를 두르고 방문 앞에 정중하게 앉아서 머리 숙여 사죄하자 서모의 마음이 겨우 풀렸다고 한다. 워낙 서모가 술을 좋아했기에 율곡은 새벽에 일어나 몸소 술을 따라 드리는 등 봉양의 예를 깍듯이 했다고 하며, 부친이 돌아가신 뒤로는 집안의 대소사에 서모의 뜻을 존중했다고 한다.

이렇듯 율곡과 그 형제들은 서모에게 생모 대하듯 깍듯한 예로써 공경하며 아침저녁으로 문안드리는 것을 게을리하지 않았고, 율곡은 재상이 된 뒤에도 더 겸손하게 서모를 대했다. 때로는 서모 앞에서 어린아이와도 같이 재롱떨며 효심을 다했다고 한다. 황해도 해주 석담에 있을 때에도 서모를 극진히 대접하였기에 마침내 율곡의 정성에 감동하여 어진 부인이 되었다고 한다. 율곡의 지성감천의 효심이 서모의 마음을 울렸고 삶을 바꿨던 것이다.

이런 율곡의 효성심 덕분이었는지 율곡이 병으로 누워 괴로워할 때 아내보다 서모가 더 극진히 간호했다는 얘기도 전한다. 안타깝게도 율곡이 돌아가자 서모 권씨는 율곡의 효성과 덕성에 은혜를 갚겠다며 3년간 소복을 입었다고도 한다. 이는 『성학집요』「효경」편에 "효는 모든 행동의 우두머리가 되기 때문에 집안을 바르게 다스리는 도는 효와 공경하는 일을 그 첫째로 삼습니다."라고 한 내용을 실천한 것이다.

『효경』「개종명의장」에서는 신체 보존을 효의 시작이라 하고, 몸을 바로 수양해서 후세에 이름을 날리고 부모의 이름을 현창하는 것을 효의 최종적 단계라 했다. 그렇다면 율곡은 효자 중의 효자라 할 수 있다. 향년 48세로 단명했던 나이가 신체 보존의 차원에서 다소 아쉽기는 하지만 '입신양명'의 입장에서는 최고의 효를 실천한 인물이었다. 특히 뛰어난 능력과 자질로 이조판서를 역임하였으니, 이보다 더한 현창이 또 있겠는가. 그것이 근거가 되어 어머니 사임당은 훗날 정경부인에 증직되었다.

(3) 형제간의 사랑과 공경

율곡은 저서 곳곳에서 형제간의 우애를 강조했다. '형우제공兄友弟恭'의 실천이다. 특히 율곡이 왕의 명령으로 청소년 교육을 위해 저술한 『학교모범』에서 "배우는 자가 이미 심신을 닦았으면 모름지기 가정에서 윤리를 다하여 형은 우애하고 아우는 공손하여 한 몸처럼 하라."고 했다. 또 학문을 시작하는 이들을 위해 쓴 『격몽요결』 「거가장」에서는 "형제는 같은 부모의 몸을 한가지로 받고 나와 한 몸이니 서로 보기를 마땅히 너, 나라고 간격을 두어서는 안 된다. 의식주도 네 것, 내 것이 따로 없고 모두 함께해야 한다. 혹 형은 굶고 아우는 배부르다거나, 아우는 추운데 형은 따뜻하다면, 이는 한 몸 가운데에서 팔다리와 몸이 어떤 것은 병들고 어떤 것은 건강한 것과 같으니 어찌 편안하겠는가. …… 오늘날 형제간에 서로 사랑하지 않는 것은 모두 부모를 사랑하지 않는 데서 비롯한다. 만일 부모를 사랑하는 마음이 있다면 어찌 같은 부모의 자식을 사랑하지 않겠는가."고 하며 형제간의 한 몸을 강조했다.

그리고 형제간의 사랑과 공경은 부모에 대한 사랑과 공경에서 비롯되기 때문에 선택이 아닌 필수라고도 했다. 『논어』 「학이」편에서

'효제'를 함께 언급하며 "(부모에게) 효도하고 (형제간에) 공경하는 것은 인仁을 실천하는 근본"이라고 말했다. 인은 공자 사상의 핵심 가치로 '사랑의 이치'(愛之理)이고, '마음의 덕'(心之德)이라고 했다. 이런 인을 실천하는 근본에 효제가 있다는 것이고, 율곡은 다시 효와 제는 별개가 아니라 하나의 연결된 가치임을 말했다. 다섯 손가락 어느 하나라도 없어서는 아니 되듯, 또 깨물어 아프지 않은 손가락 하나 없듯, 부모입장에서 형제는 모두가 자신의 지체이기 때문에 모두가 같다는 것이고, 형제입장에서 위로 자신을 낳아주고 길러준 부모가 소중하듯 옆으로 함께 자라난 형제들도 모두 소중하다는 뜻이다.

이를 증명할 수 있는 일화가 있다. 율곡의 맏형 이선李璿(1524~1570)이 일찍 세상을 뜨자 홀로 지내는 형수 곽씨를 부모 대하듯 집안 어르신으로 모셨고, 조카들도 자신의 자녀처럼 돌본 일이다. 당상관으로 있을 때 둘째 형 이번李璠이 자주 율곡을 불러 잔심부름을 시켰어도, 전혀 싫은 내색을 하지 않고 따랐다고 한다. 예학에 밝았던 조익趙翼(1579~1655)은『포저집』에서 율곡의 이런 형제간의 따뜻한 우정을 잘 기록하고 있다.

장인이 청빈했던 율곡에게 한양의 집 한 채를 선물로 주었는데, 율곡은 가난하게 사는 형제들을 위해서 이를 팔아 나누어주었다고 한다. 당시 형제들은 때로는 죽도 못 먹을 정도로 가난했다고 한다. 얼마나 가난했는지는 율곡이 벼슬하며 한 말에서도 알 수 있다.

1568년(선조 원년) 33세 때 부교리 사직 상소에서 과거시험에 응한 자체가 "집이 가난하고 부모가 늙어서 …… 한 두 말의 곡식이라도 녹으로 받아 추위와 배고픔을 면하기 위함"[154]이라 했다.

154)『율곡전서』권3, 소차疏箚「사부교리소辭副校理疏」

또 이듬해 올린 교리 사직 상소에서도 "신은 대대로 한성에 살고 있어서 고향에는 재산이 없으며, 한 가지 벼슬밖에는 돌아갈 곳이 없습니다. 신은 지금 비록 강릉 외가에 있지만 수십 명의 가족이 아직도 서울에 살고 있는데, 호구를 이어갈 자산이 없습니다. 신이 어찌 즐거이 교만하고 격한 행동을 하여 배고프고 추운 고통을 스스로 취하겠습니까?"[155]라고 하며 관직이 '호구지책'임을 솔직히 밝혔다.

물론 율곡의 가문에 전혀 재산이 없었던 것은 아니다. 고향 파주의 아버지 재산은 아내와 7남매가 나누어 가졌고, 율곡이 받은 것은 많지 않았던 것 같다. 얼마나 가난했던지 율곡이 세상을 떠났을 때 집안에 남은 재산이 없어서 습렴에 필요한 비용을 모두 친구들이 조달했다고 한다. 그리고 가족들이 성안에서 어렵게 살아가자 문인과 친구들이 재물을 모아서 조그만 집을 사주었다고 한다.[156]

이렇게 집안이 가난했어도 형제간의 우애가 분명했기에 율곡은 42세 되던 해 형제들을 모두 황해도 해주 석담으로 불러 모아 놓고 한 집안에서 살자고 제안했다. 이항복李恒福(1556~1618)의 『백사집』에는 율곡이 처가가 있던 해주에서 형제들과 함께 생활하면서 호미 등 농기구를 만들어 팔아서 생활했다 하고, 형제간의 우애가 얼마나 끈끈했는지 함께 모여 산 인원이 100명에 이르렀다고 한다.[157] 이를 잘 표현한 글이 「동거계사」에 있다.

"형제는 본래 부모의 한 몸에서 나뉘었으므로 한 몸이나 다름이 없으니, 마땅히 서로 친애하여 너니 나니 하는 마음이 조금도 있어

---

155) 『율곡전서』 권3, 소차 「사교리잉진정소(辭校理仍陳情疏)」
156) 『율곡전서』 권34, 부록 「연보」
157) 『율곡전서』 권38, 「제가기술잡록」

서는 안 된다.…… 한 집안 사람들은 서로 화목하기를 힘써야 한다.
마음이 화평하면 집안에 좋은 일만 반드시 모일 것이고, 만약 서로
삐치고 뒤틀리면 불길한 기운이 생길 것이니, 어찌 두렵지 않은가.
우리들은 서로 모여 아버지는 아들을 사랑하고 아들은 어버이에게
효도하며, 남편은 아내에게 모범이 되고, 아내는 남편에게 공경하
며, 형은 아우를 사랑하고, 아우는 형에게 순종하며, 처는 첩을 사
랑하고, 첩은 처에게 공순하며, 젊은이는 성심으로 어른을 섬기고,
어른은 성심으로 젊은이를 사랑하며, 비록 미급한 일이 있더라도
모름지기 조용히 경계하고 서로 성내지 말 것이다.”

가족 내 부모 형제간 지켜야 할 덕목을 말했다. 얼핏 종교 성직자가
결혼하는 신랑 신부를 위해 덕담과 교훈으로 건네는 주례사 같은 말
들이다. 막상 율곡은 석담에서 온 형제들과 함께 살면서 이를 실천했
다. 틈만 나면 술상을 차려놓고 동생 이우李瑀(1542~1609)에게 거문고
를 타도록 했고, 즉석에서 시를 지어 분위기를 띄웠다. 안타깝게도
율곡이 먼저 세상을 뜨자 동생 이우는 율곡의 자제들을 거두어 잘 보
살폈다고 한다. 형제간의 우애가 얼마나 돈독했는가를 보여주는 사
례이다.

형제간의 돈독했던 관계 아니고서도 남매간의 따뜻한 사랑과 공경
도 여러 기록을 통해서 알 수 있다. “율곡이 매번 의심나는 일이 있으
면 나아가 물었으며, 또 저 오랑캐의 난리가 있을 것을 미리 알고 있
었기 때문에 모든 일에 (매창) 누님의 말을 많이 좇았다.”[158] 비록 야사
이기는 하나 병조판서 율곡이 1583년 계미년 북방변란 때 군량이 부

---

158) 『율곡전서』「기암잡록畸菴雜錄」

족한 것을 걱정하자 누이 매창이 조언하였고, 율곡이 그대로 실천해서 효과를 보았다는 이야기도 전한다. 전혀 없는 이야기이기보다는 그만큼 누이 매창의 식견이 남달랐음을 보여준 사례라 할 수 있다. 그리고 율곡은 그런 누이를 존중하며 따랐다는 얘기이다.

형제간의 우애를 증명할 수 있는 또 다른 사례는 파주 법원읍 가족묘원에서도 확인된다. 주 능선에는 율곡과 부인의 묘가 있고, 그 아래로 부모님 묘소가 있다. 그리고 그 옆으로는 누이 이매창 부부묘와 매창 시부모 묘가 있다. 율곡 직계만이 아닌 시집간 누이의 시댁 식구들도 같은 자리에 묻혀 있는 것이다.

경기도 파주시 법원읍 동문리 18-3 자운서원 내 율곡의 가족묘원
(맨 위가 율곡 부부 묘, 그 아래에 맏형 부부 합장묘, 그 아래가 부친 이원수와 모친 사임당의 합장묘)

이씨 집안과 사돈 관계인 조씨 집안 무덤이 같은 자리에 있는 것은 다소 색다른 의문을 갖게 된다. 전하는 말에 의하면 이 가족 묘원이 원래 조씨 가문의 땅인데 율곡 집안이 워낙 가난해서 그랬다는 얘기가 있지만, 중심에 이씨 가문이 자리한 무덤 배치로 봐선 설득력이 떨어진다. 또 분재기에는 당시 율곡 집안이 파주 등지에 어마어마한 땅과 노비가 있었다고 하는 사실이 증명되기에 조씨 집안 땅에 가족 묘

원을 조성했다는 말은 이치에 맞지 않을 것 같다. 다만 아들딸 차별이 없던 전해오는 가풍과 살아생전 형제자매간의 뜨거운 우정이 죽어서도 이어지고 있다는 이야기가 더 설득력을 지닌다고 생각한다.

참고로 누나 이매창李梅窓(1529~1592)은 어머니 신사임당을 꼭 닮아서 그림과 시와 음악에 능통했고, 그래서 작은 사임당이라 불렸다. 특별히 매화도를 잘 그렸는데, 묘지명에는 '여중지걸女中之傑'로 묘사할 정도로 소양과 학문이 뛰어났다. 그런데 그에 대한 기록이 매우 단편적이어서 자세히 추적하기가 쉽지 않은 게 안타깝다. 아마도 남편의 높지 않은 벼슬과 손이 끊어지다시피 한 사유 때문이 아닌가 싶다. 간혹 동시대 부안 출신 기생 이매창李梅窓(1573~1610)과 동명이인이라서 혼동하는 경우가 있는데, 전혀 다른 인물이다.

4)『성학집요』에 나타난 임금의 가족관계와 통치론

보통 대학원 과정에는 석·박사학위 과정이 있다. 석사의 석碩은 '크다'는 뜻이고, 박사의 박博은 '넓다'는 뜻이다. 직역하면 크고 넓게 공부하는 것을 대학원 석·박사 과정이라고 할 수 있다. 그러기 위해서는 다양한 공부를 폭넓게 해야 함은 필수이다. 그런데 실제로 석·박사 과정을 이수하자면 '좁고 깊게' 해당 분야 학문만을 파고 들어가야 한다. '크고 넓게' 공부하는 것과는 거리가 있다. 오히려 중고등학교 과정이 '크고 넓게' 공부하는데 가깝다. 대학에서 전공을 선택하고 '좁고 깊게' 가는 학문의 길에 입문하고, 석·박 과정에서는 한 우물만 깊게 파는 수순을 밟는다. 이것을 우리는 진정한 학문의 길에 들어선 것이라 말한다. 또 이들을 전문가라고 말한다.

그럼 옛날 조선시대 전문가 과정은 어땠을까? 율곡의『성학집요』를 통해서 알 수 있다. 이 책 서문에서 "학문이란 폭넓게 해야 하는 것이므로 지름길로 가서는 안 됩니다. 다만 배우는 사람이 나아갈 방향을 정하지 못하거나 마음을 견고하게 세우지 않은 채 오직 넓히는 데만 힘을 쏟는다면 마음이 흔들려 취사선택을 정밀하게 하지 못하거나, 또는 갈피를 잡지 못하여 진실을 잃을 수가 있습니다. 그러므로 반드시 먼저 요점을 찾고 확실하게 방향을 잡은 다음에 널리 배우면 종류에 따라서 성장하게 될 것입니다."라고 해서, 먼저 세밀하게 선택하여 깊게 공부하면서 요점을 찾고 방향을 잡은 다음 넓게 학문하라고 말한다.

비록 임금을 대상으로 한 최고 지도자의 학문 방법을 말한 것이지만, 요즘 말하는 학문 방법과는 순서상 약간의 상이점이 보인다. '넓게'보다는 요점 중심의 '깊게'를 먼저 말했고, 또 그 선행조건으로 마음가짐을 말했다. 아무리 '넓고 깊게' 공부한다 해도 마음가짐보다 중요하지 않기 때문이다.

여기서 중요한 것은『성학집요』자체가 임금을 위한 학문 방법을 말하고 있다는 점이다. 제왕학이자 최고 리더를 위한 방법이므로 일반 연구자들의 학문 방법과는 다소 거리가 있을 수 있다. 일반 연구자들에게 학문연구에 허락된 시간은 굳이 문제 되어서도 안 되고 문제 될 수도 없다. 그런데 임금이란 최고 지도자는 다르다. 지도자의 자리에서 처리해야 할 일들이 산적해 있으므로 학문 방법은 일반 연구자들과는 다를 수밖에 없고, 또 달라야 한다.

여기서는 특별히 「정가」편을 중심으로 율곡이 생각하는 최고지도자의 가족관계론을 집중적으로 살펴보려고 한다. '정가'란 직역하면

"가정을 바르게 한다."는 뜻이고, 의미를 확대해서 말하자면 "좋은 가정 만드는 일"이다. 내용은 총론을 포함해서 모두 여덟 가지로 되어 있다.

① 총론
② 효경孝敬: 부모에 대한 효와 공경
③ 형내刑內: 아내를 바르게 함
④ 교자敎子: 올바른 자녀교육
⑤ 친친親親: 가족을 친애함
⑥ 근엄謹嚴: 엄숙한 행동
⑦ 절검節儉: 근검 절약
⑧ 정가공효正家功效: 가정 바르게 함의 효과

(1) 효와 공경

율곡은 효와 공경을 말하며『효경』『논어』『예기』『맹자』『시경』에서 말하는 기본적인 효개념과 실천 방법을 살아계실 때, 장례 치를 때, 제사 지낼 때 등등으로 구체화해서 정리했다. 그 가운데『예기』의 증자가 말한 내용은 효개념의 다의성을 보여주기 때문에 여기에 정리해 본다.

"몸은 부모가 물려주신 것이다. 부모가 물려주신 몸으로 행동하는 것이므로 감히 공경하지 않을 수 있겠는가? 거처가 단정하지 않은 것은 효가 아니고, 임금을 충성으로 섬기지 않는 것은 효가 아니고, 벼슬길에 나가서 공경하지 않는 것은 효가 아니고, 친구 사이에 믿음이 없는 것은 효가 아니고, 전쟁에 나가서 용맹이 없는 것은 효가 아니다. 이 다섯 가지를 이루지 못했을 때에는 재앙이 부모에게 미치는 것이니 어찌 감히 공경하지 않겠는가? 나무는 시기를 맞춰서 베고, 짐승 하나를 죽이는 것도 시기를 가려야 한다. 그러므로 공자가 '나무 한 그루를 베고, 짐승 한 마리를 죽이는 것도 시기를 맞추지 않으면 효가 아니다.'라고 하셨다."

효개념을 부모-자녀 관계로만 국한하지 않고, 새롭고 다양하게 넓혀주는 내용을 담았다. 일단 다섯 가지를 개념화했다. 정리하면 자기단속, 임금에 충성, 공적 일에 대한 공경, 친구간의 믿음, 전쟁에서의 용기이다. 수修 - 충忠 - 경敬 - 신信 - 용勇을 효의 요소로 말한 것이다. 그런데 거기서 끝나지 않았다. 나무와 짐승을 시기에 맞게 적절히 베고 잡는 것을 효라고 한 것이 흥미롭다. 인간의 삶에 나무 베고 짐승 잡는 것은 필요하지만, 그것이 때에 맞지 않거나 지나칠 경우 효가 아니란 주장은 눈여겨볼 대목이다. 생명 존중과 자연환경 보호도 효의 범주로 볼 수 있기 때문이다. 효의 다의성을 부모-자녀 관계에만 묶어두지 않고 다양한 형태로 확장한 것이다.

이제 효의 일반론이든 확장론이든 유교 경전의 효개념과 실천론을 다시 율곡의 이해로 살펴보자. 경전 속의 효개념 나열은 반복이기 때문에 큰 의미를 지닐 수 없다. 이를 이해하고 해석하는 율곡의 뜻과 의지가 중심이 되어야 한다. 이것이 그의 철학이자 삶이기 때문에 반드시 점검할 필요가 있다. 또 그것을 임금에게 어떻게 설명했는가를 살피면서 효와 제왕학의 관계성을 살펴봐야 한다. 먼저『성학집요』에서 말하는 율곡의 효 일반론이다. (※이하 인용문 가운데 출전이 없는 것은

『성학집요』)

　　"자식의 몸은 부모가 낳아 주셨기 때문에 피와 살과 성명性命도
모두 부모가 물려주신 것입니다. 낳고 길러주신 은혜는 하늘처럼
넓어 끝이 없습니다. 이런 까닭으로 어린아이라도 자기 부모를 사
랑할 줄 모르는 사람이 없는 것은 (효가) 천성이기 때문입니다. 오직
욕심에 가려서 본심을 잃기 때문에 부모가 물려주신 몸을 자기의
소유라 생각하고, 부모 자녀 사이에도 서로 구분하여 낳고 길러주
신 수고를 생각하지 않으며, 단지 한때의 은혜가 적다고 원망합니
다. 그래서 효와 사랑의 뿌리는 심어지지 않고, 자기만의 사사로운
싹이 쉽게 자라서 자신을 먼저 생각하고 부모를 뒤로 미루는 경우
가 많습니다. 이 몸은 부모가 낳은 것이므로 부모가 아니었다면 이
몸도 없었을 것이라는 사실을 알지 못합니다. 몸은 자기의 소유가
아니라 부모의 소유입니다. 사람에게 물건을 주어도 감사할 줄 아
는데, 하물며 몸을 준 것이야 말해 무엇하겠습니까? 힘을 다하고 목
숨이 다하도록 은혜를 갚아도 부족한데, 자식된 자로서 이러한 이
치를 안다면 사랑하고 공경하는 도리가 이미 반은 넘은 것이라고
생각합니다."

　　몸은 부모로부터 받은 것이기에 함부로 해서는 안 된다는 『효경』의
내용을 중심으로 신체 보존을 말하고, 또 그것이 효의 기본이며 '후천
성'이 아닌 '선천성'임을 말했다. 효심은 본래의 마음이란 것이다. 그
런데도 효심을 잃는 것은 물욕이 본심을 가리기 때문이다. 물욕에 눈
이 어두워지면서 오히려 부모의 은혜가 적다고 불평한다는 것이다.
자신의 몸이 부모의 몸이기 때문에 보존해야 하지만, 또 부모의 몸이
자신의 몸이기 때문에 자신의 몸 이상으로 부모님을 보살펴야 한다

는 논리도 담았다.

> "세상 사람들이 말하는 효란 사랑할 줄은 알지만 공경할 줄 모르
> 거나, 또는 사랑하고 공경할 줄은 알면서도 도리를 다할 줄 모르는
> 것입니다. 반드시 사랑이 인仁을 온전하게 만드는데 이르고, 공경
> 이 의義를 온전하게 만드는데 이른 다음에야 낳은 은혜를 욕되게
> 하지 않는다고 말할 수 있습니다."

『예기』에서 '부자자효父慈子孝'를 말했다. 부모의 사랑과 자녀의 공
경이 함께 어우러진 표현이다. 율곡이 사랑할 줄은 알아도 공경할 줄
은 모른다고 했는데, 이것은 예나 지금이나 비슷한 것 같다. 부모의
내리사랑은 강해도 위로 향하는 자녀의 공경심은 부족하다는 뜻이
다. 일반 짐승들은 새끼보호 본능은 있지만 위로 어미 공경 본능은 없
다. 인간이 동물과 다른 것이 위로 부모를 공경하는 마음이 있기 때
문인데, 인간이 동물적 본능에 가까운 행동을 한다는 지적이다. 이렇
듯 인간이 동물적 본능에 묻히는 것은 안타까운 현실이다.

물론 율곡은 그 단계까지는 말하지 않았다. 다만 공경해야 한다는
마음이 있고, 또 알아도, 도리를 다할 줄 모르는 게 병통이라 지적했
다. 사랑과 공경이 유학의 핵심가치인 인仁과 의義를 온전히 하는 것
이기 때문이다. 『논어』「학이편」에서 "효와 공경은 인을 실천하는 근
본이다."고 한 것도 같은 맥락이다. 따라서 효제는 선택이 아닌 필수
임을 율곡이 강조한 것이다.

> "아! 사람의 생명은 부모에게서 받은 것이며, 생명 가운데 모든
> 이치가 구비되어 있습니다. 하나의 이치라도 밝혀지지 않거나 하

나의 이치라도 실천하지 못한다면 내가 부모에게서 받은 본체에 결함이 생기게 됩니다. 오직 타고난 모습대로 실천하고 부족함이 없는 경지에 도달한 다음에야 본체가 온전해질 것입니다. 그러므로 성인이 인도를 극진히 하는 것처럼 하지 못한다면 효를 다했다고 할 수 없습니다."

생명의 온전함과 그 안에 구비된 효의 완전성을 말하며, 그 온전함은 부족함이 없는 실천에 있다고 말한 내용이다. 인간의 완결성이 효심의 발현에 있음을 말한다.

"사람이 자기 부모를 사랑하고 공경하는 마음이 없기 때문에 몸가짐을 삼가지 않고 종종 더러운 지경으로 빠지게 되는 것입니다. 만약 마음속으로 항상 부모를 생각한다면 하나의 실수에도 당황하고 두려워하며 마치 부모를 상하게 한 것처럼 여길 것입니다. 그러므로 부모가 물려주신 몸을 항상 맑고 밝으며 바르고 커다란 경지에 세워두고 우러러 천지가 운행하는 것을 본받아 하늘을 섬기고, 아래로 굽어살펴 덕을 두텁게 하여 땅을 섬기며, 이것을 미루어 온 세상까지 미치면 법도가 되지 않을 수 없을 것입니다. 그렇게 된다면 사람의 자식으로서 어찌 기쁘지 않겠습니까?"

몸을 함부로 하는 것은 자신의 몸이 부모에게서 왔음을 망각한 경우이고, 부모공경의 마음이 조금이라도 있다면 자신의 실수나 잘못이 부모를 욕되게 하는 것이므로 이를 두려워할 것이란 말이다. 그런데 이것은 단순한 개인적 도리로 끝나는 것이 아니라 천지의 운행과 맞물려 하늘과 땅을 존중하며, 그 원리가 법도가 된다는 것도 말했다. 이렇게 하늘과 땅의 원리와 결부된 효의 절대적 원리를 실천하는

데 제왕의 효는 더 소중하지 않을 수 없다.

> "제왕의 효는 보통 사람과 차이가 있습니다. 선조의 유업을 계승
> 했기 때문에 더욱 마땅히 정성을 다해야 합니다. 보통 사람이 황금
> 10냥의 재산을 자손에게 물려주어도 자손은 오히려 그것을 지키려
> 고 생각하는데, 하물며 백 년의 사직과 천 년의 영토를 물려주신 것
> 이야 말해 무엇하겠습니까? 만약 털끝만큼이라도 스스로 게으르고
> 편안하려고 생각한다면 효성스런 생각과 어긋나고 선조의 유업이
> 망가지고 말 것입니다. 그런데 감히 자기 맘대로 방자하게 행동하
> 여 종묘를 위태하게 하거나 돌아가신 임금님을 욕되게 할 수 있겠
> 습니까? 임금과 같은 경우는 모후母后를 섬길 때 궁중의 예의가 엄
> 격하고 마음을 전할 길이 없어 일반 가정에서 모자가 아침저녁으
> 로 화목하게 지내는 것과 다릅니다."

일반 서민들과 달리 임금의 효가 매우 막중함을 말한 내용이다. 앞
서 효의 소중함을 부여된 몸의 연속으로 말하며 생명의 연속을 중심
으로 정리했다. 여기서는 사직과 영토를 물려준 선대 임금들의 뜻을
생각한다면 절대로 효를 소홀히 해서는 안 된다고 했다. 개인에게는
생명의 바른 연장을 효라고 말했다면, 임금에게는 종묘사직을 바로
보존함을 효로 말한 것이다. 일반인들이 아침저녁으로 하는 화목을
위한 효와는 달리 임금에게는 엄격한 규율과 제도가 따름을 덧붙여
말했다. 『효경』에서 천자, 제후, 경대부, 사, 서인의 효를 각기 달리 설
명하며 신분이 높을수록 책무와 격식도 높아짐을 말했는데, 여기서
도 그런 의미를 찾을 수 있다.

"그러므로 환관과 내시, 부녀자와 거짓으로 충성을 다하는 무리들이 쉽게 참소하고 이간질하여 현명한 임금으로 하여금 효를 훼손하게 만들며, 현명한 모후로 하여금 자애로운 마음을 줄어들게 만듭니다. 만약 효와 공경이 믿음직하여 신명을 감동시키지 못한다면 아름다운 말도 또한 근심이 될 것입니다. 이것이 바로 예로부터 오늘날까지 궁중의 공통된 근심이오니 전하께서는 깊이 살피소서."

임금이 효를 다하지 못하고 모후가 자애롭지 못함의 주된 원인이 주변 사람들의 이간질 때문이라 했다. 효심은 타고난 본선인데 주변 사람들의 탐욕이 임금과 그 가족의 본심을 가로막는다는 것이다. 하지만 효와 공경은 특히 임금이 실천해야 할 필수 항목이고, 또 그것이 신명을 감동시킬 정도가 되어야 궁중의 근심이 없어질 것이라 판단했다. 임금이 무엇보다 효를 우선해야 함을 말한 대목이다.

(2) 바른 아내

'형내刑內'의 '형'은 형벌, 단속의 의미이고, '내'는 안방 곧 아내를 상징한 말이다. 집안을 다스릴 때에는 반드시 먼저 아내를 바르게 단속해야 한다는 뜻으로 지나치게 가부장적 개념이다. 하지만 율곡은『시경』의 "아내에게 모범이 되어 형제에게 이르고, 집안과 나라를 다스린다."라고 한 구절을 인용하며, 남편이 오히려 아내의 모범이 되어야 함을 말했다.

『주역』「가인괘·단전」에서 말하는 "여자는 안에서 바르게 하고, 남자는 밖에서 위치를 바르게 하니, 남녀가 바른 것이 천지의 대의大

義다."라고 한 말을 인용했다. 가인괘의 '가인家人'은 글자 그대로 '집안사람'이다. 가족의 중심에는 부부가 있고, 부부는 각기 역할이 있다. 각기 역할을 다할 때 가정은 바르게 된다는 의미가 담겼다. 남녀의 역할을 안팎으로 구별하며 정리한 내용이니, 여기서 남성 중심이니 가부장권이니 말할 계제는 아니다. 물론 임금과 관계되는 것이니 왕후와 비빈에 대한 이야기가 중심이고, 일반 사서인의 아내와는 거리가 있다.

첫째는 임금도 일반 사서인도 그랬듯, 왕후 비빈도 수신이 중요하다. "아내가 본받아야 할 도리는 다른 것이 아니라 다만 몸을 닦는 수기일 뿐입니다. 수기가 이미 지극하다면 안으로는 마음과 뜻이 하나가 되고, 밖으로 용모가 장엄하게 되어 언어와 동작이 한결같이 예에 맞게 됩니다."라고 하며 수기를 첫 번 과제로 삼았다.

둘째는 임금 스스로 절도 있는 행동을 하며 상대를 존중하는 태도를 가져야 한다. "부부 사이에 서로 손님처럼 공경"하라는 얘기는 이미 예법의 기본이다. 또 임금이 자칫 욕망과 안일함으로 흐트러지기 쉬운 "이부자리 위에 자리 잡을 때도 무례한 실수가 없으며, 어둠 속에서도 정숙한 몸가짐을 가진다면 왕후, 비빈 역시 이것을 보고 감동하여 변화할 것입니다."라고 했다. 바른 아내를 위해서는 임금의 솔선수범이 전제임을 말했다.

셋째는 임금 스스로 예의 바르고 겸손한 태도를 가져야 한다. 비록 아내가 "학문을 알지 못한다고 할지라도 오히려 스스로 삼가고 예를 실천"해야 한다는 것이고, 임금 스스로 "먼저 자신을 닦지 않아서 스스로 돌이켜보면 부끄러운 일이 많은데도 오직 왕후, 비빈의 바르지 못함만을 꾸짖고 예모를 갖추지 않으며, 은밀한 때 감정을 절제하지 못하고 예의를 잃어버린다면 집안을 바르게 하는 근본을 잃게 될 것"이라고 했다.

넷째는 임금은 현명하면서도 자상한 태도가 중요하다. 임금이 "여색에 빠져 바른 도리를 잃고, 왕후 비빈이 비록 현명해도 그들을 버리고 돌보지 않고, 사사로이 사랑에 빠져 오직 여자의 말만 따른다면 정사에 해가 되고 국가는 재앙을 초래하게 되니 더 말할 필요가 있겠습니까?"라고 하며 우선 임금의 바른 도리가 바른 아내를 만든다고 했다.

다섯째는 임금이 여색 좋아하듯 덕을 좋아하면 집안은 다스려진다는 내용이다. 『예기』에서 인간의 식색食色 본능을 말했고, 공자는 "덕 좋아하기를 여색 좋아하듯 하는 사람을 보지 못했다."[159]고 했다. 주변에 뛰어난 재주와 능력을 지닌 영웅이라도 한 여자에게 마음을 빼앗겨 평생을 그르치는 사람을 많이 보았다고 말하며, "오직 도를 따르고 올바로 다스려지기만을 바라는 임금이 선을 행하는 데 뜻을 두고 다른 물욕으로 옮겨가지 않도록 해야 바름으로 자신을 다스릴 수 있고, 또한 바름으로 집안을 다스릴 수 있을 것"[160]이라고 했다.

결국 바른 아내 만들기는 남편의 바른 도리 실천에 달려 있다는 말이니, 이를 두고 남성 중심, 가부장제 운운하는 것은 잘못된 선입견이라 할 수 있다.

---

159) 『논어』 「자한」
160) 이상 인용문은 『성학집요』 「정가편」

(3) 올바른 자녀교육

전통적으로 유교의 자녀교육은 태아시기부터 철저했다. 임신하면서부터 자녀 교육을 실시한 것이다. 율곡은 이를『열녀전』에 나온 "옛날에는 부인이 임신하면 잠잘 때 옆으로 눕지 않고, 앉을 때는 옆으로 기울지 않으며, 설 때는 한 발로 서지 않고, 맛이 나쁜 것은 먹지 않으며, 반듯하게 자르지 않은 것은 먹지 않고, 방석이 바르지 않으면 앉지 않았다. 눈으로 사악한 색을 보지 않고, 귀로는 음란한 소리를 듣지 않고, 밤이면 맹인으로 하여금 시를 외우게 하고 바른 일을 말하게 했다. 이렇게 하고서 자식을 낳으면 형체와 모습이 반듯하고 재주가 남보다 뛰어날 것이다."는 것으로 첫 번째 내용을 삼았다.

다음으로『예기』에서 말하는 연령대별 교육 방법을 말했다. 자식을 낳으면 자애롭고 공손한 스승(유모)을 찾는 일이고, 자식이 혼자서 밥을 먹을 수 있게 되면 오른손을 쓰게 했고, 말을 하면 남자는 빨리, 여자는 느리게 답하는 것을 가르쳤다. 6세가 되면 숫자와 동서남북 방위를 가르치고, 7세가 되면 남녀가 한자리에 앉는 것도, 함께 밥 먹는 것도 못하게 했다. 8세가 되면 문을 출입할 때, 자리에 앉을 때, 음식을 먹을 때, 어른보다 뒤에 하도록 하면서 사양하는 마음을 가르쳤다. 9세에는 날짜 세는 법을 가르치고, 10세에는 바깥 스승을 찾아 배우게 하고, 거쳐도 바깥에서 하면서 글 쓰는 법과 계산하는 법을 가르쳤다. 비단옷을 입지 않고 예절교육을 철저히 했다. 13세에는 음악을 배우고 시를 외우게 했다. 15세 이상이 되면 음악에 맞춰 춤을 추고 활쏘기와 말타기를 가르쳤다. 20세가 되면 관례를 행하고 가죽옷과 비단옷을 입고, 돈독히 효성과 우애를 실천하도록 했고, 널리 배우되 남을 가르치는 것은 못하게 하면서 아는 것을 마음에 간직하고 겉으로 드러나지 않도록 했다. 30세에는 아내를 맞이하고 정치나 부역 등에 참여하도록 했다. 40세가 되면 벼슬을 하고 도리에 맞으면 복종하고 옳지 않으면 떠나는 것을 터득했고, 50세가 되면 대부가 되어 관청의 정사를 돌보았다. 그리고 70세가 되면 벼슬에서 물러났다.

연령대별로 해야 할 일, 하는 일 등을 상세히 수록했다. 20세까지는 교육이 중심이고, 그 이후로는 스스로 찾아서 하는 방식의 내용들이다. 30세에 아내를 맞고 40세에 벼슬한다는 말이 실제 현실과는 좀 거리가 있어 보이기는 해도 공자가 『논어』 「위정편」에서 말한 나이대별 역할과 책무, 곧 15세에 학문에 뜻을 두었고, 30세에 자립하였고, 40세에 미혹되지 않았고, 50세에 하늘의 뜻을 알았고, 60세에 귀가 순해졌고, 70세에 하고자 하는 바를 해도 법도를 넘지 않았다고 한 것을 생각한다면, 그리 늦은 것도 아니다. 다만 예로부터 조기교육을 유별나게 강조하고 좋아했던 우리 사회를 놓고 본다면 전반적으로 나이대가 늦어 보일 뿐이다.

물론 여기서도 중요한 것은 임금의 자녀 교육이니 세자 가르치는 방법과 내용이 핵심이다. 역시 『예기』를 근거로 말했고, 지도자가 되기 위한 교육 내용이고, 시작은 '예악'이다. "무릇 삼대의 왕이 세자를 가르치는 것은 반드시 예禮와 악樂으로 했다. 악은 내면을 닦기 위한 것이요, 예는 밖의 행실을 닦기 위한 것이다. 예와 악이 마음속에서 서로 교차하여 밖으로 형체가 드러난다. 이런 까닭으로 예와 악이 성취되면 스스로 기뻐하며 공손하고 온화해져서 글을 배운 빛이 드러나는 것이다."라고 해서, 예악을 가르치면 자신을 안팎으로 닦는 것이요, 또 기쁘고 공손해지고 온화해져서 그간 공부한 빛이 저절로 드러난다는 것이다.

여기까지가 '수기修己'의 단계라면, 다음은 태부太傅(큰 스승)·소부小傅(작은 스승) 등 스승을 세워 가르치는 것이다. 물론 교육의 중심에는 "남의 자식된 도리를 안 다음에 남의 부모가 될 수 있고, 남의 신하가된 도리를 안 다음에 남의 임금이 될 수 있고, 남을 섬기는 도리를 안다음에 남을 부릴 수 있다."고 하며 '역지사지'의 교육방법과 내용을소개한『예기』를 수록했다. 이렇게 세자교육을 철저히 한다면 한 가지로 세 가지를 얻는 효과가 있다고 했다. "아버지가 계시면 자식의도리를 다하고, 임금이 계시면 신하의 도리를 다한다. 자식과 신하의 도리를 지키는 것은 임금을 높이고 어버이를 사랑하는 까닭이다.부자와 군신과 장유의 (이 세 가지) 도리를 터득하면 나라가 잘 다스려진다."

율곡은 이런『예기』의 세자교육 방법을 소개하며 철저한 교육의 필요성을 강조했다. 이런 교육을 받게 되면 공경하며 방자하지 않게 된다는 것이다. "사람이 공경함이 있다면 방자하지 않고, 두려움이 있으면 방탕하지 않습니다."고 하며 임금에게 세자교육의 필요성을 요구했다. 그런데 문제는 이런 좋은 교재가 있는데도 근세에는 사라지고 없어졌다는 것이다.

"후세의 교육은 매우 간략해서 (세자 나이) 6~7세 이후로는 곧바로 관료나 시종들이 따라다니며 임금이 될 학문을 익히는데, 공경하거나두려워하는 마음이 없으며, 학문을 강론하는 관리가 너무 떠받들어서 스승의 도리가 무너지고 끊어져 접견할 때도 바르게 간언하는 경우는 매우 드뭅니다."라고 하며, 세자 교육의 현 실태를 안타까운 마음으로 지적했다. 너무 어려서부터 관료나 시종들이 가까이 따라다니며 가르치기보다는 떠받들면서 세자의 버릇이 나빠졌고, 때로는 놀고 즐기는 것을 알려주고, 사치스런 도구에 익숙하도록 해서 지도자로서의 근검절약과는 거리가 멀게 되었다고 했다. 대신 엄격한 교육을 위해 도덕을 갖춘 스승을 모시고 세자에게 공경을 다하며 스승의 가르침을 반드시 따르게 해야 한다고 말했다.

"보좌하는 관료와 시종들도 모두 단정하고, 도에 뜻을 가진 선비를 골라서 밤낮으로 세자와 함께 거처하며 좌우에서 보좌하게 하고, 천천히 익혀서 본성을 완성하게 해야 합니다."라고 하며, 관료와 시종들이 세자에게 아첨하는 것을 피하고, 뜻있는 선비를 골라 스승으로 삼는다면 세자교육은 일단 성공이라고 했다.

그리고 "(세자에게) 허물이 있으면 기록하고, 게으름을 피우면 경계하도록 하여 세자가 항상 마음으로 근신하게 하고 스스로 안일한 시간을 갖지 않도록 해야 합니다."라고 했다. 물론 대전제는 임금이 세자에게 모범이 되는 일이다. 그래서 이를 강조하며 "임금은 세자의 모범이 되어야 합니다. 임금 자신이 공경하고 두려워하지 않고 윗자리에서 방탕하고 방자하게 행동하면 세자도 진실로 본보기를 취할 곳이 없게 됩니다.…… 삼가 바라옵건대 전하께서는 이것을 깊이 유념하시옵소서."(이상 인용문은 『성학집요』)라고 하며, 임금에게 올곧은 직언을 주저하지 않았다.

(4) 가족을 친애함

『중용』에서는 유교의 핵심가치 인仁을 사람[人]이라 말하고 가장 중요한 것을 가족과 친애함, 곧 '친친親親'이라 했다. 인을 '박애博愛'보다는 '차별애差別愛'로 말하는 것도 여기에 기인한다. 또 그것이 인간의 자연스런 감정이라 했다. 가족사랑을 근간으로 확충해 나가자는 논리가 깔려 있다. 단지 가족 내 사랑으로 그치는 것이 아니기 때문에 차별애란 말은 사실 성립하지 않는다. 가까운 곳부터 사랑을 펼쳐나가자는 순서가 있을 뿐이다.

그렇다면 이런 '친친'의 가족사랑을 임금 가문에서는 어떻게 적용해야 할까? 율곡의 언설로 정리해 보자. '친친'은 매우 중요한 일인데, 그렇다고 모두를 똑같이 대우하라는 말은 아니다. 한마디로 같은 집안이라 해도 능력의 차이가 있기 때문에 사랑의 방법은 달리해야 한다.

> "한 종족 안에 어진 사람과 그렇지 못한 사람이 있지만, 돈독하고 화목한 은혜는 마땅히 고르게 해야 하며, 등용하고 버리는 의리는 마땅히 구별되어야 합니다. 두터이 길러주고 부지런히 가르쳐서 재주와 덕이 뛰어난 사람은 선택하여 친히 맡기고, 재주와 덕이 없어서 등용할 수 없는 사람은 먹고 살 수 있게 해 준다면 종족이 잘 보전되고 정사도 어긋나지 않을 것입니다."

임금의 가족이라고 재능과 능력을 따지지 않고 무조건 똑같이 예우한다면 주변 모두에게 불행이 될 수 있다. 이를 구별해서 임용하고, 능력이 없어 임용할 수 없더라도 먹고살 수 있는 분위기는 만들어 주어야 종족 보존과 정치안정이 함께 이뤄진다고 했다. 만일 중용의 도를 잃고 편벽되게 객관성을 잃으면 모두의 불행이 될 수 있기 때문이다. 또 그것이 선왕이 했던 '친친'의 도리도 아니라고 했다. 경우에 따라서는 시험해 볼 필요가 있다는 것이다.

> "후세에 중용의 도를 잃고 사사로움에 치우쳐 지나치게 후하게 대한다면 반드시 요구하는 것을 허락하게 되고, 죄를 지어도 다스리지 못해서 때론 정사에 해를 끼치게 될 것입니다.…… 이러한 일은 모두 선왕께서 '친친'하는 은혜가 아닙니다. 반드시 사사로운 은혜로 공적인 은혜를 해치지 말고, 공적인 의리로써 사사로운 은혜를 단절시키지 말아야 합니다."라고 하며 공사 구분의 '친친'을 분명히 하며 임금의 가족사랑을 깨우쳤다.

5) 실사구시적 효지도자론

1575년(선조8) 1월 2일 율곡이 황해 감사로 있을 때 선조 임금의 모친 인순왕후가 돌아가셨다. 예법대로 임금은 상·장례를 치르며 슬퍼했지만, 얼마나 애통해했던지 몸을 상할 정도였다. 임금은 상주가 거처하는 여막에서 지내면서 몸이 수척할 정도로 상례를 치른 것이다. 부모상에 슬퍼함은 당연하지만, 몸을 해칠 정도로 지나치게 슬퍼하는 것은 각종 경전에서 경계하는 불효不孝에 해당한다. 주변 신하들은 임금의 안위와 건강을 염려하며 죽이라도 드시라고 권면하였지만 듣지 않았다. 상례를 치르며 몸을 훼상하는 것은 결코 경전에서 바라는 것도 아니고, 오히려 조심해야 할 내용이다.

구체적으로 『논어』「양화」편에서는 "군자는 상중에 맛있는 것을 먹어도 달지 않고 음악을 들어도 즐겁지 않으며 집에 있어도 편안하지 않으므로 그렇게 하지 않는다."라고 하였고, 실제로도 "상중에는 맛난 것 먹지 않고 즐거운 음악 듣지 않고 편안히 거처하지 않는다."고 하였다. 이는 인간의 자연스런 정감이라 할 수 있다.

그런가 하면 『효경』「상친장」에서는 이런 자연스런 정감을 설명하고 부연하며 "(상중에) 삼일이 지나서 음식을 먹는 것은 백성들로 하여금 죽은 사람 때문에 산 사람을 상하지 않게 하고 몸을 훼손해서 목숨을 잃지 않도록 하기 위함이다."라고 하였다. 거상하며 몸이 상하는 것을 경계한 말이다.

『예기』「잡기하」편에서는 "(상중) 몸에 종기가 나면 목욕하고, 머리에 부스럼이 생기면 역시 목욕하여 깨끗이 닦아내고, 약해져서 병이 나면 술과 음식을 먹고 몸을 부양한다. 부질없이 몸이 수척해지면 병이 나서 몸을 훼손하는 것이기에 군자는 그렇게 하지 않았다. 몸이 훼손되어 죽는 자를 군자는 도리에 어긋난 자식이라고 하였다."

『예기』「단궁하」편에는 "몸을 훼손하여 신체를 위태롭게 하지 않는 것은 후손이 없는 불효를 범할 것을 두려워했기 때문이다."라고 하였고, 『주자가례』에서도 "친상親喪을 당하여 염하기 전이라도 친척이나 이웃이 미음을 쑤어 가지고 와서 권하거나 존장尊長이 강권하면 조금 먹는 것이 옳다."고 하였는데, 이는 신체 보전과 건강이 효의 기본임을 알려주는 내용들이다.

이렇듯 친상에 슬퍼함은 당연한 자연스런 감정의 표현이나 지나친 슬픔은 오히려 예에서 어긋나며, 또 그것이 불효가 됨을 여러 경전과 문헌에서 말했다. 율곡도 선조 임금에게 상례에 지나치게 슬퍼함이 오히려 불효가 됨을 아뢰었다.

　"전하께서는 슬픔이 지나쳐 몸을 훼손하는 것이 예절보다 지나치십니다. 기력도 헤아리지 않으시고 6일 만에 죽을 드시고 하루에 다섯 차례씩이나 애곡을 하시니, 전하의 허약한 몸으로 본다면 비록 수많은 신들이 보호해 주더라도 날이 거듭되면 어찌 손상이 누적되지 않겠습니까. 신이 삼가 살피건대 '거상居喪의 예절은 심신 훼손을 드러나지 않게 하고 보고 듣는 것을 쇠하게 하지 않으며, 머리에 부스럼이 있거나 몸에 가려움 병이 있으면 목욕하고, 병이 있으면 술과 고기를 먹으며, 너무 훼척해서 상례를 감당하지 못하는 것을 부자不慈, 불효不孝에 비한다.'고 하였고, 또 '생명을 잃을 정도로 훼손하지 않는 것은 죽은 사람 때문에 산 사람을 상하게 하지 않는 것이다.' 하였고, 공자는 '몸이 훼손되어 병이 되게 하는 것을 군자는 하지 않고, 너무 훼척하여 죽는 것을 군자는 자식이 없는 것으로 여긴다.'고 하였습니다."[161]

　유교 경전에서 말한 상례에 따른 지나침이 오히려 불효임을 경계한 내용을 율곡도 정리했다. 상·제례가 죽은 자에 대한 지극한 예라 해도, 산 사람의 생명까지 해쳐가며 치르는 것은 합당하지 않다는 것이다. 하물며 나라의 종사를 맡고 있는 임금이 몸을 해치면서까지 상·제례를 치른다면 이는 더 큰 불행을 자초할 수 있기 때문에, 율곡은 경전과 이성적 판단에 따른 예법 준수를 강조했다. 또 그것을 합리적 효라고 보았다.

　"일반 사람들이 상을 치르는 데도 오히려 생명을 해치지 말라는 것으로 경계하였는데, 하물며 종사가 매여 있고 백신百神의 주인이

되는 군주의 몸이겠습니까. (몸을) 온전히 하는 것이 효이고 훼척하
는 것이 불효인데, 대신과 시종들이 지성을 다하여 아뢴 것이 한두
번이 아닌데도 듣지 않으시니, 이는 전하께서 망극하신 가운데 우
연히 성인의 훈계를 잊으시고 도리어 훼척이 효에 해가 되지 않는
다고 여기시는 것이 아니겠습니까."[162]

일반 사람도 몸을 생각하며 상례를 치러야 하는데, 나라의 막중한
책무를 지닌 임금이 몸을 해치면서까지 상례를 치름은 예에도 어긋
나고 효도 아님을 지적한 대목이다. 이미 오래전에 돌아가셨지만, 여
전히 곡기를 끊고 슬퍼하는 임금 이야기를 접한 율곡이 황해도 감사
로 근무하다가 올라와서 상소한 내용이다.

비록 임금이 몸을 해치면서까지 상례를 치른 것은 불효일 수는 있
지만, 본질은 지극한 효성심의 발로이기 때문에 이를 활용한 효치孝
治는 또 다른 긍정사례를 만들 수 있다. 효의 지나침이 감성 차원의
판단이라면, 그 감성 차원의 결과가 극단적 심신 훼척에 따른 불효의
요소가 될 수 있다. 그래서 합리성에는 많이 어긋난다고 할 수 있지
만, 그래도 효심의 지극함의 결과이기 때문에 주변 칭양의 요소로 작
용할 수 있다. 그것도 나라 최고 지도자의 효심의 발동이므로 일반 사
서인士庶人들에게는 좋은 본보기가 될 수 있다. 과정의 문제 여부를
떠나 감동적 효성심으로 귀감이 될 수 있다는 것이다.

"근일 상께서 집상하시는 데 예절을 다하시어 효성의 진실이 중
외를 감동시켰습니다. 그러나 신하와 백성들이 한편으로는 기뻐하

여 복종하고 한편으로는 걱정하여 두려워하고 있습니다. 기뻐하는 것은 '예로부터 훌륭한 정치를 할 수 없었던 군주는 근본의 덕이 없었기 때문인데, 지금 상께서는 효성의 덕이 이와 같으시니 이 마음을 미루어 몸을 닦고 나라를 다스린다면 장차 어느 곳이고 지선至善이 아님이 없을 것이다. 이야말로 우리나라가 만세의 태평을 누릴 수 있는 기초'라고 여긴 때문이고, 걱정하여 두려워하는 것은 '상께서는 원기가 완전하지 못하시고 비위가 허약하신데, 졸곡卒哭이 이미 지났는데도 상선常膳을 폐하시어 장차 병환이 생기게 되었다. 임금에게 근심이 없는 뒤에야 모든 일을 할 수 있는 것인데 임금이 화평치 못하면 무슨 일인들 하실 수 있겠는가.'라고 여긴 때문입니다."[163]

비록 몸을 해침에 따른 불효적 요소가 있고, 또 정사를 돌봄에 걱정되는 것이 없지 않지만, 임금이 손수 효를 실천하였으니 만세 태평의 기초를 닦은 것이라는 율곡의 평론이다. 효와 불효의 요소가 혼재하기에 한편으론 기쁘고 한편으론 근심하였던 것이 선조 임금의 모친상을 대하는 상례였고, 이를 적절히 표현한 율곡의 명철한 지혜가 돋보인다. 그동안 임금 앞에서 과감한 개혁론을 제창하였고, 임금의 뜻 없음과 실천력 결여에 실망이 컸지만, 상례를 치르며 드러낸 임금의 효·불효의 절묘한 조화를 효치 차원에서 잘 정리한 것이다.

"상께서는 자질도 아름다우시고 욕심도 적으시니, 학문에 대하여 하지 않는 것이지 능력이 없는 것은 아닙니다. 즉위하신 몇 년 동안 실덕失德하신 일은 없었으나, 그렇다고 별로 진작시킨 형세도

---

163) 『선조실록』 9권, 1575년(선조8) 5월 미상

없었기 때문에 국사를 떨치지 못하고 신민이 실망한 지가 오랩니다. 지금 전하의 진실된 효성이 원근遠近에 드러나서 신민이 다시 태평을 바라고 있으니, 이것이 바로 『대학』에서 말한 '구일신苟日新'이란 것입니다. 그러나 반드시 끊임없이 날로 새롭게 하여 효성을 확충시킨 뒤에야 신민이 다시 실망하지 않을 것입니다."[164]

핵심은 감정의 지나침에 따른 과정의 문제를 차치하고 임금의 효 실천은 '효성의 확충' 차원에서 신하와 백성의 귀감이 되었음을 말한 것이다.

---

164) 『선조실록』 9권, 1575년(선조8) 5월 날자 미상

제**4**장

조선 후기 실사구시의
효사상과 근현대 사회
민족지도자들의 효행

조선 후기 실사구시의 효사상과 근현대 사회 민족지도자들의 효행

1. 하곡 정제두의 양명학적 윤리관과 효제론

1) 주자학에서 양명학으로

철학사상은 때때로 정치권력과 연계되면서 자유로운 철학적 사유로부터 멀어지기도 한다. 권력의 시녀로 전락한 철학사상은 사고의 자유를 억압하며 교조주의를 강제한다는 것이다. 여말선초 사회적 필요에 의해 유입된 주자학이 그 대표적인 경우이다. 전래 초기만 하더라도 주자학은 사회개혁의 실마리로서 개명한 지식인들의 희망의 불꽃과도 같았다. 하지만 어느 정도 사회적 기반이 잡힌 상태에서 주자학은 체제교학體制敎學[1]으로 교조적 성격을 띠기 시작했다. 주자학 내부의 이념단속은 물론 주자학 아닌 다른 사상과 학문은 철저히 배격했던 것이다. 같은 유학이면서도 철저히 배척된 양명학을 통해서도 알 수 있다.

---

1) 최재목, 『동아시아의 양명학』 (예문서원, 1996년) 99면 참조.

하곡 정제두 묘와 묘비(인천 강화군 양도면 하일리 산62-6)

이 같은 상황에서도 하곡霞谷 정제두鄭齊斗(1649~1736)[2]는 주자의 격
물설에 대한 의문을 양명학으로 해결하려고 한 용기 있는 사상가였
다.[3] 물론 하곡은 양명학을 공부하였을 뿐 신봉한 것은 아니었다. 양
명학의 문제에 주목하고 이것을 독창적으로 해결하려는 모습을 보였
다. 이를 두고 '한국 양명학의 독자성 확보'란 말도 나왔다. 주자학의
장점을 주목하며 양명학만의 일방통행식 사고를 지양한 것이다.[4] 하
곡은 맹자의 상황윤리를 강조한 권도權道 차원에서 세계를 보고 인간
관계를 이해하려고 하였다. 주자학 일변도의 닫힌 학문풍토 속에서
하곡은 개방성과 실질성을 추구하려고 했던 것이다. 먼저 그의 일상
적인 삶에 투영된 윤리관과 가치관을 살펴보고, 그가 추구한 대인관
계론의 실상을 살펴보고자 한다.

---

2) 하곡 정제두는 여말선초 鄭夢周(1337~1392)의 11대 손으로, 하곡은 호이고 자는 士仰, 시호는
  文康이다. 西人 명가로 10세 때부터 宋時烈과 宋浚吉의 문인이었던 李燦漢, 李商翼 등에게 배웠
  다. 따라서 그의 학문적 바탕은 주자학이었다.
3) 주자학 반대로 사약을 받는 풍토에서 하곡이 양명학을 공부하고 옹호한 것은 대단한 용기이자
  용단이었다. 이에 師友 朴世采, 尹拯, 閔以升, 崔錫鼎, 朴鐔 등의 비난과 책망을 받기고 하였지
  만, 하곡은 소신을 굽히지 않았다.
4) 송하경, 「한국양명학의 전개와 특징」(한국양명학회, 『양명학』제2호, 1998년) 253면 참조.

2) 하곡의 생애와 양명학적 세계관

(1) 욕심을 경계했던 삶

하곡은 어려서부터 바른 교육을 받고 자랐다. 아버지를 일찍 여읜 하곡은 어른들의 가르침에 순종하면서 올곧게 성장했다. 「행장」 기록에 의하면 그는 어른들의 가르침에 조금도 뜻을 어기거나 거스른 적이 없었다고 하며, 백부 찬성공贊成公이 이를 기특하게 여기며, "오! 어린애가 이와 같음이 있겠는가!"[5]라고 하였다. 한번은 할아버지 충정공忠貞公이 마침 진귀한 완구를 갖고 놀게 하였는데, 갖고 놀다가 얼마 후 제자리에 갖다 놓는 모습을 보고는 탄식하며 "세상에 재물 얻기를 탐내는 이들 중에는 이 아이를 부끄러워할 자가 많을 것이다."[6]라고 했다. 자기 편리와 편안함만 생각하면 나오기 힘든 행동이다. 부모와 어른의 보살핌을 받는 어린아이에게서는 더더욱 그러하다.

하지만 하곡은 어려서부터 병약했기 때문에 홀어머니의 근심 어린 충고를 자주 들었다. 비록 중년 이후로는 건강을 회복하여 학문에 매진할 수 있었지만, 건강 때문에 주변의 걱정을 끼칠 정도로 신체가 허약했다.

"어머니가 자주 탄식하며 이르기를, '모(某, 하곡)의 이 병은 실로 공부에 애쓰고 고생한 것이 원인으로 사정이 여기까지 이르렀으

---

5) 『하곡집』 「행장」 (이하 『하곡집』은 생략) : 於長者之敎無少違忤, 伯父贊成公常奇之曰, "小兒乃有如此者耶."

6) 「행장」: 嘗侍忠貞公側, 適有玩好物, 試令取之, 旣取遽又還置故處而退. 忠貞公歎曰, "世之貪得者, 有愧此兒多矣."

니, 또한 학문에 너무 애씀을 원하지 않노라.'고 하였다. 이때 선생
은 어머니의 염려하심을 깊이 걱정하던 끝에 몸을 아끼고 휴양하
는 데에 역시 소홀히 하지 않아 드디어 조금씩 회복되었다. 중년 이
후부터는 정력이 강건해져서 젊었을 때보다 나아졌다."[7]

이런 곡절을 겪으며 성장한 하곡은 크게 세 번에 걸쳐 이사를 다녔
다. 양명학 공부에 심취했던 23세에서 41세까지의 서울 생활 시기,
42세부터 60세까지의 안산 생활 시기, 그리고 61세 이후 88세까지의
강화도 생활 시기가 그것이다.[8]

하곡이 과거를 포기하고 학문에만 전념한 것은 24세 무렵 모친의
허락을 받고부터이다. 입신양명의 길목인 과거 공부를 포기한 것은
크게 세 가지 이유에서였다.

첫째, 가정적으로 한꺼번에 몰아닥친 가문의 불행 때문이다. 21세
이전에 하곡의 아버지, 할아버지, 큰아버지, 큰조카가 잇따라 세상을
떠났고, 23세 시절에는 부인과 아들마저 죽고 본인도 사경을 헤매는
병마와 싸우면서 과거를 멀리하게 된 것이다.

둘째, 외부적으로 노·소론 간의 갈등 심화 때문이다. 노·소론의 당
쟁 격화는 하곡을 학문에 전념케 하였으며, 정치권에서도 멀어지게
했다. 특히 노론 정권하에서 소론 집안이었던 하곡이 출세에 미련을
갖는 자체가 무모한 일일 수도 있다고 판단한 것 같다.

셋째, 이재를 멀리하려는 마음 자세 때문이다. 하곡은 20세 전후로
여러 차례 초시에 합격했지만, 진정으로 이를 기뻐하지 않았는데, 형

---

7) 「행장」: 母夫人屢歎曰某之斯疾, 實崇刻苦, 人情到此, 亦不願其劬學之甚也. 先生深以慈念爲憂,
於保嗇愛養之方亦不敢忽, 遂得漸至於充完. 中年以後精力强健, 視少壯時有勝焉.
8) 윤남한, 『조선시대의 양명학 연구』, 집문당, 1982년, 37~38면 참조.

제가 모두 관직에 나아가 이욕 얻는 것이 옳지 않다고 판단했기 때문이다. 이는 모친께 말한 내용에 그대로 드러났다.[9]

과거 합격에 따른 욕심을 멀리하려는 하곡의 결심을 모친이 승낙했고, 이후로 하곡은 학문다운 학문을 할 수 있는 계기를 마련했다. 이때부터 "선생은 다시는 외물外物에 마음을 두지 않고서, 문을 닫고 뜻을 구하기 시작했는데 언제나 결심한 것은 잘하지 못하면 그만두지 않는 의지가 있었다."[10]고 한다.

(2) 양명학적 세계관과 효개념

입신출세가 효의 대명사처럼 비춰지던 시절 출세의 관문이던 과거시험을 포기한 것은 표면적으로는 불효라 할 수도 있다. 하지만 당쟁의 소용돌이 속에서 출세가 오히려 멸문을 자초하는 경우가 다반사였으니, 반드시 과거를 통한 출세를 효라고 할 수도 없었다. 이런 때의 효는 오히려 개인적 삶과 가정사에 충실하고 학문에 성실하여 후대에 이름을 알리는 데서 찾을 수도 있다. 그런 점에서 하곡의 학문은 입신출세보다는 진실과 성실한 삶에서 그 근본적인 목적이 있었다. 또 그것을 후학자는 충성·효도·격물치지로 표현했다.

"선생의 도는 상하가 밝고 투철했으니, 오직 '실實'이란 글자 하나만은 숨기거나 제거할 수 없었다. 진실한 충성, 진실한 효도, 참된

---

9) 「유사」: 齊泰今足以陵科, 第兄弟不宜俱事利欲, 某請從此廢擧可乎. 같은 내용이 沈錥의 「行狀」에도 실려 있다.
10) 「행장」: 於是先生不復以外物經心, 杜門求志, 常有不能不措之意.

치지, 참된 격물을 했다."[11]

"성인의 실학을 얻지 못하고 한갓 허울 좋은, 겉 문화文華만 숭상
하는 것은 학문하는 방법이 아니다."[12]

"끝내 실학을 폐지하지 말 것이며, 또한 경서와 같은 것은 모름지
기 정히 배우고 관통하여 시속 무리들이 섭렵하고 노망하는 것과
같이 하지 아니하여야 할 것이다."[13]

하곡의 학문을 '실'로 축약한 내용들이다. 양명학 자체가 '심외무
물心外無物' '심외무리心外無理' '심외무사心外無事'를 강조하고, '사상마
련事上磨練'를 추구하는 '실학'[14]이기도 하지만, 하곡의 학문 역시도 그
에 따른 실학을 추구하였던 것이다. 물론 이때 '실'이란 '무사욕無私欲'
의 진실한 모습이자 참된 모습이다. 왕양명이 "마음에 사욕으로 가려
진 것이 없다면 곧 그것이 천리이니, 밖으로부터 조금도 더 보탤 것
이 없다. 이와 같이 천리에 순일해진 마음으로 이를 발휘하여 어버이
를 섬기면 그것이 곧 효이고, 군주를 섬기면 곧 충이고, 벗을 사귀고
백성을 다스리면 그것이 곧 신信과 인仁인 것이다."[15]고 했는데, 하곡
도 이처럼 사욕이 없는 순일한 상태를 강조한 것이다.

하곡학의 백미는 양명학에서처럼 역시 '지행합일'과 '치양지'에 있

11) 「祭文」: 先生之道, 上下昭徹, 惟一實字, 不可微滅, 實忠實孝, 實致實格.
12) 「答從子俊一書」: 不能得聖人之實學, 而徒以文華浮汎之學則非所以爲學也.
13) 「壬戌遺敎」: 終勿廢實學, 且如經書, 須是精學貫通, 不得如時輩涉獵鹵莽也.
14) 여기서 '실학'이라 함은 사회경제적 의미로 이미 사상적 사조로 자리매김한 17,8세기의 실학이
라기보다는 실질·성실·실천을 강조한 實心實學을 말한다.
15) 「전습록」상: 此心無私欲之蔽, 卽是天理, 不須外面添一分. 以此純乎天理之心, 發之事父便是孝.
發之事君便是忠. 發之交友治民便是信與仁.

다. 하곡은 양명학 가운데 무엇보다 '치양지'를 '지행합일' 상에서 철저히 계승하였고, 그런 가운데 부모 자녀의 사랑과 공경도 선천적 '양지론'과 실천적 '지행합일론'에서 이해하고 있다.

> "앎과 행함은 하나같이 양지에 이르는 것이요, 양능에 이르는 것이요, 밝음에 이르는 것이요, 성실에 이르는 것이요, 박학에 이르는 것이요, 독행篤行에 이르는 것이다. 다만 앎이라 하거나 행함이라고 하면 하나는 마음이고 하나는 일[事]이니, 진실로 아는 것이 다르게 된다. (그런데) 만일 지知에 치致를 더하고 행行에 독篤을 더하면 그 체는 하나이다."[16]

'지행합일'을 논한 내용이다. 이것은 다시 구체적 사례, 즉 부모를 사랑하고 형과 어른을 공경하는 것과도 같은 인간된 도리의 차원에서 설명한다면 어린이는 마땅히 애경愛敬의 마음을 애당초 지녔다는 것이다.

> "이제 부모님을 사랑하고 형과 어른을 공경할 줄 모르는 어린이가 없다는 것을 가지고 말해 보자. 만약 반드시 먼저 그 마땅히 사랑해야 할 것인가 마땅히 공경해야 할 것인가를 안 다음에 그 사랑할 줄 알고 공경할 줄 알며 또 그 다음에 사랑하고 공경하는 것이라고 한다면, 이 어찌 이른바 생각지 않고 아는 것이며, 어찌 본연의 선이며, 어찌 성체性體의 참이겠는가? 그것은 성性의 근본이 아니라 성 밖의 것이 된다. 이로써 양지의 설을 알 수 있으며, 천지·성인의 도를 알 수 있다. 또 내 동생은 사랑하고 진나라 사람은 사랑하지

---

16) 「存言」中: 知行, 一致良知也, 良能也, 明也, 誠也, 博學也, 篤行. 只曰知曰行, 則一心一事, 誠有所知之異, 若加致字於知, 篤字於行, 則其體一.

않는다는 것을 가지고 말해 보자. 내 동생과 진나라 사람이 몸이 달
라서 그런 것이 아니라 그 사랑스럽고 사랑스럽지 않은 이치가 마
음속으로부터 감촉되고 발하여 밝게 비치므로 그 사랑이 혹은 마
음의 본연에서 나오고 혹은 그렇지 아니하여 저절로 할 수 없는 것
이 마치 측은·수오의 정情과 같은 것이 있어서 저절로 내 동생은 사
랑하게 되고 진나라 사람은 사랑하지 않게 되는 것이다. 희로애락
이 발하여 절도에 맞는 것도 이와 같은 일이다."[17]

일찍이 맹자는 "사람이 배우지 않고도 능한 것을 '양능'이라 하고,
생각하지 않아도 아는 것을 '양지'"라고 했고, 그래서 "어린아이는 그
부모님을 사랑할 줄 모르는 바가 없으며, 어른에 이르러서는 형과 어
른을 공경할 줄 모르는 바가 없다."고 했다. 여기서 맹자는 "부모님을
가까이 친함을 인이라 하고, 어른 공경을 의다."라고 규정하였다.[18]
하곡의 말은 맹자의 이러한 양지설을 그대로 계승한 것이고, 그것이
측은·수오와도 같은 인간 본래성이라든지 희로애락과도 같은 인간
의 순수 감정의 발로라는 것이다.

"또 어찌 먼저 사랑하는 마음, 공경하는 마음을 가지고 뒤에 따로
그 사랑을 알고 그 공경을 아는 것이 있어서 비로소 양지가 되는 것
이겠는가? 측은도 이미 측은한 뒤에 따로 그 측은을 아는 것이 있

---

17) 「答閔彦暉書」: 試以無不知愛其親敬其兄言之. 如其必先有所知識, 以爲其合愛焉合敬焉而乃得
以知其愛知其敬, 又從以爲之愛爲之敬焉, 則豈所謂所不慮所本然之善而性體之眞歟. 非其性之
本也, 乃性之外也. 此可以知良知之說而知天地聖人之道矣. 吾弟秦人之愛. 非謂無吾弟秦人之
身異也, 其可愛不可愛之理由其中, 感觸而發, 昭昭不昧, 故其愛之或以出或以不出, 心之本然,
自有缺不得者, 與惻隱羞惡一般. 喜怒哀樂之發而中節亦如此.
18) 이상 인용문은 『맹자』「진심상」: 孟子曰, "人之所不學而能者, 其良能也. 所不慮而知者, 其良知
也. 孩提之童, 無不知愛其親者, 及其長也, 無不知敬其兄也. 親親, 仁也. 敬長, 義也."

어서 그것으로써 양지라고 하는 것이 아니다."[19]

이렇듯 하곡이 '치양지론'과 '지행합일'을 강조한 것은 비록 알고 있는 것이라 하더라도 그것이 실천으로 드러나지 않는다면 아무런 의미를 지닐 수 없기 때문이다. 또 앎을 추구하다 결국 알지 못한다면 당연히 해야 할 것을 놓치고 말 수 있다는 염려에서였다. 예컨대 평생 효란 무엇인가를 궁리하다 보면 막상 실천해야 할 효는 못하고 만다는 것이다. 이것은 주자학을 '선지후행先知後行'으로 인식한 염려에서 나왔고, 그 뿌리는 왕양명에서 찾을 수 있다.

> "어떤 사람이 효도하고 공경하는 것을 안다면 그 사람은 이미 효를 행하거나 공경을 행하는 것이다. 그는 이 때문에 효를 알고 공경을 안다고 말할 수 있게 된다. 단순히 효와 공경을 말할 줄 안다고 해서 곧 그가 효와 공경을 안다고 할 수 있는 것은 아니다."[20]

아는 것과 행하는 것이 둘일 수 없다는 것이다. 앎을 말할 때에는 이미 거기에 행이 존재한다는 것이고, 행을 말할 때에는 이미 거기에 앎이 존재한다는 것이다. 구체적으로 부모에게 효하는 것을 알고 있다는 것은 이미 그 사람은 효를 행한 경험이 있다는 것이고, 또 역으로 효를 실천한다는 것은 이미 그 사람이 효를 안다는 것이다. 마치 괴로움을 당하지 않고서는 괴로움을 알 수 없고, 배고픔을 경험

---

19) 「答閔彦暉書」: 又豈其先旣有愛之之心有敬之之心後, 別有所知其愛知其敬者, 以爲其良知耶. 惻隱亦未嘗以其旣惻隱之後, 別有所知其惻隱者, 以謂之良知也.

20) 『전습록』上: 就如稱某人知孝, 某人知弟. 必是其人已曾行孝行弟, 方可稱他知孝知弟. 不成只是曉得說些孝弟的話, 便可稱爲知孝弟.

하지 못하고서는 배고픔을 알지 못한다는 것이며, 추위를 당하지 않고서는 추위를 모른다는 것이다. 이것은 한마디로 지보다는 행을 강조하려는 양명의 의도이며, 그 의도는 하곡학에서도 그대로 계승된 것이다.

이 같은 하곡의 학문은 주자의 경전 해석에 대한 비판으로 이어졌고, 그 내용도 철저히 부모 자녀간의 관계 속에서 설명되었다. 예컨대 『대학』의 '친민親民'을 '신민新民'으로 해석한 주자를 비판하며, 하곡은 양명을 철저히 두둔했다. 한마디로 '친민'의 '친'은 '신'이 아니라 '친' 그대로라는 것이다.

> "그런데 지금 제가라 하고, 치국이라 하고, 평천하라 했으니, 이
> 런 것은 다 친의 일입니다."[21]

'친'은 말 그대로 가까이하는 것이다. 가家 - 국國 - 천하天下로 이어지는 단위에서 지도자의 기본 도리를 '친'이라 한 것이다. '친'을 좀 더 구체적으로 표현하자면 효·공손·자애가 될 것이고, 그것이 백성들을 바른 길로 이끌 것이라는 주장이다.

> "(제일齊一, 약보若保, 균평均平)[22] 그 세 장의 주요 의사와 실지 공부를

---

21) 「與崔汝和論親民書」: 而今而日齊家日治國日平天下則皆親底事也.

22) 바로 앞 문장에 이 세 장이 나와 있다. 이것은 하곡이 『대학』의 편명을 나름대로 붙인 것 같다. 『대학』에 齊一 두 자를 직접 말한 것은 없고, 제가·치국을 말하는 제9장에서, "한 가정이 인하면 온 나라가 인하게 되고, 한 가정이 겸양하면 온 나라가 겸양하게 되고 한 사람이 탐욕스러우면, 온 나라가 혼란스러워진다."고 하여, 임금 된 사람의 모든 언어와 행동이 국가에 미치는 영향이 크다는 것을 말하고 있는데, 이것을 가리켜 齊一이라 한 것 같고, 若保는 如保라고도 하는데 『대학장구』 제9장에서 강고(康誥)에 이르기를, "적자를 보호하듯이……"라고 『서경』의 말을 인용한 것이 있는데, 이 때 如는 若과 같다. 따라서 약보 두 자는 여기서 따온 말 같

말한 것을 보면, 친애하는 데 치우치고 미워하는 데 치우침을 경계
하는 것, 효도와 공손과 자애가 백성을 선으로 옮기게 하는 도리라
는 것, 혈구絜矩가 사람의 좋아하고 미워함을 공평하게 해주는 이유
라는 것, 이런 세 가지 뜻밖에 말하지 않았다."[23]

『대학』에서 궁극적으로 말하는 정치 교화의 기본 원리가 '학學'이 아
닌 효·공손·자애로 이뤄지는 '친'이란 것이다. 다시 말해『대학』에서
중요한 것은 학문의 '학'이 아니라 바른 관계를 보전하는 '친'이기 때
문에 '친민'을 '신민'으로 해석하는 주자학은 잘못이란 지적이다.

"백성을 위로해 주고, 찾아오게 하고, 바로잡아 주고, 보호해 주
는 교훈이라든가, 사람들로 하여금 인에 젖고 의에 연마되게 하는
도리라든가, 무릇 부지런히 배우고 부지런히 가르치는 일로써 배
울 '학'자의 뜻이 될 만하고 새롭게 하는 공부를 밝힐 수 있는 일은
마땅히 그 구체적 방법과 실지 공부를 빠짐없이 들어 말했어야 할
터인데, 한마디도 이에 언급한 것이 없으니, 무슨 까닭인가? 이런
데도 치평治平의 뜻이 다만 배울 '학'자에만 속하고 '기른다' '친애한
다'는 뜻과는 상관없다고 하니, 이것이 과연 『대학』을 논하는 말이
되는가?"[24]

다. 均平이란 말도『대학』에서 직접 사용된 말은 아니다. 다만 치국·평천하를 말하는 제10장
에서 소위 絜矩之道를 말하였는데, 혈구지도가 균평을 원리로 한 것이기 때문에 이것을 가리
켜 '균평'이라고 말한 것 같다.

23) 「與崔汝和論親民書」: 不當以齊一若保均平之功爲其指也. 今其三章主意實功之處, 乃之其所而
僻焉之戒, 孝弟慈者所移之道, 絜矩之所以平好惡者, 惟此三者之指而已.

24) 「與崔汝和論親民書」: 如其若勞來匡翼之訓, 漸仁磨義之道, 凡所以爲學不厭敎不倦等事, 可以爲
學字意而明其新之之功者, 所當著其成法實功, 宜若無所不備, 而卽無一言及之者何也. 以此而
謂治平之旨, 只屬學字, 於養之親之意, 初不相涉云者, 果是爲論此篇之說也乎.

하곡은 주자가 '친민'을 '신민'이라 해석한 것은 구체성이 결여되어 있기 때문에 논리적으로 타당치 않다는 것이다. 치평의 기본원리가 '학'에 있기보다는 양친養親에 있음을 강조한 내용이고, 만일 그것이 문제라면 그렇게 해석한 양명이 잘못한 게 아니라 공자의 과오라는 것이다.

> "친민의 친자가 만약 그릇된 것이라면 그 잘못은 마땅히 공자로부터 시작될 것이요, 양명을 나무랄 수는 없는 것이다. 그렇게 되면 이『대학』이란 글은 처음부터 끝까지 다 허튼소리와 그릇된 교본으로서 친자 하나만이 죄 되는 것이 아니다. 또『대학』의 여덟 가지 조목은 다 친절히 스스로 힘써야 할 일을 말했지, 남에게 구해서 남으로 하여금 그 덕을 새롭게 하는 데 힘쓰라고 말한 것은 없다. 이것이 무슨 까닭이겠는가? 그것은 학문하는 실지 공부를 주로 삼았기 때문이다."[25]

> "몸을 도로써 닦으므로 어버이를 섬기지 않으면 안 되는 것이요, 도를 인으로써 닦으므로 사람을 알지 못하면 안 되는 것이요, 행하는 것이 한가지이므로 또 천을 알지 못하면 안 되는 것이다. 인이란 부모님과 가까이 친함이다 함은 곧 요순의 도는 효제뿐이라는 것이다."[26]

『대학』의 '친민'을 '신민'이 아닌 '친민'으로 보았듯, 하곡은 맹자가

---

25) 「與崔汝和論親民書」: 親民之若治平如其誤者, 卽其誤當自孔子始, 不可以罪陽明也. 卽其爲此一篇者, 其首尾皆可謂亂說誤本, 不獨一親字爲罪也. 且大學八條之目, 皆以親切所自爲功者爲名, 未嘗有求之於人, 而以使人新其德者爲務何也. 以主於爲學之實功故也.

26) 「中庸二」: 修身以道, 故不可以不事親, 修道以仁, 故不可以不知人, 行之者則一, 又不可以不知天. 仁者親親, 卽堯舜之道孝弟而已者也.

인仁을 '친친親親'으로 해석한 것에서 더 나아가 요순의 도를 '효제'라고 하며, 그의 세계관이 철저히 부모 어른 공경으로 집중되는 것을 보게 된다.

3) 윤리정신과 대인관계

(1) 배려정신

윤리란 사람이 지켜야 할 도리로서 인간다운 삶을 만드는 기본 요소라고 할 수 있다. 그렇다면 윤리란, 나 개인의 문제에 국한되는 것이 아니라 남과의 관계성 속에서 더 큰 의미를 지닌다. 여기서 공자는 "자신이 하기 싫은 것을 남에게 시키지 말라."[27]는 '추기급인推己及人'을 요청하였다. 하곡은 어려서부터 이것이 몸에 배었는데, 큰어머니의 증언으로 알 수 있다.

> "큰어머니인 홍씨 부인은 일찍이 사람들에게 말했다. '나는 아직 아무개가 남의 과실에 대하여 말하는 것을 듣지 못했는데 젊은 사람으로서 이렇게 하기란 참으로 쉽지 않다.'고 하였다."[28]

이런 모습은 자녀들 앞에서도 마찬가지였다. 하곡은 남의 과실을 조금도 언급하지 않았을 뿐더러 자녀들에게도 경계하며 이를 공부의 기본 도리로 훈계하였다. 『명심보감』에서 가르치는 "귀로는 남의 나

---

27) 『논어』「안연」: 己所不欲, 勿施於人. (「위령공」에도 같은 내용이 있음.)
28) 「遺事」: 伯母洪夫人嘗語人曰, "吾未嘗聞某之言人過失, 年少之人如此誠不易也."

뿐 것을 듣지 말고, 눈으로는 남의 단점을 보지 말고, 입으로는 남의
허물을 말하지 않아야 군자에 가깝다."[29]는 내용을 실천한 것이다. 나
아가 하곡은 남과 비교하는 것 자체가 문제라는 생각도 갖고 있었다.

> "자제들이 선생을 모시고 있을 때에도 역시 남의 과실에 대해서
> 는 일찍이 한마디도 말하는 것을 들어보지 못했다. 늘 자제들을 훈
> 계하면서도, '비록 남의 과실을 들었다고 하더라도 절대로 그 말을
> 전하여 말해서는 아니 되거늘 어찌 공부하는 데 있어서 다른 사람
> 을 점검하겠는가?'라고 하였다. 또 '요즘 벼슬하는 사람들을 보면
> 남과 서로 비교하여 말하기를 좋아하는데 이것은 심히 옳지 못한
> 일이다. 몸을 세상에 내놓고 조정에 설 때에는 일의 관계가 중대한
> 곳에서는 진실로 다투지 않을 수 없다 하겠으나 미미한 곳에 이르
> 러서는 서로 부합되지 않더라도 본래 비교하여 맞출 것이 못 되는
> 것이다. 옛사람은 '잘못을 범해도 따지지 않았다.'[30]는 뜻을 속 깊이
> 간직하지 않을 수 없을 것이다.'라고 했다."[31]

물론 하곡이 대소사를 막론하고 무조건 잘잘못을 덮고 넘어간 것은
아니다. 인용문에서도 말하고 있듯, 중차대한 국가 대사 같은 경우에
는 반드시 그 시비를 따져야 한다고 하였다. 자칫 남을 위한 배려가
공적 판단을 흐릿하게 할 가능성도 없지 않지만, 분명한 공사 관념을
전제로 한다면 배려는 오히려 훈훈한 공동체의 중요한 요소로 작용

---

29) 『명심보감』 「正己」: 耳不聞人之非, 目不視人之短, 口不言人之過, 庶幾君子.

30) 『논어』 「태백」: 犯而不校.

31) 「遺事」: 子弟侍先生, 亦未嘗聞一語及人過失, 每勅子弟曰, "雖聞人過失, 切不可傳說, 豈有工夫
點檢它人耶." 又曰, "近見仕宦之人, 喜與人相較, 甚不是也. 出身立朝, 事之關係重處, 固不可不
爭, 至於微處不相入, 本不足較挈. 古人犯而不校之義, 不可不服膺也."

한다. 물론 이것이 성립하기 위해서는 공사 관념에 따른 공동선을 먼저 따져야 할 문제이나, 그렇다고 그것이 배려정신과 상치하는 것도 아니다. 하곡의 배려정신을 엿볼 수 있는 예화를 하나 살펴보자.

> "살던 곳에서 서로 바라다볼 만한 곳에는 옛적부터 말을 기르던 곳이 있었는데, 관청은 거기에 백성들이 경작하며 살도록 허가했다. 또 관청에서 새로 쌓은 둑이 있는데, 그곳은 매우 넓어서 사람들이 많이 몰려가서 다투어 차지할 계책을 생각하고 있었다. 하지만 공(하곡)은 집 종들이 혹 그들과 함께 경작하려는 자가 있으면 일체 이를 금지시켜 마침내는 한 무畝의 땅도 못 갈게 하였다. 뒤에 태복관(임금의 거마車馬를 맡은 관원)이 명을 받들고 시찰 나와서 공의 집을 지목하여 차지한 땅이 많을 것이라 의심했다. 그런 생각을 갖고 조용히 다른 사람들에게 물어보며, '이 가운데에서 모某(하곡)가 경작한 땅이 얼마쯤 되는가?' 하였다. 사람들은 대답하기를, '처음부터 들어가서 경작한 일이 없습니다.'고 하자, 이를 들은 태복관이 매우 부끄러워하고 감복하였다."[32]

누구나 자유롭게 경작할 수 있는 땅까지도 남을 먼저 배려하는 하곡의 이 일화는 매우 감동적인 일이 아닐 수 없다. 당연히 사대부 가문에서 먼저 차지했을 것이라는 태복관의 판단이 하곡의 이웃에 대한 배려정신으로 무색해졌다는 이야기이다.

하곡의 배려정신은 홀어머니에 대한 지극 정성에서도 엿볼 수 있다. 어려서부터 병약했던 하곡은 그것이 늘 어머니의 걱정거리였다.

---

32) 「유사」: 所居相望處舊有馬場, 自官許民耕食, 新築官堰亦甚廣闊, 人多趨之, 以爲爭占計, 而公家奴僕輩, 或有與衆就耕者則一切禁之, 終無一畝之耕. 後因太僕官承命按視, 認公家疑有占取之多, 以其意私問于人曰, 此中某家所起幾許, 對以初無犯耕之事, 其人爲之愧服.

『논어』에 맹무백孟武伯이 효에 대해 질문하자 공자가 "부모님은 자식
이 병나는 것을 오로지 걱정한다."[33]고 하였듯, 하곡의 모친께서도 하
곡의 건강을 걱정했던 것이다. 이를 잘 알고 있는 하곡은 유난히 자
신의 건강을 조심했는데, 그것은 오로지 홀어머니 때문이었다.

> "그런데 공은 병이 조금 낫자 어머님이 그를 걱정하시는 것을 깊
> 이 생각하여 몸을 돌보고 휴양하였으므로 점차 건강이 회복되어
> 중년 이후부터는 정력이 좋아져 젊었을 때보다 나아졌을 뿐만 아
> 니라 드디어는 80세의 나이를 누리게 되었던 것이다."[34]

결과적으로 어머니 걱정을 덜어드리기 위한 그의 몸 돌보기 휴양
은 향년 88세라는 당시로서는 장수함으로 드러났으니, 신체보존의
효를 잘 실천한 것이라 할 수 있다.

(2) 대인관계에서의 성실과 친절

하곡이 생각하는 대인관계의 핵심은 성실과 친절이다. 그래서 하
곡은 성실과 친절에서 멀어진 문학작품에 대해서는 철저히 비판을
가했다. 가사歌詞나 문장文章은 성실에 기초하기보다는 세속의 요구
에 허황된 것으로 포장되기 때문에 성실과는 거리가 멀고, 또한 글재
주는 뛰어나더라도 덕이 결여되어 있으면 귀할 게 없다는 것이다.

---

33) 『논어』 「위정」: 父母唯其疾之憂.
34) 「유사」: 公少愈深以慈念爲憂, 保齒愛養, 漸臻康旺, 自中年以後精力之健, 視少日不啻加勝, 遂
享大耋之年.

"자제를 가르치는 데는 어릴 적부터 반드시 일찍이 성실하고 친절하게 잘 이끌어서 사물을 대할 때면 곧 가르쳐서 시속時俗의 야박한 습성에 들어가지 않도록 하였으며, 가사·문장의 들뜨고 과장된 것이나 과거와 벼슬살이의 득실에 이르러서는 돌이켜 서둘지 아니하였다. 일찍이 이르기를, '비록 글재주가 뭇사람보다 뛰어났다고 하더라도 진실로 참된 덕을 일컬을 만한 것이 없다면 또한 무엇이 귀할 것이 있겠는가?'라고 했던 것이다."[35]

성실과 친절로 자녀들을 덕성을 지닌 인물로 키우려는 하곡의 교육관을 엿볼 수 있는 내용이다. 이렇듯 성실과 친절로 교육하였듯 하곡은 평소 사람들을 깍듯이 대했고, 집안 하인들에게까지도 손수 모범을 보였다.

"공은 일찍이 이르기를, '종들을 앞에서 부릴 적에는 그들이 비록 어리석다 하더라도 주인을 위해서 애씀이 많은 것이니 위엄이나 형벌로 몰아쳐서 부려서는 안 되며 좋은 말로 순순하고 친절하게 가르치고 타일러서 저절로 감복하게끔 할 것이며, 혹 희미하고 완곡하고 우둔하여 명령을 듣지 않으면 반드시 내보내고 머물러 있지 못하도록 할 것이다.'고 하였다. 그러므로 가정 안에서는 형장을 쓰지 않고서도 저절로 화목하게 되었으며 비록 노비의 무리들 일지라도 또한 대개는 성내어 다투는 것을 부끄럽게 여겼던 것이다. 이씨의 딸과 윤씨의 조카딸이 때때로 보러올 적에는 서로 말하기를, '우리 집 종들이 저의 윗사람을 친애하는 것은 다른 집과는 절대로 다른 데가 있으니 참으로 우리 집 어른의 교화가 깊지 않으셨

---

35) 「유사」: 教子弟, 自其幼時, 必嘗諄諄善誘, 遇物則誨之, 俾不入於時俗儇薄之習, 至於詞章浮誇科宦得失則顧不急也. 嘗曰, "雖有文藝邁倫, 苟無實德之可稱者, 亦何足貴也."

던들 저토록 거칠고 미련한 것들이 어찌 이와 같겠는가?'라고 하였
다."[36]

　오늘날 어울리지 않는 신분사회의 모습을 그리고는 있으나 대인
관계를 어떻게 유지해야 하는가를 교훈하는 내용이다. 형벌과도 같
은 강압적인 방법을 쓰지 않고서도 상하관계를 유지할 수 있는 비결
이 성실과 친절에 있음을 보여준 대목이다. 동시에 하곡은 맹자의
권도權道를 인용하며 상황에 따른 탄력 있는 대인관계론을 피력하고
있다.

　　"맹자는 '남녀간에 물건을 손으로 주고받지 않는 것은 예禮요, 형
　　수가 물에 빠졌을 때 손으로 끌어내는 것은 권權이다.'고 하였고, 또
　　말하기를 '예법대로 먹으려면 굶어 죽겠고, 친영親迎을 하려면 아내
　　를 얻을 수 없는 경우에는 예법보다 식색食色이 더 중하다.'고 하였
　　는데, 주자가 이것을 논단하기를 '의리와 사물의 경중이 크게 다름
　　은 사실이나 그중에서도 또 각기 제대로 경한 것과 중한 것이 구별
　　된다. 성현은 여기에서 두루 헤아려 '왕척직심'[37]도 이익을 따르고
　　의를 버리는 것 아니하고 '교주조슬'[38]도 한 가지만 고집하여 권도
　　를 쓰지 않는 것 아니하여 오직 한결같이 당연한 것에 따라 결단할

---

36) 「유사」: 公嘗曰, "僮僕之使喚於前者, 渠雖愚駿, 爲其主勞力則甚矣, 不宜以威刑驅使, 嘗以善言諄
　　諄誨飭, 俾自感服, 或有迷頑不聽命, 必斥退不容留也." 是以家庭之間, 無刑杖之施而自爾和睦,
　　雖臧獲輩亦多以忿爭爲恥. 李氏女與尹氏侄女有時來覲, 輒相語曰, "吾家臧獲親愛其上, 與他人
　　之家絶異, 苟非吾大人敎化之深, 以彼頑愚之物, 豈能若是耶."
37) 「맹자」「등문공」에 있는 말로 한 자[尺]를 굽혀서[枉] 여덟 자[尋]를 펴게[直] 한다는 말인데, 큰
　　이익을 얻기 위해서 조그만 의리는 희생해도 좋다는 뜻으로 진대(陳代)가 말한 것이다.
38) 변통할 줄 모르는 외고집을 풍자하는 말로 비파[瑟]를 탈 때 줄 밑에 기둥[柱]을 받쳐서 이리저
　　리 옮기면서 곡조를 조절하는[調] 것인데, 그 기둥을 아교로 풀칠하여[膠] 고정시켜 놓고 곡조
　　를 조절하려 하는 것이다.

뿐이다.'고 하였다. 대개 이것으로써 일을 처리하는 저울로 삼는 것
은 실로 의리의 지극히 중요한 일이다."[39]

예로부터 남녀관계는 어느 단계에 이르면 남녀유별이 아닌 단절을
요구하는 '남녀칠세부동석'이 하나의 윤리규범처럼 이어져 왔고, 이
를 맹자는 인용문에서 예禮라고 하였지만, 그래도 절박한 상황에서는
예외를 규정한 상황윤리, 다시 말해 권도權道를 말하였다. 또 어떤 경
우 예법보다는 식색을 더 중한 것으로도 말했는데, 이것은 유교윤리
가 지닌 무조건적 엄격주의에 대한 보완이 아닐까 생각한다. 하곡은
이를 인용하며 자신의 남녀관의 일단을 내비치었는데, 그것은 교조
적이고 엄격한 일부 성리학자의 예법주의를 권도로 보완한 것이다.
양명학자 하곡이 맹자의 권도를 말하고 이를 계승한 주자의 논의를
인용하면서 고집불통의 일방적 태도를 경계한 것이다. 그렇다고 하
곡이 의리의 지극히 중요한 요소로서 정상적인 방법인 경도經道를 버
린 것은 아니지만, 상황을 중시해야 한다는 차원에서 융통성 있는 권
도를 윤리의 중요한 요소로 파악했던 것이다.

4) 차별적 대인관계론의 의미와 한계

하곡의 자녀교육은 「가법家法」(또는 「교자손법敎子孫法」)[40]과 「임술유

---

39)「上朴南溪書」庚申: 孟子謂授受不親禮也, 嫂溺援之以手權也, 又謂以禮食則飢而死, 親迎則不
得妻, 則爰窘食色重, 朱子斷之曰, "義理事物, 其輕重固有大分, 然於其中又各自有輕重之別. 聖
賢於此斟酌, 固不肯枉尺而直尋, 從利而廢義, 亦未嘗膠柱而調瑟. 執一而無權, 斷之一視之當然
而已." 朱子說止此, 蓋以此爲處事之權衡, 實義理至要處也.

40) 細註에는 자손을 가르치는 법(敎子孫法)이라 하였다.「壬戌遺敎」와 더불어 家訓이라 할 수 있다.

교壬戌遺敎」[41]에 자세하다. 그런데 여기에 나타난 하곡의 자녀교육관은 신분사회의 모순과 한계를 그대로 보여주고 있다. 물론 하곡의 자녀교육관 속에서 반드시 긍정적 요소만을 찾을 필요는 없다. 하곡의 자녀교육관에 나타난 문제와 한계를 있는 그대로 살피면서 오히려 하곡 사상의 다양성을 살피는 것도 의미 있는 일이기 때문이다. 그렇기 때문에 하곡의 언설을 오늘날의 관점에서 긍정적 요소와 부정적 요소로 나눠 놓고 분석하는 것도 필요할 것이다. 먼저「가법」의 내용을 항목별로 나눠 살펴보고 간단한 평가와 의미를 곁들여 보자.

No.	교훈내용	평가	비고
1	훈계하노니 궁액에 연계되지 말아라.(戒不連宮掖.)	긍정	
2	서얼을 눌러서 사당에 들어가 적자손과 같이 하지 말도록 하여라.(抑庶孼, 使不得入廟竝嫡行.)	부정	신분차별
3	비첩의 무리는 또한 천대하고, 첩의 예로는 대하지 못한다.(婢妾輩亦賤之, 不得爲妾例.)	부정	신분차별
4	아들은 처가살이를 하지 못하며 딸은 반드시 시집을 보내며, 모든 며느리는 한집에서 살게 하여라.(子不出贅, 女必送歸, 諸子婦必同家畜.)	부정	남녀차별
5	아들은 반드시 친애하고 어루만져 기르며 구체적으로 지목하여 가르치며 실제를 가지고 하여 거짓이 없게 하여라.(子必親愛撫育, 指敎以實無僞.)	긍정	
6	오직 보고 듣는 바를 부정한 것으로 하지 말고, 무릇 익히고 행하는 것은 방일하고 사치하여 욕심대로 하지 못하게 하여라.(但所見聞, 不以不正, 凡習行, 不使放侈縱慾.)	긍정	

41)「임술유교」는 하곡이 34세 때인 숙종 8년(1862년)에 동생 齊泰와 아들 厚一에게 남긴 글이다. 이때 하곡은 신병이 극심하여 혹 죽게 된다면 뒷일을 동생에게 부탁하였고, 스승인 남계 박세채에게도 편지를 써서 告訣하였다. 당시 하곡의 집안은 부·조부모가 모두 돌아갔고 11세밖에 안 된 아들과 30세밖에 안 된 동생이 가사를 주관해야 했기에 이것을 염두하고 이 글을 썼던 것이다.

7	친히 가르치고 독려하거나 책망하지 말고 스승을 얻어서 그에게 이를 맡겨라.(不爲親自敎學督責, 得師委之.)	긍정	
8	오직 일이 있게 전에 가르쳐 달래고, 혹은 그릇됨을 엄하게 금하여 두려워하여 감히 생각도 내지 못하게 할 것이며, 잘고 번거롭게 훈계하지 말라.(但先事敎諭, 或峻氣禁斷其非, 使有懾伏而不敢萌也, 不爲瑣瑣煩戒.)	긍정	
9	정감의 뜻을 모두 통하게 하여 털끝만큼도 서로 어긋나고 막힌다는 생각이 없도록 하여라. 또한 모든 일은 서로 의논하며, 따라서 지적하여 가르치되 내가 하는 일을 모두가 서로 알고 하여라.(使情意盡通, 無一毫齟齬之意. 且凡事與之相議, 因以指敎, 使吾所爲, 與之相知.)	긍정	
10	양반 친척은 반드시 같이 한 당이 되고 한 편이 되어 꾸밈이 없이 하여, 서로 모가 없고, 시기나 의심함이 없이 하여 마음을 같이하고 뜻을 한결같이 하여서 아랫것들이나 잡된 무리들로 하여금 이간시키지 못하게 하여라.(兩班親戚, 必同爲一黨爲一邊, 無文爲無崖岸無猜疑, 同心一意, 而不得使下流雜輩間焉.)	부정	신분차별 자유선택권 침해
11	문하의 잡객은 비록 서로 친하더라도 예로서 대접하되 집안에 참여하여 일가一家에 틈을 내지 못하게 하며, 또한 친척이나 친구보다 더함이 있어서는 아니 되고 아랫것들도 또한 그렇게 할 것이며, 남녀 종과 첩의 무리들은 반드시 몹시 눌러서 친숙하고 믿음으로써 한 집안에 끼이지 못하게 하여라.(門下雜客雖相善, 待之以禮, 不得使與間於一家, 且不得有加於親戚朋友, 下流亦然, 奴婢妾輩, 必痛抑不得親信, 以間一家.)	부정	신분차별
12	무릇 양반은 한 무리가 되고 뜻을 같이하며, 비첩은 비록 친하더라도 한마디 말도 그 사이에 끼지 못하게 하여라.(凡兩班爲一黨同意, 婢妾雖親, 不得使一言間於其間.)	부정	신분차별 남녀차별
13	주인을 높이고 노비를 누를 것이다. 임금을 높이고 신하를 낮춘다는 것은 국가에 있어서는 어진 자가 뜻을 펴지 못하고, 그를 예로 대접하지 못하며, 또한 하정下情을 다하지 못하게 하는 것이지만 집에서는 그렇지 아니하니 다하지 못하는 정이란 없을 것이다. 소제하고 심부름하는 사람에게 무슨 도를 행하고 식견을 펼 만한 것이 있겠는가. 그러므로 오직 준엄하게 막아서 가법을 엄하게 할 뿐이다.(尊主抑奴婢, 凡尊君卑臣, 在國家則賢者不伸, 待之不禮矣, 且下情不盡也, 家則不然, 無不盡之情. 掃除使喚之人, 有何行道識見之可伸者. 故只當峻防, 以嚴家法而已.)	부정	신분차별

14	아이들은 비록 어리고 노비는 비록 어른이라도 반드시 주인에게 죄장罪杖(죄가 있으면 때리는 것)과 사령使令(심부름 시키는 것)을 주관케 하여라. 비록 어릴 때부터라도 주인의 권한을 손에 넣게 할 것이다. 그렇지 않으면 뒤에 반드시 대항하는 일이 있을 것이다. 그리고 노비로서 아이들을 만만히 여겨서 공경하지 않는 자가 있거든 이를 엄하게 금지할 것이다. 그러나 공이 있는 늙은 자는 내보낼 수 있으면 내보내되, 만약 부린다면 아이들의 심부름도 하지 않을 수 없는 것이다.(兒子雖幼, 奴婢雖長, 必使主其罪杖使令. 雖自小時, 使主權入其手. 不然後必有杆格也. 且奴婢有謾兒輩不敬者痛禁之. 但有功老者放之則放之, 若使之則不可不爲兒輩使令也.)	부정	신분차별
15	신부도 역시 노비를 죄책罪責하는 권한을 주관하게 하여라. 그렇지 않으면 참견과 이간이 들어오고 불공함이 많을 것이다. 또한 자녀에게서 노비는 피차를 구별하지 말고 심부름과 죄벌을 한 가지로 하여라. 그렇게 아니하면 저쪽에 붙어서 이쪽을 헐뜯고, 이쪽에 붙어서 저쪽을 속이는 자가 많을 것이다.(新婦亦使主罪責奴婢之權. 不然讒間入之, 不恭多矣. 且奴婢於子女, 不可有彼此之別, 使之一體使令罪罰. 不然付彼而讒此, 托此而謾彼者多矣.)	부정	신분차별
16	대체로 종이란 것은 비록 어른이 부리는 바로, 사람들이 함부로 죄주지 못한다 하더라도, 양반은 어른 아이가 없이 마땅히 일체가 될 것이다. 또한 노비가 어른을 믿고 아이들과 부녀들을 만만히 여기면 뒷날에는 종노릇을 아니 하게 될 것이다. 따라서 어른인 종에 대해서는 반드시 처음부터 권한을 주관하도록 하여라.(夫奴雖曰尊者所使, 不宜人人擅之罪之, 然兩班無長小當爲一體. 且奴婢恃長者而謾兒輩及婦女也, 後日終於不奴而已. 故長者必自初使之主權.)	부정	신분차별
17	그러나 아랫것을 부리되 평일에는 굶주리고 추운 것을 구휼하여 은혜와 의리를 잘 갖추어서 정성과 신의로 대접하여 은혜가 있도록 할 것이며, 죄가 있을 때에는 법을 세우기를 엄하게 하여 용서치 말 것이며, 이를 가법으로 세울 것이다.(但使下平日恤其飢寒, 恩義備至, 待之誠信有恩, 至於罪也則立法嚴而不容貸, 以立家法.)	부정	신분차별

　모두 17개 항목 가운데 6개 항목이 오늘날의 안목에서 긍정적인 내용이고, 11개 항목이 부정적인 내용이다. 부정적인 내용들은 주로 당시로서는 당연할지 모르지만, 오늘의 시각으로는 문제 있는 신분차

별, 남녀차별의 내용으로 비록 하곡만의 문제라고 할 수는 없다. 그래도 실학적 세계관과 사민평등四民平等의 양명학적 세계관과는 어느 정도 차이를 드러낸 것만은 분명하다.

주로 상·제례와 관련된 내용들을 담고 있는 「임술유교」에서도 자녀 교육관을 담고 있는데,[42] 앞서 분석한 「가법」과 맥락상 큰 차이가 없다. 여기서는 상·제례와 관련된 내용은 생략하고 「가법」과 맥락상 연결되는 부분만을 살펴보자.

> "무릇 가사는 남자가 주관할 것이다. 부인은 비록 현명한 부인이라 하더라도 집안일을 담당하여 주관하지 말아야 한다. 그러므로 남편이 죽으면 자식을 따르는 것은 자기 맘대로 함이 없게 하기 때문인 것이다. 도리가 본래 이와 같으니, 부인은 어머니를 모시되 한뜻으로 뜻을 받들어서 오직 순하게 하고 뜻을 편안하게 할 것이며, 스스로 맘대로 함이 없도록 하여라."[43]

'여필종부', '부창부수'의 남녀관을 여실히 보여주는 대목이다. 남편 부재 시에도 아들을 따라야 하는 가부장적 질서 체계를 강조한 내용이다. 그것은 비록 아들이 장성하지 못했다 하더라도 지켜져야 한다는 것이다.

> "아이들이 이미 장성하였으면, 곧 집안을 맡게 할 것이나, 인사人事가 미성未成하면 아직은 염려가 없다고 보장할 수 없으니, 반드시

---

42) 박연수, 『하곡 정제두의 사상』 한국학술정보, 2007년 7월, 17쪽 참조. 「임술유교」의 禮說은 成渾(1535~1598), 李珥(1536~1584), 朴世采(1631~1695)의 학설을 기반으로 썼다.

43) 「임술유교」: 凡家事, 惟丈夫主之. 婦人則雖有哲婦, 不宜當家與政. 故夫死從子, 以其無專制也. 道理自如此, 婦人奉母親, 須一意承受, 惟在順吉安意, 無有自專.

일찍이 어진 스승을 가까이하고, 여러 부형들에게 가르침을 받아서 유지하게 하면 성취는 바랄 수 있을 것이다. 또한 모든 일을 반드시 부형에게 뜻을 받고 그 뜻에 따라서 행하면 잘못된 허물을 면할 수 있을 것이다. 이것이 내가 끊임없이 가르치는 까닭인 것이다."[44]

비록 하곡이 실학적·실용적 세계관 속에서 "관재棺材는 반드시 좋은 것을 고를 것이 아니고, 오직 몇십 년만 지날 수 있으면 족하다."[45] "관에 칠을 바르는 것은 쓸데없는 꾸밈이다."[46] "칠을 하는 것은 무익하다."[47]라고 하는 상·제례에 대한 실리적·개방적 의견을 피력하였어도 남녀차별, 신분차별 의식만은 누구 못지않은 철저한 보수주의자였던 것이다.

5) 실심 실학의 결론, 친친과 효제

주자학이 일정한 이치나 객관적 이치를 설정하고 사물마다 일정하게 작용하는 불변의 선악을 주장한다면, 양명학은 객관성보다는 대상과 상황에 따라서 마음의 본체이며 천리天理인 양지良知라고 하는 주관성을 강조한다. 하곡은 이러한 주자학의 획일성을 거부하고 양명학을 수용하면서 상황에 따른 유연성을 강조한 사상가였다. 맹자의 권도權道를 강조한 것도 획일적 가치보다는 다양한 가치를 중시하

---

44)「임술유교」: 兒輩旣長則便可當家, 人事未成則未能保其無虞也, 必須早近賢師, 受誨諸父兄, 俾有維持, 成就乃可望矣. 且凡事必受旨父兄而聽用之, 可免矣. 此吾所以縷縷者也.

45)「임술유교」: 棺材不宜求擇, 只可僅過數十年足矣.

46)「임술유교」: 塗棺浮文也.

47)「임술유교」: 加漆無益也.

려는 의도에서 드러난 하나의 예일 것이다.

이에 근거한 하곡의 대인윤리의 기본은 배려정신 및 성실과 진실성이었다. 물론 이것은 도덕과 삶의 주체로서의 인간의 자기성찰과 자기극복의 한 과정이며 이를 통해 자아를 실현하려는 사상가로서의 진정한 삶의 목적을 이루기 위한 실천적 행위이기도 하다. 또 그것은 실학의 진실성과 실천성을 염두한 것이다. 진실한 충성[實忠], 진실한 효도[實孝], 진실한 치지[實致], 진실한 격물格物 등등 꾸밈없는 실심實心 실학이 하곡이 지향한 학문이었다. 특히 『대학』의 '친민'을 주자가 '신민'이라 한 것에 반대하며 '친'을 강조한 것은 하곡의 포괄적 대인 관계론을 설명하는 하나의 중요한 단서가 되었다. 하곡은 앞서도 살핀 바와 같이 '친민'을 '신민'이 아닌 '친민'으로 보아야 한다고 했는데, 이것은 인仁을 '친친'과 '효제'라는 틀에서 해석한 맹자에 근거한다. 바로 그 '친'의 실현이 대인관계 속에서 하곡은 배려정신과 성실·진실로 표현한 것이고, 구체적으로 '친친'과 '효제'를 강조하는 것으로 나타났다. 물론 그것은 앎의 과정의 결과물이 아닌 양지 본성에 기인한 것이었다.

그런데 자녀교육관에 나타난 하곡의 사상은 긍정적 요소보다 부정적 요소를 더 많이 발견하게 된다. 아무리 신분사회의 굴레 속에서 벗어날 수 없기 때문이라 하더라도, 남녀차별과 신분차별적 요소는 기존의 그 어떤 사상가보다 더 보수적 색채를 지녔다는 점에서 그 사상의 한계가 아닐까 생각한다.

2. 성호 이익의 개방적 효제윤리

1) 동양적 가족윤리

서구인이 본 동양의 전통적 가족이란 어떤 합리적 제도나 개방적 시스템에 의해 운영되는 공동체라기보다는 무조건적인 순종과 헌신을 강요하는 희생공동체적 의미가 강하다. 가족구성원 모두가 스스로 헌신하는 기본단위라는 것이다.[48] 근대사회 이후 동양적 가족주의를 비판한 것도 이 맥락과 무관하지 않다. 수직적·일방적·획일적·폐쇄적 가족윤리의 문제를 적나라하게 지적한 내용이다.

그런데 성호星湖 이익李瀷(1681~1763)의 윤리관에 나타난 효제윤리는 동양적 가족윤리가 반드시 그런 것만도 아님을 보여준다. 성호의 현실적이면서도 개방적 사고에 의한 효제 윤리관이 기존의 동양적 가족윤리의 불합리한 요소를 해소하고 있다는 것이다. 비록 성호와 그의 가족은 정치·사회적으로 불우한 삶을 살았지만,[49] 그런 가운데서

---

48) 로저 에임즈 저, 장원석 역, 『동양철학, 그 삶과 창조성』 성균관대 유교문화연구소, 2005년 2월, 74면 참조.

49) 星湖 李瀷은 아버지의 귀양지 평안도 雲山에서 태어났다. 부친 李夏鎭(1628~1682)은 南人 계열로 西人이 집권한 1680년 庚申 大黜陟으로 유배되었다. 경신대출척은 1674년 禮訟논쟁에서 승리하여 집권한 남인을 몰아낸 사건이다. 庚申換局이라고도 하는 경신대출척은 사실 정국을 장악한 서인의 입장에서 말한 것으로, 更化라고도 한다. 무능한 사람을 내쫓고 유능한 사람을 올려 등용한다는 黜陟이나 고쳐서 새롭게 한다는 경화가 모두 긍정적 의미를 담고 있기 때문이다. 그렇다면 남인의 입장에서 보면 경신대출척은 士禍에 지나지 않다. 사화로 성호의 부친은 유배지에서 세상을 떴으니, 성호 이익과 그 집안은 엄청난 불행이 아닐 수 없다. 성호의 부친은 1682년 향년 55세를 일기로 세상을 떠났는데, 성호가 아직 만 한 살도 채 되지 않았을 때이다. 성호는 부친 타계 후 홀어머니와 경기도 안산 고향으로 내려와 살았다. 그의 어린 시절 고향에서의 삶은 고난의 연속이었다. 나면서부터 체질이 허약한 관계로 항상 병에 시달렸고 약주머니를 차고 다녔다고 전한다. 학문 역시 늦어져서 10여세가 되어서야 둘째형 李潛(? ~ 1706)에게서 글을 배우기 시작하였다. 늦게 시작한 학문이었지만 열의만큼은 대단하여 종일 책을

성호 이익 묘와 기념관(경기도 안산시 상록구 일동 555)

도 개방적·현실적·실용적 세계관을 갖고 효제윤리를 새롭게 정리한
것이다. 다시 말해 성호는 어려운 환경 속에서도 경세치용의 실학사
상이라는 한국사상사의 획을 긋는 학문적 업적을 이룩하였고, 또 실
증적 학문방법과 객관성을 중시하는 비판개혁의식으로 성리학의 한

놓지 않았다. 그러나 과거시험과는 인연이 없었던지 몇 번의 곡절이 있긴 했지만 탈락의 고배
를 마셨다. 성호 이익의 가족사는 성호가 출생한때부터 불행이 이어졌다. 정치적 격동기를 살
면서 성호 이익의 가족은 갖은 수난을 다 겪은 것이다. 1706년 성호에게 글을 가르쳤던 둘째형
이잠이 상소를 올렸다가 역적으로 몰려 杖殺 당한 것도 그 가운데 하나다. 부친에 이어 둘째형
까지 정치적 희생양이 되는 것을 목격한 성호 이익은 결국 둘째형이 화를 당한 이듬해 1707년
부터 1709년까지 전국 각지를 유람하였다. 三角山과 冠岳山을 거쳐 경상도로 내려가 白雲洞書
院과 陶山書院을 둘러보고 淸凉山을 유람하였다. 젊은 시절 이렇게 유람으로 세월을 보낸 것
은 정치적 격변기에 입은 정신적 충격을 다스리기 위함도 있었지만, 학문적 목적과도 관계가
깊었다. 경상도 지역 유람은 남인학자로서의 학문적 방향과도 무관하지 않았다는 것이다. 그
는 退溪 李滉(1501~1570)의 학문과 사상을 추앙하며 퇴계선생의 "제자의 대열에 들지 못한 것
을 탄식한다.(歎不在弟子之列)"고 하였다. 또 그는 퇴계 선생과 "같은 때에 태어나지 못함을 탄
식한다.(歎不與同時)"고 할 정도로 퇴계를 흠모하였다. 성호는 우리나라의 산맥을 형세에 따
라 개괄하면서 "퇴계가 태백산과 소백산 밑에서 출생하여 우리나라 유학의 宗匠이 되었다."고
하며 퇴계 학문을 선양하였다. 퇴계를 사숙한 성호는 비록 학문적으로는 실학이라는 사상사의
커다란 족적을 남기었지만, 그의 개인적 삶은 대단히 불우한 처지였다. 인생 초반부가 정치적
격동기라서 불운을 겪었다면 만년에는 기울대로 기운 가세 때문에 하루하루 어려운 생활을 보
내야만 했다. 거기다 외아들 孟休가 신병을 얻어 성호보다 먼저 타계한 것은 평탄하지 않은 삶
의 한 모습을 보여준다. 1763년(영조39) 나라에서 노인우대정책을 펼치면서 그에게 僉知中樞
府事란 관직을 제수하였지만, 성호는 그해 83세를 일기로 세상을 뜨고 말았다.

계를 극복하면서,[50] 이를 바탕으로 한 개방적·현실적·실용적 효제윤리관을 제시한 것이다.

그런데 여기서 논의할 효제윤리는 성호의 문집에서 따로 떼어서 논의할 만큼 풍부하지는 않다. 그럼에도 불구하고 그의 언설에 나타난 효제윤리의 흔적을 찾아 그 특성을 살피는 것은 기존에 획일적·일방적이라 비난하던 효제관을 어느 면에서 비판·보완할 수 있기 때문이다. 현실적이고도 개방적 특징을 갖는 실학사상가의 윤리의식 속에 드러난 성호의 효제윤리가 기존 효제윤리의 문제와 한계를 극복할 수 있는 논리와 내용을 담고 있다는 것이다. 나아가 가족윤리 문제로 한정되었던 효제윤리를 대사회적 관계 윤리로까지 확장할 수 있음도 그의 윤리관에서 찾고자 한다. 자칫 효제윤리를 가족이기주의, 친족이기주의의 근거라고 비난할 수도 있지만, 이를 보완할 이론적 근거를 성호의 효제윤리관을 통해 살펴보려고 하는 것이다.

2) 경세치용의 윤리관

(1) 인간에게 윤리란?

성호는 인간이 금수와 다른 점을 윤리의 유무에 있다고 하였다. 윤리가 있기 때문에 인간은 금수와 다른 존재이고, 그 윤리는 자신을 제어하는 능력이라고 했다. 특히 음욕淫欲의 조절과 통제를 윤리의 기본 요소로 파악했다.

---

50) 금장태, 「성호 이익의 西學 인식」 (서울대 인문대학 동아문화연구소, 『동아문화』2000년 12월) 5면 참조.

"사람이 금수와 다른 점은 윤리가 있기 때문이다. 물욕이 많아지면 금수와 별로 다르지 않다. 금수와 별로 다르지 않을 뿐만 아니라 도리어 금수만도 못한 경우가 있으니, 음욕이 그렇다. 금수도 가축 이외에는 암컷과 수컷이 짝을 지어 날고 함께 다니며, 서로 뒤섞여 음란한 짓을 하지 않고 각각 짝을 지어 날고 함께 다니며, 서로 뒤섞여 음란한 짓을 하지 않고 각각 짝을 정해 사니, 이것이 분별이 있는 것이다. 사람은 흔히 그렇지 않아서 자기 집에 처와 첩이 있는데도 반드시 다른 집의 여자와 간음하고 싶어 한다. 저잣거리에서 얼굴에 화장을 하고 음란한 짓을 부추기는데도 부끄러워함이 없으니, 이것이 벌써 금수만도 못한 것이다."[51]

일찍이 공자는 사람들이 덕德보다는 색色을 좋아한다며[52] 한탄한 적이 있다. 성리학의 기본 명제 역시도 천리天理 보존과 인욕人欲 제거에 두었다. 성호가 아무리 성리학의 한계를 극복하려는 경세치용의 실학사상가라 하더라도 이러한 천리·인욕에 대한 생각에서는 기존의 생각과 다를 바가 없다. 인간이 경계해야 할 가장 중요한 것은 천리를 역행하는 것이라 한데서 잘 드러난다. 천리를 해치는 것이 정욕이고, 그것은 한번 타오르기 시작하면 제어불능 상태로 빠진다는 것이다.

"정욕은 불과 같고, 여색은 땔나무 섶과 같다. 불이 치솟으려 할

---

51) 『성호사설』「色欲」(이하 『성호사설』은 생략): 人之所以異禽獸者, 以其有倫也. 物欲勝, 則違禽獸, 不遠矣. 不獨違之不遠, 或反有不及者, 淫欲是也. 凡物之家畜者外, 雌雄牝牡, 雙飛幷行, 不相混亂, 各有定配, 是爲有別. 人多不然, 家有妻妾, 而必欲奸亂於他室. 倚市冶容, 誨淫無恥, 此已不及也.
52) 『논어』「子罕」: 吾未見好德如好色者也.

적에 여색을 만나면 반드시 타오르게 마련이다. 게다가 술이 열을
도와주니, 그 불길을 끌 수 있겠는가?"[53]

따라서 정욕은 제어의 대상이고, 그것은 리理로 기氣를 제어할 때
가능하다고 하였다. 다시 말해 정욕은 기이기 때문에 리로서 제어해
야 한다는 것이다. 기에 부림을 당하게 되면 금수와도 같은 정욕에서
벗어날 수 없다는 성리학의 기본적 흐름을 그대로 계승한 것이다.

"사람은 가장 신령스런 동물이어서 오성五性(인의예지신)이 두루 통
한다. 군자는 리로 기를 제어하기 때문에 마음이 움직일 때나 고요
할 때나 도에 합한다. 그렇지 않은 자는 리가 막히고 기가 마음대로
하여, 신령스런 마음이 도리어 기에 부림을 당한다."[54]

정욕과도 같은 기적 요소는 인의예지신의 다섯 가지 본성으로 제
어해야 한다는 주장, 즉 기를 오성으로 제어해야 한다는 주장이다.
리가 기를 조절하지 못하고 오히려 기가 리를 제어하게 된다면 동물
과 다를 바가 없다고 보기 때문이다.

(2) 개방적 윤리관

비록 성호의 윤리관이 성리학적 리 중심의 윤리관이어도, 엄숙주
의·교조주의를 요하는 윤리관은 절대로 아니다.[55] 성호의 윤리관은

---

53) 「色欲」: 情欲如火, 女色如薪. 火固將熾, 値色必燃. 酒爲之助烈, 其可撲滅乎.
54) 「色欲」: 惟人最靈, 五性旁通. 君子以理御氣, 動靜合道. 不然者, 理閉而氣用事, 靈覺之心, 反爲
所使.
55) 박홍식, 「조선조 후기유학의 실학적 변용과 그 특성에 관한 연구」성호·담헌·다산·혜강의 철학

한마디로 개방적이면서도 현실적이다. 경세치용의 실학적 윤리관의 큰 틀을 개방성과 현실성으로 표현한 것이다.

먼저 개방적 윤리관은 당시 중국을 통해 전래된 서양 학술이나 천주교를 박람하는 태도로 드러났다. 경세치용을 위한 것이라면 어떤 분야의 학문도 능동적으로 접근했던 학문관에 잘 반영되어 있다.[56] 비록 서구로부터 전래된 천주교의 종교적 신비주의를 경계하기는 하였어도, 그 가운데 도덕적으로 우리와 상통하는 것은 적극 수용하려는 태도를 보였던 것이다. 이것은 서양인 선교사가 저술한『칠극』[57]에 대한 평가를 통해서 알 수 있다.

『칠극』은 서양인 방적아龐迪我(Pantoja, 1571~1618)의 저술로, 곧 우리 유교의 극기克己의 설과 같다. 그 책에 다음과 같이 말했다. '인생의 모든 일은 악을 없애고 덕을 쌓는 두 가지 일에서 벗어나지 않는다. 성현의 훈계는 모두 악을 없애고 덕을 쌓는 바탕이 되는 것이다. 악은 욕심에서 생기는데, 욕심이 본래 악한 것은 아니다. 욕심은 몸을 보호하고 정신을 도와주는 것인데, 사람이 사욕에만 골몰하기 때문에 비로소 허물이 생기고, 여러 가지 악이 거기에 뿌리를 내리게 된다. 이 악의 뿌리가 마음속에 도사려 부유하고 귀하고 편안히 즐기고자 하는 세 가지 큰 줄기가 밖으로 뻗어나고, 그 줄기에서 또 가지가 생긴다. 부유하고자 하면 탐내는 마음이 생기고, 귀하고자 하면 오만한 마음이 생기고, 편안히 즐기고자 하면 탐욕스럽

사상을 중심으로, 성균관대대학원 동양철학과 박사학위논문, 1993년 10월, 9면 및 한국철학사연구회,『한국철학사상사』심산, 2005년 4월, 325면 참조.

56) 박홍식, 앞의 논문, 14~15쪽 및 금장태, 앞의 논문, 7~12면 참조.

57) 15세기경 천주교 선교사로 중국에 왔던 스페인 출신의 예수회 신부가 천주교의 교의 등을 한문으로 저술한 책. 교만, 질투, 탐욕, 분노, 과욕, 음란, 게으름 등을 갖지 말고 마음을 비우고 살라는 절대적인 교훈서.

고 음탕하고 태만한 마음이 생긴다. 나보다 부유하고 귀하고 편안
히 즐기는 자가 있으면 곧 질투심이 생기고, 내 것을 빼앗아 가면
곧 분한 마음이 생기니, 이것이 바로 칠지七枝이다. 꽉 움켜쥐듯이
굳게 탐하는 마음이 생기면 은혜로 풀고, 사자처럼 사납게 오만함
이 생기면 겸손으로 억제하고, 골짜기처럼 크게 탐욕이 생기면 절
제로 막고, 물이 넘치듯이 음탕한 마음이 생기면 정조로 방지하고,
노둔한 말처럼 맥없이 게으르면 부지런함으로 채찍질하고, 파도처
럼 질투심이 일면 너그러움으로 평안히 하고, 불이 치솟듯이 분한
마음이 일면 인내로 가라앉힌다.' 이 칠지 가운데 다시 절목이 많은
데, 각 조항의 차례가 정연하며 비유도 몸에 절실하여, 간혹 우리
유교에서 밝히지 못한 것도 있으니, 극기복례 공부에 도움 됨이 크
다고 하겠다. 다만 그 가운데 천주와 귀신에 대한 설이 섞여 있는
것이 해괴할 따름이다. 만약 그 잡설을 제거하고 명본名論만을 채택
한다면 바로 유가의 유파라 하겠다."58)

　천주교의 이론일지라도 윤리적 판단에 부적합한 것이 아니라면 통
용할 수 있고, 그것이 비록 서구의 산물일지라도 유가의 한 유파가 될
수 있다는 개방정신이 잘 반영된 내용이다. 공자가 이단을 배척한 것
도 인륜의 있고 없음에 있었다. 이단의 근본적인 근거를 인륜에 두었
던 것이다. 그런 점에서『칠극』은 오히려 유가보다도 더 인륜을 강조

---

58)「七克」: 七克者, 西洋龐迪我所著, 即吾儒克己之說也. 其言曰, "人生百務, 不離消積兩端. 聖賢
　　規訓, 總爲消積積德之藉. 凡惡乘乎欲, 欲本非惡. 存護此身, 輔佐靈神, 人惟汨之以私, 始乃罪
　　罟, 諸惡根焉. 根伏于心, 而欲富欲貴欲逸樂, 此三鉅軒, 勃發于外, 幹又生枝, 欲富生貪, 欲貴生
　　傲, 欲逸樂生饕淫生怠, 其或以富貴逸樂勝我, 即生妬, 奪我即生忿, 此七枝也. 貪如握固, 以惠
　　解之, 傲如獅猛, 以謙伏之, 饕如壑受, 以節塞之, 淫如水溢, 以貞防之, 怠如駑疲, 以勤策之, 妬
　　如濤起, 以恕平之, 忿如火熾, 以忍熄之." 七枝之中, 更多節目, 條貫有序, 比喩切己, 間有吾儒所
　　未發者, 其有助於復禮之功大矣. 但其雜之以天主鬼神之說, 則駭焉. 若刊汰沙礫, 抄採名論, 便
　　是儒家者流耳.

하고 있다고 했다.[59]

이런 성호의 개방적 태도를 두고 '동도서기론'의 단초를 연 사상가라는 평가도 있다.[60] 성호 자신이 천주교를 신봉한 것은 아니지만, 그의 제자 권철신權哲身(1736~1801), 이가환李家煥(1742~1801) 등 이른바 성호 좌파의 학자들이 천주교 신봉의 첨병에 섰던 것도 이 같은 개방적 학문 태도와 무관하지 않다. 이것은 폐쇄적 의식구조 내지는 교조적 성리학에서는 감히 상상도 못할 내용이다.

(3) 현실적 제례관

다음은 현실성을 강조한 성호의 윤리관이다. 비록 성호가 성리학적 세계관을 완전히 초극한 것은 아니지만 성리학적 관념론과는 다른 방향으로 나아갔다.[61] 특히 '사단칠정론'이나 '인심도심설'같은 형이상학적인 문제에 함몰되지는 않았다. 그는 기호지방의 흔치 않은 남인 학자이기는 하였어도 당파를 떠나 경세가로 율곡 이이를 무척 존경한 사상가였다. 실학자 반계磻溪 유형원柳馨遠(1622~1673)의 학풍을 계승하면서 형이상학적 이상세계보다는 실질적이고도 실용적인 학문에 매달린 학자였다.[62]

성호는 현실 중시의 윤리를 제시하면서, 구체적으로 정주程朱의 의

---

59) 강경원, 「성호 이익의 경학사상연구」 성균관대 대학원 박사학위 논문, 2001년, 208면 참조.

60) 이성무, 『조선왕조사』2 (동방미디어, 1998년 10월) 832면 참조.

61) 이천승, 「성호 이익의 『중용질서』에 관한 연구」 (한국유교학회, 『유교사상연구』제13집, 2000년 6월) 250~255쪽에서는 성호의 경학에 나타난 현실 중시의 내용을 다루었는데, 성호의 전반적인 학문이 현실성에 기초하고 있음을 알게 하는 내용이다.

62) 이성무, 앞의 책, 827면 참조.

례관을 현실적 관점에서 비판했다.[63] 현실적으로 신분사회는 여러 각도에서 차별적일 수밖에 없다. 일반에 요구되는 윤리적 요청이나 의례는 언제나 엄격한 기준과 틀을 제시하면서 신분사회를 더욱 공고히 하였다. 문제는 차별적 신분사회를 강요하는 규례가 더 큰 차별적 신분을 조장한다는 데 있다. 다시 말해 엄격한 규례는 그것을 감당할 수 없는 계층을 만들고, 그들에 대한 사회적 차별은 더욱 강제 심화된다는 것이다. 특히 가난한 일반 백성들의 경우 더욱 심각한 상황을 낳는다는 것이다. 당시 일반에 통용되던『주자가례』의 내용이 가난한 일반 백성들에게는 무리한 요구일 수 있다는 것이다.

> "지금 풍속은『가례』(주자가례)로써 사士와 서인庶人이 통용하는 규례로 삼고 있다. 그러나 그 제사 지내는 세대의 수와 여러 가지 제물은 결코 녹祿이 없는 자로서는 감당할 수 없는 것이다. 나는 이렇게 생각한다. 정자程子와 주자朱子는 모두 조정에 나아가 벼슬한 몸으로 주자가 자신의 모친 축씨祝氏의 상을 당했을 때 행한 것을 이와같이 적어 놓았을 뿐이지, 가난하고 비천한 자들이 모두 그렇게 해야 한다고 말한 것은 아니다."[64]

『주자가례』가 모든 이들을 위한 지침서라기보다는 주희朱熹(1130~1200) 한 개인의 모친상에 따른 하나의 시범적인 예증일 따름이란 것이다. 비록『사고전서』「제요提要」에는『주자가례』의 저자에 대한 다양한 이

---

63) 성호의 현실중시의 제례관 및 시속을 중시하는 예론은 노인숙, 「성호 이익의『家禮疾書』考」(중앙대 인문학연구소, 『인문학연구』제20집, 1993년 12월) 11~12면 참조.
64) 「庶人家禮」: 今俗, 以家禮爲士庶通用之例. 其世數品味, 斷非無祿者所堪. 余謂, 程朱皆登朝顯仕之身, 朱子居祝夫人喪時, 記其所嘗行者, 如此, 非謂貧賤同然也.

설들을 소개하고 있지만,[65] 성호는 이 책을 주희가 자신의 모친상에 기초해서 편찬했다고 하였다. 물론 여기서는 주희의 편찬이냐 아니냐의 문제가 중요한 것은 아니다. 이 책이 주희의 권위를 빌려 사서오경에 버금갈 정도로 지속적으로 존중되었다는 점이고,[66] 성호도 그런 점에서 누가 저술했는가의 편찬자 문제는 그다지 신경 쓴 것 같지는 않다. 다만 내용상 그것이 얼마나 현실성을 지니는가의 문제만을 거론한 것이다.

끼니는 걸러도 제사상만큼만은 넉넉히 차려야 했던 당시의 풍속이 사실 정성의 범주에서 벗어나 정해진 규례에 기인하였다는 것이 가난한 사람들에게는 현실적이지도 않고 오히려 무리라는 주장이다. 막상 그 규례를 규정하고 있는『주자가례』의 경우, 주희의 경우를 적시한 것일 뿐 이것이 일방적으로 모든 이들에게 통용되어야 한다는 강제 요건이 아니란 것이다. 대신 성호는 현실적으로 가능한 대안을 기존의 문헌을 근거로 제시하였다.

　　『경국대전』에도 6품 이상만 3대를 제사지내도록 허락하였으니,[67] 7품 이하는 이를 허락하지 않은 것이다. 동월董越의『조선부朝

---

65)『四庫全書總目』卷22「經部」'禮類四'(中華書局, 1995년 판, 180면)에는 주희의 아들 敬之와 제자들이 주희의 모친 축씨 상중에 주희가 편찬하였다 하면서도 다른 이설들도 소개하고 있다. 특히 청대의 고증학자 王懋竑의『白田雜著』「家禮考」에서 주자의 저술이 아니라고 한 것을 소개하였다.

66) 주희, 임민혁 역,『주자가례』(예문서원, 2001년)「해제」13면 참조.『주자가례』를 주희의 편찬이라 하는 데에는 첫째, 남송대에는 이미 남송의 가례가 있었으며 예서의 역사적 측면에서 볼 때 書儀에서 가례로 옮겨가는 대체적인 경향과도 일치하기 때문이다. 둘째, 주자학계에서 그들의 종장인 주희의 소찬이라고 믿음으로써 부정할 수 없는 권위를 부여받았다고 하는 점이다.

67)『경국대전』「禮典·奉祀」

鮮賦』[68]에도 '공경公卿·대부大夫는 3대를 제사 지내고, 사와 서인은 할
아버지와 아버지만 제사 지낸다.'라고 하였는데, 이는 7품 이하와
지위가 없는 선비를 가리킨 것이다. 이때가 1488년(성종19) 무신년
이었으니, 국법이 그래도 행해졌던 때이다."[69]

서민의 삶 속에서 특히 없는 집 제사만큼 심리적·경제적 부담을 안
겨주는 것도 없다. 그것도 규정에 따른 3대 봉사나 4대 봉사냐에 따
라 경제적 부담은 커질 수밖에 없는 상황에서 성호가 이처럼 문헌적
근거를 통해 대안을 제시한 것은 책임 있는 지식인의 모습을 보여준
것이라 하겠다. 그는 가례를 위해 가례가 정해진 것이 아니고, 사람
을 위해 가례가 정해진 만큼 사람들의 현실적 조건과 상황을 고려한
새로운 가례 창안의 필요성도 언급하였다.

"그러므로 나는 예를 아는 사람이 따로 『서인가례』를 만들어서
벼슬 없는 자들이 널리 행할 수 있도록 하는 것이 옳다고 생각한다.
농토가 없으면 천신薦新[70]만하고, 제사는 지내지 않는다. 그러므로
성현도 이 점을 누차 말씀하였다. 이는 힘이 모자랄 뿐만 아니라,
의리에서도 감히 그렇게 할 수 없는 것이다."[71]

농토가 없어 수확이 없는데도 격식에 맞추어 제사 지내는 일은 사

---

68) 1488년 명나라 孝宗의 등극을 알리러 온 중국 사신 동월이 조선에 왔다가 보고 들은 것을 기
록한 책. 1490년에 중국에서 간행한 것을 1697년(숙종23) 조선에서도 펴냈다. 내용은 광범위
한 조선의 풍토를 담고 있다.

69) 「庶人家禮」: 大典六品以上, 許祀三世, 則七品以下, 不許也. 董越朝鮮賦云, 卿大夫三世, 士庶只
祭祖考, 此指七品以下, 無位之士也. 是時, 卽我成宗十九年戊申, 而國法猶行也.

70) 처음 익은 오곡이나 과실을 조상에게 올리는 것.

71) 「庶人家禮」: 余故曰, 識禮者, 宜別爲庶人家禮一書, 爲無官者之通行, 斯可矣. 無田則薦而不祭.
故聖賢累言之. 是不獨力之不及亦義之不敢也.

실 조상을 추모하는 제사 본래의 목적에도 어긋난다. 공자가 귀신 섬기는 것에 대해 말하면서 "아직 살아있는 사람도 제대로 섬기지 못하는데 어찌 귀신을 섬길 수 있으랴!"[72]고 했던 언급은 제사의 본래 목적이 어디에 있는가를 보여준다. 중요한 것은 제사라고 하는 엄격한 의식과 격식보다는 감사와 추모의 정이며, 그렇기 때문에 그것은 현실적인 여건을 무시할 수 없다. 다시 말해 제사의 이치가 인도人道에 있고, 그것은 실용적·현실적 가치관을 벗어날 수 없다. 그래서 성호는 공자가 말한 "삶의 이치도 알지 못하는데 어찌 죽음을 알겠으며, 사람도 제대로 섬기지 못하는데 어찌 능히 귀신을 섬기겠는가?"라는 말을 인용하고, 이것을 "삶의 이치를 미루어 보면 죽음을 알 수 있고, 사람을 미루어 보면 귀신의 정상도 어렴풋이 알 수 있다."[73]고 했다. 살아있는 사람의 제사 의식이 결코 삶의 가치를 초월할 수 없음을 말한다. 그래서 성호는 영육·혼백으로 이뤄진 사람과 기氣만 있는 귀신이 같을 수 없음을 말하고, 산 사람의 가치관을 갖고 귀신을 논하는 것의 문제를 제기했다.

"사람은 육신이 있어 음식을 먹음으로써 목숨을 유지한다. 음식을 먹지 않으면 굶주리고, 굶주리면 몸이 야위어 죽게 되지만, 귀신은 그렇지 않다. 사람은 하루에 두 번 먹지 않으면 굶주리게 되고, 10일을 굶으면 죽지 않는 자가 없다. 그러나 귀신은 육신이 없고 기만 있을 뿐이다. 기는 어디에 있든 충만하지 않음이 없으니, 어찌 굶주림이 있겠는가?"[74]

---

72) 『논어』「선진」: 未能事人, 焉能事鬼?
73) 「祭祀之理」: 因其生而推之, 其死可知, 因人而推之, 鬼亦可以彷佛識取矣.
74) 「祭祀之理」: 夫人有肉身, 以食爲命, 腹虛則餒, 餒則體瘦, 以至於死. 鬼則無是也. 夫人一日不再

좀 더 구체적으로 산 사람의 배고픔의 기준을 갖고 귀신에게 제사를 지낸다면 굶주리지 않는 귀신이 없을 것이라고 지적한 내용이다. 살아 있는 존재와 죽은 존재가 같을 수 없다는 것이다.

"만일 굶주림이 있다면 성인이 제정한 예에 귀신에게 제사 지내는 횟수가 사람이 식사하는 것과 같지 않으니, 굶주리지 않는 귀신이 없을 것이다. 그러므로 제사 지내는 이치를 논한다면, 흠향하는 데 지나지 않다. 좋은 음식이 앞에 놓여 있다고 가정해 보자. 그 기운이 몸에 스미어 그 냄새를 맡고 기뻐할 뿐이다. 귀신이 흠향하는 것도 이와 같다. 이런 흠향이 없더라도 귀신은 기가 충만하니 사람이 음식을 먹는 것처럼 음식을 취해 배를 채울 리가 어찌 있겠는가?"[75]

그럼에도 불구하고 관혼상제의 예, 특히 상·제례를 갖추어야 하는 것을 '인도人道'이기 때문이라고 했다. '인도'란 인간적 도리로서 현실적·실제적 존재로서의 인간의 당연한 도리이다. 현실적·실제적 인간은 때가 되면 음식을 섭취해야 하고 그렇지 않으면 배가 고파 온전한 생을 이어갈 수 없게 된다. 따라서 귀신이 굶주린다고 하는 것은 살아있는 인간적 가치 기준으로 한 말일 뿐 본질적 의미가 아니라는 것이다.

"그렇다면 성인이 예를 제정한 그 뜻이 무엇이겠는가? 인도로 법

食則餒, 未有十日餒而不死者也, 及無肉身, 只有氣而已. 氣無所不充, 焉有餒哉.
75) 「祭祀之理」: 果使餒也, 聖人之制禮, 祭之疎數, 與人之食, 道不同則鬼無不餒矣. 是以, 論祀享, 不過曰歆. 今有美饌在前, 氣便薰身而嗅而悅之而已. 鬼神之歆, 亦猶是也. 雖無此歆, 氣無不滿, 豈有取以充腹.

칙을 삼은 것이다."[76]

"그렇다면 '귀신이 굶주린다'는 것은 무슨 말인가? 이 또한 인도
로 미루어 말한 것이다."[77]

공자가 귀신 섬김의 예를 산 사람에 기준하였듯, 성호 역시도 같은
맥락에서 '인도'에 준할 것을 말하고 있다. 한마디로 성호의 제례관은
현실적 인간의 도리에 기초하고 있다. 살아있는 인간의 현실적 기준
에 기초한 제례관이라면 당연히 죽은 자보다는 산 자에 가치의 초점
이 매겨질 것이고, 그로부터 산 사람에 대한 효제관이 보다 더 강조
될 것임은 자명한 일이다.

3) 실사구시적 효제관

(1) 효자가 출세하는가?

"효문孝門에서 충신 난다."는 전통적 속설은 효자를 관리로 추천하
는 '효렴제도'[78]까지 낳았다. 그런데 사실 진정한 효자를 가리기도 어
려울뿐더러 효자가 반드시 나랏일을 다 잘한다고 할 수도 없기 때문
에 이 말은 엄밀히 따진다면 현실적이지 못하다. 효도하고 공경 잘하
는 것은 '본능적 사랑'[79]으로서의 중요한 윤리 덕목이고 또 권장되어

---

76) 「祭祀之理」: 然則聖人所以制禮, 其義何也. 以人道爲則也.
77) 「祭祀之理」: 然則鬼其餒而者何也. 亦以人道推言也.
78) 前漢 시대 관리추천제도의 하나.
79) 이상익, 『유가 사회철학 연구』 심산, 2001년, 187~189면 참조. 여기서 '본능적 사랑'으로 효제
   를, '이성적 사랑'으로 忠恕를 말하며, 그것이 사회 운영의 기본적 덕목임을 설명하였다.

야 할 사안이지, 그들이 곧바로 국가 대사를 잘 다스리기 때문에 그들에게 관직을 맡겨야 한다는 것은 문제가 있다. 이것이 효제로 소문난 사람을 관리로 채용하는 제도를 비판한 성호의 뜻이다.

> "효제는 실로 덕의 근본인데, (또 이것과 더불어) 농사를 부지런히 하는 것으로 사람을 천거하는 것은 한나라 때부터 시작되었다. 옛날에는 학교에 입학하여 공부하다가 진보가 없는 자는 돌아가 농사를 짓게 하였다. 마음을 수고롭게 하는 것과 힘을 수고롭게 하는 것은 등급이 다르니, 농사를 부지런히 짓는 것이 사람을 다스리는 방법은 아닐 것이다. 지금 향촌에서 징험해 보건대, 간혹 사리에 통달하지 못하고 어리석은 자일지라도 농사에는 능숙한 사람이 있으니, 이런 사람을 높이 등용하는 것은 마땅치 않은 듯하다. 효제도 마찬가지이다. 행실이 넉넉하다 해서 반드시 모두 벼슬을 감당할 수 있는 것은 아니다."[80]

성호의 실사구시적 효제관을 잘 보여준다. 중국 한나라 때 효도하고 공경 잘하는 사람과 농사를 부지런히 잘 짓는 사람을 천거하던 제도를 비판한 것이다. 농사짓는 일과 사람을 다스리는 일이 같을 수 없고, 효성스런 사람이 반드시 관리능력도 뛰어나다고는 할 수 없다. 성실한 것과 유능한 것이 별개이듯, 농사와 관리, 효제와 벼슬은 직접적인 관계가 없다는 현실적이면서도 실질적인 문제를 거론한 것이다. 사람됨이 성실하고 관리능력이 뛰어나다면 금상첨화이지만, 반드시 그런 게 아니기 때문에 현실적 상황과 추구하는 이상은 다를 수

---

80)「力田科」: 孝悌固德之本, 以力田舉人, 自漢始. 古者入學而不能俊陞者, 歸農焉. 夫勞心與勞力, 殊等, 力田, 恐非治人之術. 今驗之鄉間, 或愚騃不達, 而能於農功者, 有之. 宜若不可崇用然. 孝悌亦然, 其實行有餘者, 未必皆堪仕進也.

있다는 지적이다.

> "사람됨이 교만하고 망령되고 모나고 거칠어도 과거에 능숙한
> 자가 있다. 그러므로 속담에 '마음 가운데 글 주머니와 지혜 주머니
> 가 다르다.'라고 한다."[81]

유가적 지식인이자 관리인의 필수 덕목으로 '수신제가치국평천하'
를 늘 말하지만, 이것은 어디까지나 이상적 요청일 뿐 반드시 현실에
부합하는 것은 아니다. 비록 인간 됨됨이에는 문제가 있어도 과거시
험에 능숙하여 관리가 되고, '수신제가'에는 문제가 있어도 '치국평천
하'를 잘하는 사람이 있듯, 효심은 누구보다 지극하지만, 지식과 지혜
가 부족하여 관리능력이 없는 사람이 있으므로 효렴제는 무의미하다
는 것이다.

한발 더 나아가 현실적으로 출세한 이들이 불효不孝·불경不敬의 방
향으로 흐르고 있음도 성호는 간파하고 경계했다. 입신양명이 효의
가장 종국적 형태이긴 하여도,[82] 주변의 현실적 모습은 반드시 그런
것이 아님을 지적한 내용이다.

> "오늘날의 풍속은 가정에서 징험해 보면 자제들이 부형을 업신
> 여기고, 나라에서 징험해 보면 젊은이들이 노인을 능멸하고 있다.
> 이런 풍속은 과거에서 근원한다. 소년으로 과거에 급제하면 모든
> 사람들이 다 부러워한다. 미천한 자가 우러러볼 뿐 아니라, 자기 집
> 부형까지도 억눌리게 된다. 이처럼 과거에 오르지 못하면 안연이

---

81) 「力田科」: 人或驕妄頑率, 而巧於應擧. 故諺曰, "方寸之內, 文與智, 異囊也."
82) 『효경』「개종명의장」: 立身行道揚名於後世以顯父母孝之終也.

나 민자건 같은 덕행이 있다 하더라도 남들이 얕잡아볼 뿐만 아니라 자기의 처와 첩이 먼저 업신여긴다. 그러니 세도가 어찌 무너져 내리지 않을 수 있겠는가?"[83]

전통시대에 과거시험은 출세의 길목이었고, 입신양명의 가장 중요한 수단이었다. 이렇게 과거시험은 입신양명하는데 중요한 통로였고, 또 그것이 효도의 최고 덕목이었기 때문에 과거 지상주의를 낳았다. 안연이나 민자건처럼 덕행이 뛰어난 사람이라도[84] 사회적 지위가 없다면 무시당하고 가정에서도 마치 무능한 사람처럼 취급받는다는 지적이다. 그래서 사람들은 어떻게 해서든 관리가 되려고 하였고, 과거시험에 응시하여 출세하려고 했던 것이다.

성호는 이처럼 과거지상주의·출세지상주의로 인한 사회적 문제를 지적하고 효제의 본질에서 빗겨난 현실을 한탄하고 비판했다. 본질적인 효제에서 벗어난 사실들을 구체적으로 적시하고 바른 효제 윤리의 회복을 추구했다는 것이다. 이 점에서 성호의 효제관은 현실적으로 드러난 부조리한 모습을 비판하는 자료가 되었으며, 본래 효제가 추구하는 본질을 회복해야 한다는 내용으로 드러났다.

(2) 효의 본질

성호가 말하는 효개념은 크게 두 가지 방향에서 정리할 수 있다. 하

---

83) 「養老」: 今之俗, 驗之於家, 子弟侮父兄, 驗之於國, 少年凌耆耈. 其俗又根於科第也. 少年登科, 衆願萃慕, 不但下賤尊仰父兄亦爲之屈壓. 苟不能然, 雖顏閔之德行, 不但外人厭薄, 其妻妾先凌藉焉. 世道安得不夷而下哉.

84) 『논어』「선진」: 德行, 顏淵閔子騫冉伯牛仲弓.

나는 일반적으로 말하는 효제 관점이고, 다른 하나는 성리학자로서 철학 방법에 따른 효도관이다. 먼저 논의의 편의상 성리학적 차원의 효개념을 정리해 본다. 성리학은『대학』의 격물치지에 대한 해석으로부터 심오한 철학적 의미를 풀어갔다.

"격格은 '이른다[至]'는 뜻이니, 물物에 이르러 궁구하면 물의 이치가 이르러 오는 것이다. 예컨대 마음을 정성스럽게 하면 마음이 정성스러워지는 것과 같다. 그 사물의 이치를 끝까지 궁구해 나가면, 그 사물의 이치가 바로 이르러 오는 것이다."[85)]

이것은 기존 성리학자들의 이해와 크게 다르지 않다. 따라서 이에 대한 더 이상의 논의는 무의미하다. 다만 이러한 해석을 바탕으로 효를 이해한 성호의 입장을 살펴볼 뿐이다.

"『대학』한 책에 대해 첫머리에 나오는 격물치지, 성의정심에 대해서 이해하기 어렵다고들 한다. 그러나 나는 이렇게 생각한다. 아는 것은 그것을 행하려고 하는 것이다. 그런데 행해야 할 것 가운데 효보다 더 먼저 할 일은 없다. 시험삼아 이 효라는 한 가지 일을 가지고 격물치지에 대해 이야기해 보자. 효를 해야 하는 점에 대해 그 이치를 충분히 알아서 미진한 점이 없어진 뒤에야 마음을 정성스럽게 할 수 있다."[86)]

여기서 지행을 동시적으로 보려고 했던 성호의 견해를 볼 수 있다.

---

85)「儒學」: 且格至也, 格物而物格, 如誠意而意誠. 窮至其物, 物便窮至矣.

86)「儒學」: 且大學一書, 劈初頭, 以格致誠正爲難曉. 余謂, 知者將欲行之也. 行莫先於孝. 試以孝之一事, 言格致. 其當孝, 無復餘蘊, 然後誠意.

"아는 것은 그것을 행하려고 하는 것"이라는 성호의 입장은 분명 '지행합일'을 견지한다. 이렇듯 성호는 주자학의 '격물치지' 방법을 따르면서도 행위를 강조하는 '지행합일'의 양명학적 사상 흐름을 계승했다. 다시 말해 성호는 가장 기본적인 앎과 실천의 문제를 말하면서 구체적으로 효도를 꼽은 것이다. 재덕才德과 충효를 가장 소중한 것으로 보았기 때문이다.

> "사람에게 귀중한 것으로는, 재덕과 충효의 행실보다 더 숭상할
> 것이 없다."[87]

재덕은 품덕으로 이미 갖춘 인간의 본질적 모습이라면 충효는 실천적 행위로 드러난 모습이다. 선천적 재덕과 그에 따른 실천적 충효를 갖추는 것이야말로 인간이 인간다움을 표현하는 것이라 생각한 것이다.

다음 일반적으로 말하는 효제 관념에 따른 성호의 생각이다. 엄밀히 고전에서 말하는 효란 부모공경을, 제悌란 형제 우애와 어른 공경을 말한다. 『논어』에는 공자의 제자 유약有若의 말로 "그 사람됨이 효성스럽고 공경하기를 잘하면서 위를 침범하기를 좋아하는 사람은 드물다. 위를 침범하기를 좋아하지 않으면서 혼란을 일으키는 것을 좋아하는 사람은 아직 없다. 군자는 근본에 힘을 쓰고, 근본이 확립되면 바른 도리가 생겨난다. 효도하고 공경하는 것은 인을 실천하는 근

---

87) 「虞人」: 所貴乎人者, 莫尙於才德忠孝之行矣.

본이다."[88]고 하였다. 효제가 인을 실천하는 근본이고 군자가 힘써야 할 기본 덕목이라 한 것이다. 그런데 여기서는 효와 제를 엄밀히 구별하지는 않았다.

하지만 성호는 효와 제, 곧 효와 공경을 구별해서 말하고 있다. 효는 형식이요, 공경은 형식을 이루는 필수 내용이다. 물론 형식이기 때문에 덜 중요하고 내용이기 때문에 더 중요하다는 것은 아니다.

> "효하는 이로서 공경하지 않는 자는 있어도 공경하는 이로써 효하지 않는 자는 없다. 그러므로 선왕의 제도는 공경이 시골 마을에 미치고, 도로에 미치고, 군대에까지 미쳤다. 이러한 교화는 국가에서 늙은이를 잘 봉양하는 데서 근원하고 있으니, 이는 순임금 이후로 누구도 폐하지 않았다."[89]

자칫 효의 범주가 부모에게만 머문다면 가족이기주의에 매몰될 가능성이 높다. 효가 가족이기주의로 비친다면 효의 본질을 다하지 못한 것이다. 그런 점에서 공경은 이를 보완할 대단히 중요한 요소가 될 수 있다. 성호는 효가 부모 공경에 머물러 가족이기주의로 전락하는 것을 공경의 자세로 보완하려고 했다. 공경의 범주를 가족 내 부모만이 아니라 주변 이웃은 물론 도로·군대까지 확대한 것이다. 그런 점에서 공자 역시도 제자 자유子游가 효가 무엇인가 질문하였을 때 공경을 근본 내용으로 보완한 것도[90] 같은 맥락이라 생각한다.

---

88) 『논어』「학이」: 有子曰, "其爲人也孝弟, 而好犯上者, 鮮矣; 不好犯上, 而好作亂者, 未之有也. 君子務本, 本立而道生. 孝弟也者, 其爲仁之本與!"

89) 「養老」: 有孝而不悌者, 未有悌而不孝者. 故先王之制, 悌達於鄉黨, 悌達於道路, 悌達於軍旅, 其化根於國家之養老. 此自有虞以來, 未之或廢.

90) 『논어』「위정」: 子游問孝. 子曰: "今之孝者, 是謂能養. 至於犬馬, 皆能有養; 不敬, 何以別乎?"

(3) 효실천의 확장

성호는 내 가족 내 부모만을 사랑하고 공경한다면 그것은 효의 바른 구현일 수 없음을 분명히 했다. 진정한 효란 주변까지도 함께 돌봐야 한다는 것이다. 바로 그런 자세로 지도자가 백성들을 대하면 바른 지도자의 역할을 할 수 있기 때문이다.

"백성의 풍속에, 부모에게 효도하면서 어른을 공경하지 않는 자는 있으나, 어른을 공경하면서 부모에게 효도하지 않는 자는 없다. 그러므로 백성을 교화시키는 데는 어른을 공손히 공경하게 하는 것이 우선이다."[91]

『맹자』에도 "우리 집 노인 공경하는 마음으로 다른 집 노인에 미치고, 우리 집 어린이 사랑하는 마음으로 남의 집 어린이에 미친다면 천하 다스리는 것은 손바닥에서 움직이듯 쉬울 것이다."[92]라고 하였다. 효가 내 집 내 부모에 한정된다면 효의 바른 정신이 발현되지 못할 것이다. 그렇기 때문에 각 시대마다 효가 가정에 머물지 않고 대사회적 관계로 확장되어 온 것이다. 『성호사설』에서 그 흔적을 전하고 있다.

"건국 초기의 법은 80세가 된 노인은 남녀를 막론하고 모두 나라에서 잔치를 베풀어 은혜를 내렸다. 매년 늦가을에 왕은 80세가 된 노인을 모아 잔치를 베풀었고, 왕비는 80세가 된 부인들을 궁중으로 불러 잔치를 베풀었다. 이 사실이 동월의 『조선부』에 보이니, 빈

---

91) 「江陵俗」: 夫氓俗, 有孝而不悌, 無悌而不孝者. 故教莫先於遜悌.
92) 『맹자』「양혜왕」상 : 老吾老, 以及人之老; 幼吾幼, 以及人之幼. 天下可運於掌.

말은 아닌 것 같다."[93]

조선 초기부터 국가가 주관한 효행 사례를 소개한 내용이다. 효를 백행의 근본으로 여겼던 민족문화의 자연스런 현상이다. 구체적으로 성호는 어른 공경의 실례를 자신의 체험담 형식으로 서술하고 있다.

"내가 젊었을 때, 마을 사람들이 해마다 세밑에 세서연洗鋤宴[94]을 벌였는데, 이는 농사가 끝나 베푸는 잔치였다. 나도 가서 보고 그 자리에 참석한 적이 있는데, 각자 나이에 따라 옷깃을 여미고 차례로 앉은 모습이 예의가 있어, 선비들의 모임에 비해 도리어 나은 듯한 점이 있었다. 차례로 일어나 춤을 추는데, 노인이 앞으로 나오면 그 일가의 젊은이들은 감히 자리에 앉아 있지 않고 자리를 피해 공손히 서 있었다. 예를 잃은 자가 있으면 공론을 가진 사람이 문득 벌을 내렸다. 풍악이 울려 피리를 불고 북을 치면서 한껏 즐긴 뒤에 잔치를 끝냈다."[95]

오늘날 최고참 가수가 나와 노래를 하면 후배 가수들이 그를 에워싸고 흥을 돋우는 예의 원형을 보는 듯한 내용이다. 하지만 이도 경제적 여건이 여유 있을 때의 일이고, 그렇지 못할 때에는 이런 예도 사라졌다. 특히 국가 차원의 경로·양로 행사는 경제 상황과 밀접한

---

93) 「養老」: 國初之法, 八十之老, 男女皆錫宴, 以覃恩. 每歲季秋, 王燕八十之老人, 妃燕八十婦於宮. 亦見於朝鮮賦, 殆非虛傳也.

94) 직역하면 호미를 씻는 잔치란 뜻으로, 한해 농사를 끝내고 농기구를 손질해 둔다는 의미로 보인다.

95) 「養老」: 余少時, 里中人, 歲末爲洗鋤宴, 爲農已成也. 余亦往觀, 旣在衆聚之中, 各自斂飾, 秩秩有禮, 比士族之會, 反有勝似者. 至以大起舞, 老者就列, 則其族黨子弟年少者, 不敢居位, 避席拱立. 其失禮者, 有公言一員, 輒咨罰之. 至樂作, 村篴枚鼓, 盡歡而罷.

관계를 갖고 있었던 것 같다.

> "시골 풍속도 오히려 이런데, 하물며 국가에서 양로養老를 행한다
> 면 민심을 감동시킴이 어떠하겠는가? 50년이 지난 지금은 가난이
> 날로 심해져 술도 안주도 장만할 여유가 없게 되었다. 그래서 이런
> 세서연도 없어지고 말았으니, 한스러운 일이다."[96]

성호의 이 같은 한탄은 국가 경제와 국가 윤리의 효와의 상관 관계를 말한다. 애당초 효의 전범을 보여주는『효경』에서 최고지도자의 이상적인 정치를 '효치孝治'[97]라 했듯, 성호 역시도 민심을 감동시키는 정치가 '효치'임을 말했다. 그런데 '효치'의 선결 조건으로 안정된 경제 환경이 조성되어야 하는데, 그렇지 못한 것이 안타깝다는 것이다. 효실천의 조건으로 경제 환경을 동시에 고려한 실학자로서의 현실적·실용적 가치관을 보여준 대목이라 생각한다.

4) 효와 인류애 정신

앞에서 성호가 말하는 효정신이 가정에만 머물지 않고 있음을 지적했다. 또 전통적인 효가 일방적·획일적 의미만을 담고 있는 것이 아님도 살펴보았다.

보통 군사부일체라고 해서 부모에게 공경하듯 국가 최고지도자와 스승을 대하라고 말한다. 그런데 이것은 일방적·수직적·이데올로기

---

96)「養老」; 俗鄕尙然, 況國家行此, 其爲興動, 爲如何哉. 五十餘年以還, 貧乏日甚, 無暇於酒饌, 廢
而不擧, 亦可恨.
97)『효경』「효치장」; 子曰, "昔者明王之以孝治天下也."

적·봉건적 윤리 구조라는 틀로 부정 비판되면서 생명력을 상실했다. 효를 계승 차원이 아닌 재고 대상으로 만든 것이다. 부모는 하늘이 정해준 천륜 관계이기에 거기서 비롯된 일방적·수직적 효는 그래도 어느 정도는 용납되지만, 후천적 관계인 지도자와 스승을 같은 맥락으로 이해하는 것은 잘못이라는 판단이다.

그러나 비록 그렇다 하더라도 스승에 대한 공경의 마음은 여전히 중시되어야 할 태도임을 성호는 강조하고 있다. 스승을 존중하는 태도야말로 지위의 높낮이를 떠나서 필수적이라는 사실을 말한 것이다.

> "스승이 엄격한 뒤에 도가 높아지고, 도가 높아진 뒤에 학문을 공경할 줄 알게 된다. 태학의 예에 있어 천자에게 가르치는 경우라도 북면하는 예가 없으니, 이는 스승을 존엄하게 대한다는 말이다."[98]

아무리 천자라도 스승 앞에서는 제자에 지나지 않기 때문에 스승을 스승으로 존경해야 하며, 같은 맥락에서 아무리 천자라도 부모 앞에서는 한 사람의 자식이기 때문에 자식으로써 부모를 공경해야 한다. 천자라고 하는 것은 국가 조직상의 역할일 뿐 그 이상도 그 이하도 아니다. 이렇게 미루어 나간다면 스승 공경의 정신은 인류애를 향한 박애정신으로 확장될 것이다. 성호가 『맹자』의 '인민애물仁民愛物'을 인용한 것도 같은 이유이다.

> "맹자가 말하기를 '사람을 인애한 뒤에 생물을 사랑한다.'고 하였다. 민民은 동포와 같고, 물物도 우리 인간과 함께 사는 것이다. 새

---

98) 「有求讀書」: 師嚴然後道尊, 道尊然後知敬學. 故太學之禮, 雖詔於天子, 無北面嚴師之謂也.

와 짐승은, 지각知覺의 마음이 있는 것은 사람과 같지만, 의리義理의 마음이 없을 뿐이다. 초목은, 생장의 마음이 있는 것은 사람이나 새·짐승과 같지만, 지각의 마음이 없을 뿐이다. 사람은 이 세 가지를 다 갖추고 있기 때문에 만물의 주인이 된 것이다."[99]

성호의 이 논의를 이해하기 위해서는 먼저 맹자의 '인민애물仁民愛物'을 살펴야 한다.

"맹자가 말하기를 군자가 생물에 대해서는 아끼기는 하지만 인仁으로 대하지는 않으며, 백성(사람)에 대해서는 인으로 대하기는 하지만 친하게 대하지는 않는다. 친척을 친히 하고서 백성을 인하게 대하고, 백성을 인하게 대하고 생물을 아끼는 것이다."[100]

성호는 맹자의 '인민애물' 사상을 더욱 적극적으로 수용한 것이다. 맹자는 '친친'의 차별적·순차적 사랑을 논하며 인류애와 자연에 대한 사랑을 말했고, 또 그것으로 인을 설명했다.[101] 처음부터 인류애와 자연 사랑 정신으로 확장해서 말한 것이다.[102] 군이 말하자면 백행의 근

---

99) 「鳥獸草木名」: 孟子曰, "仁民而愛物." 民如同胞. 物亦吾與也. 鳥獸有知覺之心, 與人同, 但無義理之心. 草木有生長之心, 與人及鳥獸同, 而但知覺之心. 人則三者俱有, 所以爲群物之主三者, 皆天地之所賦.

100) 『맹자』 「진심상」: 孟子曰, "君子之於物也, 愛之而弗仁; 於民也, 仁之而弗親. 親親而仁民, 仁民而愛物."

101) 이렇듯 맹자의 親親·仁民·愛物은 기본적 사랑 실천으로 순수한 인간의 감성에 출발점을 두고 있지만, 순자는 이것을 사회적 등용에도 적용하였다. 이에 대한 자세한 사항은 이상익, 『유가 사회철학 연구』 심산, 2001년 12월 185면 참조.

102) 성호의 이 같은 이해를 '물아일체의 신비주의'로 말하는 경우도 있다. 송갑준, 「성호 이익 철학연구」 고려 대학원 박사학위 논문, 1992년, 86면 참조. 한편 로저 에임즈 같은 경우는 애당초 유교의 가족주의 자체를 사회적·정치적·종교적 관계의 전반적 은유라 표현하기도 하였다. 그리고 "한 인간은 가족이 바깥 영역으로 확대되면서 공동체적·문화적, 궁극적으로는 종

본인 효에서 비롯한 인간의 박애정신, 곧 인仁[103]이 인류애와 자연환경 보호로 연장되었다는 것이다.

결론적으로 성호의 효사상은 단지 부모 자녀 관계에 머물지 않고 이웃·나라·인류·자연으로까지 확장한 것으로 볼 수 있다. 이것은 오늘날 부모 자녀 관계에 국한된 전통적 효에 대한 부정 비판적 생각을 해소시킬 수 있는 중요한 의미를 지닌다고 할 수 있다.

3. 다산 정약용의 전통적 효행의 허구성 비판과 근대성

1) 빗나간 효행

효는 매우 일상적이고 자연스런 것이다. 그럼에도 불구하고 오늘날 효는 가장 부담스런 말이 되었다. 당연하고도 자연스런 윤리덕목이 부모에 대한 자녀의 일방적·획일적 의무감으로 변질되면서부터이다. 전통적으로 우리는 '자녀의 효'를 말하기 이전에 '부모의 자애'를 언급하였다. 이른바 '부자자효父慈子孝'를 말한다. 한마디로 효란 부모님의 사랑스런 보살핌에 대한 보은의 성격이 강했다. 어버이의 무조건적 사랑에 대한 보답이었다.

그런데 언제부턴가 자녀의 일방적 희생과 봉사가 효로 비춰지기 시작했다. 부모의 사랑과 보살핌은 무시되고 오로지 자식의 부모에

교적 존경의 대상으로 등장한다. 여기서 종교적 경배의 핵심은 초월적이고 타계적인 것보다 조상들에게 초점이 맞추어 진다"고 하였다. (장원석 역,『동양철학, 그 삶과 창조성』성대 유교문화연구소, 2005년 2월 73~74면)
103)『논어』「학이」: 孝弟也者, 其爲仁之本與!

대한 의무로서의 효만 강조한 것이다. 또 역사 속에서는 그런 이들을
효행자로 칭송하고 표창했다. 온갖 어려운 환경 속에서도 부모님을
위해 자신의 몸을 버려가면서 봉양한 사람들이다. 효가 중시되면서
또 한편으론 이데올로기화하면서 이것은 더욱 심해졌다. '할고단지'
는 예삿일이고 산 사람의 내장을 부모 봉양에 사용하는 경우도 생기
었다. 『효경』 첫머리에 신체의 작은 것 하나라도 부모가 주신 것을 훼
손하면 안 된다는 이야기를 달달 외우면서도 막상 효실천 항목에는
엽기적인 신체 훼손도 포함되었다.

다산茶山 정약용丁若鏞(1762~1836)은 이것을 잘못된 행위라고 지적했
다. 극단적 모습으로 드러난 잘못된 행위를 엄청난 효행으로 포상하
는 것을 경계한 내용이다. 상식을 벗어난 행위, 예컨대 할고단지나
살인에 가까운 신체 훼손과 같은 극단적 행위를 부모 봉양이란 명분
으로 포장한 것을 철저히 비판한 것이다. 구체적 사례를 열거한 『효
행록』의 내용도 상당수 왜곡이고 잘못이라 했다. 다산의 실학적 세계
관에 따른 근대 지향적 성격이 효사상을 평가하는 데 그대로 투영된
것이다.

다산 정약용 유적지(경기도 남양주시 조안면 다산로 747번길 11)

2) 다산의 효제론과 전통적 효행의 허구성 비판

(1) 다산의 실천 중심의 효행관

다산의 인仁에 대한 해석은 극히 현실적이면서도 구체적이다. "인이란 두 사람이다. 자식이 어버이를, 신하가 임금을, 관리가 백성을 사랑하는 것이 모두 인이다."[104]라고 했듯 인간관계에서 본분을 다하는 것을 인으로 표현했다. 그 인간 관계론의 핵심에는 효제孝悌가 있다. 인의 뿌리로 효제를 말한 것이다. 『논어』에서 유자有子가 "효제를 인을 행하는 근본"[105]이라 했듯, 다산도 효제를 인의 근본이 아닌 인을 실천하는 근본이라고 했다. 행行, 곧 실천을 강조한 것이다. 이것을 바탕으로 다산은 인과 효제를 구별하며, 인은 총명總名이고 효제는 전칭專稱이라 했다.[106] 총명인 인은 사군事君·목민牧民·휼고恤孤·애환哀鰥 등 모두를 담는 포괄적 개념이고, 전칭인 효제는 사친事親·경형敬兄 등의 부분 개념이다.

이렇듯 다산이 실천을 강조한 것은 실학적 사고와 관련된다. 실사實事·실질實質·실용實用을 강조하는 실학적 사고가 그 이면이다. 맹자가 말한 '인의예지' 역시도 '행사行事' 이후에 있다고 말할 정도이

---

104) 『여유당전서』「논어고금주」(이하 『여유당전서』는 생략): 仁者, 二人也. 子愛親臣愛君牧愛民, 皆仁也.

105) 『논어』「학이」: 孝弟也者, 其爲仁之本與!

106) 「논어고금주」: 孝弟亦仁, 仁亦孝弟. 但仁是總名, 事君牧民恤孤哀鰥, 無所不包. 孝弟是專稱, 惟事親敬兄, 乃爲其實. 故有子謂諸仁之中, 孝弟爲之本, 而程子謂行仁自孝弟始, 未嘗不通. 但程子曰, "孝弟謂之行仁之本, 則可, 謂是仁之本, 則不可." 참고로 「논어고금주」에 대한 해석과 해설은 김영호의 『다산의 논어해석 연구』(심산문화, 2003년)와 정일균의 『다산 사서경학연구』(일지사, 2000년)가 가장 정밀한 것으로 판단되어 이 논문에서 많이 참고하였음을 밝혀 둔다.

다.[107] 이유는 간단하다. "남을 사랑한 뒤에 인仁이라 하고 남을 사랑하기 전에는 인의 이름이 성립하지 않는다. 자신을 선善하게 한 뒤에 의義라 하고 자신을 선하게 하기 전에는 의란 이름이 성립하지 않는다. 손님과 주인의 예의를 갖춘 뒤에 예禮란 이름이 성립하고, 사물을 분별한 뒤에 지智란 이름이 성립한다."[108]고 보았기 때문이다. 그런 점에서 다산에게서 인의예지란 기존 성리학에서 말하는 것처럼 천리天理로 부여받은 선천적 본성이 아니라 도덕적 실천으로 성취되는 것이라 할 수 있다.[109] 그래서 다산은 덕德을 효제라 하였고, 그 덕은 추상적이지도 형이상학적이지도 않다고 했다. 『대학』의 명명덕明明德을 효孝·제弟·자慈로 이해한 맥락이다.[110] 다산은 인륜을 돈독히 하는 명덕明德을 효·제·자라고 단정했다.[111] 실천적 효·제·자로 덕을 설명한 것이다.

이것은 다산의 학문이 실천 실학에 중점이 있음을 표현한 것이고, 그 한복판에 효·제·자가 있음을 밝힌 것이다. 다산이 말한 덕과 인은 실천적 윤리관을 기초로 하며, 그 중심엔 효·제·자가 있다. 효제의 생명력이 구체적인 실천에 있기 때문에 인과 덕도 효·제·자를 통해서 그 생명력을 지닌다는 것이다.

---

107) 「맹자요의」: 仁義禮智之名, 成於行事之後.

108) 「맹자요의」: 愛人而後, 謂之仁, 愛人之先, 仁之名未立也. 善我而後, 謂之義, 善我而先, 義之名未立也. 賓主拜揖而後, 禮之名立焉, 事物辨明而後, 智之名立焉.

109) 장승희, 『다산 윤리사상연구』 경인문화사, 2005년, 227면 참조.

110) 「대학공의」: 議曰, "大學有三綱領, 三綱領各領三條目, 皆是孝弟慈." 『대학』 삼강령과의 효·제·자에 대한 논의는 지준호 외, 『다산 경학의 현대적 이해』 (한국철학사연구회 편), 심산문화, 2004년, 333~337면에 자세하고, 『중용』 尊德性의 德과 효제충신에 대한 논의는 금장태, 『道와 德』 이끌리오, 2004년, 135면에 자세하다.

111) 「논어고금주」: 德者, 篤於人倫之名, 孝弟慈是已.

(2) 기존 효행의 허구성 비판

다산의 효행관은 한마디로 실천적 실학을 기반으로 하고 있다. 그렇기 때문에 허구적인 효행이나 상식에서 벗어난 효행은 철저히 비판의 대상이 되었다. 다산은 먼저 전통적으로 내려오는 효자로 소문난 사람들의 행적을 열거하였다. '할고단지'로 병든 부모를 치료했다는 이야기,[112] 아비가 병이 나자 똥 맛을 보고 북두칠성에 기도하면서 아홉 번씩 절하며 정성을 들이자 몇 해를 연명했다는 이야기,[113] 한겨울 병든 부모님을 위해 죽순을 채취했다는 이야기,[114] 스스로 날아든 꿩을 잡아 부모 봉양에 썼다는 이야기,[115] 꽁꽁 언 얼음판 위로 저절로 튀어오른 잉어를 부모에게 갖다드렸다는 이야기,[116] 자라가 엉금엉금 기어 와서 부엌으로 들어왔다는 이야기,[117] 노루가 무너진 울타리 사이로 스스로 어슬렁어슬렁 걸어 들어왔다는 이야기,[118] 꿈에 어떤 노인이 가리켰던 곳을 찾아가 보니 맛 좋은 과일이 있어 그것을 갖고 돌아왔다는 이야기,[119] 홀로 여막 짓고 3년상을 치르는데 황소만한 범이 앞에 꿇어앉아 머리를 숙이고 꼬리를 흔들며 예를 올렸고, 가끔 집에 올 때면 (범이) 길을 인도하며 문간에 와서는 머물렀고, 조부가 나오면 여막까지 호위하였다는 이야기,[120] 조부모가 동시에 돌아

---

112) 「효자론」: 其父病斷指出血而灌之, 得延若干日. ...... 其母病刲股臠, 其肌燔而進之.

113) 「효자론」: 父病嘗嘗糞, 旣已沐浴禱北斗七星, 三三九拜以致誠, 得延若干年.

114) 「효자론」: 其母病冬月思竹笋, 涕泣行竹田間, 得新笋幾个以進之.

115) 「효자론」: 雉飛入于欄, 捉而進之.

116) 「효자론」: 澤腹堅鯉躍而出, 穿而歸以進之.

117) 「효자론」: 鼈匍匐行入于廚.

118) 「효자론」: 麞槃散行, 廢于藩落之間.

119) 「효자론」: 夢有一老父指其處, 如其言得美果蓏以歸.

120) 「효자론」: 廬于墓, 常獨宿, 有虎大如牛, 跪于前, 屈首掉其尾, 若致禮然者. 時反于室, 虎爲之鄕

가시자 각각에 맞는 상복을 겹쳐 입었다는 이야기,[121] (조부와 조모상을) 겹쳐 당했는데, 소상小祥을 지내고 대상大祥을 마치고는 또 3년을 그 날수만큼 입은 다음 탈상하자 관에서 감탄하며 호역을 면제하고 정표旌表를 세워주었다는 이야기[122] 등등이다.

그러나 다산은 이런 것들이 모두 예에서 벗어난 일이라고 했다. 모두가 정상적인 예에 맞는 처사가 아니란 지적이다.

> "이는 백성들에게 부모를 이용하여 명예를 낚아 부역을 피하고
> 간사한 말로 꾸며서 임금을 속이는 짓이다. 따라서 선왕의 지극한
> 정치의 도리가 아니다."[123]

물론 효자의 도리로 이전부터 전해오던 것 가운데 당연히 지켜야 할 수칙이 없는 것은 아니다. 구체적으로 "부모의 병을 간호하는 데에는 약을 맛보고 음식상을 살펴보고, 걸을 때에는 팔을 휘젓지 않고, 웃을 때에는 잇몸을 드러내지 않고, 만일에 대비하여 의관을 벗지 않는 따위의 것은 모두 효자로서 당연한 예절이다."[124]고 하는 것은 자녀가 지켜야 할 항목이다. 그리고 아주 특별한 경우, 예컨대 애통하고, 절박한 경우를 당해서 어찌 할 수 없을 때, 할고단지를 통해 요행을 바랐던 것도[125] 무조건 부정·비판한 것은 아니다.

導, 至其門而止. 見狗不搏噬, 伺吾祖之出而爲之先後焉.

121) 「효자론」: 竝有喪. 首二絰要四帶, 其行也. 左手執苴杖, 右手執桐杖.

122) 「효자론」: 竝有喪, 旣祥又三年, 如其日數而后除焉. 於是官歎詫咨嗟, 上其事于察司, 察司報禮曹, 禮曹以聞之, 爲之復其戶, 蠲其子若孫絲役, 毋得輒侵困. 綽其楔丹其榜, 令風動閭里.

123) 「효자론」: 此敎民藉父母以沽名逃役, 飾奸言以欺君. 非先王之至理也.

124) 「효자론」: 凡養父母之疾, 若嘗藥視膳, 行不翔, 笑不矧不說, 冠帶之類, 皆孝子之疏節也.

125) 「효자론」: 則哀痛迫切, 靡所不用其極者, 固亦有割其枝斷其膚, 以冀乎萬一之幸者.

그러나 극단적 효행은 예에 맞지 않을뿐더러 일찍이 효의 모범을 보였던 순임금이나 문왕, 증삼과 같은 이들에게서는 볼 수 없었던 사례라는 것이다.[126] 순임금·문왕·증삼의 효행 속에는 극단적 방법이 없었는데, 이런 극단적 행위가 효로 둔갑한 것은 위진시대 이후의 일이라고 했다.

오륜행실도에 실린 '석진단지'

"위진시대 이후로 손가락을 자르고 넓적다리 살을 베어 부모에게 드린 효자가 역사책에 끊이지 않고 계속 기록되었다."[127]

'할고단지'와도 같은 효행이 위진 이후 기록됐다는 지적이다. 하지만 한번 기록에 남은 '할고단지'의 효행은 끊임없이 이어졌고, 효행의 대표적 사례가 되었다. 그런데 주자가 일상적 효와 예의범절을 교육하기 위해 편집한『소학』에서는 극단적 효행을 삽입하지 않았다. 이 것을 두고 다산은 아마도 정상적 효행이 아니기 때문일 것이라 추정했다.

"주자가『소학』을 엮으면서는 이런 사실들을 채택하여 기록하지 않았다. 주자의 뜻은 아마도 '이것이 세상에서 뛰어난 효행이기는

---

126)「효자론」: 然古之聖人若舜文王曾參之倫, 未有行之者.
127)「효자론」: 魏晉以降, 凡斷指刲股之孝, 史不絶書.

하나 후세 사람들에게 교훈할 수 있는 정당한 방법이 아니다.'고 여
겨서 그랬을 것이다."[128]

효의 본질은 인간 내면의 도덕적 본성에 기반한 것이다. 상식을 벗
어난 행위가 효행일 수 없다. 또한 효행은 자발성에 의한 우러난 것
이어야 마땅하다. 남의 칭송을 구하기 위해 억지로 드러낸 것이라면
잘못된 효행이다. 부모를 위한 정직한 마음, 곧 공경하는 마음이 효
행의 본질이라는 것이다.

"만에 하나 그 사이에 정직하지 못한 마음이 털끝만큼이라도 개
입되어 있고, 다시 이를 부연시켜 수식함으로써 남의 칭찬을 얻으
려는 자가 있다면, 어떻게 하겠는가. 부모에게 맛있는 음식을 봉양
해 드리는 데는 오직 내가 할 수 있는 한도 내에서 정성을 다해야
하는 것은 물론, 부모의 뜻을 잘 받들도록 노력해야 할 뿐이다."[129]

정직 없는 효행, 칭찬 듣기 위한 효행을 비판하고, 부모의 뜻을 봉
양하는 양지養志의 효를 말한 내용이다. 자유子游가 효행에 대해 질문
하자, 공자가 중요한 것은 공경하는 마음에 있지, 하루 세끼 식사 봉
양하는 것을 가리켜 효라고 할 수는 없다고 한 주장[130]과 맥을 같이
한다.

다산은 이미 널리 회자되고 있는 과거 효행자들의 특이한 효행담
에 의심을 표했다. 예컨대 잉어가 얼음 속에서 튀어나오고, 참새가

---

128) 「효자론」: 而朱子編小學, 不見採錄. 朱子之意, 蓋云, "是絶世之行, 然非所以爲訓於後世也."
129) 「효자론」: 萬有一纖毫不直之志萌於中, 而復飾之以增衍之詞, 以求其焜煌人目者, 當何如哉. 且
    凡滫瀡脂膏之養, 唯竭吾之誠, 以養志是勉耳.
130) 『논어』 「위정」: 子游問孝. 子曰: "今之孝者, 是謂能養. 至於犬馬, 皆能有養; 不敬, 何以別乎?"

집안으로 들어오고 한 사실
들을 영묘하고도 신기한, 그
래서 아주 특별한 일이라 말
하면서도, 그런데 "어떻게
그런 류의 효자가 그렇게 많
을 수 있을까?"라고 하며 이
야기의 사실성에 의구심을
가졌다.

중국 고대 24효 이야기 속 왕상 효행. 왕상이 몸
으로 얼음을 녹이자 잉어가 저절로 튀어나왔다는
이야기

> "옛날 왕상의 일처럼 잉어가 얼음 속에서 튀어나오고, 참새가 장
> 막 속으로 날아 들어온 특이한 일은 이 세상에 더없이 영묘하고 신
> 기한 자취가 아닐 수 없다. 누구나 잉어를 얻고 참새를 잡을 수는
> 없다. 그런데도 (잉어를 얻고 참새를 잡았다는 등등의 효자가) 어쩌면 저토록
> 많을 수 있단 말인가."[131]

특별한 상황에서 특별한 방법으로 잉어를 잡고 참새를 잡을 수는
있다. 하지만 상식적으로 그런 일들이 빈번히 일어나는 것은 절대 아
니다. 그럼에도 효자가 부모를 공양하는데, 이런 일들이 자주 일어났
다고 하는 데에는 뭔가 다른 사유가 있다. 상식적 효행보다는 특이한
효행을 기리는 잘못된 관행이 이를 양산했을 것이란 판단이다. 일상
적이고 평범한 효행을 효행처럼 보지 않고, 특이한 효행만을 효행으
로 생각하게 만든 잘못된 관행이 여기서 나왔다는 판단이다.

다산은 똥을 맛보았다는 효행담에 대해서도 지적한다. 의료행위로

---

131) 「효자론」: 若王祥雀鯉之異, 是宇宙間靈奇絶特之跡. 不能家得鯉而戶獲雀審矣. 又何爲爛漫如
  彼哉.

똥 맛보기는 충분히 가능한 일이
지만, 병의 증세와 관계없이 무조
건 똥 맛보는 것 자체를 효행으로
말하는 것은 잘못이란 것이다. 똥
맛을 보는 것은 의원의 진단 방법
일 뿐 치료행위도 아니고 효행이
될 수 없다는 것이다.

"똥을 맛보는 것은 설사병에 걸
린 환자를 의원이 그 맛을 살펴서
생사를 알아 보기 위한 방법일
뿐, 병을 치료하는 것과는 아무런

똥 맛으로 건강 상태를 진단한 유검루
(중국 고대 24효의 한 사람)

상관이 없다. 지금 병의 증세는 묻지도 않고 오직 똥을 맛본 사람을
모두 효자라고 한다. 이것은 오직 유검루[132]가 하늘(북두칠성)에 기도
드린 것만 생각하고 병을 치료했던 것은 생각하지 않는 자들인 것
이다."[133]

병에 대한 진단 행위로 시행된 똥 맛보기가 곧바로 효행으로 치부
되는 것이 얼마나 잘못된 일인가를 지적하는 내용이다. 부모 공경에
대한 행위가 상식적이고도 정상적인 범주로 드러나야 하는데 그렇지

---

132) 아비가 병을 앓아 의원에게 물으니, 똥맛이 달면 위태하다 하므로 검루가 맛을 보니 맛이 달
    았다. 이에 깊이 근심하여 제 목숨과 바꿔지기를 북두칠성에게 빌었다는 이야기. 『小學』「善行
    篇」: 南齊庾黔婁爲孱陵令. 到縣未旬父易在家遘疾. 黔婁忽心驚, 擧身流汗, 卽日棄官歸家. 家
    人悉驚其忽至. 時易疾始二日. 醫云, 欲知差劇, 但嘗糞甛苦. 易泄利, 黔婁輒取嘗之. 味轉甛滑,
    心愈憂苦, 至夕每稽顙北辰, 求以身代.

133) 「효자론」: 嘗糞者謂夫泄利之末, 醫欲察其味以驗其死生云爾, 于諸病無與也. 今不問形證, 唯一
    歠, 以爲孝. 則是唯庾黔婁之思齊而不期乎利於病者也.

못함을 안타깝게 생각한 것이다. 부모 자식간의 관계가 천륜이기 때문에 더욱 그러하다. 천륜은 자연스런 것이고, 효행도 자연스런 감정에 의한 행위로 나와야지 억지로 하는 행위가 효가 되어서는 안 된다는 지적이다.

> "아버지와 아들 사이는 천륜이기 때문에 오직 정대로 할 뿐이다. 그러므로 맹자의 제자 악정자춘은 어머니가 돌아가시자 5일 동안이나 음식을 입에 대지 않다가 이윽고 '우리 어머니의 입장에서 본다면 내가 이러는 것을 잘하는 일이라고 하지 않을 것이다. 내가 어떻게 어머니의 마음을 무시하고 내 마음 내키는 대로 할 수 있겠는가.'고 하면서 뉘우쳤다. 증자도 아버지가 돌아가시자 7일 동안이나 물 한 모금 입에 넣지 않았는데, 자사가 예에 지나친 일이라며 조용히 나무랐다. 이런데 예에 지나치게 해서야 되겠는가."[134]

일찍이 공자는 "즐거우면서도 지나치지 않고, 슬프면서도 화和를 해치지 않는다."[135]고 하였다. 즐거워하든 슬퍼하든 지나치면 성정性情의 바름을 잃기 때문에 이를 경계한 것이다. 중도·중용의 덕을 말하며 "지나침은 미치지 못함과 같다."[136]고 했듯, 슬픔도 즐거움도 정도를 지나치면 정상에서 벗어나기 때문에 예에 어긋날 뿐만 아니라 부모에 대한 태도도 아니란 것이다.

다산은 상례에 대한 지나친 예도 들었다. 『예기』에 근거해서 문제점을 밝힌 것이다. 조부모상을 함께 당했을 경우 3년상을 두 번 치룸

---

134) 「효자론」: 父子天也, 唯其情而已. 故樂正子春母死, 五日而不食, 旣而悔之日自吾母而不得吾情. 吾惡乎用吾情. 曾子執親之喪, 水漿不入於口者七日, 子思諷之以踰禮, 禮可踰乎哉.

135) 『논어』 「팔일」: 子曰, "關雎, 樂而不淫, 哀而不傷."

136) 『논어』 「선진」: 過猶不及.

이 과례過禮·비례非禮에 해당하듯 상복과 그에 따른 절차 역시도 이중
으로 하는 것은 문제가 있다는 것이다.

　　『예기』상복소기喪服小記에 '부모가 함께 돌아가셨을 경우 어머니
　　를 먼저 장사지내는데 이때는 우제虞祭와 부제祔祭[137]를 지내지 않
　　고 장사지낼 적에는 참최복斬衰服[138]을 입는다.'고 하였다. 이는 부
　　모상을 함께 당하였을 경우 아울러 상복을 입지 않는다는 명백한
　　증거이다. 『예기』간전間傳에 '부친상을 당하여 이미 우제와 졸곡卒
　　哭[139]을 지낸 뒤에 모친상을 또 당했으면, 남자는 모친상에 띠는 요
　　질腰絰에 부친상에 쓰는 수질首絰을 하고,[140] 여자는 모친상에 쓰는
　　수질에 부친상에 띠는 요질을 한다.'고 하였다. 부모상을 함께 당하
　　였을 적에 요질과 수질을 두 개씩 하지 않는다는 명백한 증거이다.
　　따라서 왼손에는 대지팡이를 짚고 오른손에는 오동나무 지팡이를
　　짚었다는 말을 못 들었다."[141]

『예기』를 근거로 지나친 부모상에 대한 과례·비례를 지적한 내용이
다. 아울러 다산은 비슷한 예를 들어 상례의 지나침을 경계했다. 송
대 어떤 사람이 모친상을 당하고 채 1년이 되지 않았을 때 부친상을

---

137) 우제는 初虞·再虞·三虞의 총칭이고, 부제는 삼년상을 마치고 그 神主를 조상의 신주 곁에 모
　　실 적에 지내는 제사이다.
138) 아랫단을 꿰매지 않은 거친 삼베로 지은 상복으로 부친상에 입는다. 모친상에 입는 것은 齊衰
　　服으로 아랫단을 좁게 접어서 꿰매고 올이 조금 굵은 생베로 지었다.
139) 三虞를 지낸 뒤 지내는 제사로, 돌아가신 지 석 달 만에 丁日이나 亥日을 가려서 지낸다.
140) 요질과 수질은 상주가 상복을 입을 때 허리와 머리에 띠고 쓰는 도구이다. 요질은 허리에 두
　　르는 것으로 삼과 짚을 엮어서 만들었고, 수질은 머리에 쓰는 것이다.
141) 「효자론」: 禮曰, "父母之喪偕, 先葬者不虞祔, 其葬服斬衰." 此竝有喪不竝祔之明驗也. 禮曰, "斬
　　衰之喪, 旣虞卒哭, 遭齊衰之喪, 輕者包重者特, 此竝有喪不二絰之明驗也." 未聞其左手執苴杖,
　　右手執桐杖也.

당하여 이미 39개월을 복상했음에도 15개월을 더 복상하겠다고 한 것은 문제라는 것이다.

"(송나라 때) 채연蔡淵이 강서의 제학으로 있을 적에 요주饒州의 학생 주홍周鴻이 모친상을 당한 지 1년도 안 되었는데 또 부친상을 당했다. 그는 이미 39개월간 상복을 입었는데도, 또 15개월을 더 입게 해달라고 했다. 채공은 허락하지 않으면서 이렇게 말했다. '지나치게 후하게 하는 것은 실제로 중정한 행실이 아니다. 요컨대 마음속으로 독실하게 애도하는 것이 중한 것이지, 남에게 특이하게 보이려고 해서는 안 되는 것이다.' 채공은 예를 아는 사람인데도 그 말이 이러했다. 따라서 3년상을 끝내고 또 3년을 더하는 것이 예에 맞는다는 말은 못 들었다. 그런데 이제 그렇게 한 것이 예에 맞는다고 하여 그들이 사는 마을에 정표旌表하고 있으니, 이는 실상을 어긴 조처이다. 이것이 예에 지나친 것인 줄 알면서 그들이 사는 마을에 정표하게 하였다면, 이는 선왕의 예를 경시하여 우리 백성들을 정도에서 벗어나게 가르치는 것이 된다. 그러므로 이상의 두 경우는 다 예에 맞는 조처가 아니다."[142]

한마디로 예에 지나친 것은 남에게 보이려는 처사이므로 중정한 행실이 아니란 지적이다. 중요한 것은 3년이란 숫자에 있는 것이 아니라 애도하는 마음에 있다는 것이다. 따라서 숫자상의 3년에 구애되어 그들을 효의 표상으로 칭송하는 것은 예를 벗어난 것일 뿐만 아

---

142) 「효자론」: 蔡淵提學江西時, 饒州學生周鴻母喪未葬, 又遭父喪. 旣服喪三十九月, 乞加持一十五月, 蔡公不允曰, "蓋雖過厚之義. 實非中正之行, 要在爲善於獨不求甚異於人." 蔡公知禮者, 而其言如此. 未聞旣祥而又三年. 以爲中禮也, 今謂之中禮也. 而綽其楔丹其榜, 則是違其實也, 謂之能過禮也. 而綽其楔丹其榜, 則是薄先王之禮, 而敎吾民超而越之也. 二者均之爲非禮.

니라 정도를 벗어난 행위라 주장
한다.

하지만 더욱 심각한 문제는 그
러한 지나친 행위가 예에 어긋남
을 알면서도 그것을 비례·과례라
말하지 못하는 관리들이라 지적한
다. 자칫 효를 비판하고 부정하는
사람이 될지도 모른다는 판단에서
이다.

조선시대 성주 사람 자강이 모친상에 3
년상을 치르며 이전에 돌아가신 부친상
3년상을 치르지 못함을 한하며 6년상을
계획하자 처가 식구들이 여막에 불을 지
르며 말렸지만, 그래도 6년상을 치렀다
는 고사(오륜행실도)

　"고향 사람들과 수령·감사·예
　관에 임명되어 있는 사람들이,
　그것이 예에 맞지 않는다는 것을
　모르는 게 아니다. 이를 발설하
자니, 마음이 위축되고 두려워서 감히 말하지 못하고 있을 뿐이다.
명분이 효인데, 남의 효도를 듣고서 감히 비방하는 의논을 제기했
다가는 틀림없이 대악大惡이라는 죄명을 받을 것이 뻔하고, 또 남의
일에 대해 거짓이라고 억측하는 것은 자신을 슬기롭지 못한 데로
빠뜨리는 것이 되기도 한다. 이에 마음속으로는 비웃음을 금치 못
하면서도 입으로는 '야, 대단한 효행이야.' 하면서 문서에 서명을 하
는가 하면, 마음속으로는 거짓임을 알면서도 겉으로는 '참으로 뛰
어난 효행이야.' 하면서 높인다. 아랫사람은 거짓으로 윗사람을 속
이고 윗사람은 거짓으로 아랫사람을 농락하면서도 서로 모르는 체
시치미 뚝 떼고 진실로 탓하는 사람이 없다. 이 지경인데도 예에 의
거 이것이 거짓임을 발론하여 그 간사함을 밝힘으로써 풍속을 바
로 잡으려는 군자가 없다. 이는 도대체 무슨 까닭인가. 그것은 모

두가 이것에 의지하여 얻어지는 것이 중하기 때문이다."[143]

지나친 예가 분명 예에 어긋남을 알면서도 그것이 효행이란 명분을 갖고 있는 이상 이를 잘못이라 말하지 못한다는 것이다. 만일 잘못이라 지적한다면 비난받을 것이 두려워 마음속으로는 '이건 아닌데' 하면서도 '참으로 뛰어난 효행' '대단한 효행'이라 하며 오히려 기린다는 것이다. 정직해야 할 예가 과장된 효행에 가려 자신을 속이고 남을 속이는 일로 전개되고, 과장된 예가 정당한 효행이자 기려지는 효행으로 탈바꿈한다는 지적이다.

> "진문공은 이런 말을 했다. '아버지가 돌아가신 것이 얼마나 큰일인가. 그런데 감히 딴 뜻을 품을 수 있겠는가.' 그런데 저 효자란 사람들은 부모의 죽음을 이용하여 세상을 진동시킬 명예를 도둑질하고 있으니, 이 무슨 꼴이란 말인가."[144]

전하는 말에 "효자 집안에 충신 난다."고 했다. 한나라 때에는 효자를 등용하는 '효렴제'도 있었다. 하지만 그것이 오히려 잘못된 효행을 낳는 계기를 마련하기도 했다. 가짜 효자들을 양산한 것이다. 다산이 지적하듯 부모의 죽음을 이용하여 세상의 명예를 도둑질하는 이들이 거기에 해당한다. 이로부터 왜곡된 효행이 마치 최고의 효행으로 비

---

143) 「효자론」: 凡爲鄉人爲守令監司爲禮官者, 非不知其非禮. 其心有恐悚怯懾而不敢言者. 以其名則孝也. 聞人之孝, 而敢譸議之者, 必蒙大惡之名, 億詐於人, 而陷其身不智也. 於是竊竊然心笑之而口發諛, 以署其狀, 竊竊然罔其詐而陽尊之, 爲卓異之行. 下以詐罔其上, 上以詐籠其下, 上下相蒙, 苟無怨尤. 未有一秉禮君子爲之發其詐而昭其奸, 以正風教. 若是者何也. 彼其所依附者重耳.

144) 「효자론」: 晉文公之言曰, "父死之謂何, 或敢有他志." 彼或乘此之時, 而因以盜其震世之名, 尚亦何哉.

취졌고, 또 다양한 형태로 드러나야 할 효행이 일방적·천편일률적 효
행으로 드러났다.

> "사람의 기호는 각기 다르다. 양조羊棗를 좋아하는 이도 있고 창
> 촉昌歜을 좋아하는 이도 있고 마름[菱]을 좋아하는 이도 있고 꿀을 좋
> 아하는 이도 있고 토란[芋]을 좋아하는 이도 있어, 사람마다 기호가
> 다르다. 그런데 저 효자들의 아버지와 어머니는 어째서 기필코 꿩·
> 잉어·사슴·자라·눈 속의 죽순만을 즐겨 찾는단 말인가. 또 호승胡
> 僧이나 우객羽客(도사)처럼 용이 내려오고 호랑이가 호위하여야만 효
> 자라고 할 수 있는 것이겠는가. 이야말로 부모를 빙자하여 명예를
> 훔쳐 부역을 피하고 간사한 말을 꾸며 임금을 속이는 자들이니, 살
> 피지 않을 수 없다."[145]

사람마다 각각 좋아하는 것이 있고 삶의 방식도 각기 다르다. 그런
데 전해지는 효행은 하나같이 비슷하다. 뭔가 잘못된 판단이 작용하
고 있기 때문이다. 잘못된 행위가 효행의 모범으로 비춰지면서 계속
반복된 것이다. 주변에서 그 잘못을 알지만 눈감아주면서 효행은 더
욱 왜곡되었다. 출세에 눈먼 이들은 그걸 이용도 했다. 거기에 상당
수 사례는 전혀 사실적이지도 않고, 또 정상적인 예법에 맞는 것도 아
니지만 효행으로 칭송되었다. 부모 공경을 빙자해서 자신의 이욕만
을 채우려는 데서 나온 잘못된 관행이라는 것이다.

---

145) 「효자론」: 且人之嗜好不同也. 有嗜羊棗者, 有嗜昌歜者, 有嗜芰者嗜蜜者嗜芋者. 人之嗜好不同
   也. 何孝子之父若母, 必唯雉鯉蘭鼈雪中之笋, 是嗜是索耶. 又必降龍伏虎. 若胡僧羽客之爲, 然
   後方可謂之孝子乎. 是其藉父母以沽名逃役, 飾奸言以欺君者也, 不可不察.

3) 잘못된 열부론에 따른 불효不孝·부자不慈

전통적으로 우리 사회는 효행자를 칭송하고 포상함은 물론 사회적 지위까지도 보장했다. 효행이 사실과 거리가 멀고 때로는 과장되어 정상을 왜곡한다 해도 이들에 대한 특별대접이 이를 더욱 부채질했다. 효행은 천륜에 기반하고, 천륜은 예의 범주에 속하기 때문에 과장 왜곡은 특히 경계해야 할 대목이다. 그럼에도 불구하고 전해오는 효행기록은 도저히 합리적인 사고로는 이해할 수 없는 것들이 많았다. 이에 다산은 하나하나 자문자답 식의 실례를 들어 그 문제점을 지적했다.

> "아버지가 병들어 돌아가셨는데 그 아들도 따라 죽었다고 이를 효자라 할 수 있겠는가? 효자라고 할 수 없다. 그 아버지가 불행히 호랑이나 도적에게 핍박당하여 돌아가셨을 적에 그 아들이 아버지를 호위하다가 따라 죽었다면 효자라 할 수 있다."[146]

극단적 사실들이 효행으로 포상되는 경우를 무조건 문제 있다고 한 것은 아니다. 어떤 경우 부모를 위한 희생이 효가 될 수 있지만, 어떤 경우에는 효가 될 수 없다는 것이다. 생로병사의 정상적인 삶을 사시고 돌아가신 부모님을 따라 죽는 것은 효가 될 수 없지만, 위험에 처한 부모님을 돌보다가 뜻하지 않게 죽음을 맞게 된 것은 효라고 할 수 있다. 이것은 비단 부모에 대한 자녀의 효행 사례 뿐만 아니라 충신과 열녀로 칭송되는 사례에서도 마찬가지다.

---

146)「열부론」: 厥考病且死, 子從而死之孝乎. 曰匪孝也. 唯厥考不幸爲虎狼盜賊所逼迫, 厥子從而衛之死焉則孝子也.

"임금이 죽었는데 신하가 따라 죽었다고 이를 충신이라고 할 수
있겠는가? 충신이라고 할 수 없다. 임금이 불행히 역신逆臣에게 시
해될 적에 신하가 임금을 호위하다가 죽었거나, 혹은 불행히 오랑
캐에게 잡혀 오랑캐의 조정에까지 끌려가 강제로 굴복시키려 해도
굴복하지 않다가 죽었다면 충신이라고 할 수 있다. 그렇다면 남편
이 죽자 아내가 따라 죽은 경우 이를 열부라고 하면서 마을에 정표
하고 호역을 면제해 주는가 하면 아들이나 손자들의 요역까지도
감면하여 주는 것은 무슨 까닭인가? 이는 열부가 아니라 소견이 좁
은 여자인데 관리가 살피지 못했을 뿐이다."[147]

잘못된 충신관과 열부관을 지적한 내용이다. 이렇게 잘못된 관점
에서 선택된 충신과 열녀인데도 후손들이 여러 가지 혜택을 누리는
것은 관리들의 불찰이 빚은 결과이다. 소견이 좁고 사리에 통달하지
못한 것이다. 남편 따라 죽음을 선택한 열부가 청송되는 어처구니없
는 상황을 다산은 철저히 비판했다. 자살을 잘못된 행위로 단정하는
데서 비롯한다.

"대저 천하의 일 가운데 제일 흉한 것은 스스로 제 목숨을 끊는
것보다 더한 것이 없다. 자살하는 데 있어 취할 것이 뭐 있겠는
가."[148]

자살의 부당성을 제시한 내용이다. 다산은 자살이 타당성을 지니

---

147) 「열부론」; 君薨臣從而死之忠乎. 曰匪忠也. 唯厥君不幸爲亂逆所篡弑, 臣從而衛之死, 或己不幸
而被虜, 至虜庭强之拜, 不屈而死則忠臣也. 曰然則夫卒妻從而死, 謂之烈, 爲之綽其楔丹其榜
復其戶, 蠲其子若孫繇役者何也. 曰匪烈也, 隘也, 是有司者不察耳.
148) 「열부론」; 夫天下之事之凶, 未有甚於殺其身者也. 殺其身奚取焉.

려면 의에 합당한 경우여야 한다고 말한다. 물론 여기서 말하는 열부
로서의 의는 현대적 안목의 의하고는 거리가 멀다.

> "자살을 하려면 그것이 의에 합당한 경우여야 한다. 예컨대 남편
> 이 맹수나 도적에 핍박당하여 죽었을 때 아내가 호위하다가 따라
> 서 죽었다면 이는 열부이다. 혹 자신이 도적이나 치한에게 핍박당
> 하여 강제로 욕보이려 할 때 이에 굴하지 않다가 죽었다면 이는 열
> 부이다. 혹 일찍 과부가 되었을 적에 부모나 형제들이 자신의 뜻을
> 꺾고 남에게 재가시키려 할 경우, 이에 항거하다가 역부족일 때 죽
> 음으로 맞섰다면 이는 열부이다. 또 남편이 원통한 한을 품고 죽자
> 아내가 남편을 위하여 울부짖으면서 정상을 밝히려다 밝힐 수 없
> 게 되어 함께 형벌에 빠져 죽었다면 이는 열부이다."[149]

이것을 보자면 다산의 열부론 역시도 봉건성을 벗지 못하고 있다.
여필종부·부창부수의 순종적 여인상의 한계를 그대로 드러낸 것이
다. 하지만 이 같은 열부론에 근거한다 하더라도 열부가 될 수 없는
경우에도 열부로 인정하는 경우가 있다. 천수를 누리고 돌아간 남편
을 따라 죽은 사람까지도 열부로 표창하는 것을 심각히 지적한 내용
이다.

> "지금은 이런 경우가 아니다. 남편이 편안히 천수를 누리고 안방
> 아랫목에서 조용히 운명하였는데도 아내가 따라 죽는다. 이는 스
> 스로 제 목숨을 끊은 것일 뿐 아무것도 아니다. 이런 죽음이 의에

---

149) 「열부론」: 唯殺其身當於義是圖也. 夫爲虎狼盜賊所逼迫, 妻從而衛之死焉, 烈婦也. 或己爲賊
人淫人所逼迫強之汚, 不屈而死則烈婦也. 或蚤寡, 其父母兄弟奪己之志以予人, 拒之弗能敵,
以死則烈婦也. 其夫抱冤而死, 妻爲之鳴號暴其狀不白, 竝陷刑以死則烈婦也.

합당한 것이냐 하면 천부당만부당하다. 나는 확고히 스스로 목숨을 끊는 것은 천하에서 제일 흉한 일이라고 여긴다. 따라서 이미 의에 합당한 자살이 아니라면 그것은 천하의 가장 흉한 일이 될 뿐이다."150)

천수를 누린 남편 따라 죽은 부인을 열부로 칭송하는 것은 문제가 있다. 열부론에 입각한 의가 절대로 아니란 지적이다. 오히려 가장 경계하고 지양되어야 할 흉사이다. 하지만 어떤 경우 이런 자살까지도 열부로 인정하며 다양한 혜택을 부여하는 일이 있는데, 이것은 백성을 잘못된 길로 인도하는 것이라 지적한다.

"이것은 단지 천하의 가장 흉한 일인데도 관리자 된 사람들은 마을에 정표하고 호역을 면제해 주는가 하면 아들이나 손자들까지도 요역을 감면해 준다. 이는 천하에 가장 흉한 일을 서로 사모하도록 백성들에게 권면하는 것이니, 어찌 옳다고 할 수 있겠는가."151)

아무리 열부의 도리를 남편과 명을 같이하는 것이라 해도 남은 가족들에 대한 책무는 누가 감당해야 한다는 것인가? 늙으신 시부모와 어린 자녀 양육은 누가 맡아야 할 책무일까? 열부의 덕이 남편을 따라가는 것이라면 그것은 더 큰 틀에서 효행에 역행하는 일이 될 수 있다는 지적이다.

---

150) 「열부론」: 今也不然. 夫安然以天年終于正寢之中, 而妻從而死之. 是殺其身而已. 謂之殺其身, 當於義則未也. 吾固曰殺其身, 天下之凶也. 旣不能殺其身當於義, 則是徒爲天下之凶而已.

151) 「열부론」: 是徒爲天下之凶者也, 而爲民上者, 且爲之綽其楔丹其榜復其戶, 蠲其子若孫繇役. 是勸其民相慕效爲天下之凶也, 惡乎可哉.

"남편이 죽는 것은 한 가정의 불행이기는 하다. 그러나 늙은 시부모를 봉양할 사람이 없고 어린 자녀들을 양육할 사람이 없으면, 죽은 남편의 아내 되는 사람은 당연히 슬픔을 참고 생활에 힘써야 한다. 그리하여 위로는 봉양할 사람이 없는 시부모를 봉양하다가 천수를 누리고 돌아가면 장사지내고 제사지내며, 아래로는 양육할 사람이 없는 자녀들을 양육하다가 장성한 나이가 되면 관례를 시키고 시집·장가보내 주어야 한다. 이런 것인데 하루아침에 표독스럽게 '남편 한 사람 죽었으니 내가 시부모를 위해 살아야 할 이유가 없고, 남편 한 사람 죽었으니 내가 자녀들을 위해 살아야 할 이유가 없다.'고 각박하게 생각하고는, 전후 사정 전혀 돌아보지 않은 채 횃대에 목을 매어 자살하고 만다. 그렇다면 이리도 모질고 잔인한 데도 어찌 효성스럽지 못하고 자애스럽지 못하다고 하지 않을 수 있겠는가."[152]

열부의 도리를 다한 여인의 결과가 낳은 문제점을 지적한 내용이다. 다시 말해 열부로서의 길을 가는 것이 오히려 불효不孝·부자不慈가 될 수 있음을 비판한 것이다. 오로지 남편만을 바라보고 남편만을 위해 살다가 남편이 죽으면 남편따라 가는 것이 얼마나 바른 도리에서 어긋난 일인가를 말한다. 하물며 이를 방조하고 오히려 권면하는 관리가 있다면 이는 백성들을 불효·부자로 이끄는 잘못된 일이라 비판한다.

---

152) 「열부론」: 丈夫死, 有家之不幸也. 或舅姑老無所養, 或諸子女幼, 無所乳育, 爲死者妻者, 當忍其哀黽勉其生. 仰而養其無所養者, 至其死也, 爲之葬薶焉, 祭祀焉, 俯而育其無所育者, 至其長也, 爲之冠笄焉嫁娶焉可也. 一朝悍然自刻于心曰, "一人死, 吾無所爲舅姑矣, 一人死, 吾無所爲子女矣." 於是引吭自經于桁楣之下而弗與顧也, 若是者庸詎非狼戾殘忍大不孝不慈者耶.

"(부모에게) 효도하지 못하고 (자녀에게) 자애하지 못하면서 유독 남편에 대해서만 올바른 도리가 된다는 것은 있을 수 없다. 백성을 다스리는 관리자가 되어 이런 사람에게 그 마을에 정표하여 주고 호역을 면제해 주고 아들과 손자들에게까지 요역을 감면하여 준다면 이는 효도하지 않고 자애하지 않은 일을 백성들에게 사모하여 본받도록 권면하는 것이다. 어찌 옳다고 할 수 있겠는가! 따라서 이들은 열부가 아님은 물론이고 소견이 좁은 것인데 관리가 살피지 못한 것이다. 살피지 못했다는 것은, 그 죽음이 의에 합당한가에 대한 여부를 살피지 못했다는 말이다. 혹 특별한 한이 가슴속에 맺혀 있을 수도 있다고 했는데, 군자는 이런 점에 대해서 말하지 않는 법이다."[153]

물론 그 오해와 왜곡은 속 좁고 무지한 관리들이 오히려 효행으로 표창하면서 계속되었고, 불행은 연속적으로 일어났다. 관리들의 잘못 뿐만 아니라 때로는 전문 의학서적이 문제 될 때도 있다. 의학서의 분명하지 않은 내용이 효행의 오관을 불러올 수도 있다는 지적이다.

"이시진李時珍이 '장고張杲의 『의설』에 대해 말했다. '당나라 개원 연간에 은鄞 땅 사람 진장기陳藏器가 『본초습유』를 저술했는데, 여기에 인육으로 폐결핵을 치료할 수 있다고 하였다. 이로 인해 동네에서 병을 앓는 사람이 있으면 넓적다리의 살을 베어 먹는 사람이 많았다.'고 하였다. 조사해 보건대, 진씨 이전에도 이미 넓적다리 살

---

153) 「열부론」: 未有大不孝不慈, 獨於夫得其道者也. 爲民上者, 且爲之綽其楔丹其榜復其戶, 蠲其子若孫繇役, 是勸其民相慕效爲大不孝不慈, 惡乎可哉. 故曰匪烈也隘也, 是有司者不察也. 不察也者, 不察乎其當於義否乎也. 或其別有恨在中者, 君子不言.

을 베고 간을 벤 사람이 있었다. 그런데도 이렇게 된 허물을 진씨에
게 돌리면서 그 책에 기록된 것을 잘못이라고 한다. 이것은 정당한
의논을 제시하면서도 미혹하는 것을 깨지 않아서다. 의학서를 경
솔히 저술할 수 있겠는가. "154)

당대 모든 사람들의 필독서와도 같았던『효경』첫머리에서는 "身體
髮膚受之父母, 不敢毀傷, 孝之始也."를 말했다. 이 내용을 달달 외우
며 살던 시절 이렇게 몸에 심각한 상처를 내며 한 행위를 효행이라 칭
송하며 표창한 것은 앞뒤 안 맞는 모순이 아닐 수 없다. 심한 중병에
걸린 사람이라도 자기 자식의 몸을 해쳐가며 가져온 인육을 먹을 수
있겠느냐는 다산의 지적은 그렇기 때문에 설득력이 있다.

"아아, 신체와 모발은 부모에게서 받은 것이므로 감히 상하게 해
서는 안 되는 것이다. 부모가 아무리 위독한 병에 걸렸다 하더라도
자식의 몸을 해친 그 고기를 먹고 싶어할 리가 있겠는가! 인육을 먹
는 것은 어리석은 백성들의 좁은 생각일 뿐이다. "155)

과거 우리 사회는 식량부족으로 배불리 먹을 수 없던 시절이 있었
다. 우둔한 백성들은 부모 봉양하면서 고기 한 점 대접하지 못함을 안
타까워했다. 그런 부모님의 마지막 가시는 길에 '할고단지'를 통해 혹
마음의 위안을 삼았을 수도 있다. 그런데 의학서적에 이와 유사한 행

---

154) 「열부론」; 李時珍日, "張杲醫說言. 唐開元中, 明人陳藏器著本草拾遺, 載人肉療羸瘵, 閭閻有病
此者多割股." 按陳氏之先, 已有割股割肝者矣. 而歸咎陳氏, 所以罪其筆之於書, 而不立言以破
惑也. 本草可輕言哉.
155) 「열부론」; 嗚呼, 身體髮膚受之父母, 不敢毀傷. 父母雖病篤, 豈肯欲子孫殘傷其支體, 而自食其
骨肉乎. 此愚民之見也.

위를 긍정적으로 다루면서, 또 그것이 효행의 마땅한 행위로 비춰지면서 효행 아닌 효행으로 유행했다. 다산은 이처럼 자신의 몸을 훼손하는 것을 불효라고 비판했다. '할고단지'와도 같은 극단적인 행위가 효행으로 비춰지면서 이보다 더한 극단적 행위도 서슴지 않고 나온 것은 정상적인 일이 아니란 판단에서이다.

> "하맹춘何孟春의『여동록』을 조사해 보니 다음과 같은 내용이 있
> 다. 강백아江伯兒의 어머니가 병을 앓자 옆구리 살을 베어 드려도 낫
> 지 않았다. 어머니 병만 낫게 해준다면 아들을 죽일 수도 있다며 기
> 도했다. (결국) 어머니 병은 치유되었고, 마침내 세 살 된 아들은 죽
> 었다."156)

세상에 이런 어처구니가 없는 참상이 또 있을까?『삼국유사』에 전하는 '손순매아' 이야기157)나 중국 후한대 24효의 하나로 알려진 곽거郭巨의 '위모매아爲母埋兒' 이야기 역시도 같은 맥락이기는 하나, 그래도 여기서는 희생 직전 극적 반전으로 복을 받았다는, 그래서 효하면 복 받는다는 결론으로 이어지지만,『여동록』의 이야기는 아들을 죽여 어머니를 살렸다는 있을 수 없는 그야말로 엽기적 효행이 아닐 수 없다. 마침 이를 접한 명나라 태조가 인륜을 끊고 천리를 어긴 것을 효행이라 할 수 없다며 강하게 비판하고, 이런 잘못된 관행은 바로잡아야 한다고 한 것은 천만다행이다.

---

156)「열부론」: 按何孟春餘冬錄云江伯兒, 母病割脅肉以進不愈, 禱于神, 欲殺子以謝其神. 母愈, 遂
　　殺其三歲子.
157)『삼국유사』「孫順埋兒 興德王代」: 兒可得, 母難再求. 而奪其食, 母飢何甚! 且埋此兒以圖母
　　腹之盈.

"이 사실을 들은 명태조는 그가 인륜을 끊고 천리를 어긴 데 대해 몹시 노하여 곤장을 때린 뒤 유배 보내고, 이 사건을 예부에 내려 의논하게 했다. 그 의논은 '자식이 어버이를 섬김에 어버이가 병들었으면 훌륭한 의원에게 부탁하는 것이 당연하고, 울부짖으며 귀신에게 비는 것도 간절한 마음에 있어 어쩔 수 없는 일이다. 그런데 얼음 위에 드러누워 잉어를 찾고, 넓적다리 살을 베어내는 등의 일은 후세에 와서 생긴 일이다. 이는 우매한 무리들이 일시적인 감정의 격발에 의하여 유별난 짓을 함으로써 세상을 놀라게 하는 한편, 정표를 희구하여 요역을 피하려는 계책에서 연유한 것이기도 하다. 넓적다리 살을 베다가 간까지 베게 되었고, 간을 베다가 급기야는 자식까지 죽이게 되었으니, 도리를 어기고 삶을 해치는 것이 이보다 더한 것이 없다. 이제부터는 이런 사람이 있으면 정표에서 제외시키도록 한다.'고 하였다."[158]

상식과 도리에서 어긋난 행위가 효로 비춰지는 것을 경계하고 금지한 내용이다. 병든 부모를 위해 귀신에게 비는 것까지는 이해할 수 있지만, '할고단지'와도 같은 유별난 행위나 자식을 죽이는 방법으로 구병救病함은 옳지 않다는 것이다. 또 그런 사람들을 효행자라 기리는 일체의 판단과 행위는 잘못이기 때문에 금지하라는 명령인 것이다. 이를 접한 다산은 "명태조가 세운 교훈은 이처럼 전에 없는 뛰어나고 훌륭한 것이다."[159]고 하며 칭송했다. 다시 말해 효를 빙자해서

---

158) 「열부론」: 事聞太祖皇帝怒其絶倫滅理, 杖而配之, 下禮部議曰, "子之事親. 有病則拜托良醫, 至于呼天禱神, 此懇切至情不容已者. 若臥氷割肉, 事屬後世乃愚昧之徒, 一時激發, 務爲詭異, 以驚世駭俗, 希求旌表, 規避徭役. 割股不已, 至于割肝, 割肝不已, 至于殺子, 違道傷生, 莫此爲甚. 自今遇此, 不在旌表之例."

159) 「열부론」: 聖人立教, 高出于古, 韙哉如此.

이뤄지는 비상식적 논리와 엽기적 행각이 결코 효행일 수 없다는 것이다. 다산은 특히 자신의 몸을 해쳐가면서까지 부모를 봉양한 것은 효가 아니라고 잘라 말한다.

> "간을 베어 부모에게 드리는 것은 효가 아니다.[160] 내가『일통지一統志』와 역사책의 전하는 기록들을 읽다보면 왕왕 간을 베어 부모의 병을 치료하였는데도 죽지 않고 산 효자의 일들을 볼 수가 있다. 매우 괴이한 일이라 생각한다. 또『유계외전』강음 사람 진정陳鼎의 저서를 읽어보니, 조희건趙希乾이란 사람이 가슴을 칼로 가르고 심장을 찾다가 잘못하여 창자를 한 자 남짓 잘라 이를 삶아 어머니 병을 치료하였다. 그 뒤 상처가 그대로 아물었는데 대변이 가슴 밑으로 나왔으므로 대통을 꼽아 그 속으로 흘러나오게 하였다. …… 또 손아도孫阿堵·왕조창王祚昌·장삼애張三愛·반환潘煥도 모두 간을 베어 부모님 병을 치료했는데 모두 탈 없이 상처가 잘 아물었다고 한다. 또 효부 이씨가 간을 베어 부모님 병을 치료한 일도 있다. 이는 모두 명나라와 청나라 때에 있었던 일로 명백한 기록이다. 또 오개자吳介玆는 진晉나라 사람인데 그는『민효자전』을 지었다. 그 내용에 민효자가 가슴을 가르고 심장을 베어 아버지 병을 치료하고 나서 상처에 약을 발라 두었더니, 이튿날 아침에는 상처가 씻은 듯이 없어졌다고 했다. 이는 더욱 이해할 수 없는 이치이다."[161]

---

160) 다산은 이 말을 李德懋의『盎葉記』에 있다고 하였다.

161) 「열부론」: 割肝非孝也. 余嘗讀一統志及史傳記, 孝子往往有割肝療親病而不自死者, 而竊怪之. 又讀留溪外傳, 陳鼎著江陰人, 有趙希乾割胸探心, 誤割腸尺餘, 烹而療母. 仍創合, 糞從胸下以管出……. 又孫阿堵, 王祚昌, 張三愛, 潘煥皆割肝療親, 俱創合無. 又記李孝婦割肝療親事. 此皆明清間事記訂明白. 又吳介玆晉作閔孝子傳. 孝子刺胸割心療父病, 以藥傅之, 詰朝無創痕. 此尤理之不可曉者也.

도저히 상식적으로 있을 수 없는 일들이 버젓이 기록으로 남아 있고, 또 그것이 일부는 부모 치병 사례로 전하여 효행의 대표적인 사례로 남아 있는 것을 비판한 내용이다. 물론 상식적으로 이해할 수 없는 기상천외한 일들이 없는 것은 아니나, 그렇다고 그것이 효행 사례로 둔갑하는 것은 있을 수 없다는 것이다. 현대적 안목에서 자녀들이 병든 부모에게 간이나 심장을 이식하여 효를 실천하는 경우는 의학 발달에 따른, 그래서 생명 보존이 가능하기 때문이라지만, 이식수술은커녕 외과적 수술 자체가 불가능하던 시절의 이 같은 행위는 오히려 불효가 될 수 있다는 지적이다. 만에 하나 혹 그것이 가능하더라도 그것은 마술적 행위라는 것이 다산의 판단이다.

> "살펴보건대, 간을 베어도 죽지 않는 것은 마술이다. 마술로 거짓 그런 모양을 만들어서 사람의 눈을 속이는 것인데, 모르는 사람들은 그것을 효자라고 여기게 된다. 이런 자들은 왕법에 비추어 반드시 용서 없이 베어야 한다. 어찌 의심할 나위가 있는 일이겠는가!"[162]

마술적 행위를 효행 사례로 일컫는 것을 비판한 내용이다. 이런 것을 효행으로 표창하는 것은 있을 수 없는 일이며, 오히려 왕법으로 엄히 다스려야 한다는 것이다.

---

162) 「열부론」: 案割肝不死者幻術也. 幻者假作此狀, 以眩人目, 不知者以爲孝子也. 其在王法, 必 誅無赦. 豈足疑乎.

4) 상식적·일상적 효행

다산의 효행관을 정리한다면, 아무리 뛰어난 효행이라도 그것이 사실적·상식적 차원에서 누구나 공감할 수 있어야 한다는 것이다. 오랜 세월 수많은 효행 사례가 전해오면서 '할고단지'는 물론 자신의 내장을 꺼내 부모공경을 하였다는 엽기적이고도 상식을 벗어난 내용이 무수했다. 다산은 실학적 세계관으로 이것을 비판했다. 이 같은 실학적 세계관이 근대 지향적 성격을 지니고 있음은 말할 것도 없다.

물론 다산의 효에 대한 생각 내면에는 『대학』의 삼강령을 효·제·자로 이해한 측면을 전제해야 한다. '명명덕'이란 효·제·자를 밝히는 것이고, '친민'이란 효·제·자를 일으켜 서로 사랑하는 것이며, '지어지선'이란 스스로 행실을 닦는 것이라 하였다. 극단적 효행 실천의 경계 이면에는 효·제·자에 대한 이런 인륜적 이해가 전제되었다. 또한 다산은 정도에서 벗어난 윤리적 문제가 잘못된 성리학적 실천의 결과라고 비판했다. 잘못된 성리학적 실천의 이면에는 도불道佛의 영향도 무시할 수 없다는 지적이다.[163) 도불의 신비적·초월적 사유가 효행 실천을 현실과 동떨어진 것으로 만들었다는 것이다. 실천·실사·실질을 강조하는 실학적 사유에서 효행 실천을 파악하였기 때문이다. 이것은 다산 경학의 처음부터 끝까지 초지일관된 기본입장이기도 하고,[164) "인의 실은 사친事親이고, 의의 실은 종형從兄[165)이라고 한 맹자 사상과도 같은 맥락이다. 여기서 사친은 효이고 종형은 제라고 할 수

---

163) 장승희, 『다산 윤리사상연구』 경인문화사, 2005년, 207면 참조.

164) 정일균, 『다산 사서경학연구』 일지사, 2000년, 153면 참조.

165) 『맹자』 「이루상」: 仁之實, 事親是也, 義之實, 從兄是也.

있다. 결국 효제는 실천적 실을 전제하지 않으면 생명력이 없다는 것이고, 마음에 내재한 이치가 아니란 주장이다.[166]

나아가 다산은 현실에 뿌리를 내리지 못한 학문이나 사상을 비판하면서도 인간이 기본적으로 해야 할 윤리적 책임, 효제 실천을 멀리하는 사람을 철저히 비판했다.

"근세의 학자들은 겨우 학문한다는 이름만 얻게 되면 곧바로 거만해지고 도도해진다. 하늘을 말하고, 이치를 설파하고, 음양을 말하면서 벽에다 태극 팔괘와 하도낙서 등을 그려 붙이고는 자칭 완미하고 탐색한다고 하면서 어리석은 일반인들을 속인다. 그렇지만 그의 부모는 추위에 떨고 굶주림에 시달리고, 병들어 죽음에 이르러도 태연히 돌봐주지도 않으며, 아예 습관이 되어 애써 해결하려고도 하지 않는다. 이렇게 되면 완미하고 탐색하면 할수록 학문과는 더욱 멀어지는 꼴이 된다. 진실로 부모에게 효를 제대로 실천할 수 있는 사람이라면 비록 학문을 하지 않은 사람이라도 나는 반드시 학문을 한 사람이라고 말하겠다."[167]

학문의 기본이 효제에 있음을 밝히는 내용이다.『논어』「학이」편에서 "제자가 집에 들어와서는 부모님께 효도하고 나가서는 어른에게 공경하며 삼가며 믿음 있게 하고 널리 사람들을 사랑하며 인자한 사람을 가까이 지내면서 그래도 여유가 있다면 글을 배우라"[168]는 말과

---

166) 이것은 주자의 사단 본성론과 효제론에 대한 비판이기도 하다. 정일균, 앞의 책, 154, 294면 참조.
167)「論谷山鄕校勸孝文」: 近世學者, 纔名爲學, 便自重. 談天說理, 曰陰曰陽, 壁上圖畫太極八卦며 圖洛書之屬, 自稱玩索, 以欺愚蒙. 而其父母方且呼寒忍飢, 疾病痾癢, 乃漫不省察, 恬不勞動. 卽其玩索彌勤, 而彌與學遠矣. 苟於父母能孝者, 雖曰不學, 吾必謂之學矣.
168)『논어』「학이」: 子曰, "弟子入則孝, 出則弟, 謹而信, 汎愛衆, 而親仁. 行有餘力, 則以學文."

"현명한 사람을 현명하게 대하는 것을 아름다운 여자 대하듯 하고 부모님 섬김에 그 힘을 다하고 군주를 섬김에 자신의 능력을 다하고 친구와 사귐에 신뢰가 있으면 비록 배우지 못했다 하더라도 나는 반드시 그가 배웠노라고 말하겠다."[169]고 한 것과 일맥상통하는 말이라 생각한다. 효를 강조하는 역설적 표현들이다. 특히 학문한다고 하면서 인간의 당연한 본분(효실천)을 망각한 이들에 대한 경고이기도 하다.

오늘날 효에 대한 비판적 선입견이 강한 것은 '할고단지'와도 같은 전통적 효행 방식에 원인이 있다. 자녀의 일방적 자기희생을 효라고 하는데 따른 부담감이다. 전통적 효에 대한 부정적 사고도 이로부터 나왔다. 사실에 기인한 것이 아님에도 불구하고 구전으로, 때론 기록으로 전달되면서 전통적 효행에 대한 오해의 골은 깊어졌다. 오해가 깊어질수록 효에 대한 관심도 멀어졌다. 그런 점에서 다산의 전통적 효행의 허구성에 대한 비판은 오늘날 대단한 의미를 지닌다. 현대적 효행의 방향을 결정하는 데 중요한 지침이 될 수 있기 때문이다. 허구적이고 과장된 효행이 진정한 효행이 될 수 없다. 또 그것을 권면하고 포상하는 것도 지양되어야 한다. 예나 지금이나 효심은 동일하더라도 표현방식은 같은 수 없다. 자기희생을 수반하는 전통적 효행 방식을 현대적 효행으로 그대로 적용할 수 없다는 것이다. 수직적 사회에서 수평적 사회로의 진행도 효행 방법의 전환을 요구하고 있다.

전통적 효행에서의 '부자자효'는 쌍방향적 내용을 담고 있었더라도 실제로 드러난 모범적 효행 사례는 부모의 역할[父慈]은 숨겨지고 일방적 자녀의 책무[子孝]만 강조되었다. 전통사회 효행의 전제조건도

---

169) 『논어』「학이」: 子夏曰, "賢賢易色, 事父母能竭其力, 事君能致其身, 與朋友交言而有信. 雖曰未學, 吾必謂之學矣."

분명 부모의 역할에 따른 자녀의 책무를 강조한 쌍방향적 도리였음
에도 불구하고 드러난 효행 사례는 일방적 희생만 부각되었다. 그것
도 본래 효의 범주와는 거리가 있는 자기희생만이 진정한 효행으로
포상되었다. 오늘날 효를 강조하며 현대적 효행 사례를 말할 때 전통
적 효행 사례를 그대로 적용할 수 없는 이유이다. 하지만 다산의 지
적처럼 과장되고 포장된 전통적 효행을 지양하고 우러나는 효심의
자연스런 행위를 현대적 감각에 맞게 적용한다면 효는 다시금 중요
한 윤리 도덕으로 재탄생 가능하다. 그것은 일방적 희생의 효가 아닌
쌍방향적 사랑[慈]과 공경[孝]이 바탕이 되어야 한다.

4. 근현대 사회 민족지도자들의 효행

1) 구한말 격동기 민족의 효자들

시대가 영웅을 만들고 영웅이 시대를 만든다고 말한다. 역사상 일
제 강점기만큼 그에 적합한 시기도 없을 것 같다. 한민족 역사 이래
가장 치욕적이었던 일제시대, 나라와 민족을 위해 헌신하고 희생한
분들이 그 시절만큼 많았던 적이 또 있었을까. 일제 강점기는 분명 난
세였다. 또 난세였기에 민족적 영웅들의 값진 희생은 더욱 빛났다.
하지만 들어가 보면 꼭 그런 것만도 아니다. 몇몇 선각자를 제외하고
는 대개가 구설수에 올라 있다. 친일 행적 때문이다. 일제시대 초반
부 목숨 걸고 독립운동에 투신했지만, 후반부로 가면서 변절하거나
일제 당국에 협조한 친일 행각이 문제다. 그로 인해 그 전의 항일운

동까지도 깡그리 무시되는 실정이다. 보수·진보 진영의 첨예한 대립과 갈등에 의한 희생양도 생겨났다. 우리나라 근·현대 시기의 인물들이 갖고 있는 난맥상이다. 참으로 안타까운 일이다.

그렇다 하더라도 효행에 관한한 보수·진보 진영을 나눌 것도 없다. 효는 양자 모두의 공감대라 할 수 있다. 근현대 사회의 첨예한 대립 갈등의 구도 속에서 양자를 한데 묶을 수 있는 것이 있다면 효라 생각한다. 여기서 주로 다룬 것은 각각의 인물들이 어떻게 가정에서 효를 실천하고 사회에 나가서 충을 실천했는가이다. 가정 내에서는 부모 공경과 형제 우애, 그리고 사회적으로는 주변 이웃과 동포에 대한 사랑, 또 그런 마음이 나라와 민족을 위해서는 어떻게 표출되었는가를 살피는 일이다. 한마디로 효심과 애국심을 찾아본 것이다. 이런 작업을 통해 격동기이자 난세였던 일제시기 선각들의 효심의 공통된 특징도 찾을 수 있다. 어린 시절 부모 공경은 일반 사람과 다르지 않았지만, 국난의 시대, 애국심과 공명심은 남달랐다. 또 그것이 부모의 영향이란 점도 지나칠 수 없는 특징 가운데 하나이다. 부모의 지원과 동의가 나라와 민족을 위한 삶으로 연결된 것이다. 다시 말해 "효자 집안에 충신 난다."는 옛말이 결코 빈말이 아님을 확인할 수 있다. 부모의 나라 사랑 정신이 자녀들에게 그대로 전승되면서 효와 충이 둘이 아닌 하나임을 볼 수 있다.

보통 효는 가정에서 부모에게, 충은 나라와 민족을 위한 것으로 이해한다. 하지만 국난의 시대 선각자들의 효는 곧 충으로 연결된다. 충이 곧 부모의 뜻을 따른 것이니, 효가 충으로 승화된 것이다. 여기서 우리는 효와 충이 결코 다른 것이 아닌 하나로 연결됨을 알게 된다. '부모의 효자'가 '겨레의 효자'가 되기도 한다는 의미이다.

2) 나라 구하는데 헌신한 효자 이상재

월남月南 이상재李商在(1850~1927)는 충남 서천군 한산면 종지리의 한산 이씨 가문의 전통적 유학자 집안에서 출생했다. 어머니는 밀양 박씨이다. 고려 말기의 충신이자 대유학자였던 목은 이색의 16대손이다. 어려서부터 남다르게 재주가 뛰어났던 그는 일곱 살 되던 해부터 한학을 수학하여,『천자문』『동몽선습』『통감』등과 같은 계몽 도서들을 읽었고, 열세 살 때에는 어른들도 어려워하던『춘추좌전』까지 독파했다. 그리고 열다섯 살 때인 1865년에 강릉 유씨 집안의 처녀와 결혼했다.

이상재가 결혼한 바로 그 해에 같은 마을에 살던 토호에게 고소당해 송사에 휘말리는 사건이 발생했다. 4년 전에 세상을 떠난 이상재 할아버지의 묘터가 명당이라고 알려지자, 그 고을에서 힘 있는 사람이 이 터를 뺏으려고, 관리들을 매수한 뒤 허위 사실을 조작하여 소송을 제기한 것이다. 갑작스레 송사에 휘말린 이상재의 아버지는 패소하여 결국 감옥에 갇히게 되었다. 이때 이상재는 아버지를 대신해서 신혼임에도 감옥에 갔다. 이런 지극한 효성에 감동한 재판관은 사흘 만에 그를 석방하도록 조처해 주었다. 감옥에서 풀려난 그는 곧바로 가족이 당한 억울함을 풀기 위해 군수를 찾아가서 탄원했다. 다시 재판이 진행됐고, 마침내 이상재가 승소했다. 부모에 대한 지극한 효성을 보여준 일화인데, 이 사건으로 인해 그는 그 일대에서 효자로 널리 알려졌다.

그 후 이상재는 열일곱 살 때 입신양명을 위해 과거시험에 응시했다. 하지만 뛰어난 성적을 거두었으면서도 당시 권력층의 농간 때문에 낙방했다. 그의 실력을 아까워하는 사람들이 1867년 승지였던 박정양朴定陽에게 소개했다. 그때부터 13년간 그의 집에서 생활했다. 이때 풍부한 해학과 재치로 박정양의 신임을 얻었고, 그의 주선으로 관직에 오르게 되었다.

『효경』에 따르면, 신체 보전은 효의 시작이고, 입신양명은 효의 최고 단계이다. 이상재는 박정양의 인정을 받아 원하던 관직에 나가게 되어, 전통적인 효행의 최고 단계인 입신양명의 길에 들어섰다. 공직에 발을 디딘 이상재는 개화파 학자들과 함께 일본을 시찰하고, 인천 우정국 주사로 발령을 받았다. 그러나 얼마 지나지 않아 뜻을 같이하던 개화파 인사들이 갑신정변에 참여했다가 실패로 끝나 힘을 잃게 되자, 이상재도 스스로 관직을 사직한 뒤 낙향했다.

이상재 동상(서울 종로구 종로3가 종묘공원)   이상재 선생 생가(충남 서천군 한산면 종단길 71)

그 후 박정양이 미국 공사로 부임할 때 그를 회계와 문서관리 책임자로 임명하면서, 다시 공직에 복귀했다. 박정양의 신임을 얻은 이상재는 미국으로 건너가 국익을 위해 다방면으로 활동했다. 당시 조선은 청나라의 절대적 영향 아래 있는 속국이었지만, 독립을 갈망하던 이상재는 박정양과 함께 미국에서 자주적 외교활동을 펼쳤다. 이에 불만을 품은 청나라는 마침내 이들에게 소환령을 내렸고, 결국 박정양은 공사직에서 물러났다. 그러자 이상재도 일등서기관직을 사직하고 귀국했다. 이상재는 개인의 영달보다는 국익을 먼저 생각했고, 자신을 이끌어 준 은인에 대한 의리를 저버리지 않고 처신한 것이다.

이상재는 1887년 6월에 주미 공사관에서 일등서기관으로 근무하면서 서구 학문과 종교를 접했고, 여기서 서구사회의 진보된 문명이 기독교와 깊이 관련되어 있음을 깨닫게 됐다. "그는 미국이 강대국이 된 이유를 알아내기 위하여 성경을 읽기 시작했다. (하지만) 그는 미국이 육·해군의 군사력을 증강시킬 수밖에 없었던 이유를 발견한 뒤부터는 미국을 미워하기 시작했다. 그래서 한때는 기독교를 반대한 적도 있다." (전택부, 『월남 이상재』, 한국신학연구소, 1977년, 130면)

미국에서 기독교를 처음 접했지만, 구한말의 정치적 격동기에 체포되어 감옥에 갇혔을 때, 그는 기독교로 인해 인생의 새로운 전환점을 맞이했다. 감옥에서 우남 이승만을 만나 마침내 자신도 기독교 신앙을 갖게 된 것이다. 일찍부터 기독교를 신앙하던 이승만과 감옥에서의 만남은 이상재 삶의 방향을 바꿔놓았다. 감옥 생활을 하며 주위 동료들과 성경 공부를 시작했고, 어린 시절부터 익숙했던 동양 고전과 성경을 비교·토론하면서 이상재의 신앙은 점차 성숙해졌다. 『신약전서』『기독실록』『성경문답』『성경요도』『노득개교기략路得改教紀略』 등등, 이상재가 감옥에서 읽었던 도서목록을 보면 그가 얼마나 기독교 신앙에 적극적이었는가를 알 수 있다. 『신약전서』는 세 번씩이나 읽었을 정도로 기독교에 심취했다. 이리하여 미국에서 가졌던 반기독교적 정서를 떨쳐버리고, 뜨거운 신앙 체험을 그것도 감옥에서 했다.

『동아일보』(1920년 9월 1일자)에 '애매 무리한 기독교의 희생자, 남편이 예수교를 믿고 상식上食을 폐한 결과 마누라가 대신 죽어'라는 제목의 기사가 실렸다. 경상북도 영주군에 살던 권성영이라는 사람이 예수를 믿은 뒤로, 돌아가신 어머니 영전에 조석상식朝夕上食을 중단하자, 평소 시어머니를 극진히 모시던 부인 박씨가 이를 용납하지 못하고, 끝내 "남편의 불효한 죄과를 자신의 목숨으로 대속한다."면서 몸을 던져 자살했다는 내용이다. 기사를 읽고 이상재는 기독교 신앙과 제사의 관계를 성경적 부모 공경의 입장에서 정리하여, '조선혼을 물실勿失하라', 즉 '조선의 정신을 잃지 말라'는 내용의 글을 투고했다.

> "어떤 종교든 부모를 저버리라고 하는 가르침은 있을 리가 없다. 부모를 저버리는 패륜 자식이 하나님을 믿은들 무엇을 똑바로 믿을 수 있겠는가.…… 물론 자기 부모의 신주를 받들어 놓고 거기다가 길흉화복과 생명까지 맡기며 절하며 빈다는 것은 예수교 신자라면 누구나 다 반대할 일이지만, 나의 생각에는 오직 돌아가신 부모를 사모하며 그리워한다는 그 마음으로 하는 일이라 한다면 어떠한 형식으로 예식을 행하든지 다 반대할 수 없겠다 하겠으며, 원래 조선 사람이 돌아간 부모의 영혼을 위하고 삼 년 안에 조석상식과 혹은 평생을 두고 제사를 지내는 것은 오직 그 부모를 그리워하며 사모하는 효성에서 나온 것이니, 예수교와는 아무 상관이 없을 뿐만 아니라, '네 부모를 공경하라' 하신 하나님의 가르침에 크게 적합되는 일일 것이다." (『동아일보』 1920년 9월 1일자)

이렇듯 이상재는 부모 공경에서 비롯된 제사와 우상숭배를 구별했다. 기본적으로 그는 부모 제사는 효성심의 문제로 기독교 정신에 어긋나지 않는다고 보았다. 기독교인으로 조상에 대한 제사를 유연하게 생각한 것이다. 그가 경계한 것은 돌아가신 부모를 그리워하며 추모하는 것이 아니라, 길흉화복을 마음에 두고 절하는 것이다. 또 그는 조선인들이 예수를 믿으면서 무조건 서양 사람을 따라 하는 것은 적합하지 않다면서, 다음과 같이 주장했다.

"조선 사람이 예수를 믿는데 오직 그의 가르침과 또한 그의 높고 밝은 인격만 사모하고 우러러볼 뿐이지, 결코 '서양에서 이러하니까', '서양 사람이 하지 않는 일이니까' 하는 마음을 가지고 자기 나라의 고유한 습관과 도덕을 없애려 하는 것은 도저히 일조일석에 되지도 않을 일이요, 잘못 하다가는 도저히 서양 사람이 되기도 전에 먼저 예수를 욕되게 할 염려가 십중팔구라."

그는 제사를 단순한 전통문화이고 부모 공경의 한 양식으로 여겼다. 그리하여 부모에 대한 효심과 우상숭배는 구별되어야 하며, 오히려 서구적 관점에서 이를 무조건 폐기하는 것이 예수를 욕되게 한다고까지 주장했다. 이상재는 조선 정신의 바탕을 효심에서 찾았고, 그것의 한 방법인 제사를 우상숭배와 구별했다. 이러한 이상재의 입장에 대해 『동아일보』는 '조선의 제사는 일신사상에 위반되지 않는다'(전택부, 앞의 책)라는 제목의 사설을 통해 옹호했지만, 당시 기독교계는 물론 전 사회적으로 뜨거운 논란을 불러 일으켰다. 기독교가 도입된 초기부터 조상에게 제사 지내는 것은 물론이고, 일 년에 한 차례 부모에게 세배하는 것조차 우상숭배라고 배척했던 기독교계 분위

기에서, 제사 지내는 것을 옹호한다는 것은 획기적인 일이었다. 논란
의 단초를 제공했던 『동아일보』가 그 해 9월 26일자로 일제에 의해 정
간되면서 잠잠해지기는 했지만, 뿌리 깊은 유교 문화의 토대 위에 전
래된 기독교 문화가 조선에 정착하는 가운데 제사 문제는 뜨거운 감
자가 되었다.

이상의 내용을 정리하자면 이상재의 삶과 철학은 효심과 애국심이
기반이다. 유교적 가문에서 태어나 전통적 효행 실천으로 청년 시절
을 보낸 그는 풍전등화와도 같은 민족과 국가의 재건을 위해서 나라
사랑 운동에 헌신했다. 그리고 그로 인해 감옥에 간 그는 이승만을 만
나면서 기독교인이 되고 이후로는 효심과 신앙심에 기초한 애국운동
을 전개했다. 그 과정 속에서 뿌리 깊은 제사 문화(전통적 효심)와 기독
교 신앙이 충돌하는 사건을 겪으면서 공개적으로 제사 옹호론을 펼
쳤다. 비록 사회적 논란의 대상이 되긴 했지만, 비슷한 문제로 갈등
하는 당시 기독교인들에게는 하나의 위안이 되었다.

물론 여기서 제사 문제가 신앙적 관점에서 뿐만 아니라 당시 사회
적 관점에서 커다란 화두가 된 것만은 사실이지만 무엇보다 중요한
것은 망해가는 나라를 살리는데 월남 이상재 선생의 효심과 애국심
은 매우 중요한 역할을 했다는 점이다.

3) 어머니의 아들에서 나라와 민족의 효자가 된 백범 김구

안동 김씨 가문의 백범白凡 김구金九(1876~1949)는 조선말, 대한제국,
일제 강점기, 미군정, 대한민국으로 이어지는 격동의 세월을 살면서
한평생 조국의 자주독립과 자유로운 나라 건설을 위해 활동한 분이

다. 구체적으로 그는 동학, 의병, 애국계몽운동, 105인 사건, 임시정부, 반탁운동, 남북협상 등 다양한 현장에서 나라를 바로 세우기 위해 노력했다.

백범 김구 묘(서울 용산구 효창동 255)

백범 김구 초상화(효창원 백범기념관)

백범의 화려하면서도 다양한 삶의 흔적은 그의 자전적 기록,『백범일지』에 담담하게 담겨 있다.『백범일지』는 중국 대륙에서 항일운동을 전개하던 시절, 멀리 떨어져 있던 두 아들을 생각하며 저술한 책이다. 지금은 많은 사람들이 필독서처럼 읽고 있지만, 본래『백범일지』는 격동기 생사를 넘나들던 시절, 열 살 인과 일곱 살 신 등 두 아들을 위해 남긴 장문의 편지이자 유서이다.

"아비는 이제 너희가 있는 수륙 오천 리를 떠난 먼 나라에서 이 글을 쓰고 있다. 어린 너희를 앞에 놓고 말할 수 없으매, 그동안 나

의 지난 일을 대략 기록하여 몇몇 동지에게 남겨, 장래 너희가 자라
서 아버지의 경력을 알고 싶어 할 때가 되거든 너희들에게 보여주
라고 부탁하였다."

아버지가 아들에게 남기는 글이니만큼 정감 어린 부분이 한두 곳
이 아니다. 또 내용이 얼마나 진솔했던지 가문의 내력을 밝히면서 온
갖 치부를 드러내기도 했다. 백범 본인의 모습을 담으면서 이보다 더
솔직할 수는 없다. 태어날 때의 난산難産도 그렇지만, 태어나서 죽었
으면 좋겠다는 어머니의 푸념도, 동네방네 젖을 구걸하시던 아버지
의 모습도 적나라하게 담았다. 엿이 먹고 싶어 부모 몰래 아버지의 숟
가락을 구부러뜨려 엿과 바꿔 먹었다는 이야기는 이미 널리 회자되
었다.

백범의 아버지는 불의를 보면 참지 못하는 의협심이 강한 분이었
다. 일반 상놈이 그러면 용서하고 너그럽게 넘어가지만, 양반이 불의
를 저지르면 꼭 폭행을 가했다. 그때마다 경찰에 자주 불려 다녔다.
어떤 경우 술의 힘을 빌렸기 때문에, 집안은 잠시도 바람 잘 날이 없
었다. 백범의 어머니는 "너의 집에 허다한 풍파가 모두 술 때문이니,
두고 보아서 네가 또 술을 먹는다면 나는 자살을 해서 네 꼴을 보지
않겠다."라는 말로 백범을 가르쳤다. 이후로 백범은 어머니의 말씀을
깊이 새겨듣고 술을 경계했다.

그렇다고 백범의 아버지가 망나니였다는 것은 아니다. 불의를 보
면 대적하는 방법이 과격했을 뿐, 실제로는 대단한 효자였다. 어릴
적 별명도 효자였다고 한다. 어머니께서 돌아가실 때, 자신의 왼손
무명지(네 번째 손가락)를 잘라 흐르는 피를 입에 넣어드리자 소생했다

는 일화로 붙여진 별명이다.

부전자전父傳子傳일까. 백범도 아버지가 반신불수가 되자, 하던 일을 모두 제쳐두고 오로지 간호에만 신경을 썼다. 아버지의 질병 치레로 가산을 모두 탕진하자 백범은 하던 공부를 그만두고 큰댁에서 살았다. 하고 싶던 공부를 다시 하게 된 것은 아버지의 병세가 호전되었을 때이다. 공부보다 부모에 대한 효를 우선시한 것이다. 훗날 이야기지만 백범도 아버지가 위독하자 허벅지살을 베어 탕약에 넣어드렸다는 전통적 효행의 모습을 보였다. 아버지는 단지斷指로서, 아들 백범은 할고割股로써 효를 실천한 것이다.

백범의 청년기 삶은 실패와 좌절과 낙심의 연속이었다. 입신출세를 위해 과거에 응시했으나 낙방하여 실의에 찬 세월을 보냈고, 민족을 구해보고자 동학운동에 참여했다가 역시 좌절의 쓴잔을 맛본 것도, 운명론에 빠져 관상을 보았지만 천하고 가난하고 흉할 상이란 소릴 듣고 낙담한 것도 청년시절 일이다. 하지만 백범은 관상학책『마의상서』의 "상호불여신호相好不如身好, 신호불여심호身好不如心好."라는 문장을 보고는 심기일전했다. 관상보다는 신체 건강이, 신체보다는 마음씨가 중요하다는 것을 깨닫게 된 것이다. 한마디로 마음을 어떻게 쓰느냐에 따라서 관상도 인생도 바꿀 수 있다는 내용이다.

이후로 백범은 개인적으로는 마음씨 좋은 사람, 민족적으로는 옳은 일을 하는 사람이 되려고 노력했다. 의기 넘치는 남아의 인생을 산 것이다. 단발령이 내려지자 그는 "신체발부, 수지부모, 불감훼상."이란『효경』의 전통적 효실천의 명분을 살리면서도, 일제를 배척한다는 본질적 목적을 위해 의병을 일으켰다. 민비 시해 사건이 벌어지자 '국모보수國母報讐' 차원에서 일본인 헌병을 처단하기도 했다(1896년). 결국 일련의 사건들로 인해 백범은 투옥되었고, 여기서 일생일대의 대전환기를 맞이했다. 서양 학문을 접하고 신학문을 공부한 것이다. 그간 척왜척양만을 가치로 여기던 전통적 삶에서 벗어나 서양의 신지식과 신학문으로 국가와 민족을 새롭게 일신할 수 있음을 깨달았다. 의로운 일로 수감 생활을 한다고 자부하던 백범은 감옥에서 학교를 열고 동료 죄수들에게 글자를 가르치고 신학문을 소개했다.

애당초 『백범일지』는 어린 두 아들에게 주는 유서 형식의 편지로 썼지만, 상권이 완성될 때에는 나라와 민족을 위한 거국적인 메시지로 바뀌었다. 백범은 두 아들의 아버지에서 나라와 민족의 아버지가 된 것이다. 늘 곁에서 지켜보던 어머니도 같은 생각을 했다. 어머니의 아들에서 나라와 민족의 아들이 되었을 때, 어머니는 아들 백범에게 이렇게 말했다. "나는 이제부터 너라고 아니하고 자네라고 하겠네. 또 말로 책하더라도 초달楚撻(회초리)로 자네를 때리지는 않겠네. 들으니 자네가 군관학교를 설립하고 청년들을 교육하며 남의 사표가 된 모양이니, 그 체면을 보아주자는 것일세."

임시정부가 이리저리 옮겨 다닐 때 백범과 주변 인물들이 어머니에게 생신상을 차려 드리려고 했다. 이를 눈치챈 어머니는 "내가 먹고 싶은 것 사 먹을 테니 돈으로 달라."고 했다. 그래서 돈으로 드리자, 어머니는 그 돈으로 단총 두 자루를 사서 독립운동에 쓰라고 건넸다고 한다. 그런 어머니가 중국 중경 땅에서 "내 원통한 생각을 어찌하면 좋으냐!"라고 하면서 세상을 떴다. 조국의 독립을 보지 못하고 생을 마감하는 데 따른 안타까운 마음이 절절히 배어있다.

1945년에 해방을 맞아 백범은 고국으로 돌아왔다. 그리고 어머니와 함께 걸었던 옛날의 그 길을 찾아 나섰다. 비록 고난의 길이고, 아들로서 어머니에게 더할 나위 없는 불효의 길이었지만, 민족 앞에서는 떳떳했던 그 길을 다시 밟은 것이다. 국모의 원수를 갚는다는 명분으로 일본인을 살해하고 포승줄에 묶여 해주 감옥에서 인천 감옥으로 이송되던 그 모진 길을 어머니께서 끝까지 함께했는데, 백범이 그때 그 길을 다시 찾은 것이다. 그 가운데서도 백범 선생의 마음을 가장 울린 곳은 개성 주변의 '고 효자 이창매李昌梅의 묘'였다. 이씨 효자의 묘 앞에서 잠시 쉬어갔던 일을 기억하며, 백범은 어머니가 쉬셨던 자리를 애써 찾아가 앉았다. 그리고는 '풍수지탄風樹之歎'의 회한에 빠졌다. 나라와 민족의 효자 아들에서 어머니의 효자 아들로 다시 돌아오는 감동적인 장면이다. 거기에는 어떠한 정치적 당파성도 이념적 색깔론도 없다. 오로지 순수한 효심만이 가득할 뿐이다.

나라와 민족을 어떻게 해서든 다시 세워보려던 거인의 모습 속에서 참된 인간의 가치가 무엇인지 발견한다. 숱한 역경 속에서도 목숨바쳐 지향한 것이 나라의 자주독립이었다면, 바로 그런 그를 지켜준 것은 어머니의 사랑이었다. 이제 독립한 조국에서 그 어머니를 잊지 못하고 찾아간 자리가 효자의 자리였고, 또 어머니와 함께 걸었던 자리였다.

4) 유교 지도자로 민족 문제를 고민한 효자 김창숙

심산心山 김창숙金昌淑(1879~1962), 그는 경상북도 성주군 사월리에서 영남의 명문 가문인 의성 김씨 집안의 장남으로 태어났다. 여섯 살 때부터 글을 배우기 시작해서, 여덟 살에『소학』을 읽고, 열세 살에 사서를 떼었다. 무엇보다도 심산의 삶에 지대한 영향을 미친 사람은 아버지 김호림이다. 엄한 아버지는 어린 심산의 어리광을 받아주지 않았고, 인간으로서 마땅히 지켜야 할 덕목을 가르쳤다. 심산은 그런 아버지를 존경하며 따랐고, 이를 훗날 글로 정리해서 남겼다. 「아버님 하강공의 유사」가 그것이다.

> "아버님은 아침저녁의 문안에 때를 잃지 않았고, 섬기기를 부지런히 하고 한 번도 그 뜻을 거스른 일이 없었다. 사서공(창숙의 할아버지)이 혹 심한 꾸중을 하게 되면 아무리 모진 추위와 심한 더위라도 반드시 문밖에서 두 손을 마주 잡고 기다리며 명이 내리기 전에는 감히 물러가지 않았다."(『김창숙문존』, 성균관대 대동문화연구원, 1986년. 이하 출처 생략)

한국의 전통적 효행이자 유교적 효행을 철저히 실천한 모습이다. 어려서부터 아버지의 이런 효행 실천을 보고 자란 심산은 자신도 모르는 효교육을 받은 셈이다. 한편 김창숙의 아버지는 어머니에게 슬픈 기색이 있거나 좋지 않은 일이 있을 때에는 늘 웃음으로 분위기를 바꾸려고 노력했다. 심산이 목격한 아버지의 효행 실천에 대한 또 하나의 기록이다.

심산 김창숙 동상
(서울 종로구 명륜동 성균관대 중앙도서관 앞)

김창숙 선생 집터(종로구 창경궁로 27길 66-8)

"이 부인(심산의 할머니)이 덜 좋아하는 기색이 있으면, 문득 옆에서
재롱을 피우고 웃으며, 기어이 기뻐하는 것을 보고서야 그만두었
다."

중국 고사에, 색동옷 입고 재롱부리며 부모를 즐겁게 한다는 의미
의 '희채오친戱彩娛親'이라는 노래자老萊子의 효행 설화가 있다. 춘추전
국 시기 초나라의 은사隱士 노래자는 나이가 칠순이나 되었지만, 백
수白壽하는 부모님을 위해 알록달록한 오색 색동저고리를 입고 재롱
을 떨었다. 물그릇을 가지고 마루로 올라가다가 일부러 넘어지고는
어린아이처럼 어리광도 부리고 우는 척하면서 부모님의 마음을 즐겁
게 해드렸다고 한다. 심산의 아버지께서도 아마도 이런 효를 염두에
둔듯하다.

그리고 아무리 생활이 어려워도 아버지는 부모님의 식사만은 꼭
챙겨드렸다고 심산은 회고한다. 아버지는 철저한 효행을 몸소 실천

하였고, 그의 아들 심산도 이를 본받았다. 할아버지가 병이 나자 병을 치료하기 위한 아버지의 열성은 눈물겹다.

> "사서공은 노환이 점점 더해 갔다. 아버님은 때맞추어 미음을 드리고, 몸소 약을 맛보며, 공경하고 조심하여 남이 미치지 못할 만큼 했다. 병환은 점점 심해져서 밤낮으로 수없이 자리에서 설사를 하며 피를 쏟았다. 아버님은 반드시 몸소 거두어 닦아 깨끗이 하고, 심하면 문득 손을 대어 받아내며, 속옷과 변기 등을 가지고 매양 구석진 곳으로 가서 몸소 씻었다. 하녀와 하인들이 일찍이 대신하기를 청해도 오히려 맡기지 않았다. 옷은 띠를 끄르지 않고 잠은 이부자리를 펴지 않은 채, 잠시도 곁을 떠나지 않았으며, 혹 벽에 기대고 눈을 붙였다가 부르는 일이 있으면 즉시 대답을 하였다. 이렇게 거의 넉 달을 지냈으나 조금도 지친 기색이 없었다."

이는 마치 고대 중국의 24명의 효자 가운데 한 명이던 전한 고조의 셋째 아들 문제文帝의 효행에서 유래된 '친상탕약親嘗湯藥'이라는 고사와 유사하다. 이 말은 '몸소 탕약의 맛을 보다'라는 뜻인데, 문제는 3년 동안이나 병상에 있는 어머니 곁을 지키면서 간병했고, 또 의관의 띠를 풀지 않고 병수발을 하면서 탕약은 몸소 맛을 본 뒤 어머니에게 올렸다고 한다.

한편 심산의 아버지는 공부하는 데에도 솔선수범했다. "손들이 많이 찾아들어 접대하기에 항상 겨를이 없었지만, 조금만 틈이 있으면 사서공을 모시고 경서와 사서史書를 강론하고 질문했다. 사서공은 학문을 하여 도道에 나아가는 차례 같은 것을 들어 가르치고 힘쓰게 했다. 아버님은 『소학』 『논어』와 같은 책들을 가지고 익히 읽고 깊이 생각하여 반드시 일상 언어와 행동 사이에서 체험하고 공부에 힘썼다."

심산은 이런 "아버님을 배우지 않고 누구를 배우겠는가."라고 하면서 아버지를 존경하고 따랐다. 결국 유교 지식인으로 성장하여 구한말 최고의 지도자가 되었는데, 공부하는 아버지의 모습을 본받은 덕분이었다. 영락없는 부전자전이라고 할 수 있다. 심산의 아버지가 아들과 함께 공부하는 수십 명의 제자들에게 훈계한 내용도 마음에 새겨둘 만하다. 어느 날 논에서 모를 심을 때 심산의 아버지는 이렇게 말했다.

> "너희들은 한갓 글을 읽는다는 것을 빙자하여 다만 부모 밑에서, 입고 먹는 것이 편안하고 즐거운 줄만 알 뿐이다. 그러니 시대와 세상이 어떻게 변천되고 있고 농사하는 어려움이 어떤 것인지를 어떻게 알 수 있겠느냐. 방금 온 나라가 멸망의 위기에 처해 있어 편안히 높은 집에 살며 하인들을 호령하여 앉아서 입고 먹기를 꾀할 때가 아니다. 너희들은 오늘 농사꾼들의 뒤를 따라 한번 농가의 고생하는 맛이 어떤 것인가를 맛보아라."

이렇게 해서 심산과 그 친구들은 아버지의 명을 따라 농사 체험을 하게 됐다. 또 일을 하는 데에서 주인 따로 하인 따로 해서는 안 된다고 하면서 모두 동등한 입장에서 일하고 먹고 마시도록 했다. 계급과 문벌 타파의 시대정신을 심산은 아버지를 통해서 배운 것이다. 얼마나 모범을 보였던지 동학농민군이 심산이 사는 동네에 들이 닥쳤을 때에, "서로 일러 말하기를 여기는 하강 김호림 공의 마을이다. 조심하여 범하지 말라."고 했다고 한다.

나아가 심산의 아버지는 민황후 시해 사건과 단발령 등 구한말 우리 민족이 겪은 아픔을 토로하며 이를 극복해야 한다고 아들에게 교훈했다. 부모공경의 효교육을 몸소 실천으로 보여주었다면, 민족의식 교육은 철저한 가르침으로 아들에게 전한 것이다.

"이놈들을 없애지 못하면 우리들이 반드시 식민지 노예가 되고 말 것이다."라고 하고는, 의병을 모으기 위해 직접 격문을 돌리기까지 했다. 주변의 만류가 있었지만, 아버지는 "마음은 한 몸의 주인이고, 몸은 내 마음의 집이라. 차라리 집 없는 주인이 될지언정, 주인 없는 집이 되지는 말라."는 시 한 수를 지어 보여주었다. 어용 관리의 협박도 있었지만 전혀 굴하지 않는 아버지의 모습은 훗날 심산이 민족운동 할 때의 모습을 그대로 보는 듯했다.

이렇듯 심산은 소소한 일상생활로부터 민족의식에 이르기까지 아버지로부터 대단히 큰 영향을 받았고, 또 그대로 실천했다. 아버지의 말씀을 따르는 것이 효심이고, 또 그 실천 내용이 나라와 민족을 위한 일이었으니 충이라 할 수 있다. 결국 심산의 효심은 충심으로 확대된 것이다.

아버지를 통해 시대의 변화상을 배우고 민족의식에 눈뜬 심산은 먼저 자신의 의식부터 새롭게 다졌다. 선비입네 하며 성리학적 고담준론이나 일삼는 구태의연한 유교적 지식인들에 대한 반성과 비판을 「자서전」에 담았다.

"당시 강한 외적이 나라를 위압하여 국사가 날로 글러지고 있다. 나는 세속 학자들이 한갓 성리학의 오묘한 뜻만 고담高談할 뿐, 구국의 시급한 일을 강구하지 않음을 병폐로 생각하고 탄식하여, '성인의 글을 읽고도 성인이 세상을 구제한 뜻을 깨닫지 못하면 그는 가짜 선비이다. 지금 우리는 무엇보다 먼저 이따위 가짜 선비들을 제거해야만 비로소 치국평천하의 도를 논하는 데에 참여할 수가 있을 것이다.'라고 말하니, 듣는 이들이 모두 떠들썩하였다."

진정한 '치국평천하'는 가짜 선비들을 먼저 제거하는 데 있다는 주장이다. 막상 그는 주변 권력과 결탁한 사람의 관직 제의를 거절하고는 나라 살리기 운동에 온몸을 던졌다. 편안한 관직 생활을 포기하고 애국운동에 나선 것이다. "나라가 곧 망하겠다. 지금 문을 닫고 글만 읽을 때가 아니다."고 외치면서 현장으로 달려 나갔다. 국권 회복을 위한 애국계몽활동으로서 대한협회 성주지회에서의 활동은 이렇게 시작됐다. 그리고 동지들을 규합하고 다음과 같은 주장을 펼쳤다.

"우리들이 이 모임을 만든 것은 장차 조국을 구하고자 함입니다. 조국을 구하고자 할진댄 마땅히 구습의 혁파부터 시작해야 하며, 구습을 혁파하고자 할진댄 마땅히 계급 타파로부터 시작해야 하며, 계급을 타파하고자 할진댄 마땅히 우리의 이 모임으로부터 시작해야 할 것입니다."

새로운 사회를 갈구하는 사람들의 환호도 있었지만, 개혁에 반감을 가진 수구론자들의 반대도 만만치 않았다. 하지만 심산은 조금도 굴하지 않고 반대론자들을 향해 다시 한번 외쳤다.

"일본 순경이 방금 칼을 뽑아 들고 문간에 당도했다. 이놈이 도적인데 자네는 오히려 굽실굽실하며 맞아들이고, 도리어 나를 꾸짖

는 격이로군. 자네는 어찌 저자들에게는 겁을 내고 나에게는 용감
하단 말인가. 자네는 나를 꾸짖는 그 용기를 도적 몰아내는 데로 전
환시킬 수 없단 말인가."

이로부터 심산은 보수적 유림들과 멀어졌다고 「자서전」에서 말하
고 있다. 한일합방에 찬성한 을사오적과 이를 방기한 당시 지식인들
을 상대로 한 심산의 분노였다. 한마디로 "이 역적들을 성토하지 않
는 자 또한 역적이다."라고 선언하며 그들을 비판했다. 그리고 동지
들에게 차근차근 그 논리적 근거를 설명하면서, "나라의 존망에 관계
된 중대사에는 아무리 포의布衣(벼슬하지 않은 사람)라도 말할 수 있는 의
리가 있으니, 이는 주자의 가르침이다. 우리의 의리상 일진회 역적들
과 한 하늘 밑에 살 수 없다. 이놈들을 성토하지 않으면 우리나라에
사람이 있다고 할 수 있겠는가. 우리가 모두 백면서생으로 손에 아무
무기도 갖지 못했으니, 놈들의 고기를 씹고 가죽을 벗겨 원수를 갚자
해도 실제 어떻게 해볼 도리가 없는 형세이다. 하물며 요즘 조정에서
는 유생들이 상소해서 국사를 말하는 것도 허용하지 않는다. 지금 역
적을 성토하는 방법은 오직 중추원에 건의하는 한 길이 있을 뿐인데,
여러분의 의견은 어떠한가."라고 했다.

이렇게 동의를 구한 일진회 성토 건의서를 중추원에 보내고 각 신
문사에 전달했다. 물론 이 일로 인해 심산은 일본 경찰에 잡혀가서 고
초를 당했다. 일본 경찰의 심문이 시작되자 심산은 꼿꼿하게 자신의
분명한 뜻을 전하며 오히려 그들을 책망했다. "우리가 우리나라 역적
을 성토하는데, 도대체 일인과 무슨 상관할 것이 있는가."라며 간섭
하지 말 것을 주장했다.

하지만 당시 조선의 일부 식자층에서는 일본 대세론을 수긍하고, 또 대세에 따를 것을 요구하는 사람들은, "한국은 정치가 부패하였고 경제가 파탄지경이라, 만약 일본 정부가 잘 보호하지 않으면 자립할 수 없다. 이번에 송병준과 이용구 등이 한일합방을 제창한 것은 천하대세를 꿰뚫어 본 인물의 주장이라 할 것이오. 당신들의 소위 역적을 성토한 일은 시세를 잘 아는 호걸들의 비웃음을 사기에 알맞다."고 하며, 억지 논리를 폈다. 이에 심산은 허약한 조선을 선진 일본의 힘을 빌려 생존해야 한다는 이른바 일제 식민통치 옹호론자들을 역적이라 말하면서 강하게 비난했다. 무엇이 나라에 해가 되고 도움이 되는가를 모르는 행위라는 것이다.

> "일본인이 만약 송병준과 이용구 등을 천하대세를 꿰뚫어 본 인물로 인정한다면, 나는 일본의 망하는 날이 멀지 않은 것을 걱정하노라. 가령 일본의 힘이 떨치지 못하여 현재 우리 한국의 형편처럼 되어 저 부강한 미국 같은 나라가 대군을 끌고 와서 위협하는 경우, 미국에 빌붙은 어떤 일인이 송병준·이용구처럼 미일합방론을 제창한다면, 그때도 너희들은 또한 그들을 천하대세를 꿰뚫어 본 인물이라고 인정하겠는가. 너희들 일인들은 충忠과 역逆의 큰 분간을 모르고 있으니, 나라를 팔아먹는 역적이 반드시 뒤따라 생겨날 것이다. 그래서 나는 일본이 망할 날이 머지않은 것을 걱정한 것이다."

일본 경찰 앞에서 당당했던 심산의 모습이 눈에 선하다. 혹 합방이 황제의 뜻이라 해도 정상이 아닌 혼미한 상태서 하는 명령이니 따르지 않겠다고 단언하기도 했다. "사직이 임금보다 중한지라 난명亂命은 따르지 않는 것이 바로 충성하는 일이다." 일본 경찰은 한일합방을 동아시아의 평화를 위한 건설적 대안이라고 말하며 심산을 회유하였지만, 심산은 단호히 거부했다. 일본의 강제 합병이 결국은 한일 간의 영원한 대립의 단초이자 원한이 될 것이라고 여겼기 때문이다.

> "일본이 만약 이런 따위 매국적을 이용해서 한국을 합병코자 한다면 한일 두 나라는 필시 영원히 원수로 될 것이며, 또한 평화의 날도 결코 오지 않을 것이다. 우리가 이 역적들을 성토하는 것은 실로 한일 양국의 행복과 동양 평화의 길을 강구하는 것이다."

진정한 동양의 평화는 약육강식의 논리에 입각한 합병이 아니라 평등한 양국관계의 수립이라는 것이다. 평화라는 명분으로 한일합방을 강제한다면 이는 영원한 불행이 될 것이라고 예견한 것인데, 이 예견은 딱 맞아떨어졌다.

이렇듯 철저한 자주독립 의식은 구국운동과 국채보상운동으로 이어졌다. 하지만 국채보상운동에 일진회가 참여하자, 심산은 탈퇴하고 학교를 세워 나라를 일굴 인재 양성에 나섰다. 청천서원을 개수하여 성명학교를 세운 데에는 바로 이러한 배경이 작용했다. 민족 고유의 서원을 개조해서 신식 학교를 만드는 데 대해 유림들의 반대도 있었지만, 심산은 강행했다. 유림의 한 사람으로서, 유림의 뜻도 중요하지만, 나라를 살리는 인재 양성이 더 급하다고 여겼기 때문이다.

그래도 나라는 점점 자주 독립의 길과는 멀어져만 갔다. 오히려 나라를 팔아먹은 사람들이 판치는 세상이 되었다. 심산은 "나라가 망했는데, 선비로서 이 세상을 사는 것은 큰 치욕이다."라고 통곡하며 탄식했다. 당시 일본은 조선 인민을 회유하기 위한 포상 정책을 펼쳤는데, 공직에 있던 자, 고령자, 효자, 열녀에게 포상금을 준 것이 그것이다. 그러자 온 나라의 양반들이 좋아하며 박수를 쳤다. 심산은 그런 사람을 볼 때마다 침을 뱉으며 꾸짖었다. "돈에 팔려서 적에게 아첨하는 자는 바로 개돼지다. 명색이 양반이라면서 효자, 열녀 표창에 끼어든단 말이냐."라고 소리치며, 그런 양반들과는 상종하지 않겠다고 선언했다. 그리고는 미친 사람처럼 잠시 방황하기도 했지만, 어머니의 훈계를 듣고 다시 정신을 차리고는 '치국평천하'의 방법을 모색하기 시작했다. 그때 먼저 한 일은 유림의 각성을 촉구하는 일이었다.

1919년에 3.1운동이 일어나고 민족대표 33인의 「독립선언문」 낭독이 있었다. 하지만 민족대표 가운데 유림은 한 명도 없었다. 심산은 이를 안타깝게 여기며 다음과 같이 탄식했다.

> "우리나라는 유교의 나라였다. 실로 나라가 망한 원인을 따져보면, 이 유교가 먼저 망하자 나라도 따라서 망한 것이다. 지금 광복운동을 선도하는 3교의 대표가 주동을 하고, 소위 유교는 한 사람도 참여하지 않았으니, 세상에서 유교를 꾸짖어 '오활한 선비, 썩은 선비와는 더불어 일할 수 없다.' 할 것이다. 우리들이 이런 나쁜 이름을 뒤집어썼으니, 이보다 더 부끄러운 일이 있겠는가."

그는 탄식에 그치지 않고 대안까지 제시했다. 광복운동에 적극적으로 참여할 것을 제안한 것이다. 이를 위해서는 당시 유림의 최고 지도자들을 설득해야만 했다. 그리하여 전통 예법에 매어 당장의 문제 해결을 등한시하던 유림을 일깨우는 작업에 나섰다. 일제의 강압에 의해 황제가 복상을 기년(1년상)으로 한 것을 두고 유림의 지도자가 격정하자, 심산은 "나라가 광복되면 이런 따위 그릇된 예절은 당연히 따라서 바로잡힐 것입니다. 어르신네께서 그릇된 예절을 바로잡고자 하면서 이 의논에 찬동하지 않는 것은 의리를 잘못 본 것입니다"라고 질정했다. 심산의 어머니도 아들의 이런 나라 살리기 운동에 적극 공감하며 격려를 아끼지 않았다. 심산이 어머니에게 해외로 나가서 좀 더 적극적으로 독립운동을 펼치겠다는 계획을 밝혔다. 파리강화회의에 유림 대표를 파견해서 국제 여론을 환기시키겠다는 계획이다. 어머니는 조금도 슬퍼하거나 여운을 갖지 않고 아들의 손을 꼭 잡으면서, "너의 이번 거사와 이번 걸음은 실로 네가 평소에 소원하던 바이니 늙은 어미에게 마음 쓰지 말고 힘써 하여라."고 하며 격려해 주었다. 어머니가 문밖까지 배웅하자, 어머니와의 이별을 아쉬워하며 머뭇거리자, 어머니는 아들을 훈계하며 빨리 떠나도록 재촉했다. "네가 아직도 가사를 잊지 못하느냐. 네가 국인國人과 약속을 했으니 맡은 짐이 무겁다. 빨리 떠나가서 대사를 그르치는 일이 없도록 하여라."

파리를 향해 떠난 심산은 먼저 중국 상해로 들어갔다. 거기서 동지들과 만나 자신의 계획을 말하지만, 이미 파리 국제회의 파견 인사가 떠났음을 알게 됐다. 같은 목적과 내용을 갖고 파리로 떠난 지사가 있는데, 또다시 떠난다는 것은 무의미하다고 생각한 그는 그냥 상해에 남아서 임시정부 활동에 참여했다.

민족지도자들과 임시정부 활동을 하면서 조국의 독립을 위한 본격적인 활동에 나선 것이다. 독립군 양성을 위한 기지 건설, 일제에 항거할 청년결사대 조직 등등의 일들을 시작했다. 이 일로 인해 심산은 1927년 일제에 체포 투옥됐다. 그는 재판 과정에서는 변론을 거부했다. "내가 변호를 거부하는 것은 엄중한 대의이다. 나는 대한 사람으로 일본 법률을 부인하는 사람이다. 일본 법률을 부인하면서 만약 일본 법률론자에게 변호를 위탁한다면 얼마나 대의에 모순되는 일인가."라는 것이 그 이유였다.

결국 심산은 14년형을 선고받고 복역하게 되는데, 옥중에서 일본의 온갖 회유와 협박을 받았지만 조금도 굴하지 않았다. 출옥 후에도 창씨개명 등 일제의 강압에 의한 요구들을 모두 거부했다. 그리하여 일제에 끝까지 비타협적 자세를 취하며 지조를 지킨 선비로서 후대에 이름을 남겼다.

감옥에 있으면서 맞은 어머니의 기일에 쓴 시 한 수는 절절하기 이를 데 없다. 어머니는 임종할 때 아들 김창숙의 이름을 세 번이나 불렀다고 한다. 임종을 지키지 못한 심산의 회한과 감옥에 있었기에 기일을 챙기지 못한 안타까운 심정이 잘 드러나 있다. 아내 홀로 제사상을 차리고 눈물을 흘리는 장면은 읽는 이들의 가슴을 뭉클하게 한다. 민족을 살리겠다는 뜨거운 애국심이 절절한 효심과 어우러져 나온 작품이다.

어머님 제삿날에

가슴을 도려내는 슬픈 생각에
선영을 찾아드니
어머니의 부르시는 목소리
세 번이나 들리네.
훌륭하온 가르치심에
부끄러움이 앞서니

살아도 면목 없고

원수와 더불어

참고, 살아가자니

아픔이 가슴에 차네.

덧없이 불어만 나는 것은

끝끝내 모시지 못한

불효했던 마음.

감히 바라는 것은

유동 충만한 가운데

좌우에 임하심이라.

알겠노라. 오늘 저녁

제사를 모시는 자리에

아내의 많은 눈물이

더욱 옷깃을 적시는 것을.

5) 민족의 등불이 된 효자 안중근

안중근安重根(1879~1910)은 구한말 역풍의 소용돌이가 세차게 몰아
치던 시절 황해도 해주에서 순흥 안씨 가문의 진사 안태훈의 장남으
로 태어났다. 나면서부터 그의 배에는 검은 점 일곱 개가 있다 해서
응칠應七이라고 불렀다. 북두칠성의 기운이 그에게 서려 있다는 것이
다. 훗날 독립운동을 할 때 사용한 가명도 '응칠'이었다.

안중근 동상과 기념휘호 비(서울 중구 후암동 30-80)

유복한 집안에서 태어난 안중근은 어려서부터 글공부에 매진했다. 재지才智가 출중하고 똑똑해서 신동이라고 불렸다. 일곱 살 때부터 말타기와 활쏘기를 익혀 열두 살 때에는 백발백중의 묘기를 보였다. 똑똑하고 건장한 안중근을 바라보는 부모님은 늘 뿌듯하게 생각했고, 동네 사람들도 그를 대장이라 부르며 자랑스러워했다.

그는 가정의 엄격한 규율을 지키면서도 자신의 도리를 다하는 효자로 청소년 시절을 보냈다. 이렇게 바른 삶을 살 수 있었던 데에는 아버지의 영향이 컸다. 아버지는 동학혁명이 한창이던 시절 동학을 빙자해서 양민을 괴롭히던 이들을 혼내준 일이 있다. 수백 명의 장정들을 모아 불의한 폭군들을 진압한 것이다. 그때 안중근의 나이는 열여섯 살이었다. 이러한 아버지의 정의로운 삶이 안중근에게 깊은 감동을 준 것이다.

열일곱 살이던 1896년에, 안중근은 새로운 삶을 체험했다. 신천읍에 있던 성당에서 프랑스 신부를 만나면서 천주교를 신앙하게 되었고, 아울러 서양 학문에 대한 관심도 갖게 됐다. 또한 프랑스 말과 서양의 과학에 눈을 떴다. 전통적 학문의 기초 위에 서양 학문을 더하여 세상을 보다 넓고 크게 보는 안목을 가질 수 있게 된 것이다.

이때 안중근은 민족국가의 독립과 자유는 하늘로부터 받은 천부의 권리이며, 이를 수호하기 위해서는 하늘의 뜻대로 살아야 한다고 깊이 깨달았다. 신앙 체험과 신학문을 접하면서 나라를 사랑하는 애국심이 함께 솟아난 것이다.

안중근은 스무 살 되던 해에 우리나라의 역사를 접하고서 뜨거운 민족의식을 갖게 됐다. 민족에 대한 남다른 생각이 가슴을 달군 것이다. 또『태서신사泰西新史』라는 책을 통해서는 세계 역사의 흐름을 배웠으며, 당시 발행되고 있던『황성신문』『제국신문』『대한매일신문』과 같은 민족사상을 고취하는 신문들을 구독하면서 민족의 자주독립에 대한 의지와 배일사상을 키워 나갔다. 민족주의적 애국사상이 한창 무르익던 시절이다.

1904년, 그의 나이 스물여섯 살 때 러일전쟁이 발발했다. 복잡한 국제정세 속에서 이름뿐인 조선은 일제의 농락에 속수무책이었다. 의혈 청년 안중근은 일본군의 횡포 앞에 무기력한 조국의 현실을 목도하며 땅을 쳤다. 러시아와 일본 중 어느 편이 전쟁에서 이기든지 조선의 앞날은 온통 먹구름뿐이라고 생각했기 때문이다. 역사의 흐름을 직시한 그는 한순간 실의와 좌절에 빠져들었다.

앉아서 당할 수만은 없다고 결심한 안중근은 울분을 삭이며 고향을 떠나 진남포로 갔다. 장사를 하면서 시대의 현장에서 대세를 살피기 위해서였으며, 민족 해방의 탈출구를 찾기 위한 발걸음의 시작이었다.

1905년에 보호조약이라는 미명 아래 나라가 일제의 손아귀로 넘어가는 것을 목격한 안중근은, 더 이상 개인적 수양도 방관도 허락할 수 없다는 결심을 굳히고 저항과 투쟁의 현장으로 몸을 던졌다. 인내하고 모색하는 '수신제가'의 소극적 단계에서, 나라의 독립과 번영을 위한 '치국평천하'의 적극적 단계로 나아간 것이다.

그때 아버지가 세상을 떠났다는 소식을 듣고 잠시 고향에 내려가 마지막 효성을 다했다. 그리고는 행동하는 지성으로서 큰 꿈을 실현하기 위한 첫걸음을 내디뎠다. 때마침 도산 안창호 선생이 미국에서 돌아와 역시 큰 꿈을 꾸고 있었다. 그는 평양으로 달려가 도산을 만나 지도를 받았다. 첫째 육영 사업, 둘째 산업 진흥, 셋째 항일 투쟁. 그는 이 세 가지를 모두 실행하겠다는 결의를 다졌다.

안으로 독립의 역량을 키우고, 그 다음에 투쟁과 저항의 현장으로 나아가 행동하기로 결의하였다. 그가 도산에게서 영향을 받았음은 곳곳에서 엿볼 수 있는데, 조선이 나라를 상실한 것은 일제라는 외부적 힘에 의한 것이기는 하지만, 내부적 혼란과 무질서 또한 심각한 원인이라 인식한 것이 그것이다. 먼저 내부의 역량을 키워야 한다는 뜻에 따라, 자신이 운영하던 상점을 처분하고 진남포에 돈의학교敦義學校를 세웠다.

돈의학교의 설립 목적은 나라의 자립과 독립정신을 함양하여 젊은 이들로 하여금 나라사랑을 행동으로 옮기게 하려는 것이었다. 이를 위해 도산 안창호나 일성 이준 선생 같은 분들을 초청해서 강연회를 개최하였다.

1907년에 정미칠조약('한일신조약'이라고도 함)에 따라 광무 황제가 강제로 양위되고, 조선 군대는 해산되었다. 스물아홉 살의 안중근은 또한 번 조국의 무기력한 현실에 통분하면서, 조국 강토를 떠나 러시아로 건너갔다. 행동하는 지성으로 혁명 대열에 참여하기 위한 망명길이었다. 그리고 블라디보스토크를 비롯하여 러시아 곳곳을 다니며 동포들을 만나 열변을 토했다.

> "우리들은 국권을 회복하기까지 농업이든 상업이든 각자가 맡은 바 직업에 충실합시다. 어떤 어려움이든지 참아가면서 나라를 위해 힘을 다하지 않으면 안 됩니다. 특히 한국 침략의 원흉인 이토 히로부미의 시정 방침을 파괴하지 않으면 안 될 것이니, 젊은 사람들은 일제히 일어나서 나와 같이 총을 들고 싸웁시다. 그리고 어린 이들은 열심히 공부하여 훌륭한 제2세 국민이 되어 주십시오."

자주독립에 대한 염원을 담은 연설 속에 이미 안중근은 이토에 대한 비장한 결심을 하고 있었다. 그는 러시아와 남만주 일대를 돌며 항일 의병을 조직하고 학교를 세워 자주독립에 대한 강한 열정을 불태웠다.

의병을 일으켜 무장투쟁을 전개하면서 안중근과 뜻을 같이하는 지사들은 단지斷指를 거행했다. 왼손 무명지를 절단하여 흐르는 피로 혈서를 쓰면서 조국 독립을 위한 굳은 의지와 결의를 다졌다. 바로 조선 침략의 원흉인 이토를 저격하기 위한 '피의 서약'이었다. 그리고 그렇게도 염원하는 '독립자유'라는 네 글자를 더 써넣었다.

> "두고 보시오! 내가 3년 안으로 이토를 죽이고 말겠소."

서로의 가슴은 조국을 사랑하는 마음으로 심장이 뛰고, 서로의 눈에는 뜨거운 눈물이 흘렀다. 결의를 다진 안중근에게 기회가 다가왔다. 이토가 러시아를 방문한다는 소식이 들려온 것이다. 안중근은 동지인 우덕순, 조도선, 유동하와 함께 이는 하늘이 준 기회라 여겼다. 그리고 즉석에서 소용돌이치는 감격을 '거사가'로 표현했다.

> "장부가 세상에 처함이여 그 뜻이 크도다. 때가 영웅을 지음이여, 영웅이 때를 지으리로다. 천하를 응시함이여, 어느 날에 업을 이룰고. 동풍이 점점 참이여, 장사의 의기가 뜨겁도다. 분개히 한 번 감이여, 반드시 목적을 이루리로다. 쥐도적 쥐도적이여, 어찌 즐겨 목숨을 비길고. 어찌 이에 이를 줄을 헤아렸으리요. 사세가 고연하도다. 동포 동포여, 속히 대업을 이룰지어다. 만세 만세어, 대한독립이로다. 만세 만만세, 대한동포로다."

비밀 거사 계획을 몇몇 동지들에게 알리고 역할을 분담했다. 하얼빈역에서 이토를 저격하는 일은 안중근이 맡기로 했다. 중국인 복장을 하고 하얼빈역 구내 찻집으로 들어간 그는 싸늘히 식은 차를 마시며 거사 감행 시간을 기다렸다. 가슴에 품고 있던 육혈포를 마지막으로 다시 한번 확인했다. 러시아 경비들과 일본 헌병들의 삼엄한 경계의 빈틈이 어디인지도 눈여겨 두었다. 거사의 때가 점점 다가왔다. 러시아 의장대의 질서정연한 모습도 환영 나온 각국 대표들도 열차의 기적소리가 멈추자, 플랫폼에 눈길을 고정시켰다.

마침내 이토가 모습을 드러내자 안중근은 환영 인파 사이를 뚫고 돌진했다. 그리고 이토를 향한 총성이 울렸다.

"쾅! 쾅! 쾅!"

의기양양하던 이토가 가슴을 움켜쥐고 쓰러졌다. 안중근은 가슴에 품고 있던 태극기를 꺼내 들고서 "대한제국 만세!"를 외쳤다. 태극기에는 붉은 피로 씌어진 '독립자유'라는 글귀가 선명했다. 세계를 깜짝 놀라게 한 사건이었다. 마침 현장을 촬영하던 카메라 기자에게 거사 현장이 목격됐다. 그리고 그의 장거 소식은 전 세계로 타전됐다. 동방의 작은 나라 조선 사람의 쾌거가 세계의 모든 사람들에게 알려진 것이다.

거사에 성공한 안중근은 러시아 헌병 손에 묶여 일본 헌병대로 이첩됐다. 여섯 달 동안 여순감옥에서 고초를 겪으면서도 그는 당당한 모습을 잃지 않았다. 재판장의 어떠한 질문에도 거침없이 답변하며 대한의 기개를 보여주었다. 그의 답변은 거의 감동적인 연설에 가까웠다.

> "한국의 독립을 회복하며 동양의 평화를 유지하기 위해서는 먼저 민족의 큰 적이요, 만고의 역적인 이토를 없애버려야만 된다고 나는 확신하였고, 또한 나라가 욕을 당하면 백성은 죽어야 하는 것이 가장 당연한 일이니, 죽어도 아무 한 될 것이 없다고 결심하고, 이 한 몸을 제물로 바칠 각오를 가지고 해외에 나온 지 이미 오래였다. 3년간 북간도 부근에서 의병을 모집하여 여러 차례 일본 군사와 싸운 일도 있거니와 이번의 의거는 의병 참모 중장의 자격으로 독립전쟁을 하얼빈에서 열어, 적장 이토를 쳐서 그 흰머리를 아군에게 바치려 함이었고, 결코 개인의 자격으로 취한 행위가 아니었다. 대한제국의 의병 참모 중장이 적과 싸우다가 불행히 포로가 되었는데, 여기서 나를 형사 피고인의 하나로 다루는 것은 만부당한 처사다. 마땅히 만국 공법에 의해서 처리하도록 하라. 이번 이토의 행차에 군대의 호위가 아무리 엄중하였어도 나는 나라를 위하여 목숨을 바쳐 나의 오랫동안 품어 오던 뜻을 결행하기로 굳게 결심하였기 때문에 마침내 일을 이루고야 말았다. …… 내가 이토를 살

해한 것은 이토가 한국의 독립과 자유를 빼앗은 때문이니, 이것은
한국 독립전쟁의 한 부분이요, 또한 우리들이 일본 법정에 서서 일
본 재판을 받는 것은 전쟁에 패배하여 포로가 된 때문이요, 내지의
의병들이 항상 일본군과 충돌하는 일도 역시 독립전쟁의 한 부분
이다.…… 나의 염원은 오직 조국의 독립, 이 한 일뿐이다."

안중근의 너무나도 당당하고도 분명한 태도에 재판장이 제재를
가했다. 그럴수록 그는 더더욱 큰 소리로 이토의 죄상을 밝혔다. 그
러자 당황한 재판장은 방청인들을 모두 퇴장시켜 버렸다. 법정에서
안중근이 추호도 굴하지 않는 모습을 보인 것은 조국에 대한 분명한
소신과 철학이 있었기에 가능했다. 죽음 앞에서도 초연할 수 있었던
것은 나라와 민족을 사랑하는 투철한 애국심이 뒷받침되었기 때문
이다.

안중근은 여섯 달 동안 여순감옥에 있으면서 매일같이 책을 읽고
글을 썼다. 그리고 옥중에서 그 유명한 "一日不讀書, 口中生荊棘(하루
라도 글을 읽지 않으면 입에 가시가 돋는다.)"라는 글귀를 남겼다. 이외에도
그의 삶과 철학을 담은 수 많은 글들을 유언처럼 쏟아냈다.

　"장부는 비록 죽을지라도 마음이 쇠와 같고, 의사는 위태로움에
　임할지라도 기운이 구름 같도다."

　"동양 대세 생각하매 아득히도 어둡거니, 뜻있는 사나이 편한 잠
　을 어이 들리.
　평화 시국 못 이룸이 이리도 슬픈지고, 침략 정책 안 고침은 참으
　로 가엾도다."

모두가 감옥에서 쓴 시들이니 유시遺詩나 다름없다. 옥중에서「동
양평화론」을 집필하던 중 사형을 집행하라는 명령이 내려졌다. 탈고
를 위한 시간을 요구하자 15일간 집행이 유예되었다. 그래도 완성을
보진 못했지만, 그의「동양평화론」에는 안중근의 고매한 철학이 고스
란히 담겨 있다.

> "하늘이 사람을 내어 온 세상이 모두 다 형제가 되었다. 각각 자
> 유를 지켜 삶을 즐거하고 죽음을 싫어하는 것은 누구나 가진 떳떳
> 한 정의다. 오늘날 사람들은 으레 문명한 시대라고 일컫지마는, 나
> 는 홀로 그렇지 못한 것을 탄식하는 바이다. 무릇 문명이라는 것은
> 동서양의 잘난 이건 못난 이건 남녀노소를 가릴 것 없이 각각 천부
> 의 성품을 지키고 도덕을 숭상하며 서로 다투는 마음이 없이 제 땅
> 에서 편안히 제 직업을 즐기면서 같이 태평을 누리는 것이요, 그래
> 야만 과연 올바른 문명인 것이다."

폭력은 필요악이다. 불의에 대한 저항과 생존의 위협 앞에서 폭력
은 정당화될 수 있다. 칼을 들고 덤비는 사람에게 폭력은 불가피하
다. 비폭력이 최선이라지만, 폭력이 필요할 때도 있다. 총칼로 이 땅
을 유린하던 일제의 만행 앞에 안중근의 강력한 저항은 인류를 감동
시킨 정당한 폭력이었다. 단순 폭력이 아닌 지성과 민족혼을 담은 가
치 있는 저항이었기 때문에, 그를 고문하던 경찰관도 그의 철학과 정
신적 자세에 감동을 받았던 것이다. 강도와도 같은 일제의 총칼을 폭
력으로 제압한 것은 오히려 장엄한 거사였다.

물론 이런 거사 뒤에는 효심과 애국심이라는 가치와 철학이 작용
하였다. 이면에는 종교적 신앙심이 있었기에 죽음을 초월할 수 있었

던 것이다. 부모를 공경하는 효심이 있었기에 부모님의 나라에 대한 충정을 배울 수 있었고, 조국을 사랑하는 애국심이 있었기에 나라를 위한 희생도 감수할 수 있었다. 이런 그의 정신이 나라와 민족은 물론 인류의 평화와 번영을 가져오는 계기가 되었음을 우리는 안중근 의사의 삶과 철학을 통해서 배우게 된다.

6) 겨레의 영원한 청년 효자 윤봉길

매헌梅軒 윤봉길尹奉吉(1908~1932)은 충남 예산군 덕산면 시양리에서 파평 윤씨 가문의 아버지 윤황과 어머니 김원상 사이의 5남 2녀 중 장남으로 태어났다. 1918년에 덕산공립보통학교에 입학하지만, 이듬해에 3.1운동이 일어나자, 자퇴했다. 그리고 2년 후에 오치서숙烏峙書塾에 들어가 한학을 공부했다. 전통적인 효와 예절을 기본으로 익히고 사서오경을 공부하던 시절, 윤봉길은 공동묘지에서 묘표들을 모두 뽑아들고 와서 선친의 무덤을 찾아달라고 간청하는 젊은이를 만났다. 아무 표시도 없이 묘표를 모두 뽑아온들, 선친의 묘표를 찾더라도 그 묘표가 어느 누구의 무덤인지 알 수 없다는 한치 앞을 예측하지 못한 젊은이의 행동을 무지 때문이라 생각했다. 또 그런 무지가 나라까지 망하게 했다고 생각한 윤봉길은 농촌 계몽 운동을 펼치기로 마음먹고, 문맹 퇴치에 앞장섰다. 이때 그의 나이는 열아홉 살이었다.

동시에 인간의 참된 도리가 효에 있음을 알고, 위친계爲親契를 조직했다. 연로한 부모를 둔 사람들이 모여서 매달 또는 계절마다 돈이나 곡식을 모아두었다가, 길·흉사 때 쓰는 일종의 효행 실천을 위한 계모임이었다. 요즘식으로 말하자면 상조회 활동이다. 회원 상호간의 친목 도모는 물론이고, 부모 공경의 도리를 함께 확인하며, 격려하고 위로하면서 효가 나라사랑의 근본임을 주창하는 취지서도 만들었다. 공부도 중요하지만, 근본이 효임을 알리기 위함이다.

한편 윤봉길은 야학을 열고, 한글을 가르쳐 문맹 퇴치에 힘썼으며, 틈틈이 민족의식도 고취하는 등 농민 계몽에 심혈을 기울였다. 『농민 독본』이라는 책을 저술하여 농민들에게 배포했다. 농민을 계몽하는 것이 우선이지만, 그 가운데에는 일제 식민지배로부터의 독립을 갈망하는 내용들이 곳곳에서 묻어났다.

> "인생은 자유의 세상을 찾는다. 사람에게는 천부의 자유가 있다. 머리에 돌이 눌리우고 목에 쇠사슬이 걸리인 사람은 자유를 잃은 사람이다. 자유의 세상은 우리가 찾는다. 자유의 생각은 귀하다. 나에 대한 생각, 민중에 대한 생각, 개인의 자유는 민중의 자유에서 나아진다." (『농민독본』 제2권, 제3과 「자유」)

윤봉길이 농촌 운동에 열중한 궁극적 목적은 나라의 자주독립을 이루는 것이었다. 이를 위해 일치단결하는 것은 필수조건이었다. 조선을 다시 살리는 길은 단합하고 공동정신을 소유하는 데 있다고 강조했다. 그러면서 또한 독립적 정신을 강조했다.

> "낡고 물들고 더럽고 못생긴 것을 무찔러 버리고, 새롭고 순수하고 깨끗하고 아름다운 것으로 만들어 놓지 않으면 안 될 조선에 있어서, 또 더욱 남달리 가진 힘이 빈약한 조선의 농민으로서는, 무엇보다도 경우와 이해를 같이 하는 사람끼리 일치 공동의 필요를 느

껍니다. 독립적 정신이 조선을 살리는 원동력인 것과 같이 농민의 공동정신이 또한 조선을 살리는 긴요한 하나입니다." (『농민독본』 제3권 제6과 「농민과 공동정신」)

자주독립의 중요성을 농민에게 알리고 속히 조선의 독립을 쟁취해야 함을 강조했다. 결코 조선이 약한 민족이 아니라는 것을, 백두산에 들어갈 때 역설하면서 자주독립의 기치를 드높였다. 그리고 1929년에는 월진회月進會를 조직하여 농민운동에 활력을 불어넣었다. 월진회의 활동 목표는 다섯 가지였다.

첫째, 야학을 통한 문맹 퇴치.

둘째, 강연회를 통한 애국사상 고취.

셋째, 공동 경작과 공동 식수를 통한 농촌경제 향상.

넷째, 축산 등 농가 부업과 소비조합을 통한 농가의 경제생활 향상.

다섯째, 위생 보건 사업과 청소년의 체력 단련을 통한 체력 향상.

하지만 일제의 차별과 탄압으로 인해 윤봉길의 뜻대로 나아가지는 못했다. 농민운동을 불온시한 일제는 윤봉길을 요주의 인물로 감시하기 시작했다. 그는 곳곳에서 독립운동을 벌이다 희생된 사람들의 소식을 들을 때마다 의분이 끓어올랐다. 이러한 상황에 직면하면서 윤봉길은 독립을 이루지 못한 상황에서는 농민운동의 목표를 이룰 수 없으며, 참된 행복은 독립된 나라에서나 가능하다는 사실을 깨달았다. 그리고 좀 더 큰일을 도모하기로 결심하고 독립운동을 하기 위해 중국으로 망명했다.

1930년 3월, 윤봉길은 "대장부가 집을 떠나 뜻을 이루기 전에는 돌아오지 않는다."라는 글을 남기고 집을 나섰다. 비장한 각오로 부모와 가족을 뒤로하고 중국 망명의 장도에 오른 것이다. 그의 고뇌에 찬 결단은 어머니에게 보낸 편지에 고스란히 드러나 있다. 1931년 10월에 중국 산동성 청도에서 어머니에게 보낸 편지에 이렇게 썼다.

"보라! 풀은 꽃이 피고 나무는 열매를 맺습니다. 만물의 영장인 사람, 저도 이상理想의 꽃이 피고 목적의 열매가 맺기를 자신합니다. 그리고 우리 청년 시대는 부모의 사랑보다도, 형제의 사랑보다도, 처자의 사랑보다도 일층 더 강의剛毅한 사랑이 있는 것을 각오하였습니다."

조국의 독립을 쟁취하기 위해 집을 떠난 윤봉길은 독립운동의 거점인 상해로 갔다. 나날이 심해지는 일제의 총칼에 저항하는 세력도 만만치 않았다. 1932년 1월에 상해사변이 일어나자, 아들의 안위를 걱정하고 있을 어머니를 안심시키기 위해 다시 편지를 썼다.

"놀라지 마십시오. 너무나 염려하지 마십시오. 아세아 하늘에 바야흐로 몽롱한 거먹구름 널리 퍼져 세계도시인 상하이에도 덮이었습니다. 29일 오전 3시부터 어지러워졌습니다. 고요히 잠자던 콜콜 코풀무 소리는 아이어이하는 울음소리로 변화하였습니다. 비행기 소리는 우루룽, 대포소리는 쾅쾅, 기관총 소리는 호도독 호도독 콩 볶았습니다. 이것은 민족의 힘의 발현입니다. 민족의 힘과 힘이 마주치는 소리입니다. …… 이후로 또 간간이 통지올리겠사오니 너무나 염려 마십시오. 조계 내에는 각 경계선에다 철망을 늘이고 패병 못 들어오게 방어하고 있습니다. 이만 아뢰옵나이다." (1932년 1월 31일, 「어머니 전상서」)

윤봉길이 상해로 간 것은 조국의 독립을 쟁취하기 위해서였다. 상해에서 일본군의 동향을 주시하면서 자신이 조국의 독립을 위해 할수 있는 일이 무엇인가를 고민했다. 그러던 중 임시정부 지도자인 백범 김구 선생을 만났다. 둘은 의열 투쟁의 방법을 모색하다가 1932년 4월 29일, 일왕의 생일인 천장절에 일본의 전승 기념 축전이 상해 홍구공원에서 열린다는 소식을 접하고, 이때를 기회로 삼았다. 개인적 울분이 아닌 민족적 울분을 한순간에 표출함과 동시에 조선의 억울한 사정을 전 세계에 알릴 절호의 기회로 삼고자 했다.

이를 위해 백범 선생이 조직한 한인애국단에 가입했다. "나는 적성赤誠으로써 조국의 독립과 자유를 회복하기 위하여 한인애국단의 일원이 되어 중국을 침략하는 적의 장교를 도륙하기로 맹세하나이다."고 가입 선서를 했다. 그리고 윤봉길은 거사 장소인 홍구공원을 면밀히 답사하고, 거사 때 쓸 폭탄은 김홍일 장군을 통해 준비했다. 거사 당일 아침에 백범 선생과 마지막 식사를 함께 한 뒤, 거사 장소인 홍구공원으로 이동했다.

삼엄한 경계 속에 홍구공원에는 이미 상해에 거주하는 일본인과 일본군, 각국에서 온 축하 사절과 초청 받고 온 사람들 대략 2만이 넘는 인파가 모여 있었다. 수많은 일본군 장교들도 있었다. 오전 11시 40분경, 식순에 따라 일본 국가 연주가 끝나갈 무렵 윤봉길은 준비해 간 물통 모양의 폭탄을 단상에 던졌다. 날카로운 폭발음과 함께 순식간에 단상은 붉은 피로 뒤범벅이 되고 피비린내가 진동하면서, 그야말로 아비규환으로 돌변했다. 군중들은 혼비백산 달아났다. 독립운동의 방향을 바꾼 역사적 순간이었다. 일제의 이른바 교묘한 '문화정치' 하에 신음하던 국내 한민족의 민족의식을 각성시키고 독립사상에 대한 열의를 고취시킨 거사였다. 거사가 성공하자, 국내외 독립운동은 새로운 활로를 찾았고, 독립에 대한 민족적 확신도 강화되었다.

전 세계의 이목을 집중시킨 이 사건으로 인해 동방의 작은 나라 조선에 대한 세계인의 관심은 높아졌다. 이날의 거사를 두고 중국의 장개석 총통은, "중국의 백만 대군도 못한 일을 일개 조선 청년이 해냈다."고 높이 평가했다. 그리고는 대한민국 임시정부에 대한 전폭적인 지원을 약속했다.

세계를 놀라게 한 이 거사는 성공을 거두었지만, 윤봉길은 일본 경찰에 체포되어, 스물다섯 살의 꽃다운 나이에 형장의 이슬로 사라졌다. 하지만 그의 기개와 나라를 사랑하는 정신만은 길이길이 민족의 가슴에 아로새겨졌다. 민족의 자유와 조국의 독립, 그리고 동양 평화를 위한 큰 뜻을 이루었다. 윤봉길은 죽음을 예감하고, 두 아들에게 제목부터 예사롭지 않은 유서를 남겼다.

강보에 싸인 두 병정에게 - 두 아들 모순과 담에게

너희도 만일 피가 있고 뼈가 있다면, 반드시 조선을 위해 용감한 투사가 되어라. 태극의 깃발을 높이 드날리고 나의 빈 무덤 앞에 찾아와 한잔 술을 부어 놓으라. 그리고 너희들은 아비 없음을 슬퍼하지 말아라. 사랑하는 어머니가 있으니, 어머니의 교양으로 성공자를 동서양 역사상 보건대, 동양으로 문학가 맹자가 있고, 서양으로 불란서 혁명가 나폴레옹이 있고, 미국의 발명가 에디슨이 있다. 바라건대 너희 어머니는 그의 어머니가 되고 너희들은 그 사람이 되어라.

윤봉길 의사 사당 충의사
(충남 예산군 덕산면 덕산온천로 183-15)

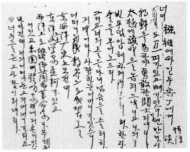

윤봉길 의사가 두 아들에게 쓴 친필 편지

한국 효문화의 이해

김덕균 저

인쇄일 | 2024년 05월 03일
발행일 | 2024년 05월 07일

지은이 | 김덕균
펴낸이 | 김영빈
펴낸곳 | 도서출판 시아북(詩芽Book)

출판등록 | 2018년 3월 30일
주소 | 대전광역시 동구 선화로214번길 21(3F)
전화 | (042) 254-9966, 226-9966
팩스 | (042) 367-2915
E-mail | siabook@daum.net

값 20,000원

ISBN 979-11-91108-93-4(03060)